# 高齢化社会における資産運用と
# 金融システム

岸　真清
黒田　巖 編著
御船　洋

中央大学企業研究所
研究叢書30

中央大学出版部

はしがき

　本書は，中央大学企業研究所の「高齢化社会における資産運用と金融システム」研究会が，2008年4月から2011年3月までの3年間にわたって行った研究活動の成果をまとめたものである．

　本研究会の目的は，高齢化社会に対応したライフプランを想定し，資産運用と金融システムを考察することであった．豊かな生活を実現するためには，市場メカニズムを強め資金効率を高めるとともに，投資家を保護するプルーデンス規制の強化が不可欠であるが，信託，年金などの金融商品を取り上げながら，望ましい金融システムおよび金融・財政政策の視点から，家計の資産運用を研究した．

　本研究会のメンバーは，中央大学企業研究所研究員を中心として構成されているが，研究活動の一環として開催した公開研究会において，メンバーの報告だけでなく，以下のように，他大学・研究機関の先学に講演を依頼して意見交換と勉学を重ねた．

（1）　2008年度・公開研究会
　1）　2008年5月26日（月），丸尾直美客員研究員（尚美学園大学名誉教授）は，「資産ベースの経済・福祉政策」のテーマで，年金を個人の資産運用益で賄う政策が有効であると主張するとともに，資産運用のための原資には格差があるので，その格差を緩和する政府の福祉政策が望ましいとした．次に，後藤純一客員研究員（神戸大学経済経営研究所所長（2009年より慶應義塾大学総合政策学部教授））は，「少子高齢化と女性雇用・外国人雇用」のテーマで，日本経済の成長の条件を生産性の向上・労働節約型経済への転換，外国人労働者の雇用，女性の職場進出への期待の3つの視点から理論・実証分析することによって，自由貿易の下では労働節約的な部門への特化が望ましいとした．

2）同年 11 月 15 日（土），古郡鞆子研究員は，「肥満と仕事——体型にみる雇用と職場——」のテーマで，肥満者の所得が低い傾向があることを推計して，肥満税の導入を通じた潜在型肥満者数の減少，肥満を要因とする貧困者援助という国の対策の他，企業による職場環境の改善などの対策が必要なことを提案した．次に，藤波大三郎客員研究員（松本大学松商短期大学部教授）は，「資産運用と年齢」のテーマで，加齢と支出制約がリスク資産運用に与える効果を重視して，高齢化になるほどリスク資産運用が困難になるのではなく，支出が家計を圧迫する中年期にリスク資産運用が低下した後，再びリスク資産運用が可能となると主張した．

3）2009 年 1 月 30 日（金），宇野典明研究員は，「新たな保険概念の構築について——危険団体概念に替わる資産負債最適配分概念の導入——」のテーマで，危険団体の概念を土台とする現行の保険が保険契約者の利益と保護を十分に保証するものではないとして，保険会社の資産と負債の最適な配分を実現することでリスクとリターンの適切な管理を可能にする資産負債最適概念の適用を提唱した．次に，北村仁代準研究員は，"What causes banks' herd behavior? : An irrational forecast" のテーマで，行動ファイナンスの考え方に基づいたモデルを構築することによって，銀行行動を分析した．そして，非合理的な期待を重視して，自らの情報の信憑性を過大評価し不確実性が低いと判断する場合には各銀行の行動はバラつくが，その逆の場合は，銀行間の行動が類似することを示した．

(2) 2009 年度・公開研究会

1）2009 年 6 月 19 日（金），高橋豊治研究員は，「公社債市場における LIBOR スプレッドの計測と活用」のテーマで，残存期間，直接利回り，格付けダミーがスプレッドにプラスに影響することを検証した．そのうえで，LIBOR スプレッドが大き過ぎる（小さ過ぎる）ときは"買い（売り）"のシグナルになりうるとした．次に，井村進哉研究員は，「日本の国債管理政策と日銀・ゆうちょ・かんぽ・年金基金の資金運用」のテーマで，国債を安全に管

理・運営するため，国民の貯蓄，国債の保有機関としてのスタビライザー的な役割ないし国民生活決済銀行，国債ナローバンクとしての役割に期待して，ゆうちょ・かんぽに米国のファーニメイやフレディマックのような機能を持たせる提案を行った．

2) 2010年1月15日（金），北村仁代準研究員は，"Banker's Overconfidence and Irrational Lending Behavior" のテーマで，不確実性，不完全情報をベースにした銀行家の貸出行動を理論分析した．たとえば，銀行家が自信過剰な場合，その貸出行動は実体経済を基にした合理的な貸出行動よりも，過熱したものになることが示された．次に，駒井正晶・慶應義塾大学総合政策学部教授は，「住宅の二面性（消費財・資産）とリスク」のテーマで，住宅が耐久消費財としての消費的側面と，資産としての投資的側面という2つの性質を有することに着目して，住宅保有のリスクへの対策，持ち家促進政策の再検討，退職期の資産としての考え方が今後の課題になると主張した．

(3) 2010年度・公開研究会

1) 2010年6月28日（月），清水啓典・一橋大学大学院商学研究科教授は，「高齢化社会の展望と金融市場」のテーマで，産業革命や新興諸国の成長を参考にした日本の進路を示唆した．同時に，アジア地域の発展に応じた技術進歩をリードするのが日本の役割であるとして，高齢化，生産性低下を克服するグローバルな視点からの政策実施の必要性を提唱した．

2) 同年7月29日（木），平澤 敦研究員は，「損害保険と新保険法」のテーマで，4月1日施行の新保険法の中から特に被保険者利益，超過保険，重複保険の3つを取り上げ，改正の変更点を検討した．そのうえで，保険契約とデリバティブ契約などとの類似性，不払いや不正請求事例への対応，告知義務におけるプロラタ主義の再検討などの課題が残されていることを主張した．次に，奥山英司研究員は，「個人投資家の投資行動」のテーマで，投信窓販が個人投資家の株式・投信に与える効果を実証検証した．そして，労働者平均給与に占める負債割合の増加が有価証券現在高の割合を減少させること，銀行・信

金・信組の店舗数の増加が有価証券現在高の割合を上昇させることなどが明示された．

3）同年10月14日（木），御船 洋研究員は「高齢化社会と資産課税」のテーマで，高齢世帯が占める金融資産に応じた相続税の理論的根拠を示し，その必要性を考察した．そして，高齢者の資産残高の二極分化また国際的な相続税廃止傾向の中で，基礎控除の引き下げ，税率構造の見直し，遺産取得課税方式への移行，相続税と贈与税の一体化の検討の必要性を提唱した．次に，黒田 巖研究員は，「貸金業が提起している問題」のテーマで，貸金業法の改正を対処療法的な措置に過ぎないとして，借り手が無限のリスクを負っている今日の貸し借りのルールにメスを入れた．江戸時代以前，特に中世のルールが債務の総量を制限し，借り手の同意がない担保処理を禁止していたことを参考にして，健全な金融システムを構築する必要性を提唱した．

4）2011年1月22日（土）の公開研究会は，日本金融学会関東部会との共催であったが，北村仁代準研究員は，「高齢化社会の資産運用と銀行行動」のテーマで，急速な少子高齢化に伴って銀行の長短資金のロールオーバーの仕組みが崩れ，貸出が短期化する仮説を提示した．すなわち，短期運用に傾きがちな高齢者の預金と設備投資のための長期貸出との不一致が経済停滞をもたらすとした．次に，後藤純一客員研究員は，「少子高齢化と外国人労働者」のテーマで，リーマンショックが及ぼした日系人出稼ぎ労働者の大量帰国に着目して，外国人労働者受入れはその規模によって日本の経済成長に与える効果が異なることをモデルに基づいて分析した．そのうえで，国内労働力を活用する国内的代替策と貿易自由化をさらに進める国際的代替を提案した．

上述のように，高齢化そのものに関する研究，金融・資本市場の変革や新しい金融商品の出現，望ましい金融システムおよび金融・財政政策をめぐる研究を重ねて，12編の論文が提出されることになった．ここに，その要旨を紹介しておこう．

共助社会の視点から，高齢世帯の資産運用と金融システムのあり方を問うの

が，第1章の目的である．高齢世帯は，他の世代に比べて，貯蓄額が多く，有価証券保有比率が高いが，消費生活を賄うために公的年金に依存せざるをえない状況にある．加えて，高齢世帯間および地域間の格差が存在している．この状況を緩和するため，著者は，共助社会の金融システムに期待をかける．その理由は，家計を主役として，地域経済との連携を重んじる共助社会こそが，収穫逓増の経済活動を実現する可能性を秘めていると考えるからである．そして，それを実現するマイクロファイナンス，住民参加型ミニ地方公募債，コミュニティ・ファンド，また地域金融機関の役割について論じる．

第2章は，高齢者の資産運用に期待をかける．高齢世帯はリスク資産運用に適していないと考えられがちであるが，著者は，特に，団塊の世代による国内・外の株式，債券への分散投資が，財産所得を高め，それが個人消費を喚起する．同時に，需要の増加が企業のイノベーションを誘発し，供給力を高め，経済を活性化していく過程を重視する．実際，老後の不安を解消するためには，年金制度と並んで，投資信託などリスク資産運用が不可欠であるが，市場メカニズムを十分に機能させる市場型間接金融システムの強化と金融政策が必要になる．たとえば，高齢者向けの「小額ポートフォリオ非課税制度」など投資税制の改正や分散投資に関する投資教育が望まれることになる．

資産ベースの福祉政策の意義を問うのが第3章の目的である．資産再分配政策は，所得をベースとする従来の福祉政策と異なっている．その理由は，1年間の資金フローに限定された所得よりも，生涯にわたるストックとしての資産が福祉に大きな影響を与えることによる．しかし，老後の年金を補完する資産再分配政策は，それほど，普及しているわけではない．そこで，著者は，工業化が当初は資産の不平等化をもたらすが，やがて勤労者の所得の上昇が資産所有を増加させ経済全体の資産所有を平等化していくという理論仮説を用いる．そして，資産再分配が進展する中で，経済，政治，社会（インフォーマル）システムによって構築される家計主役の社会が到来する可能性を示す．

高齢化社会の進展に伴って高齢者層への富の偏在が強まりつつある．この状況を避け，経済社会を活性化する資産課税の役割を相続税を中心に問うのが，

第4章の目的である．最近，相続税を廃止ないし軽減した国々が存在することも事実である．しかし，著者は，世界一の高齢社会である日本は相続税が不可避であると主張し，その理由を富裕層と貧困層の資産格差の是正，所得税の補完的な活用，老後扶養の社会化に対応した資産継承の社会化，相続人の生前所得の清算課税としての位置づけに求める．そして，基礎控除額の引き下げおよび税率構造の見直し，さらに資産取得課税方式の推進が必須であるとして，相続税と贈与税の一体化課税の継続的な検討の必要性を提案する．

第5章は，公的年金制度を通じた国民の貯蓄性資金の運用が高齢化社会のポイントになるとして，望ましい資金運用のあり方と改革の方向性を考察また提案する．厳しい公的年金財政と国家財政の中で，年金積立金の大幅な取崩しが続けば，公的部門による国債の市場隔離が難しくなり，国債市場を攪乱することになりかねない．抜本的な方策は高齢者雇用システムを組み込んだ年金財政の再構築に他ならないが，目下の課題として，公的年金の資金運用と国債管理のリンクを重視する必要がある．著者は，米国でさえ公的年金基金が国債管理政策の一翼を担ってきたように，長期債を中心とする国民の貯蓄性資金の運用と，国債管理政策を再考する時期に差し掛かっていることを強調する．

長期化したデフレ，不況の要因を，所得分配目標を軽視する日本銀行の政策スタンスに求め，国民サイドの金融政策の採用を求めるのが第6章の目的である．主張の背景となっているのが，日本銀行が，物価安定の下での持続的成長を目標として所得分配政策をもっぱら政府にゆだねた結果，国民の所得分配が歪められデフレや不況を長引かせてしまったとの想いである．このため，著者は，所得分配をめぐる日本銀行内の対立的な見解，ケインズの貨幣改革論で展開された金融政策，企業収益と家計所得の分配に与えるインフレーションおよびデフレーションの効果を理論的に考察する．そして，供給面だけでなく消費面を加えた総合的な観点から，超低金利政策是正の必要性を強調する．

少子高齢化がもたらす人手不足を緩和するのが外国人労働であると思われる．第7章は外国人労働の型に着目，すなわち，「移民」と「出稼ぎ労働者」に峻別することによって，経済的インパクトを理論分析するとともに，高齢化

社会にふさわしい外国人労働者政策を提唱する．著者の厳密なモデル分析の結果，「移民」の受入れはプラスの経済効果を，また「出稼ぎ労働者」の受入れはマイナスの経済効果を生みがちであることが示される．加えて，外国人労働が日系人労働者も含めて出稼ぎ労働的性格を強くしていることから，労働生産性の向上，女性・高齢者・若年者などの国内労働者の雇用促進，貿易自由化・資本移動の自由化のさらなる進展が必要であると主張する．

現代社会はリスク社会そのものであるが，リスク移転手段の1つが保険である．しかし，損害保険の場合，積み立て型の保険を除いて，保険事故が発生しない限り，支払った保険料は戻ってこない．また，保険を実際に利用したときに，保険料に見合った損害てん補が得られるとは限らない．第8章は，この課題を克服し保険会社の信頼を高めるべく，自動車保険の最近の動向と消費者保護強化を目的とした新保険法を参考に，消費者の視点から，損害保険のあり方を考察する．そのうえで，高齢化社会に対応する新しい保険商品を絶えず開発する条件は，保険本来の目的である「助け合い精神」を土台とした経営効率の向上努力に他ならないと主張する．

高齢化社会の到来が，年金保険，医療保険特に年金保険に焦点を当てるようになっている．第9章は，貯蓄性が高い年金保険に着目して，その競争力を弱め，消費者へのサービスの提供を制約する要因ともなっている特別利益禁止規制の問題点を検討し，その改善策を提案する．特別利益の提供を禁止する主張は，1）保険契約者平等待遇原則に反するばかりでなく，不公正な競争を誘発するおそれがあること，2）保険募集におけるフェア・プレイの確保を根拠にしている．しかし，著者は，カナダの事例を土台にして，保険契約者平等待遇原則に否定的な見解を示す．そして，危険団体の概念に代えて，資産負債最適配分という新しい概念の必要性を提案する．

世界第2位のGDPを誇る中国において，高齢化社会の到来という新たな課題が生じつつある．第10章の目的は，高齢化社会につながった1人っ子政策など中国の独自な政策や経済・社会の多様性を展望した上で，それを前提とした金融システムのあり方を論じることにある．これまで市場経済化が進められ

たことは確かであるが，中国人民銀行の独立性や4大国有商業銀行の民営化が不十分なものであることに加えて，今後どのように外資を規制すべきかという問題を抱えている．さらに家計部門の資金が企業活動のために移転させられてきたので，これをどのように是正するかも課題になっている．この視点から，著者は社会サービスも含めた総合的な政策を提案する．

韓国の少子・高齢化に備えた金融システムの構築を論じるのが，第11章の目的である．躍進めざましい韓国経済とはいえ，朝鮮動乱後に出生した団塊の世代が退職年齢に達しつつあるなど，少子・高齢化は深刻である．この世代の貯蓄・投資行動も，他の世代と同様，不動産保有比率が高い．しかし，不動産価格の変動，また高齢化がもたらす土地の需給バランスの悪化を考えると，不動産は老後を保証する準備資産とはいいがたい．それゆえ，金融資産とのバランスを考慮する必要性が生じるが，長期的な投資の場である資本市場の整備が遅れているのが実情である．そこで，著者は，国民年金や退職年金の合理的な運用を可能にする金融システムの整備の必要性を強調する．

家計が持つ負債の問題を抜きにして高齢化社会を考えることは難しい．この視点から，借り手の有限の責任を土台とする金融システム構築の必要性を提案するのが第12章の目的である．2010年6月に改正貸金業法が完全施行されることになったが，著者は貸金業に対する規制という手段よりも，むしろ，貸し借りの仕組みそのものを見直し，一般的な課題として考察する必要性があると主張する．実際，今日の貸し借りには，貸し手が借り手をだますような悪意の貸出や，結果的に金融システムを歪めてしまうような継続的な銀行の追加貸出が行われている．その意味で，貸し手が得られる収益と借り手が負うリスクを有限なものにしていた中世の貸し借りの仕組みが参考になる．

本書の構成と要旨は上述のとおりであるが，本書が出版に至ったのも研究会の活動を支援下さった諸先生と研究所合同事務室スタッフのご厚意の賜物である．改めて，御礼申し上げる．特に，企業研究所担当の宮川美智子氏には，3年間にわたるチーム活動だけでなく，本書のとりまとめと出版のお世話をいた

だいた．さらに，出版部の菱山尚子氏には種々ご苦労をお掛けしてしまった．この場をお借りして，厚く御礼申し上げる．

2011 年 9 月 30 日

岸　　真　清
黒　田　巖
御　船　洋

# 目　　次

はしがき

## 第1章　共助社会における高齢世帯の資産運用
岸　　真　清

1. はじめに……………………………………………………… 1
2. 高齢化世代の資産運用上の課題…………………………… 2
3. 高齢化に対応する共助社会の考え方……………………… 6
4. 市場経済の資金効率………………………………………… 12
5. 共助社会の金融行動………………………………………… 17
6. む　す　び…………………………………………………… 22

## 第2章　高齢者の金融資産運用とイノベーション
藤　波　大三郎

1. はじめに……………………………………………………… 27
2. 個人の金融資産運用について……………………………… 29
3. 金融資産運用とイノベーション…………………………… 43
4. 求められる政策的支援と望ましい投資教育……………… 52
5. 本考察についての再検討…………………………………… 57
6. む　す　び…………………………………………………… 58

## 第3章　高齢社会の資産分配政策
――資産分配の趨勢と政策――

丸　尾　直　美

1．はじめに……………………………………………………… 63
2．資産／所得比率を決めるGDP・成長率・高齢化………… 63
3．資産ベースの福祉政策とは………………………………… 67
4．資産重視の福祉政策の意義………………………………… 71
5．イギリスの資産ベースの福祉政策の現状と将来………… 77
6．勤労者資産所有制度の発展………………………………… 81
7．所得分配と資産分配のU字型変動の可能性……………… 87
8．む　す　び…………………………………………………… 92

## 第4章　高齢化社会と資産課税
――相続税を中心に――

御　船　　　洋

1．はじめに……………………………………………………… 99
2．高齢化の現状………………………………………………… 100
3．高齢者の経済状況…………………………………………… 102
4．相続財産および相続税の現状……………………………… 111
5．相続税の課税根拠と課税方法……………………………… 119
6．相続税の理論的整理………………………………………… 124
7．むすびにかえて――相続税の今後の展望………………… 133

## 第5章　財政危機下の年金資金運用と国債管理
――年金資金運用政策における国債管理視点と
年金国債の導入についての試論――

井　村　進　哉

1．はじめに……………………………………………………… 141

2．公的年金制度の現状と収支悪化……………………………… 144
3．公的年金の資金運用制度の変遷と現状……………………… 158
4．年金積立金の運用の現状と国債保有………………………… 163
5．国債市場隔離と年金国債の導入の意義……………………… 170
6．む　す　び……………………………………………………… 177

## 第6章　金融政策と所得分配との関係について
建　部　正　義

1．は じ め に……………………………………………………… 183
2．篠塚審議委員と福井総裁の見解……………………………… 185
3．『貨幣改革論』におけるケインズの分析……………………… 188
4．インフレーションおよびデフレーションと
　　所得分配の歪み………………………………………………… 192
5．「デフレ」に対する日本銀行の取組み………………………… 197
6．む　す　び……………………………………………………… 201

## 第7章　高齢化時代における外国人労働者政策の課題
　　　　――移民と出稼ぎ労働者――
後　藤　純　一

1．は じ め に……………………………………………………… 205
2．少子高齢化と外国人労働者――問題の背景………………… 206
3．わが国における外国人労働者の受入れの現状
　　――「移民」か「出稼ぎ労働者」か………………………… 209
4．外国人労働者受入れのインパクト
　　――移民と出稼ぎ労働者……………………………………… 213
5．む　す　び……………………………………………………… 220

## 第8章　消費者観点の損害保険と保険法
平澤　敦

1．はじめに……………………………………………………… 223
2．損害保険商品………………………………………………… 225
3．保険法における損害保険…………………………………… 231
4．むすび………………………………………………………… 242

## 第9章　カナダにおける保険料のリベート規制
宇野典明

1．はじめに……………………………………………………… 247
2．各州のリベート規制………………………………………… 249
3．人権法における差別禁止規制……………………………… 267
4．カナダにおける保険料のリベート規制の
　　根拠についての評価………………………………………… 271
5．むすび――日本における特別利益提供禁止規制へ
　　示唆するもの………………………………………………… 279

## 第10章　中国の1人っ子政策と金融システムの市場化
小原篤次

1．はじめに……………………………………………………… 295
2．高齢化社会に直面する中国………………………………… 297
3．中国の金融システム………………………………………… 302
4．むすび………………………………………………………… 310

## 第11章　韓国の少子・高齢化と金融システムの課題
伊東和久

1．はじめに……………………………………………………… 315
2．少子・高齢化の現状………………………………………… 316

3．韓国家計の貯蓄・投資行動……………………………………… 322
　　4．社会保障制度と金融システムの課題………………………… 327
　　5．むすび………………………………………………………………… 334

## 第12章　貸金業が提起している問題について
　　　　　　　　　　　　　　　　　　　　　　　　　　　黒　田　　巖
　　1．はじめに……………………………………………………………… 337
　　2．最近の貸金業法を巡る動き…………………………………… 337
　　3．近年の歴史研究の成果………………………………………… 339
　　4．問題の所在…………………………………………………………… 341

# 第1章　共助社会における高齢世帯の資産運用

## 1．はじめに

　共助社会の視点から，高齢世帯の資産運用と金融システムのあり方を考察するのが，本章のねらいである．共助社会とは政府などが行う公助に過度に依存することなく，また個人の努力，自助だけでは実現が難しい課題を，地域住民，市民グループの連帯によって解決する社会のことである．市民，家計が主役となって，効率的な経済活動と豊かなそして生き甲斐のある日常生活を目指すものである．
　高齢世帯の貯蓄は他の世代より多く，また有価証券として保有される比率が高いという特徴を持っている．とはいえ，消費生活を賄うことができないため，公的年金に依存せざるをえない状況にある．加えて，高齢世帯間および地域間格差が存在している．この状況を緩和しうると思われるのが共助社会の金融システムであるが，その理由は共助社会の金融システムこそが，収穫逓増の経済活動を実現する可能性を秘めているからである．すなわち，ベンチャービジネス，マイクロビジネスが有する収穫逓増の可能性，また，収穫逓減を想定しがちな市場経済が潜在的に有する収穫逓増に着目して，高齢世帯の純貯蓄の効率的な運用を可能にする担い手を具体的に論じることにする．
　そのため，2節において高齢化社会の資産運用の特徴を検討した後で，3節で福祉ミックス論および収穫逓増に関する代表的な主張を参考に，本章が提案する共助社会の概念を述べることにする．4節と5節は，共助社会を構成する市場経済と共同体経済を，それぞれ，考察する．すなわち，4節において，土地など実物資産に比べて，金融資産の保有比率が高まりつつある今日，金融資

産の収益率を高める諸条件を検討する．5節は，営利目的と非営利目的の事業の双方を行う共同体経済を対象にして，高い収穫逓増の可能性を考察するとともに，地域経済，地域金融機関，NPO・NGOとの連携の重要性を指摘する．そして，最後に若干のまとめと提案を行うことにする．

## 2．高齢化世代の資産運用上の課題

総務省統計局の家計調査報告によれば，2009年の1世帯（2人以上の世帯）あたりの平均貯蓄現在高は1,638万円である．表1-1が示すように，1959年の30万円から2000年の1,781万円まで，ほぼ一直線に増加してきたが，2002年頃に停滞し始めた．その後回復に入ったものの，サブプライムローンの影響を受け，2007年の1,719万円より減少している．

有価証券の伸び悩みが，その一因となっている．バブル経済時の1989年には375万円の保有量であったのが，2009年には222万円に減少した．それにつれて，有価証券比率（貯蓄現在高に占める有価証券の割合）は，1961年の34.5％から2009年の13.6％に低下した[1]．

また，世代別の資産保有状況をみてみると，年齢階層が高くなるほど，貯蓄現在高は多くなっていることがわかる．表1-2のように，30歳未満の世帯の貯蓄額が294万円であるのに対して，60歳代および70歳代以上の世帯の貯蓄額は，それぞれ，2,202万円，2,361万円である．2009年時点で，60歳以上の世帯は全世帯の43.6％であるが，貯蓄は全体の55.4％を占める．

同年の金融商品構成は，全世代で，預貯金（通貨性預貯金と定期性預貯金の合計）60.9％，保険（生命保険など）23.0％，有価証券（株式，株式投資信託，貸付信託・金銭信託，債券・公社債投資信託）13.6％，その他金融商品（金融機関外として分類されている年金型貯蓄，外貨預金，外債）2.5％である．これに比べて，60歳代のそれは，預貯金61.9％，保険22.2％，有価証券14.8％，その他金融商品1.2％と，保険およびその他金融商品のシェアが若干減少する中で，預貯金および有価証券比率が高まっている．70歳以上の年代では，この傾向がさらに

表 1-1　貯蓄現在高および有価証券の保有現在高の推移（2人以上の世帯）
― 1959 ～ 1999 年―

|  | 1959 | 1960 | 1961 | 1962 | 1963 | 1964 | 1965 | 1966 |
|---|---|---|---|---|---|---|---|---|
| 有価証券（万円） | 10 | 11 | 16 | 13 | 20 | 18 | 20 | 20 |
| 貯蓄（万円） | 30 | 36 | 46 | 44 | 65 | 69 | 76 | 91 |
| 有価証券比率（%） | 32.9 | 30.4 | 34.5 | 28.8 | 30.3 | 26.7 | 26.5 | 22.2 |

|  | 1967 | 1968 | 1969 | 1970 | 1971 | 1972 | 1973 | 1974 |
|---|---|---|---|---|---|---|---|---|
| 有価証券（万円） | 21 | 24 | 32 | 34 | 38 | 50 | 46 | 46 |
| 貯蓄（万円） | 99 | 113 | 139 | 160 | 183 | 215 | 243 | 270 |
| 有価証券比率（%） | 20.8 | 21.6 | 23.2 | 21.1 | 20.6 | 23.3 | 19.1 | 17.0 |

|  | 1975 | 1976 | 1977 | 1978 | 1979 | 1980 | 1981 | 1982 |
|---|---|---|---|---|---|---|---|---|
| 有価証券（万円） | 53 | 65 | 77 | 79 | 95 | 99 | 122 | 136 |
| 貯蓄（万円） | 317 | 377 | 427 | 451 | 521 | 579 | 650 | 697 |
| 有価証券比率（%） | 16.7 | 17.3 | 17.9 | 17.5 | 18.1 | 17.1 | 18.8 | 19.5 |

|  | 1983 | 1984 | 1985 | 1986 | 1987 | 1988 | 1989 | 1990 |
|---|---|---|---|---|---|---|---|---|
| 有価証券（万円） | 136 | 144 | 167 | 190 | 259 | 274 | 375 | 316 |
| 貯蓄（万円） | 726 | 770 | 853 | 910 | 1,045 | 1,120 | 1,311 | 1,353 |
| 有価証券比率（%） | 18.7 | 18.7 | 19.6 | 20.9 | 24.8 | 24.5 | 28.6 | 23.3 |

|  | 1991 | 1992 | 1993 | 1994 | 1995 | 1996 | 1997 | 1998 |
|---|---|---|---|---|---|---|---|---|
| 有価証券（万円） | 303 | 270 | 237 | 238 | 211 | 199 | 188 | 172 |
| 貯蓄（万円） | 1,465 | 1,537 | 1,498 | 1,592 | 1,604 | 1,655 | 1,635 | 1,661 |
| 有価証券比率（%） | 20.7 | 17.5 | 15.8 | 14.9 | 13.1 | 12.0 | 11.5 | 10.3 |

|  | 1999 | 2000 | 2001 | 2002 | 2003 | 2004 | 2005 | 2006 |
|---|---|---|---|---|---|---|---|---|
| 有価証券（万円） | 203 | 190 | ― | 168 | 162 | 185 | 227 | 248 |
| 貯蓄（万円） | 1,738 | 1,781 | ― | 1,688 | 1,690 | 1,692 | 1,728 | 1,722 |
| 有価証券比率（%） | 11.7 | 10.7 | ― | 10.0 | 9.6 | 10.9 | 13.1 | 14.4 |

|  | 2007 | 2008 | 2009 |
|---|---|---|---|
| 有価証券（万円） | 269 | 270 | 222 |
| 貯蓄（万円） | 1,719 | 1,680 | 1,638 |
| 有価証券比率（%） | 15.6 | 16.1 | 13.6 |

（出所）　総務省統計局ホームページ／家計調査報告による．

表1-2 世帯主の年齢階層別貯蓄および負債の1世帯当たり現在高 (2009年)

(単位:万円)

| | 平均 | 〜29歳 | 30〜39 | 40〜49 | 50〜59 | 60〜69 | 70歳〜 |
|---|---|---|---|---|---|---|---|
| 年間収入 | 630 | 459 | 584 | 746 | 817 | 566 | 460 |
| 貯　蓄 | 1,638 | 294 | 598 | 1,111 | 1,670 | 2,202 | 2,361 |
| 金融機関 | 1,597 | 277 | 558 | 1,052 | 1,595 | 2,176 | 2,349 |
| | (97.5) | (94.2) | (93.3) | (94.7) | (95.5) | (98.8) | (99.5) |
| 　通貨性預貯金 | 296 | 143 | 190 | 211 | 291 | 375 | 384 |
| | (18.1) | (48.6) | (31.8) | (19.0) | (17.4) | (17.0) | (16.3) |
| 　定期性預貯金 | 701 | 81 | 197 | 404 | 665 | 988 | 1,126 |
| | (42.8) | (27.6) | (32.9) | (36.4) | (39.8) | (44.9) | (47.7) |
| 　生命保険など | 377 | 37 | 133 | 346 | 460 | 489 | 410 |
| | (23.0) | (12.6) | (22.2) | (31.1) | (27.5) | (22.2) | (17.4) |
| 　有価証券 | 222 | 16 | 38 | 91 | 179 | 325 | 429 |
| | (13.6) | (5.4) | (6.4) | (8.2) | (10.7) | (14.8) | (18.2) |
| 金融機関外 | 41 | 17 | 40 | 58 | 75 | 26 | 12 |
| | (2.5) | (5.8) | (6.7) | (5.2) | (4.5) | (1.2) | (0.5) |
| 負　債 | 479 | 373 | 758 | 942 | 529 | 201 | 116 |
| 住宅・土地のための負債 | 429 | 323 | 718 | 881 | 451 | 165 | 83 |
| | (89.6) | (86.6) | (94.7) | (93.5) | (85.3) | (82.1) | (71.6) |
| 住宅・土地以外の負債 | 35 | 34 | 20 | 38 | 58 | 28 | 29 |
| | (7.3) | (9.1) | (2.6) | (4.0) | (11.0) | (13.9) | (25.0) |
| 月賦・年賦 | 15 | 17 | 20 | 23 | 20 | 8 | 4 |
| | (3.1) | (4.6) | (2.6) | (2.4) | (3.8) | (4.0) | (3.4) |

(注) 括弧内の数字は,貯蓄と負債のそれぞれの構成比.
(出所) 総務省統計局ホームページ／家計調査報告から抜粋,作成した.

強まり,預貯金64.0%,保険17.4%,有価証券18.2%,その他金融商品0.5%となっている[2]．これらのことから,若年・中堅世帯に比べて,高齢世帯の貯蓄と有価証券保有額が高いこと,しかし,2000年代半ば以降,伸び悩んでいることがわかる．

一方,負債は,ほとんどが住宅・土地取得のためであるが,その現在高に関して,60歳代は201万円,70歳代以上は116万円と,最も負債額が大きな40

代の 942 万円をはじめ，30 代，50 代，20 代世帯に比べて小さい。同時に，60歳代と 70 歳代以上の世帯の負債は，2004 年に比べて，減っている。この結果，表 1-3 のように，純貯蓄額（貯蓄現在高から負債現在高を控除）は，20 歳代，30歳代ではマイナスであるが，40 歳代以降の世帯のそれはプラスに転じ，70 歳代以上は 1,942 万円と最も多くなっている。しかし，それにもかかわらず，問題は，1984 年以降，各世代の純貯蓄額は減っていることである。すなわち，20 歳代と 30 歳代は，それぞれ，1994 年，1989 年をピークとして，その後，減少，また，50 歳代，60 歳代，70 歳代は 1999 年をピークとして，その後減少し続けている。この状況の中で，高齢者の生活は厳しさを増しそうであるが，その理由を次のように考えることができよう。

　第 1 の課題は，実収入が消費生活を賄えないこと，また不足分のほとんどを公的年金に依存していることである。日本人の平均寿命は男性 79.59 歳，女性 86.44 歳とされているが，65 歳が老後資金の使い始めとされている。ところが，世帯主が 60 歳以上の無職世帯（2 人以上の世帯）の 1 カ月間の収入と支出をみてみると，実収入 190,394 円，消費支出 244,619 円であって，不足分が 54,225円である。しかも，実収入 190,394 円のうち，その 84.4％に当たる 188,816 円を公的年金などの社会保障給付に依存している。しかし，生命保険文化センターの「生活保障に関する調査（平成 19 年度）」によれば，「公的年金で老後の生活費は大部分まかなえる？」の質問に対して，60 歳代の回答者は 20 歳代〜50

表 1-3　世帯主の年齢別純貯蓄額（2 人以上の世帯）

(単位：万円)

|  | 平均 | 30 歳未満 | 30 歳代 | 40 歳代 | 50 歳代 | 60 歳代 | 70 歳代 |
| --- | --- | --- | --- | --- | --- | --- | --- |
| 1984 | 407 | 119 | 134 | 266 | 651 | 942 | 858 |
| 1989 | 708 | 138 | 210 | 450 | 933 | 1,540 | 1,672 |
| 1994 | 876 | 177 | 159 | 504 | 1,045 | 1,890 | 1,929 |
| 1999 | 917 | 61 | −62 | 286 | 1,072 | 1,977 | 2,095 |
| 2004 | 971 | −20 | −219 | 150 | 1,034 | 1,932 | 2,085 |
| 2009 | 978 | −38 | −267 | 75 | 956 | 1,853 | 1,942 |

(出所)　総務省ホームページ／平成 21 年全国消費実態調査より抜粋.

歳代までの回答者よりは楽観的ではあるが，それでも「あまりそうは思わない」と「まったくそうは思わない」を合わせて66.1％と，公的年金に対して懐疑的である．

そのため，私的準備が一層必要になる．同センターの「老後保障に対する私的準備状況」調査によれば，60歳代の65％の人が老後の準備を行っている．その内訳は，預貯金49.2％，個人年金保険・変額個人年金保険や生命保険39.2％，有価証券12.5％，損保の年金型商品8.4％，その他1.4％である．回答者全員の平均の場合，預貯金のシェアが40.1％，損保の年金型商品8.1％，有価証券のそれが6.4％であることから，高齢者が特に有価証券を重視していることを確認できる[3]．

第2の課題は，格差が存在していることである．60歳以上の世帯に限っても，貯蓄残高の格差が目立っている．ちなみに，貯蓄現在高は中央値1,550万円，平均値2,275万円であるが，200万未満の世帯が10.1％，800万円未満の世帯は30.7％に上る一方，2,500万以上の世帯が31.6％，4,000万円以上の世帯が16.8％にも上るなど，格差が大きいことが課題になっている[4]．

同時に，地域格差の課題を挙げざるをえない．県別の貯蓄残額と負債残額に格差が顕著であるが，まず，貯蓄残額に関して，香川県の1,973万円，奈良県の1,899万円，神奈川県の1,866万円と対照的に，沖縄県のそれは588万円，同様に青森県と鹿児島県はそれぞれ974万円，995万円に過ぎない．逆に，負債残額に関して，岩手県の308万円，鹿児島県の333万円，香川県の353万円のように残額が小さな県に比べて，東京都は748万円，神奈川県は706万円，埼玉県は678万円と負債残額が多い．純貯蓄（貯蓄残額から負債残額を控除）が最も多いのは香川県の1,619万円であるが，たとえば，沖縄の200万円とは8倍の格差があることがわかる[5]．

## 3．高齢化に対応する共助社会の考え方

高齢化社会の格差の緩和と活性化の鍵を握るのが，高齢世帯の純貯蓄の効率

的な運用と思われる．そのためには，より高い預貯金金利，株式配当・債券利回りが必要になる．しかし，それを実現するのは，資本効率の改善，預貯金者，投資家の権利の重視，さらに生き甲斐を与える仕事の確保である．最近，サブプライムローン問題の反省から地方，地域がクローズアップされているが，ここでは，共助社会の考え方に基づいて，高齢化社会の資産運用上の課題に接近することにする．

　共助社会とは，政府などが行う公助に過度に依存することなく，また個人の努力，自助だけでは実現が難しい課題を，地域住民，市民グループの連帯によって解決する社会のことである．コミュニティを基盤とする共助社会は市場経済と家計，市民の日常生活の場である共同体経済を効率的に結びつけることで，公的部門と民間部門の協業を促進し，高齢化社会を活性化するものと考えることができる．

　市場と政府を結ぶ共助社会を重視する考え方は，経済システムと政治システムを結ぶインフォーマル（社会）システムを設定する丸尾の主張を参考にしている[6]．丸尾によれば，経済システムは，企業を行動主体とするが，市場メカニズムによって，需給の自働調整と資源の最適配分が実現されることになる．また，政府を主体とする政治システムは，議会制民主主義，多数決原理と合意によって調整されることになる．さらに，人間の愛と相互性を基盤として機能する社会システムが存在するが，その主体であるNGO，NPO，家族，ボランティアの活動を通じて，経済システムと政治システムを補完することになる．

　福祉国家の概念と経済効率を重視する新自由主義を組み合わせた福祉ミックス論を展開する丸尾によれば，経済・社会構造を変革する社会システムは，市場の機能を強化と公的・計画的な福祉供給を同時に行うために不可欠な存在ということになる．その重要なポイントは，公的部門と社会部門の協業によって福祉が実現されることにある．福祉ミックス論が登場してきた背景には，① 市場の失敗よりも，政府支出の安易な拡大，財政赤字の慢性化が目立つようになったこと，② 経済環境の変化の中で，規制緩和と小さな政府が強調され過ぎるようになったことへの反省，③ 人口高齢化の予想以上の進展により，

福祉財政が困難になると予想されるようになったことを挙げることができる．

福祉ミックス論が社会部門を重視する理由は，以下の4つの理由による．① 公的福祉供給の不足分を補完することによって，適切な福祉水準を維持すること，② 市場の失敗と政府の失敗が同時に起こった場合に，参加型の社会部門の出番がありうること．たとえば，信頼と情報の不備が存在する場合，囚人のジレンマやゼロサムゲームをもたらす危険性があるが，共有，信頼，学習による相互理解を可能とする参加型システムが必要になること，③ 非営利組織はしばしば無償あるいは低料金でサービスを提供するので，福祉財政の節約に役立つこと，④ 人間的要素の導入にとって，社会部門は重要であること．

社会（インフォーマル）部門の重要性を説く福祉ミックス論と同様，市民，家族，NPO・NGO，ボランティアを主役とするシステムを金融サイドから求めるのが，本章のねらいである．また，新古典派経済学に疑問点を有することでも共通している．しかし，共助社会とそれを支える金融システムを論じる本章は，新古典派経済学が規模に関して収穫逓減を想定することに疑問を呈することで，福祉ミックス論と若干異なっている．塩澤が主張するように[7]，現実の経済は，本来，収穫逓増の成長経路を辿るはずであると考え，それを妨げる要因を除去ないし緩和する役割を担っている共助社会を，特に高齢化社会の資産運用を例として，考察するものである．

そこで，まず，市場経済，共同体経済，共助社会の関係を，図1-1によって検討してみよう．横軸が知識・技術，労働，資本など生産要素の集合的な投入，縦軸は産出物を示すものとする．そして，A点〜B点までを共同体経済の領域，B点〜C点までを市場経済の領域，A′点〜B′点までの領域を共助社会の領域と単純化する．ここで，A点は経済活動の出発点，A点〜B点は家計の生活領域，A点〜C点は企業の生産・投資活動領域を表し，家計はB点に存立するものと想定する．

縦軸は，産出物（GDP）の増加を示すが，共同体経済では主に消費財に，市場経済では主に資本財に向けられるものと想定する．A点〜B点までが，生産の基礎構造部分とでもいうべき領域であるが，生産様式の高度化につれて投

図 1-1 共助社会の構図

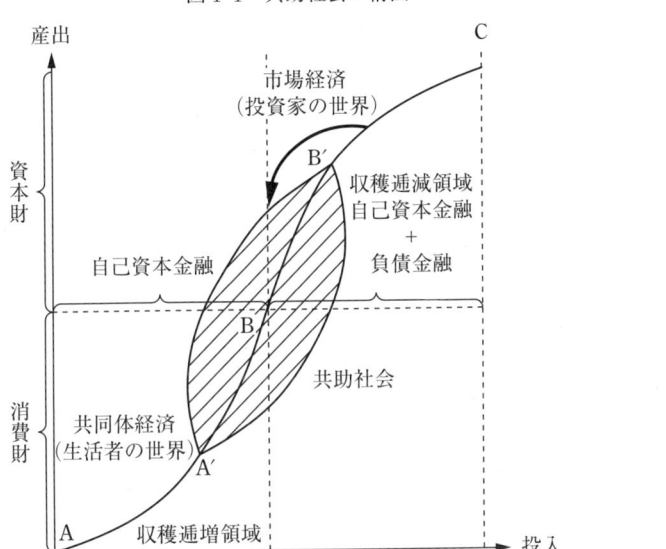

入物がより多くの産出物を生み出していく収穫逓増領域を表している．B 点を越えると，市場経済の中で，産出物は収穫逓減法則にしたがうことになる．市場経済であっても，本来は規模に関して収穫逓増になるはずであるが，後述するように，本章では負債金融に依存することでコストが上昇するため，収穫逓増になると考えることにする．

他方，横軸は資本と労働，それに知識・技術など生産要素の投入が増えるのにつれて，所得が拡大していく時間の経過を示している．すなわち，A 点から B 点は主に消費に，B 点から C 点までが貯蓄（投資）に振り向けられることになるが，B 点は共同体経済が必要とする消費を満たす水準に到達することを示す．しかし，共同体経済において技術革新が生じると，家計が必要とする消費水準を越えた生産を可能にするため，余剰となった産出物を市場経済に供給することになる．しかし，生産が拡大し続ける中で，負債金融に依存する比率や，生産活動よりも金融商品への投資の比率が高まると，バブル崩壊を示す C

点を超えてしまうことになる[8]．

　市場経済では，生産活動のためだけでなく投資活動が活発化する様相を呈するが，自己資金に加えて負債（レバレッジ）の使用が多くなる．この点，共同体経済が主に自己資金に基づいた生産活動を行うのと対照的である．負債依存度が収益率を定めることになるが，自己資金を中心とする領域で，知識の普及，技術の革新が生じると，収穫逓増分に見合って収益率が高まり，生産拡大へのインセンティブを高める可能性が高まる．しかし，レバレッジに依存した生産が行われるようになると，資金の流出が生じるため，収穫逓減現象が始まる．さらに，レバレッジが増え続けると，B′点を超えて，資金の流入を相殺していくことになり，やがて，ネットの資金流入をゼロにしてバブル崩壊点を表すC点に到達することになる．

　金融工学はこの関係を改善することによって，より低いリスク，より高いリターンを実現する金融商品を開発してきたはずである．しかし，サブプライムローン問題が示唆するように，現実の世界はリスクのわりにそれほど高い収益率を期待しえない状況になっていた．つまり，2000年以降，世界全体の貯蓄性向が上昇していわゆる金あまりの状態になっていたため，投資家がリターンを少しだけ高めるためにかなり高いリスクを受け入れざるをえないという収穫逓減現象が生じていたと思われる．

　市場経済の拡大がレバレッジに依存し，収穫逓減の様相を呈する場合には，それをどのように修正するかが問われることになる．すなわち，A点からC点に至る成長曲線において，バブル点への到達を遅らせるとともに，収穫逓増領域を拡大するのが望ましいことになる．

　収穫逓増現象そのものは，市場経済であっても共同体経済であっても生じる．たとえば，P. ローマー（Romar, P.）によれば，収穫逓増は知識の蓄積によってもたらされる．ローマーの内生的成長モデルにおいて，知識は限界生産物を逓増させる資本ストックとみなされるが，私的企業による研究開発投資活動が経済全体での知識資本の蓄積を導き，持続的な経済成長を実現することになる．すなわち，ある企業が開発した知識資本は，スピルオーバー効果を通じ

て，社会全般に伝染し，社会全体の知識資本の水準を底上げする．その結果，別の企業は，自らが開発した知識資本だけでなく，社会全体の知識資本を活用することができる．この知識・技術が労働力と物的資本の効率的な活用を可能にするわけである[9]．

しかし，生産コストが上昇しがちな市場経済での収穫逓増現象は限られた局面に留まるものと考えることができる．図1-1において収穫逓増部分を書き込んでいないのも，そのためである．対照的に，共同体経済において収穫逓増現象が生じやすいと考えることができるので，共同体経済全体を単純に逓増領域として表している．共同体経済で逓増現象が生じやすいと考える理由は，個人，マイクロビジネスが主要なプレーヤーである共同体経済では固定費が低く抑えられること，またコスト構造が柔軟なため，イノベーションを生みやすいこと，加えて自己資金を中心とした資金調達が行われやすいことによる．

したがって，産出物の価値が収穫逓増から逓減に向かうB点は，市民社会の鍵を握る分岐点といえる．すなわち，かなり生産水準が高まったA′点から高いレバレッジに依存する投資（投機）活動が始まるB′点までの成長曲線をカバーする領域が，市場経済と共同経済の中間領域に存在する共助社会であるが，B′点を超えた投資は収穫逓減現象が強まりやがてバブルを醸成してしまうので，B′点～C点にどのように対応するのかが課題になる．

そこで，(1) 共同体経済領域の中でも特に共助社会に相当する領域（A′点～B点）のように，収穫逓増領域を拡大するか，(2) 市場経済の中で主に共助社会に含まれる領域（B点～B′点）のように，収穫逓減になりがちな領域にありながら，技術革新を通じて生産性を高め，逓減の程度を弱めるか収穫逓増をもたらすか，(3) 市場経済の中で特に投機的な経済領域（B′点～C点）のように，収益逓減現象が顕著になった場合，資金をそこに投資し続ける代わりに，実物経済への投資に切り替えるか，共助社会に投資することで，資金効率を高め，収穫逓減の程度を弱める手段が浮かび上がることになる．

## 4．市場経済の資金効率

　家計が金融資産と実物資産にどのように振り分けているのかを表1-4でみてみると，1975年～2008年にわたって，土地を中心とする実物資産が全資産に占めるシェアが66.3%から41.3%に低下した反面，同期間の金融資産のシェアが47.6%から58.7%へと増加していることがわかる．実物資産に比べて金融資産保有が相対的に増加したことは事実であるが，これまで，持ち家志向が高かった日本の家計の考え方が変わっただけでなく，日本経済の変化が影響を与えたものと思われる．

　日本と米国の家計のバランスシートを比べてみると[10]，実物資産の保有比率が大きく異なっていることがわかる．ちなみに，1997年のバランスシートは，日本の家計が金融資産を46.0%，実物資産が54.0%であるのに対して，米国の家計は金融資産が69.1%，実物資産が30.9%であった．また，当時の金融資産の内訳をみてみると，日本の家計の預貯金が金融資産に占めるシェアが62.1%に対して，米国の家計は15.7%に過ぎなかった．逆に，投資信託など有価証券

表1-4　家計のバランス・シート（構成比）

（単位：%）

|  | 1975 | 1980 | 1985 | 1990 | 1995 | 2000 | 2005 | 2008 |
|---|---|---|---|---|---|---|---|---|
| 実物資産 | 66.3 | 65.5 | 61.1 | 64.9 | 52.4 | 46.5 | 39.3 | 41.3 |
| 　土　地 | 47.6 | 47.0 | 46.3 | 54.7 | 41.7 | 36.8 | 29.9 | 31.6 |
| 　その他有形資産 | 18.7 | 18.5 | 14.8 | 10.2 | 10.7 | 9.7 | 9.4 | 9.7 |
| 金融資産 | 33.7 | 34.5 | 38.9 | 35.1 | 47.6 | 53.5 | 60.7 | 58.7 |
| 　現金・預金 | 22.9 | 23.1 | 24.4 | 19.4 | 23.6 | 28.7 | 30.9 | 32.7 |
| 　その他金融資産 | 10.8 | 11.4 | 14.5 | 15.7 | 23.9 | 24.8 | 29.8 | 26.0 |
| 期末資産 | 100.0 | 100.0 | 100.0 | 100.0 | 100.0 | 100.0 | 100.0 | 100.0 |
| 負　債 | 13.1 | 13.2 | 13.6 | 12.1 | 15.0 | 15.3 | 15.1 | 15.4 |
| 正味資産 | 86.9 | 86.8 | 86.4 | 87.9 | 85.0 | 84.7 | 84.9 | 84.6 |
| 期末負債 | 100.0 | 100.0 | 100.0 | 100.0 | 100.0 | 100.0 | 100.0 | 100.0 |

（出所）　経済企画庁編（1997）および内閣府経済社会総合研究所編（2010）より作成．

のシェアは，米国37.4％に対して，日本の家計は9.7％に留まっていた．このことから，米国の家計が株式や投資信託で長期投資を行っているのと異なって，日本の家計は流動性を預貯金で確保する一方，長期投資を実物資産で行っていたと考えることができる．

　実物資産に重きを置く日本の家計の金融行動は，ポートフォリオの観点においても，合理的であったといえる．たとえば，1998年の地価は1955年の103.7倍，1970年からでも5.7倍へと上昇しているので，不動産投資が合理的であったことがわかる．さらに，預貯金にしても，変動為替相場制への移行に伴ってドルに比べて円の価値が大幅に上昇したことから，流動性の確保が目的であったとしても，収益率も高かったといえる．

　2008年時点で，家計のポートフォリオに占める実物資産のシェアが低下する一方，有価証券保有比率が上昇したのは，バブル崩壊によって不動産価格が下落したこと，また低い預貯金金利が背景になっているものと思われる．中でも，世帯の世代別の金融資産保有状況を示す表1-2のように，60歳代および70歳代以上の世帯の貯蓄は，他の世代に比べ，証券投資に向けられる比率が相対的に高いことが特徴的である．しかし，老後への不安を抱える高齢世帯の経済的な福祉を高めるためには，日本経済の活性化と金融資産の収益の向上が必須である．

　この課題を検討するため，まず，高齢世帯の貯蓄行動を目標資産仮説にしたがって検討してみよう[11]．現在の貯蓄をS，所得をY，目標資産額を$A^*$，期首の現実資産残高を$A_{-1}$，目標期間をTとすると，貯蓄必要額は目標額と現在の貯蓄額との差額なので，

$$s = \lambda [a^* - a_{-1}] \quad \text{の関係が得られる．} \tag{1}$$

ただし，$s = S/Y$，$a^* = A^*/Y$，$a_{-1} = A_{-1}/Y$，$\lambda = 1/T$ である．

　高齢世帯の場合，計画期間Tが短いこと，また持家需要が低いのにもかかわらず，老後生活への不安が目標資産額$A^*$および目標資産／所得比率$a^*$を高め，その結果，目標資産額／貯蓄比率sを高める．

事実,金融広報中央委員会による2人以上の世帯を対象とした「家計の金融行動に関する世論調査」によれば,高齢世帯の貯蓄目的は,「老後の生活資金」と「病気・災害への備え」が主である.ちなみに,2009年の同調査によれば,3項目以内での複数回答ではあるが,60歳代の場合,「老後の生活資金」が80.7%,「病気・災害への備え」が80.0%,70歳代のそれは,それぞれ,74.7%,83.9%であった.全世帯平均では,老後の生活資金」と「病気・災害への備え」が中心ではあることに変わりはないが,高齢世帯よりも低く,それぞれ,61.6%,69.3%であった[12].

この状況の下で,高齢世帯の不安を和らげ,消費を促すためには,預貯金および証券投資の効率の向上が喫緊の課題と考えられる.しかし,経済効率の向上は,資本を例にした場合,資本収益率で表すことができる.資本をK,資本収益をR,生産物をYとすると,資本収益率($ROE = R/K$)は資本生産性($Y/K$)と資本分配率($K/Y$)の2つの要因によって決まることがわかる.

$$ROE = R/K = (Y/K) \times (R/Y) \qquad (2)$$

バブル崩壊後の日本企業の収益率は低いが,資本生産性と資本分配率が低下したことがその背景になっている[13].資本生産性の低下は,相対的に貯蓄が豊富という状況の中で,安易に資本蓄積を進め,その結果,資本装備率を高めたこと,また,資本分配率の低下は,労働を割高にして資本装備率を高めたことによる.したがって,これらの問題を克服するためには,技術開発を促進し,設備投資の抑制を通じて資本生産性を高めるとともに,経営戦略の変革などを通じて資本分配率を高める必要がある.

さらに,不良債権の処理も,金融・資金サイドからの経済効率の改善につながる.現存の資本ストックに対して,キャッシュフロー(企業利益＋減価償却)が小さなことすなわち低い資本の回転率が,経済効率の改善を妨げる要因になっている.したがって,資金の回転を早めることによって,ストックとしての資金が,企業の利益・減価償却というフローを生み出していく過程,すなわち時間の経過につれて資金が回転していく時間軸を正常に機能させ,経済を活性

化させることになる．

　ところが，図 1-1 の B′ 点〜C 点への投資は高リスク・高リターンの投資を保証するとは限らない．サブプライムローン問題が示唆するように，住宅資金借入者の個々の事情から発生する個別リスクの他に，住宅価格の動向の如く市場全体が動く市場リスクが存在するような場合，住宅関連の金融商品への投資が高齢世帯の金融資産を減らしてしまうことになる．

　日本のバブル崩壊も，同様な状況を示唆している．日本のバブル醸成と崩壊には，住宅金融関連の新商品が与っていた．たとえば，抵当証券は，1973 年に日本抵当証券が設立されたのを皮切りに相次いで抵当証券会社が設立されるなど，抵当証券は高利回り・節税商品として 1970 年代にブームを呼んだ．住宅抵当証書は，住宅金融専門会社（住専）が発行残高のほとんどを占めたが，1974 年に創設され，1983 年にピークを迎えた．また，住宅ローン債権信託は，住専のリファイアンス（住宅ローン買取り）手段すなわち資金調達手段として 1973 年に創設され，1980 年までは順調に拡大した．

　債権流動化そのものは，抵当証券，住宅抵当証書，住宅ローン債権信託の開発をきっかけにしている．その後，金融自由化，BIS 規制に対応して，債権流動化制度が拡充されたのに加えて，資産運用の固定化を防ぎ住宅金融の安定的な供給を確保する目的で，信託方式が解禁された．しかし，債権の流動化が順調であれば，住宅ローンのアベイラビリティが拡大し，短期資金を原資とし長期投資を行う住宅金融特有の期間のミスマッチの問題も緩和されるはずであったが，債権流動化が不良債権を大量に発生させることになった．その理由は，銀行が保有する貸付債権を転売しそのリスク負担を減らす機会が増したことによる．言い換えると，規制時代に統合されていた与信機能（リスク負担機能，期間転換機能，資金供給機能）がバラバラに分解されたことによる．すなわち，サブプライムローン問題と同様，不十分な金融インフラの下での証券化が一因になっていたといえよう．

　通常，複数の対象に投資を行う分散投資は合理的な投資方法であるが，住宅ブーム時の資本市場では，市場参加者が金融工学の技術を駆使したものの，一

斉に，同じ方向に大量の資金を振り向けるような場合，高い収益を得られないだけでなく，分散投資の理論的な根拠となっていた個々の投資家がまちまちの行動をとることを前提としたリスク削減モデルでは，市場全体を揺り動かす事態には対応不可能なことが顕著になった．

　2001年1月，オバマ大統領によって発表された新金融規制は，過度のリスクテイクの禁止と納税者保護を目的として，金融機関の事業内容と規模を制限しようとしたものであった．事業内容を制限するため，預金を原資とするヘッジファンドの所有および投資を禁止するとともに，自己資金勘定による高リスク投資を制限するものであった．他方，大きすぎて潰せない状況をなくし，モラルハザードを避けるために，市場からの借入（負債）に上限を設けるなど，レバレッジ（負債比率）と経営規模の制限を目指した．

　そこで，B′点〜C点において，金融商品への投資よりも収益を設備資金に投入する生産活動の効率化が求められることになる．経済成長は，①資本，労働投入量の増加か，②IT（情報技術）を活用した技術革新によって全要素生産性を高めることで実現することができる．ITには，人事・給与計算，商品の受発注など基幹系システムを対象とするものと，経営に必要なデータベースの整備など情報系システムを対象とするものがあるが，特に情報系システムを重視したITを活用する米国の全要素生産性は，日本とEUの4倍ほどである．その意味で，日本経済の今後の課題は，情報系システムの改善ということになる．しかし，電気機械，金融・保険・不動産業，輸送機械，精密機械，建設のように潜在成長率が高い産業に情報系システムを活用したイノベーションを起こすことで全要素生産性を高め，日本経済が持つ3〜4％の潜在成長率を達成することができるものと考えられる[14]．

　まず，ITの技術革新を通じて供給能力を高めることが重要であるが，増加する供給に見合う需要の確保が不可欠になる．需要の確保が可能であれば，収穫逓減の程度を低めるか，負債金融によるコストの上昇をもたらさないようなケースでは，収穫逓増さえ見込めることになる．この状況が出現すると，1990年のバブル経済崩壊やサブプライムローン問題を生じる事態を避けることがで

きるはずである．

　適切な需要水準を得る手段として，短期政策と長期政策を考えることができる．第1に，短期・財政政策として，「国民生活安定基金」とでもいうべきファンドを設定して，市民生活に安心感を与えることである．この安定化基金の原資を，財政特別会計や外為特別会計などを財源とする新しい特別会計の創設に求めることができよう．このほか，国債依存度が高まった現在，制約を受けざるをえないが，社債買取枠の拡大，公的資金の注入，無利子国債の発行という手段を考えることができよう．次に，短期の金融政策として，実質金利を低めに誘導する政策が考えられる．また，物価目標をおくことで政策運営のプロセスを明確化するインフレ・ターゲティングの設定が考えられる．

　第2に，景気回復後の長期政策は，プライマリー・バランス重視のスタンスを明確化することである．東日本大震災を別として，かりに2012年度より毎年1％ずつ消費税を上げ10％にしたとしても，プライマリー・バランスの黒字化は2020年度頃にずれ込むものと思われるが，少なくとも，これによって，財政規律の指針，税制改革への工程を明示することができる．また，短期の財政・金融政策によって景気の回復に成功して，3％以上の物価上昇をもたらすような場合には，消費税率を引き上げて，物価を抑える必要性が生じる．ただし，消費税引き上げが内需を抑えてしまう場合には，法人税引き下げによって外需を刺激することで，内需の減少分を補う政策が必要になる．

## 5．共助社会の金融行動

　米国のサブプライムローン問題にしても，日本のバブルにしても，金融機関，企業の負債に依存した投機的行動が，市場メカニズムを弱め不良債権を醸成する基本的な要因になったものと考えることができる[15]．そこで，繰り返しいうならば，市場経済のB′点～C点において，負債金融に過度に依存することなく，本来，存在しているはずの収穫逓増を実現させることが重要になる．同時に，市場経済のB点～B′点の領域と共同体経済のA′点～B点の領域に

よって構成される共助社会の成長経路に高齢世帯の期待が掛かることになる．前者を収穫逓減領域の領域に分類したが，自己資金比率が高い場合には逓増の可能性を高めうる領域でもある．後者は典型的な収穫逓増領域であると想定している．しかし，A点～A′点の領域は収穫逓増領域ではあるが，個人，個人の生活の場，自助努力の場であって，他の人々，団体との協業をそれほど必要としないので，高齢世帯の金融行動とは特にかかわらないものと考えることにする．

共助社会は，投資による利益が期待できる営利目的と，環境の整備や医療機関などへの社会的投資を行う非営利目的の双方を実現する可能性を秘めている．社会的投資そのものは，直接，収穫逓増につながるわけではないが，営利活動の基盤を構築するので，間接的に収穫逓増に貢献するものと考えることができる．本章が共助社会を重視しているのは，地域社会との結びつきが強いこと，また，高齢世帯がその担い手になることを期待しているからである．すなわち，高齢者の資金運用が地域経済，地域金融機関，NPO・NGOなどと連携することで収穫逓増を実現する可能性が高いことによる．同時にNPOへの参加とネットワークの構築を通じて，自らの雇用を創出するだけでなく，地域間格差の緩和に貢献するものと思われる．

図1-1によって示される共助社会は，コミュニティを基盤とするが，主役である個人（市民，家計）が，NPO，地域金融機関，投資事業組合，地方政府，政府金融機関，さらにNGOなどと協業しながら，経済的自立と相互扶助の双方を実現していくことになる．コミュニティの生産活動を象徴するのが，コミュニティビジネスである．コミュニティビジネスとは地域に根ざしたビジネスのことであるが，ソーシャルビジネスのように営利を強調することなく組織の存続だけを求めるタイプと，中小企業，マイクロビジネス，ベンチャービジネスのように，営利を目的とするタイプが並存している．それを支援する金融機関がマイクロファイナンスである[16]．

マイクロファイナンスの主な担当者は協同組織金融機関である．協同組織金融機関はコミュニティ銀行とも呼ばれるが，各国に存在している．たとえば，

米国の協同組合金融機関には，クレジットユニオン（CU：信用組合）や貯蓄銀行と貯蓄金融機関（S&L）を合わせたスリフトが含まれ，日本のそれには，信用金庫，信用組合，農業協同組合，漁業協同組合が含まれる．ただし，米国のそれが個人を取引相手にしているのに対して，日本のそれは中小企業や農林業の事業体を主な取引対象としている．しかし，これらの機関は収益性を尊重するとともに協同組織としての理念が求められていることで共通している．それだけに，経営の難しさが生じることになる．

しかし，協同組織金融機関もその他のマイクロファイナンス機関も，営利目的と非営利目的の双方を有しているが，他の金融機関，地方公共団体，企業，市民団体，NPOなどとの協業を行うことによって，収益性と互助性の両立を目指している．すなわち，地域には，① 地域の人口減少による地域産業の活力低下，② 地域の活力発揮の基盤となるべき企業間のネットワークの不足，③ 地域が一体となった環境保全活動の必要性，④ 経営革新等の障壁となる事業資金の不足という課題が存在している．このうち，①と④が経済的目的，③が非経済的目的，②が地域発のネットワーク構築にかかわる課題である[17]．

第1に，地域の自然・医療・看護など社会性の高い目的を実現する非営利目的の事業に関して，3つのケースがみられる．

(a) 住民参加型のミニ地方公募債のように，地方政府が発行する地方債を市民が購入することで事業を遂行するが，有利な投資機会の提供をねらいとするよりも，記念館整備，公園整備，コミュニティバス購入事業，看護師養成施設整備，医科大学付属病院の医療機器購入など資金使途を明確にして，住民の参加意欲を高めることを主な目的とするケースがある．2002年に群馬県で「愛県債」が発行されたのを皮切りにミニ地方公募債の発行が続き，2008年には，神戸市が義務教育施設耐震化事業，ごみ処分地整備事業，シルバーカレッジ建設事業を目的として1.48％の利回り，5年満期で第1回こうべ市民債を発行した．また，最近いくつかの市町村が協同して資金調達するケースが増えているが，同年に，宮城県・登米市，岩沼市，栗原市，加美町が県立学校，汚泥再生処理センター，消防庁舎，市民活動支援センター，生涯学習施設などの建設を

目的として 0.92％の利回りで第 1 回宮城県市町村共同発行公募債を発行した．その結果，2008 年度末時点の残高は 1 兆 1,048 億円に達した[18]．

（b） NPO，NGO を主役として地方政府，地域金融機関，市民が協業するコミュニティ・ファンドが存在する．NPO や NGO は組織の存続に必要な程度の収益の獲得に留まることになるが，資金供給者の資金や寄付金を用いて事業展開する．そして，公的資金に依存することなく非営利目的のマイクロファイナンスを遂行するために，地域の環境，福祉に関心を寄せる市民や企業また行政機関などの資金を NPO に仲介する NPO バンクが創設された．1994 年創設の未来バンク事業組合，2002 年創設の北海道 NPO バンク，2003 年創設の東京コミュニティバンク，2008 年創設のくまもとソーシャルバンクなどの NPO バンクは，低金利，無担保の小額融資を行っている．

（c） 地域銀行を主役として地方公共団体，NPO，企業，学校，家庭，個人が協業する経済活動と環境保全を同時に目指すケースが存在する．たとえば，滋賀県全域を営業基盤とするびわこ銀行は，銀行取引を通じて，個人や事業者，環境保全団体など地域の担い手に向けて環境保全行動の促進を図っている．すなわち，環境保全を収益事業の 1 つとして位置づけて，環境保全向け融資や預金商品，コンサルティングサービスを地域事業者・住民向けに展開するとともに，擬似的な銀行の「環境銀行」を行内に設立して，環境関連事業の損益計算書を公表するなど，環境事業の取組み収支を明確化している．

同様に，非経済的目的をねらいとしながらも，投資家にとってさらに魅力的な高い利回りを提供する社会貢献型債券も登場している[19]．途上国の子どもへのワクチン提供を目的とする年利回り 4.7 ～ 8.3％の「ワクチン債」，再生可能エネルギーの開発など世界各地域の温暖化対策事業の支援を目的とする年利回り 4.3 ～ 8.0％の「環境債」，マイクロファイナンス機関への投融資を目的とする年利回り 6.7％のマイクロファイナンス債，中南米の貧困対策事業の支援を目的とする年利回り 8.1％の「中南米子育て支援債」が，2010 年に発行されている．これらの債券が普及し始めたのは 2008 年以降のことであるが，たとえば，「ワクチン債」は，国際金融ファシリティ（IFFIm）が途上国の子どもに必

要なワクチンの購入資金を賄う目的で発行した債券を，大和證券が日本で初めて個人向けに販売したものである．

　第2に，営利目的に関しては，地域の特性を活用したニッチ生産のためのニッチ融資が主力になっている．たとえば，米国の場合，1990年半ば以降，特にメガバンク再編が進んだフェニックスにおいてさえ，コミュニティ銀行（協同組織金融機関）が増加している．その理由は，大銀行が，中小企業，マイクロビジネス向け融資を行わなくなった隙間を埋めたことによる．すなわち，顧客に関する豊富な情報を土台としたリレーションシップ貸出を行ったためである[20]．

　同様に，日本においても，ベンチャービジネスや地域発のグローバル企業の展開の可能性が増している．アドバンテストやDRAMテスターがニッチマーケットで成功を収めたように，ベンチャービジネスや地域発の中小企業がグローバル展開する可能性も存在する．ニッチマーケットでの成功は，顧客のニーズに応えることができたからであるが，地元の金融機関から地元の企業へ融資という考え方が強まりつつある．

　この観点において，可能性を感じさせる営利ビジネスの一例として，コミュニティ・クレジットを挙げることができる[21]．コミュニティ・クレジットとは，地域社会において互いに信頼関係にある企業等が，相互協力を目的に資金を拠出し合い連携することで構成員個々の信用より高い信用を創造し，金融機関からの資金調達を円滑化するとともに，地域の資金を地域に還流させるものである．すなわち，地域社会の信用を担保にしたローンであることが特徴になっている．そのスキームは，まず，相互に信頼関係を有する地域企業が，信託銀行に金銭を信託する．次に，信託銀行は銀行からコミュニティ・クレジットに必要な資金を，借り入れ，連帯保証を受けられる企業に限定して貸出するというものである．

　コミュニティ・クレジットの国内第1号となったのが，日本政策投資銀行が2001年に融資した「神戸市コミュニティ・クレジット」であった．償還期間2年の満期一括償還方式を条件に，1億円を融資したこの融資は，伝統的な庶

民金融「頼母子講」をモデルにしたもので，金銭信託と協調融資を組み合わせたものであった．

マイクロファイナンスにしてもコミュニティ・クレジットにしても，中小企業，マイクロビジネス，ベンチャービジネスの収穫逓増の可能性があることから，より高い利益率を求めて，投資家として市民特に高齢世帯が資本市場に参加する可能性が強まりそうである．

## 6．むすび

本章を書き終えようとしたとき，東日本大震災が起こった．しかし，このさなかに円高が生じたことに驚かざるをえなかった．幸いにして協調介入によって急激な円高を食い止めることができたが，投機的行動が実体経済に悪影響を及ぼす場合には市場メカニズムだけにまかせておくことができないことがわかった．日本のバブル崩壊，アジア通貨危機，サブプライムローン問題と同様，今後の日本経済に貴重な教訓を，改めて，与えた．

実物資産に比べて金融資産が増加するほど，また，負債に依存した投機が行われるようになるほど，収益率は逓減するものと考えることができる．日本の家計の資産において金融資産比率が高まる傾向にあること，また高齢化世帯のポートフォリオにおいて相対的に証券投資比率が高いことを考え合わせると，市場経済の効率の改善が喫緊の課題となる．

しかし，金融行動は，市場経済だけでなく家計の消費行動の場とでもいうべき共同体経済，さらに両者の中間点に存在する共助社会にかかわることを忘れてはならない．本章は，共助社会の視点から高齢世帯の資産運用を考察したつもりであるが，ここに，収穫逓増を実現する可能性が高い共助社会を重視する必要性を提案したい．負債金融に過度に依存しながら収穫逓減すなわち低い収益を覚悟するよりも，より高い収益を期待できるベンチャービジネスなど共助社会の範疇に存在する営利企業に投資することが望ましい．共助社会には，社会的投資のように，直接，利益を目的としないものでも，結果的に収益を生ん

でいく環境・医療関連の事業が存在している．こうした領域への投資は，高齢世帯の投資効率を上げるとともに，高齢者自身がその担い手として参加する可能性を秘めている．

1) 総務省統計局／家計調査報告（貯蓄・負債編）ホームページ，36ページ．
2) 金融商品については，「暮らしと金融なんでもデータ：知るぽると」も参考にした．金融広報中央委員会ホームページ，24ページ．
3) 生命保険文化センターホームページによる．
4) 総務省統計局ホームページ／家計調査報告（貯蓄・負債編），25ページ．
5) 総務省ホームページ／平成21年全国消費実態調査による．
6) 丸尾直美「福祉ミックスとは何か」，丸尾直美／加藤寛編著『福祉ミックス社会への挑戦』，中央経済社，1998年，1-25ページ．
7) 短期的にはもちろん，長期的にみても，安定した需要が存在する限り，生産規模の増大によって生産費用が高騰するようなことは生じない，すなわち，収穫逓減現象は起こらないと主張する．塩澤由典『複雑系経済学入門』，社会経済生産性本部，1998年，319-349ページ．
8) 岸真清「共助社会の地域金融」，中央大学商学研究会，『商学論纂』，2010年，357-362ページ．
9) 大東一郎『内生的経済成長の基礎理論』，三菱経済研究所，1996年，65-87ページ．『日本経済とマクロ経済学』，東洋経済新報社，1992年，39-41ページ．
10) 斉藤俊一「預貯金偏重は非合理的ではない」，『週間東洋経済7月3日号』，1997年，66ページ．
11) 佐藤和夫の諸業績によるが，Masumi Kishi "Household and financial institution planning in Japan : Corporate governance by citizens" *Journal of Asian Economics*, Elsevier, 2005, pp. 807-816を参照．
12) 金融広報中央委員会ホームページ，135ページ．
13) 前田英治・吉田幸太郎「資本効率を巡る問題について」，『日本銀行調査月報』（10月号），1999年，34-43ページによる．
14) 21世紀政策研究所ホームページによる．
15) たとえば，H. P. ミンスキーは，負債比率の高い企業や資本集約的な技術を用いる企業ほど，資金調達コストが相対的に高く，返済に窮する危険性が高い．そこで，資本の懐妊期間の長い企業ほど政府の保護を求めがちになる．こうした収益を安定化させようとする企業の資金調達が，市場メカニズムの機能を歪めることになると指摘している．Hyman P. Minsky, Stabilizing an Unstable Economy, Yale University Press, 1986, p. 104およびpp. 165-69．

16) マイクロファイナンスとは，既存の金融機関にアクセスが難しいマイクロビジネスなどを対象にした小額融資のことである．しかし，貧困層向けの補助金的な無担保融資を行うマイクロクレジットと異なって，非営利事業も営利事業も共に行っている．NPO および NPO バンクの機能に関しては，Thomas Fisher, Malcolm Bush and Christophe Guene, *Regulating micro-finance : a global perspective* New Economics Foundation, 2000, pp. 5-11，鈴木正明「小企業融資を手掛ける北米 NPO ─米国の NPO を中心に─」，国民生活金融公庫総合研究所『調査季報』，第 77 号，2006 年 5 月，41-44 ページ，澤山弘「NPO・コミュニティビジネスに対する創業融資─行政や「市民金融」(「NPO」バンク) との協業も有益─」，信金中央金庫『信金中金月報』，第 4 巻第 9 号，2005 年 9 月，57-72 ページ，菅正弘『マイクロファイナンス　貧困と闘う「驚異の金融」』，中公新書，2009 年，34-56 ページを参照．

17) 中小企業金融公庫総合研究所「地域活性化に向けた地域金融機関の多様な取組み」(中小公庫レポート，No. 2008-5，9 月)，2008 年，3-30 ページを参照．

18) 地方債協会ホームページによる．

19) 日本経済新聞，2010 年 8 月 16 日．

20) 由里宗之「米国のコミュニティ銀行の業務運営方式とわが国への含意」，農林中央金庫，『農林金融』，第 54 巻第 11 号 (通巻 669 号)，2001 年，22-36 ページ．

21) 国土交通省国土計画局ホームページによる．また，地域通貨を重視する黒田巖，2011 年，147-148 ページを参照．

## 参考文献・資料

菅正弘『マイクロファイナンス　貧困と闘う「驚異の金融」』，中公新書，2009 年

岸真清「共助社会の地域金融」，中央大学商学研究会『商学論纂』，2010 年

経済企画庁編『国民経済計算年報』，1997 年

黒田巖『銀行・決済システムと金融危機』，中央大学出版部，2011 年

斉藤俊一「預貯金偏重は非合理的ではない」，『週間東洋経済』，1997 年，7 月 3 日号

澤山弘「NPO・コミュニティビジネスに対する創業融資─行政や「市民金融」(「NPO」バンク) との協業も有益─」，信金中央金庫『信金中金月報』，第 4 巻第 9 号，2005 年 9 月

塩澤由典『複雑系経済学入門』，社会経済生産性本部，1998 年

信金中央金庫『全国信用金庫概況　2007 年度』，2008 年

鈴木正明「小企業融資を手掛ける北米 NPO ─米国の NPO を中心に─」，国民生活金融公庫総合研究所『調査季報』，第 77 号，2006 年 5 月

大東一郎『内生的経済成長の基礎理論』，三菱経済研究所，1996 年

内閣府経済社会総合研究所編『国民経済計算年報』，2010 年

中小企業金融公庫総合研究所「地域活性化に向けた地域金融機関の多様な取組み」

（中小公庫レポート　No. 2008-5），2008 年 9 月
東洋経済新報社『週間東洋経済』，2007 年 9 月 15 日号
丸尾直美「福祉ミックスとは何か」，丸尾直美／加藤寛編著『福祉ミックス社会の挑戦』，中央経済社，1998 年
由里宗之「米国のコミュニティ銀行の業務運営方式とわが国への含意」，農林中央金庫『農林金融』，第 54 巻第 11 号（通巻 669 号），2001 年
吉川洋『日本経済とマクロ経済学』，東洋経済新報社，1992 年
Hyman P. Minsky, *Stabilizing an Unstable Economy*, Yale University Press, 1986
IMF, *Global Financial Stability Report*, 2008
Masumi Kishi, "Household and financial institution planning in Japan : Corporate governance by citizens" *Journal of Asian Economics*, Elsevier, 2005
Thomas Fisher, Malcolm Bush and Christophe Guene, *Regulating micro-finance : a global perspective*, New Economics Foundation, 2000
外務省経済局国際経済課ホームページ（http://www.mofa.go.gp/mofaj/area/ecodata/pdfs/k_shihyo.pdf）
金融広報中央委員会ホームページ（http://www.shiruporuto.jp/finance/tokei/stat/stat002.html）
国土交通省国土計画局ホームページ（http://www.kokudokeikaku.go.jp/share/doe_pdf/990.pdf）
信金中央金庫ホームページ（http://www.scbri.jp/PDF　tyunsyoukigyou/release/release137.pdf）
生命保険文化センターホームページ（http://www.jili.or.jp/lifeplan/lifesecurity/oldage/1.html）
総務省統計局ホームページ／家計調査報告（貯蓄・負債編）（http://www.stat.go.jp/data/sav/sokuhou/nen/pdf/h21_sokuhou.pdf#page=5）
総務省ホームページ／平成 21 年全国消費実態調査（http://www.stat.go.jp/data/zensho/2009/hutari/yoyaku.htm）
地方債協会ホームページ（http://www.chihosai.or.jp/08/05.html）より抜粋．
内閣府経済社会総合研究所ホームページ（http://www.esri-cao.go.jp/jp/stat/shouhi/2010/1001/honbun.pdf）
21 世紀政策研究所ホームページ（http://www.21ppi.org/activity/symposium/081006_01.html）

# 第2章　高齢者の金融資産運用とイノベーション

## 1. はじめに

　本章では，高齢者の堅実な分散投資を用いた株式，債券によるグローバルな金融資産運用がわが国の企業のイノベーションを呼び起こし，経済を活性化することを検討したい．一般に証券投資論のテキストでは個人投資家のリスク許容度は加齢に伴う人的資本の減少と平行して年齢とともに低下するとする．そのため加齢とともに個人のリスク資産への投資は少なくならなくてはならないとされている．たとえば井出正介と高橋文郎は，「年齢が若い投資家の方がリスク許容度は高いと考えられる」と述べ，「高齢者はリスク許容度が低いと考えられる．特に退職者は，運用による失敗をカバーするだけの収入も基本的には期待できず，また投資期間も短いため，リスク許容度は低くなる」[1]と指摘している．

　しかし，わが国では60歳代以上の高齢者が株式投資信託などのリスク資産運用の少なくない部分を担っているというのが現状であろう．そして，こうした高齢者に株式投資信託等を勧誘して良いのかということも金融商品取引法の投資勧誘規制における原則の1つである「適合性の原則」から問題とされる．この考え方が正しいのであれば現状は是正されなければならない．現在の高齢者によるリスク資産運用は認められるべきか，それとも是正されるべきことなのであろうか．

　また，わが国の公的債務はGDPを大きく上回る額となり財政再建がわが国の課題となっている．しかし，一部の研究者は財政再建を急ぐ必要はないと主張している[2]．増税政策を実行に移す前に経済を成長路線に移行させ，既存の

税制での税収を増加させた後に消費税の増税を考えるべきともいわれている．確かに経済成長が十分であれば消費税の大幅な増税といった状況は回避できる可能性もあるため，成長戦略は大きな課題である．

　この成長戦略についていえば，知識産業化，医療・福祉分野の充実，環境問題への取組み，インフラ輸出，いわゆるアジア内需の取りこみなどといった産業政策的な観点から論じられる場合が多い．しかし，1993年の世界銀行の「東アジアの奇跡」と題するレポートは，「政府介入については部分的・過渡的にそれも『市場に友好的』に機能することを必須とした」[3]のである．つまり，わが国で論じられている産業政策は東アジアの経済成長にはさほど機能していなかったというのが世界銀行のレポートの趣旨といわれる．高度成長時代を作りだしたと一般に信じられているわが国の産業政策もさほどの効果はなく，市場メカニズムの効果の方が成功の要因としては大きかったとしている．

　そこで，現在の状況への対応を考えるにあたり個別の産業政策を考えるのではなく，マクロの経済と金融システムの観点を重視してはどうか．個々の産業の動向を考えるだけでなく，そうしたミクロの情勢については市場メカニズムを活用して構造調整が行われると考え，その市場機能を促進するような観点を持つことが妥当と思われる．

　具体的には市場メカニズムにおける需要サイドと供給サイドをともに重んじる考え方，すなわちケインズ的な考え方とシュンペーター的な考え方を併用するアプローチを用い，そして高齢化の進むわが国の金融システムのあり方を考えることが適当ではないかと思われる．

　つまり，高齢者にその金融資産を分散投資によるグローバルな運用を行ってもらい，彼らの財産所得を高めてそれにより個人消費を喚起して需要を拡大し，一方で新たな需要を創出する供給サイドのイノベーションを目指す企業を資本面・金融面から支援してゆくことを検討したい．

　本章は，まず高齢者の金融資産運用の問題を考察する．その後，その高齢者の金融資産運用を活かして個人消費という内需を増やし，同時に企業のイノベーションを促すことについて検討してゆく．そして，高齢者のリスク資産運用

を促す政策について検討し，高齢化社会に望ましい金融システムのあり方を考えてゆく．

## 2．個人の金融資産運用について

### (1) 金融資産運用の目的と支出時期

まず初めに個人の金融資産運用のあり方について検討し，高齢者はリスク資産での運用は向かず，年齢が若い程リスク資産運用に向いているといわれる点を考察してゆく．一般にファイナンシャル・プランニングでは個人が金融資産の運用目的として人生3大資金としての，①住宅資金，②教育資金，③老後資金を想定している．これに結婚資金を加えることも多いが，親などからの援助を含めると挙式関連については本人の負担は少ないと思われ，家具などの購入を除けば負担は少ないとされる[4]．結婚資金は本人の資金というより，子どもへの贈与資金として親が準備する性質が強いといえるかもしれない．

この人生3大資金のうち，①の住宅資金は，概ね40歳代に行われることが多いとされる住宅購入において住宅価格の約20％程度を目標に行われる．これは一般に金融機関による住宅ローンが住宅価格の約80％程度までしか提供されない場合が多いことによる．

次に②の教育資金は子供の学費のための資金であるが，その支出のピークは子供が大学に進学する時期となる．近年，大学進学率は約55％程度で推移しており，過半数の世帯での支出が見込まれる．また，専門学校への進学も少なくない．そのため親の年齢としては40歳代後半から小さくない支出が始まることになり，それに備えた資金準備計画が必要となる．

そして，③の老後資金は60歳代の退職時から公的年金と企業年金を補うものとして考えられている．現在では2004年の改正高齢者雇用安定法により65歳までの定年延長等の雇用確保の措置が取られていることから，本章では65歳での引退を想定する．つまり，本章で取り上げる65歳とは勤労所得を失う退職時という意味で用いる．

以上のように個人の金銭の支出時期にはある程度年齢に応じたパターンがある．こうした金銭の支出時期に対応して個人がどのように得た所得を貯蓄し，運用してゆくかを検討してゆきたい．それにはまず，金融資産運用の基本的な考え方を検討する必要がある．

(2) 金融資産運用の基本的枠組み

個人が将来の生活，人生3大資金のために金銭を貯蓄・運用する場合，重要なことは安定的な運用であることと思われる．人は将来の生活を支える資金にはやはり安定的な金融資産運用を期待するであろう．

この安定的な金融資産運用の枠組としては，ウイリアム・シャープが提唱した枠組みに基づく，①市場の実情，②投資家の実情，そしてこれら双方を踏まえた③ポートフォリオ運用というフレームワークを取ることとする．シャープは，アセット・アロケーションの情報フロー・チャートとして，資本市場にかかわる情報，投資家にかかわる情報，そしてアセット・ミックスにかかわる情報の流れを提示し，最適なアセット・ミックスは資本市場に関する情報と投資家のリスク態度の双方がインプットされて決定されることを示した[5]．

このうち，①の「市場の実情」については効率的均衡状態にあると想定し，年齢に関係ないものとする．この想定は現実の市場の実情とは異なる．旧東洋信託銀行投資企画部は，「市場の基調となる性質は平均回帰だと考えられている．計量的な分析によれば，株価や為替など多くの資産価格の系列相関は負の値をとる．ただし，これは観測期間により異なり，短期的にはトレンドで，長期的には平均回帰するという研究結果が多く発表されている」と述べている[6]．市場ではバブルとその崩壊が起こり均衡からは乖離し，それへの回帰を繰り返しているわけだが，しかし，ここでは長期的な個人の資産運用について検討するために市場の短期的な変動は考慮せず，長期的なスパンでみて均衡した状態にあると仮定する．

また，②の「投資家の実情」の収入面としては，人的資本は年齢とともに低下すると考えられるためにリスク許容度は年齢とともに徐々に低下すると仮定

しておく.これは先述のとおり,一般的な考え方であると思われる.わが国では成果主義の賃金制度の導入がいわれる現在でも年功序列賃金制度が広く行われていることから,年齢とともに給与水準はＳ字カーブを描いて上昇する給与所得者が大半である.こうした給与体系が多いために男性の勤労者では50歳代前半に収入のピークがくる[7].

この「投資家の実情」の支出面については,先述の3大資金の支出時期と金額を詳細にみてゆく必要があると思われる.一般に中年期は住宅ローンと教育費の負担が大きく家計の運営が厳しいといわれる.

そして,③の「ポートフォリオ運用」としては,債券,株式等のリスク資産と銀行預金等の安全資産がある場合を想定する.わが国の家計の金融資産の約55％は預貯金で運用されているが,その大半は定期預金である.債券,株式での運用は約6％と少なく,この点で米国の株式・出資金での運用が約32％となっている点と異なる.日本の家計は安全性を尊重する運用を行っている[8].

以上のようにシャープの提唱する枠組みをベースとしたが,これは金融資産運用の標準的なフレーム・ワークである.次にこれを具体的に検討してゆきたい.

(3) リスク資産について

金融資産運用を検討する場合,安全資産とリスク資産という捉え方が一般的に行われる.このリスク資産については,債券,株式等のリスク資産ポートフォリオとして現代ポートフォリオ理論でいわれる市場ポートフォリオの代替としてバランスファンドという投資信託を想定する.内外の債券,株式に分散投資を行う世界分散型のバランスファンドは,いわゆる効率的フロンティアと資本市場線が接する点である市場ポートフォリオではないが,それに近いといえるだろう.

バランスファンドにはこの世界分散型のタイプと後述するホームカントリーバイアス型があるが,ここでは世界分散型のタイプを想定して検討を進める.

このリスク資産ポートフォリオのリスクとリターンは,リスクは年率標準偏

差10％，リターンは年率5％と想定する．リスクを年率標準偏差10％とする点は現存するバランスファンドの年率標準偏差の概算であることから仮定として用いる．

リターンについては日本株投資を7％，海外株式投資を8％，日本債券を5％，海外債券を6％とし，リスク資産ポートフォリオのリターンは5～6％程度と仮定する．この値の算出にはビルディング・ブロック法を用いた．その内容は，日本および投資対象の主要国の実質GDP成長率を2～3％，インフレ率1％，債券投資リスクプレミアム2％，株式投資リスクプレミアム4％とした．また，為替についてリスクプレミアムは長期的な金融資産運用を考えることからゼロとして推計した[9]．

債券，株式の投資割合は，その時々によって市場ポートフォリオが変動するように市場の状況に応じて変動するわけであるが概ね5対5と仮定する．その結果，リスク資産ポートフォリオのリターンは6～7％となる．しかし，そこからさらに運用手段としての投資信託のコスト（信託報酬・販売手数料）と税金を合計2％程度と考え，これを控除すると上述のとおり5～6％程度となる．

要するにリスク資産としてはリスクがマイルドでリターンが比較的高い世界分散型のバランスファンドを想定したわけである．個人の資産運用は一部に投機的な目的があるものの基本的には安定志向であることを考えれば，個別の株式投資のような大きなリスクの資産を想定しない方が適切である．次にこのリスク資産ポートフォリオをどのように安全資産と組み合わせるかについて検討する．

(4) 2資産ポートフォリオについて

リスク資産としては世界分散型のバランスファンドを想定したわけだが，そのバランスファンドで代替されるリスク資産を用いて運用する手法としては，安全資産としての銀行預金との2資産のポートフォリオを考えることとする．家計全体でみれば，先述のとおり，個人の金融資産運用の約5割は預金によって運用されている．銀行預金と債券，株式を組み合わせたポートフォリオはわ

が国の家計の資産運用の実情にあったものといえると思われる．

　この世界分散型のバランスファンドというリスク資産と銀行預金という安全資産とによる2資産ポートフォリオは資本市場線上にあるポートフォリオに近いものであろう．少なくとも年齢と資産運用の関係を検討するには，このような2資産ポートフォリオで不足はなく，推計を簡便化するために有益であると思われる．

　この2資産ポートフォリオは，次の3つのタイプを想定する．

① リスクを大きく取るポートフォリオ：銀行預金25％＋リスク資産ポートフォリオ75％
② リスクを適度に取るポートフォリオ：銀行預金50％＋リスク資産ポートフォリオ50％
③ リスクを小さく取るポートフォリオ：銀行預金75％＋リスク資産ポートフォリオ25％

　この配分の変化が直線的であるのは，銀行預金という安全資産とバランスファンドで代替される市場ポートフォリオを結ぶ資本市場線の上を移動していると考えるからである．

　なお，それぞれポートフォリオの年率標準偏差は，前述の仮定から①7.5％，②5％，③2.5％となる．銀行預金の割合の水準については，①の場合は米国の家計の金融資産運用における銀行預金の割合である約16％を上回り，この水準であっても米国よりは銀行預金の割合が多いということになる．②の場合の銀行預金の割合は，マクロでみたわが国の銀行預金の割合を考えれば成り立ちうるケースである．そして，③の場合は一般人の意識として多く行われている運用のタイプだと思われる．

　こうして3つのタイプの2資産ポートフォリオを想定した．次にこれらのタイプのポートフォリオを用いて，人々の年齢，そして運用目的に応じた運用内容を検討する．

(5) 年齢別の運用目的

先述のとおり，金融資産運用の内容としては3つの運用タイプを想定したが，次に個人の生活において重要となる住宅資金，教育資金，そして老後資金の3つの資金ニーズに対して金融資産運用を行ってゆくことを検討してゆく．

3つの資金ニーズに対応する資産配分は概ね次のようなものになると思われる．まず年齢としては，① 30歳，② 45歳，③ 60歳，④ 65歳，そして ⑤ 75歳を基本として考える．①の30歳は結婚当初の年少の子どもがいる年代，②の45歳は住宅を取得する年代，③の60歳は教育資金が終了した年代，④は先述のとおり退職期，⑦は引退期を典型的なライフイベントとして経験する年代として，1つのモデルとして考えた．

次にそれぞれの年齢についての資金ニーズに対する目的別の配分を想定することとする．

① 30歳の配分：3つの資金ニーズに対して準備を行う年齢
　　住宅資金　40%，教育資金　50%，老後資金　10%

この配分において教育資金が住宅資金より大きいと仮定する点は，教育資金は子どもの年齢で支出時期が決定され，裁量性が低いためにこれを優先したからである．そして住宅資金は本人が支出時期をコントロールできるため，いわば後回しになると考えられる．

② 45歳の配分：住宅ローンを借り入れる年齢と考え，住宅ローンの頭金についての資金ニーズがなくなり，住宅ローンを返済しつつ教育資金と老後資金の準備を行う年齢
　　教育資金　80%，老後資金　20%

この配分の理由は，教育資金は第1子，第2子ともに大学などへの進学のための支出時期が迫っているか，支出中と考える．仮に私立の中学，高校へ通わ

せていれば，1人当たり年100万円を支出している時期であり，老後の資金準備は少額となると思われる．

なお，住宅資金については貯蓄ではなく，住宅ローンの返済として負担は継続している．

③　60歳の配分：退職5年前であり，教育資金が終了した年齢
　　　老後資金　100％

この年齢は55歳から60歳になることも多いと思われる．先述のとおり，年功序列賃金が浸透しているわが国では，教育資金の支出を終えた後は貯蓄を行い易い年齢と考えられている．

④　65歳の配分：退職時期となるが，40歳代に購入した住宅の修繕資金または改築資金の準備も行う年齢
　　　住宅資金：30％，老後資金：70％

老後資金が住宅資金より多くなるのは，住宅の修繕，改築資金の額は老後の資金，公的年金の不足分を補う資金よりは少額と考えることによる．なお，住宅ローンは，退職金により残債を返済するものとする．

⑤　75歳の配分：住宅資金の手当ても終わり，老後資金の準備のみとなる年齢
　　　老後資金：100％

このようにして人生3大資金ニーズに対して，個人がどのような資産運用を行ってゆくかが想定できた．次にそれぞれの運用目的に応じて2資産ポートフォリオがどのように変化するかを検討してゆく．

## (6) 金融資産運用の内容の加齢に伴う変化

　目的に応じた金融資産運用は年齢に応じてその運用目的毎の配分が変わるが，それらも支出の時期が近づくに従って安全資産の割合を増加させることが妥当と思われる．これはいわゆるターゲットイヤー運用として確定拠出年金商品で用いられている運用手法である．具体的にはリスクを多く取る2資産ポートフォリオから，リスクを少なく取る2資産ポートフォリオへの移行を行うことになると思われる．こうした点を検討してゆく．

　リスク資産の運用において，株式投資や海外資産への投資の際にある為替要因による価格変動は大きい．したがって資金の支出時期までリスク資産で運用を行っていると，支出の直前において大幅な資産価格の下落もある．そうしたことによる資産の減少をさけるために用いる投資戦略がターゲットイヤー運用であり，これは個人の金融資産運用の戦略として妥当と思われる．ただ，これを人的資本の考え方と組み合わせ，単純素朴に退職年齢に合わせて運用してゆくことには問題があるとして，その支出面を勘案しつつ，本章で検討している．

　この考え方に従い，支出時期の5年前にはリスク資産ポートフォリオによる運用は極力減少させ，全額を銀行預金で運用することが望ましいと思われる．なぜなら，元本割れの可能性を1標準偏差で測った場合の期間は連続時間複利を用いて計算すると，次の式の $x$（年）となる．左辺は投資収益の累積であり，右辺はリスクの累積である．用いた収益率と標準偏差は連続時間複利ではないが，ここでは近似値として用いる．

$$5\%(年率収益率) \times x = 10\%(年率標準偏差) \times \sqrt{x}$$

$$x = 4 （年）$$

　このように運用期間が4年になると累積収益率と累積標準偏差が一致する．つまり，4年を経過して初めて確率約84%（マイナス1標準偏差）で元本割れは回避でき，いわゆる「十中八九」の可能性で元本を確保できるとはいえ，プラスに転じるのは5年目となる．この考え方から5年という期間を考えた．

次にリスクの度合いを変化させてゆく場合，たとえば老後資金について考えると次のような推移が考えられる．

① 30歳　全額リスク資産ポートフォリオ
② 45歳　定期預金25％＋リスク資産ポートフォリオ75％
③ 60歳　定期預金50％＋リスク資産ポートフォリオ50％
④ 75歳　定期預金75％＋リスク資産ポートフォリオ25％

老後資金となると支出の時期は引退期に入ってからとなる．そのため長期投資が可能となり，年齢的に若い時代はリスク資産が多く，引退期に入るとリスク資産が少なくなる運用がリスク許容度の観点からは望ましいだろう．

以上のように老後資金，つまり支出時期が高齢期，引退期となる資金について，大まかな2資産ポートフォリオの推移を仮定した．次にこれを他の目的の資産運用についても考えてみたい．

(7) 年代別ポートフォリオの推移

前項では老後資金の2資産ポートフォリオの推移を考えてみたが，まず，30歳における資産運用の目的と2資産ポートフォリオの組み合わせを想定すると表2-1のような配分が妥当と思われる．

表2-1　30歳の資産配分　　　　　　　　　　（単位：％）

|  | 目的別配分 | リスク資産ポートフォリオの割合 | 定期預金の割合 |
| --- | --- | --- | --- |
| 住宅資金 | 40 | 30 | 10 |
| 教育資金 | 50 | 25 | 25 |
| 老後資金 | 10 | 10 | 0 |
| 合　計 | 100 | 65 | 35 |

この目的別配分は金融中央広報委員会の調査における20歳代，30歳代の貯

蓄目的の順位と整合的であり，30歳時点の想定としては問題が少ないと思われる[10]．この年齢では教育資金への対応が第1であり，次が住宅資金，そして老後資金は30歳の時点ではそれらに劣ると推察される．リスク資産ポートフォリオと定期預金の割合は，資金の支出時期から先述の4つのタイプの中から選んだ．

30歳のケース同様に，住宅資金，教育資金，老後資金のそれぞれについて

表 2-2　年齢別の資産配分　　　　　　　（単位：％）

| | 資金の目的 | 目的別配分 | リスク資産ポートフォリオの割合 | 銀行預金の割合 |
|---|---|---|---|---|
| 40歳 | 住宅資金 | 40 | 10 | 30 |
| | 教育資金 | 50 | 12.5 | 37.5 |
| | 老後資金 | 10 | 10 | 0 |
| | 合　計 | 100 | 32.5 | 67.5 |
| 45歳 | 住宅資金 | 0 | 0 | 0 |
| | 教育資金 | 80 | 0 | 80 |
| | 老後資金 | 20 | 15 | 5 |
| | 合　計 | 100 | 15 | 85 |
| 60歳 | 住宅資金 | 0 | 0 | 0 |
| | 教育資金 | 0 | 0 | 0 |
| | 老後資金 | 100 | 50 | 50 |
| | 合　計 | 100 | 50 | 50 |
| 65歳 | 住宅資金 | 30 | 7.5 | 22.5 |
| | 教育資金 | 0 | 0 | 0 |
| | 老後資金 | 70 | 35 | 35 |
| | 合　計 | 100 | 42.5 | 57.5 |
| 75歳 | 住宅資金 | 0 | 0 | 0 |
| | 教育資金 | 0 | 0 | 0 |
| | 老後資金 | 100 | 25 | 75 |
| | 合　計 | 100 | 25 | 75 |

（注）40歳で運用内容を変化させている理由は，先述のとおり45歳で住宅を購入すると仮定し，住宅資金の銀行預金配分を75％に上昇させたためである．また，教育資金も支出時期が近いため銀行預金の割合を高め，45歳では全額銀行預金としている．

ターゲットイヤー運用に準じてリスク資産の割合を加齢に応じて変化させてゆくと，年齢別のリスク資産ポートフォリオと銀行預金の割合は次の表2-2のようになる．

表2-1と表2-2の試算を基にリスク資産ポートフォリオの割合の変化をグラフとすると図2-1のようになる（表2-2にない年齢は比例按分により算出）．

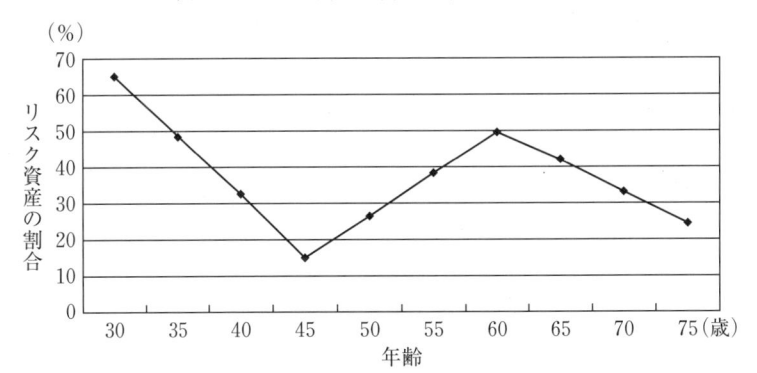

図2-1 リスク資産の割合の年齢による推移

つまり，30歳から75歳までのトレンドとしては長期的にはリスク資産の運用割合は低下するが，45歳まで低下した後，60歳まで増加してから再び加齢とともに減少することになる．

以上検討してきたようにリスク資産による資産運用は若い時代から高齢者に向かうに従って割合が低下するのではなく，中年期に一度低下して引退期前に再び高まった後，年齢に応じて低下する．これは英国の貧困について研究を行ったB. S. ロウントリーの貧困曲線によって示された生活の波とも概ね合致する．ロウントリーは，子どもの扶養負担がある時期に人々は貧困に陥り，子どもが独立した後に豊かになり，年老いて労働力の提供ができなくなると再び貧困化することを指摘した．こうした支出面，消費面を考慮した仮定による検討について，実際の人々の意識はどうなのか次に検討したい．

## (8) 高齢者の資産運用の意識

理論的には前掲図 2-1 のように 30 歳から 35 歳と並んで 60 歳がリスク資産運用の割合が高い年代となる．しかし，実際に人々の意識はどのようになっているかについて考察したい．

表 2-3 のように 328 名の消費者へのアンケート調査によると，50 歳代，60 歳代が株式投資，株式投資信託を運用するのに適した年齢であるとする回答の割合が合計で約 54％と過半数となった．消費者は，意識の上で 50 歳代から 60 歳代をリスク資産運用に適している年齢と考えている．

表 2-3 株式・株式投資信託が運用できると考える年齢

(単位：％)

| 年　代 | 20 歳代 | 30 歳代 | 40 歳代 | 50 歳代 | 60 歳代 | 70 歳代 | 合計 |
|---|---|---|---|---|---|---|---|
| 割合 | 7.9 | 17.7 | 17.2 | 27.4 | 26.5 | 3.3 | 100 |

(出所) 長野県中信・諏訪地方消費の会連絡会「金融機関の利用実態アンケート調査」，2010 年．

このアンケート調査では 20 歳代の資産運用においてリスク資産での運用ができると考える人々の割合が小さい．これは保有している金融資産の絶対額が小さいためにリスク資産運用の意欲が高まらないものと推察できる．

しかし，保有資産が多いとはいえ，勤労所得が期待できない高齢者を資本市場に招き入れて良いのか，という問題がある．田村耕一は，60 歳以上の高齢者の貯蓄が多いことについて，「日本は，60 歳以上の高齢者による金融資産保有率が米国に比べ，圧倒的に高いとわかります．米国では高齢になると貯蓄をやめてそれまで貯めた金融資産を取り崩していくのに対し，日本では，高齢になっても，まだまだ老後の心配から抜けきれず，貯蓄に対する意欲が衰えない」[11]と述べている．

しかし，表 2-3 のとおり，子育てを終えて金銭的にも精神的にもゆとりのある年齢といえる 50 歳代，60 歳代の年齢層のリスク資産による資産運用の意欲は小さくない．日本経済調査協議会の調査報告においても「個人として資金移

動を裁量できる金融資産の保有層は高齢者世帯であり，団塊世代の退職後は一層その傾向は強まろう」[12]とされている．

また，平成20年の経済財政白書においても，「日本では高年齢になるほどリスク資産投資をしているといわれる．これらについてのデータをみると，確かに，年齢が高くなるにつれてリスク資産投資割合は高くなり，60歳代がピークとなっている」[13]とされている．

そして，伊藤伸二は家計調査のデータを用いてリスク回避度を推計し，「実際には，40～49歳，50～59歳の層の方が60歳以上の層よりも相対的リスク回避度が高く，資産形成期においてリスク選好度が高まっていない」[14]と指摘している．

実際，表2-4のように金融広報中央委員会の調査では保有金融資産に占める有価証券の割合は60歳代，70歳代以上が高い割合を示している．年金制度が整備されたわが国では，ロウントリーがかつて指摘した高齢期の貧困化は軽減されており，こうした現象が起きると推察される．

表2-4　年齢別の金融資産に占める有価証券の割合

(単位：%)

| 年　代 | 20歳代 | 30歳代 | 40歳代 | 50歳代 | 60歳代 | 70歳代以上 |
|---|---|---|---|---|---|---|
| 保有金融資産に占める有価証券の割合 | 5.7 | 10.0 | 9.5 | 10.6 | 16.8 | 18.2 |

(出所)　金融広報中央委員会『暮らしと金融なんでもデータ平成21年版』，2010年，24ページ．

日本株式に投資する投資信託のリスク（標準偏差）はグローバル分散投資の場合の2倍程度はあると思われることから，先述のアンケート調査が示す高齢者の心理的リスク許容度が事実であれば，グローバル分散の投資信託，つまり世界分散型のバランスファンドの運用への抵抗感を持つ50歳代，60歳代は少ないと思われる．

また，この調査で分散投資についての認知度は，「よく知っている」と「あ

る程度知っている」と答えた者の合計は全体の25%であった．こうした分散投資の知識の普及度合いを考えると，適切な投資教育が行われればグローバル分散投資は可能と思われる．

　先述の平成20年度経済財政白書では，年齢層が高くなるにつれてリスク資産投資割合が増える理由は，① 保有金融資産が多い，② 金融リテラシーは50歳代が最も高い，③ 住宅ローンの負担が減少するという3点が理由であるとしている[15]．

　この分析からは，やはり40歳代の中年期は住宅ローンの負担からリスク許容度が低下しているためにリスク資産運用ができないことになる．

　なお，表2-3では70歳代に入ると株式等の運用への意欲は大きく低下する．しかし，50歳代，60歳代でグローバルな分散投資に成功した人々が現れれば，つまり，これら団塊の世代を中心とする人たちが70歳代に到達する頃にはこの世代でもいわゆる履歴効果から変化が起こる可能性を否定できない．実際，前掲の表2-4のとおり，70歳代以上の人々も有価証券投資に少なからず取り組んでいる．

　ともかく，50歳代，60歳代が株式，株式投資信託の運用に適していると考える割合は他の年齢層と比較して突出している．そして，現時点でいえば団塊の世代がこの60歳代の年齢層の中心に位置している．

　以上のように，高齢者のリスク資産による金融資産運用は心理的にも受け入れられており，また，実際の有価証券の保有状況からみても広く行われていると思われる．中年期にリスク資産運用の割合が低下することも統計と一致している．次にこれらのことを整理したい．

(9) 個人の金融資産運用と年齢について

　これまで検討してきたように金融資産運用と年齢の間には支出による制約を考えると高齢期になるほどリスク資産運用が困難になるのではなく，教育と住宅への支出が家計を圧迫する中年期にリスク資産運用が低下した後，高齢期に向かってリスク資産運用が容易になる．

そして引退期に入った後も中年期と比較すればリスク資産運用は容易であると思われる．人的資本の観点からはリスク許容度は年齢とともに低下するが，支出の観点を取り入れて包括的に考えるとリスク許容度の推移は年齢とともに低下するとはいえない．教育費の負担から解放されて，年功序列賃金の恩恵を受ける50歳代に資金的にゆとりができ，また，引退期に向けてリスク資産による金融資産運用に前向きになることは理解できよう．

それゆえ，加齢とともにリスク資産運用に対する適合性が小さくなるという考えは，一部修正する必要があり，高齢者でも比較的年齢が高くない層は中年期よりリスク資産運用に適していると思われる．

こうしてみると，株式，債券への投資を活発化させてわが国の資本市場の発展を図るには，こうした高年齢者へのリスク資産運用の投資啓発・投資教育，すなわち知識の面での適合性を引き上げてゆくことが政策的な課題の1つとなると思われる．次にこうした株式，債券による金融資産運用を活用してわが国の課題となっている経済の活性化について検討して行きたい．ミクロの投資行動がマクロの経済にどのような影響を持つか，そして望ましい金融システムについて考察する．

## 3．金融資産運用とイノベーション

### (1) 財産所得による所得増加

個人の金融資産運用において60歳代を中心にリスク資産での運用が適しているとすれば，その金融資産運用を活かして少子高齢化が進むわが国の経済的な問題を解決するに適した経済システム，特に金融システムは何かということを検討したい．高齢化が進むということは引退期にある国民が増加するということであり，勤労期と引退期とをつなぐ金融システムが重要となることは間違いない．その金融システムがわが国の経済を活性化させてゆくか否かがわが国の課題となるだろう．

現在のわが国の経済は，東日本大震災の復興需要を別とすれば，全体として

需要の不足に直面していると思われる．それへの当面の対策として財政政策による需要創出のための投資が行われているが，これを継続的に行うことはわが国の財政の状況では難しいであろう．そこで個人の金融資産運用で財産所得を増やし，そこから個人消費を喚起することを考えてはどうか．

　先述のとおり現在の個人の金融資産運用は現預金で大半が運用されており，そこから得られる運用益，財産所得は小さい．そこで内外の株式，債券への投資，リスク資産ポートフォリオでの運用を個人に行ってもらい，財産所得を増やし，そこから個人消費を増やすことが可能ではないかと思われる．

　野口悠紀雄は，現在のわが国のAD曲線は直立しているといい，そのためにデフレによる物価下落が大きいという[16]．実際，企業は投資を控えており，2010年9月末のわが国の企業が保有する現預金は206兆円であり，設備投資への動きがあるものの過去最高水準である[17]．

　そこで考えられることは，AD曲線を右下がりに傾け，右にシフトさせるためにIS曲線を右下がりに傾け，右にシフトさせることである．このうち，IS曲線の右シフトを高齢者の消費支出で行うのであり，いわゆるシニアマーケットの活性化である．そして，その高齢者にリスク資産運用から所得を得てもらい，消費の裏づけの所得としてもらうのである．

　また，わが国は債権大国，金融資産大国である．その金融資産のあり方，運用のされ方に大きな関心が払われても良い．わが国の対外債権の内容を個人，特に高齢者の証券投資とし，所得収支を改善させて個人所得を増大させたい．少子高齢化のわが国で個人消費の増大は高齢者の支出増大による面が小さくないのであり，人口も所得も少ない若年層の支出とともに，過去の所得の蓄積を持ち，年金制度で守られている高齢者の消費は期待できよう．これは同時に年間12兆円から15兆円で推移している所得収支を増大させて，グローバルな金融資産運用によって世界の経済成長の成果を取りこみ，それを国内の消費に転換することでもある．

　かつて，蝋山昌一は，「家計部門の金融資産運用の成果は金融機関とは格段に劣ったものであった」[18]と述べて，グローバル運用を行う投資信託の未来に

期待した．こうした観点を再認識してはどうか．蠟山が投資信託に期待した理由は，個別の株式投資がわが国に広まるにはかなりの時間がかかるのであり，また，投資理論的にも直接金融よりは市場型間接金融の方が適していると考えたからである．

金融資産による収益については蠟山の指摘の後，10年を超える低金利政策によって預金利子からの所得が少なくなっている．緩やかなデフレが続くわが国では名目金利は低金利であっても実質金利の水準は低くはなく，人々は預金に執着し，先述のとおり，個人金融資産の約55%は預貯金で運用されている．

竹中平蔵と藤田勉は，「米国の家計部門の2007年の配当・利息収入は，2.0兆ドルで，これは米国の名目GDPの14.5%である．家計部門の利払いを控除した純金融収支は，1.7兆ドルである，それに対し，わが国の家計部門の2007年の配当・利息収入は13.1兆円であり，純金融収支は6.8兆円であり，名目GDPの1.3%に過ぎない．金利やインフレの水準が異なるので，日米を単純に比較することはできない．しかし，日本の家計部門の金融資産運用の多様化と国際化を行う余地はかなり高いと思われる」[19]と述べている．

このようにわが国の消費を喚起するのは，多様化・国際化された高齢者の金融資産運用からの収益が増大することがポイントであろう．

(2) 高齢者の金融資産運用の活用

これまでの検討からすれば，わが国の高齢者の金融資産がグローバル運用されることが求められると思われるが，実情はどのようになっているのか検討したい．

現在，わが国の個人金融資産の約60%は60歳以上高齢者によって保有されている[20]．表2-5のように保有資産の分布をみれば，個人金融資産の運用を考察する上で高齢者の重要性は明らかである．

高齢者は一般的には安定的な金融資産運用を望んでいると考えられている．しかし，先に検討したように実際は中年期よりリスク資産運用に適しているのが高齢者であり，また，リスク資産運用が他の年齢層に比較しても高いという

表 2-5　年齢別の金融資産の保有割合　　　　（単位：％）

| 年　　　代 | 20歳代 | 30歳代 | 40歳代 | 50歳代 | 60歳代 | 70歳代以上 | 合計 |
|---|---|---|---|---|---|---|---|
| 金融資産の割合 | 0.5 | 5.5 | 12.7 | 21.6 | 37.2 | 22.5 | 100 |

（出所）　金融広報中央委員会『暮らしと金融なんでもデータ平成21年版』，2010年，25ページ．

のが現状である．ただ，そうであっても高齢者の株式市場への個別株式による直接参加はリスクが高すぎると考えた方が妥当であろう．勤労所得がない高齢者がリスクに比較してリターンが相対的に少ない個別株式への投資を行うことに賛同する者は多くはないだろうし，少なくとも多額の金融資産を運用するには適さないと思われる．

そこで，今では手数料も安価となりつつある先述のバランスファンド，つまり内外の債券，株式に広く分散投資を行う金融商品を用いて堅実なグローバルな分散投資を行うことが考えられる．そうすることによって運用資産の価格変動性は日本株の個別株式での運用の場合の3分の1程度に減少すると推察される．この程度のリスクであれば多くの高齢者に受け入れが可能であろうし，リスクとリターンの比率であるシャープ・レシオも改善される．

バランスファンドの収益性については先に検討したが，手数料・税金を除いても銀行の1年定期預金を2％程度上回るといえるだろう．日本全体では概ね約800兆円の個人金融資産が預金となっているが，たとえばこの半額の400兆円がバランスファンドで運用されると400兆円の2％，つまり年間約8兆円程度の財産所得を個人が新たに得ると推察される．

400兆円をバランスファンドで運用するというのは無理なことではないと思われる．たとえば，米国の個人金融資産のうち，預金で運用されている割合は約15％である．仮に400兆円が投資信託に回っても，わが国の預金が家計資産に占める割合は米国よりまだ10％以上高い水準を維持することになる．

わが国の銀行中心の金融システムは高齢化社会の金融資産運用に適した金融システムに変化することが求められるのではないか．戦後の経済成長を支えた規制金利下の銀行預金に偏った現在の金融構造は戦後の歴史の中で生じたこと

であろう．確かに戦後の官僚主導の金融統制は有効に機能した．いわゆる人為的低金利政策は効果を上げたが，こうした意図的な低金利政策は均衡金利より低い収入を銀行にもたらし，それは預金者に転嫁され，インフレの下ではネガティブなものになるとされていた[21]．さらに，社会的損失が起こり，こうした金融抑圧政策は所得分配の不平等を起こすとされていた[22]．

しかし，わが国で高度経済成長の時代に起こったことはこうしたことではなかった．野口は，「国内金融が完全な自由市場メカニズムで動いていたとすれば，資本が絶対的に少なく，労働が過剰であった戦後日本のような経済にあっては，資本は労働集約産業に集中し，重工業化は容易に進まなかった可能性が強い．さらに，不動産等への資本の不胎化を生み，生産的資本の蓄積が進まなかった可能性もある」[23]と指摘している．規制の多い金融システムはわが国では有効に機能していた．

だがその金融システムが今も有効であるとはいえない．かつての旺盛で比較的ローリスクの資金需要は現在のわが国にはないため銀行の貸出は伸びていない．日本版金融ビッグバンはそうしたことから行われた．護送船団行政と揶揄された金融行政は，20世紀末の金融革新が進む時代には不適合であった．池尾和人は，「護送船団行政は，1980年代後半から1990年代前半という世界的には金融革新がきわめて活発化した時期に，わが国における金融革新を抑制し，日本の金融機関の国際競争力を喪失させるという甚大な社会的損失につながることになった」[24]と述べ，戦後の金融統制が近年の社会の実情に合わなくなっていた様を指摘している．

日本型金融システムと行政の将来ビジョン懇話会のレポートでは，主として産業金融モデルにより担われている既存の金融システムは増大する実体経済のリスクを支え切れないとしている．今後も産業金融モデルも存続するが，リスクを発見し，管理し，配分するためには，市場金融モデルの役割が重要になる．市場機能を中核とした複線的金融システムの再構築が提唱されている[25]．間接金融システム中心の現在の金融システムに限界が来ていることは確かであり，こうした預金から投資信託への金融資産のシフトは考えられても良いと思

われる．

　先述のように，銀行預金は40歳代の人々のための金融資産の運用商品としては適している．多量のリスクを取れず，また，資金の支出まで期間もない人々にとって1年定期預金を繰り返し利用することは適切なことであろう．しかし，少子高齢化が進んだわが国では60歳代が最大の年齢層であり，また，保有している金融資産も大きく，前掲の表2-5のとおり，全体の約37％である．高齢者は金融資産市場では大きな存在である．

　仮に400兆円の資金のシフトが起きて8兆円が個人の所得になり，その60％程度が消費に回れば約5兆円の個人消費が発生する．これはGDPを約1％押し上げる可能性があり，乗数効果が働けばより多くの消費を生み出すだろう．

　しかし，老後の不安を感じていると思われる高齢者が消費を行うかという疑問もあり，一般にはこのように解されていると思われる．だが，60～64歳は貯蓄が3,800万円以上の世帯で年金収入などの可処分所得の1.9倍を，そして貯蓄が600万円以下の世帯でも1.2倍を消費に振り向けているといわれる．また，60歳以上の2009年の消費支出は前年比1.2％と小幅ながらプラスであった[26]．こうしたことから高齢者の財産所得の増加は消費に回ると思われる．

　また，金融資産運用業等の金融産業の手数料収入も4兆円と想定でき，預金の減少による銀行の収益の目減りについても全国銀行の預貸金利鞘は経費考慮前で約1.7％，経費考慮後で約0.6％であるから400兆円の預金が投資信託にシフトしても大半が補える．

　以上のように高齢者はリスクを取る用意があり，また，財産所得が消費に回る可能性も高い．高齢者のリスク資産による運用，グローバル運用は拡大されて良いと思われる．ただ，この動きが起これば多額の預金が減少する．リーマン・ショックの後，欧米の多くの金融機関が危機に陥ったのはその預金量の少なさからであるといわれ，預金は銀行経営の基盤であるとされる．そこで，次にその点を検討してみたい．

### (3) 金融システムへの影響とリスクマネーの供給

　高齢者の金融資産運用がグローバルなリスク資産による分散投資に変化した場合，その影響がわが国の経済を活性化することは間違いないが弊害はないのであろうか．たとえば，貸し渋りなどが起こるのではないかと考えられる．しかし，日本銀行の資金循環統計によれば1998年から企業部門は一貫して資金余剰となり借入金の返済を行っている．資本市場へのアクセスが難しい中小企業の金融においても，中小企業を主な貸出先とする地方銀行，信用金庫，信用組合は融資先に困り，証券運用を増やしている．

　山田能伸は，地方銀行は将来の人口減少の下，貸出が減少すると大きな影響を受けると試算し，およそ15年後について「預貸率が50％台となるこの時点に至って，銀行はもはや伝統的な形から離れ，商業銀行と機関投資家の機能は半々となる」[27]と述べている．つまり，近い将来，預金の5割は中小企業との取引が多い地域金融機関では証券投資に振り向けるしかないと指摘しており，預金が投資信託にシフトしても中小企業金融が大きな影響を受けることは考えにくい．こうした議論を考慮すれば，将来，400兆円の預金が投資信託にシフトすることが金融システムの揺らぎを起こすとは考えにくいと思われる．

　また，ここまで世界分散型のバランスファンドを取り上げてきたが，グローバルな分散投資といっても自国の資産に多くを投資するホームカントリーバイアス型の投資信託を用いて運用資産の半額以上を国内の株式と債券に投資をすればわが国の企業にリスクマネーを供給できる．

　しかし，リスクマネーの供給といっても個別株式投資による株式市場の活性化が適当とはいえない．それは先に述べた投資家が高齢者でなくともいえる．池尾は市場型間接金融について「現代における市場型化は，厳密には，『直接金融の拡大』を図ることとは違う．現代において，金融技術は高度化し，金融取引はますます複雑化している．そのために，資金提供者としての家計と資金調達者としての企業が文字通り『直接に』取引を行うことは，もはや有効なやり方であるとはいえなくなっている．換言すると，当面の課題は，『市場型間接金融』のチャネルを確立することである」[28]と述べている．リスクマネーは

投資信託を経由して供給されることが望ましいと思われる．

このリスクマネーの供給がイノベーションを支える．2010 年は上場企業の大型増資が相次いだ．たとえば，東京電力は東日本大震災前であったことから原子力発電所など設備投資や海外を中心とした成長事業に充てるため，4,469 億円を調達している[29]．確かに企業による自己株式の購入も多いが，一方でこうした株式資本の増強を行う企業も多い．

このリスクマネーの供給はシュンペーターが重視した企業者への資本提供者としての銀行家の役割を投資信託がシステム全体として担うことを意味する．前例がなく不確実性への対応が求められるイノベーションを銀行貸出によるファイナンスで展開することは容易でない．シュンペーターの銀行家重視の考え方，つまり銀行は新結合の遂行を可能にし，いわば国民経済の名において新しき結合を遂行するとする点に問題がある可能性を否定できない．元本保証の預金を原資とする銀行の貸出ではいわゆる「安全性の原則」が重視され，不確実性が高いイノベーションについての融資に対し，銀行は消極的になりやすい．

確かにわが国において銀行は戦後の高度成長時代に企業を支えた．しかし，当時の企業を支えた技術革新はリスクが小さかった．太田弘子は，「高度成長期の技術開発は全般的にリスクが小さかったために，研究開発費投資に対しても厳密なリスク評価を行う必要性が少なかった．リスクを評価する手法すら，十分に開発されていない」と述べて，わが国の企業のこれまでの技術進歩はリスクが小さかったとしている[30]．

そのような技術の支援であれば銀行の融資によっても可能であるが，これからのイノベーションは不確実性が高くて銀行による金融支援では難しい面があり，リスクマネーが必要となってくる．この点について香西泰は，「1,400 兆円の個人金融資産があるといわれるが，あれは虚構だ．リスクキャピタルはゼロで，負債として抱えている銀行にとっては大変な負担だ．銀行は預金という負担から逃れなければならない」[31]と指摘している．

また，竹中は，「シュムペーターが指摘したような銀行家（金融家）は，かつて日本に実在した．しかし，残念ながら，不良債権処理などを見るかぎり，今

の日本の銀行には, 本当の意味での最高の戦略家はいなくなったと懸念される」[32]と述べている.

2010年末の全国銀行の銀行預金は564兆円に達する一方で貸出残高は416兆円になり, その差は150兆円と過去最大になっている[33]. シュンペーターがいうような新結合の支援は銀行には困難と思われる. 株式市場と銀行のどちらが適切な資源配分を行うかといえば, いずれにも問題はあるが, わが国の1980年代のバブル期, そしてその崩壊期以降, わが国の銀行は不良債権問題に示されるように適切な資源配分に成功しているとはいえないだろう. 銀行融資の失敗はイノベーションを抑制し, マクロの生産性を低下させ, 結果として需要の低迷をも引き起こしたと思われる.

このイノベーションは基本的には供給サイドの観点であるが, これが需要をも喚起する. このイノベーションによる需要の飽和の突破という考え方, 需要創出型イノベーションは, 吉川洋が主張している. 吉川は, 「ケインズは需要不足は与えられた条件だとして政府による政策を考えた. シュンペーターは, 需要が飽和したモノやサービスに代わって新しいモノをつくり出すこと——すなわちイノベーションこそが資本主義経済における企業あるいは企業家の役割なのだと説いた. イノベーションによって新しいモノが生み出されるから『恒久的』に需要が飽和することはない」[34]と指摘している.

成長のための需要は長期的にはイノベーションで作られる. つまり, 高齢者の金融資産運用は直接的, 短期的に所得を増大させて個人消費を増加させるだけでなく, 間接的, 長期的に企業のイノベーションを通じて有効需要を拡大するという二重の需要創出効果を持つと思われる. 特に, この間接的, 長期的な効果は持続的な経済成長に不可欠な要素であろう. 高齢者のリスク資産運用は, 消費を通じてAD曲線を直接的, 短期的には右にシフトさせ, 間接的, 長期的には企業のイノベーションを通じて右下がりに傾けさせると思われる. そして, デフレを軽減させ, また, AS曲線も右にシフトさせると思われる.

吉川はイノベーションが需要を拡大する点について, 「技術進歩, イノベーションにはもう一つの側面がある. それは『需要の制約』を取り除くことであ

る．イノベーションという概念を生みだしたシュンペーターも『経済発展の理論』の中でイノベーションの一つとして『新しい商品の開発』を挙げている」[35]と指摘している．株式というリスクマネーが供給されて企業がイノベーションに取り組めば，それが新しい需要を創り出し，企業の投資を呼び起こす．

以上のように，高齢者の資金が投資信託にシフトするとしてもわが国の金融システムが揺らぐことはなく，それはイノベーションを促進して需要も拡大するという二重の効果を持つといえるだろう．では，こうした変化を起こすにはどのような制度的・政策的な対応が必要なのかが次の課題となる．

## 4．求められる政策的支援と望ましい投資教育

### (1) 求められる政策的支援

高齢者の資金の流れがわが国の経済を活性化することは想定できるが，それをどのようにして実現させるかを検討したい．すなわち，60歳代を中心とした高齢者のグローバルなリスク資産による運用を実現するために，制度的・政策的にこうした個人金融資産の運用を奨励する策，政府の介入が必要と思われる．

たとえば，高度経済成長時代に少額の貯蓄を非課税としたいわゆるマル優制度を思い起こせば，たとえば高齢者向けに「少額ポートフォリオ非課税制度」を作るという税制が考えられよう．つまり，内外の債券・株式の資産，それも国内資産への資産配分を半分以上とするようなアセット・アロケーションを用いるバランスファンドの収益への課税を高齢者の少額投資について非課税とするのである．これによって高齢者のグローバル分散投資による金融資産運用を奨励できると思われる．

ただし，このような税制面で誘導すべき投資信託を考えるにあたり，いくつかの条件がある．第1は，資産の大半を国内の株式と債券に投資を行うものとすべき点であろう．わが国の企業のイノベーションを推進するためであるから国内株式投資は必須である．また，わが国の政府のファイナンスも考えなくて

はならないため，国債への投資も必要となる．グローバル運用といっても，世界のリスク資産の資産配分に準じた運用を行う世界分散型の運用とすれば，国内の株式・債券への投資は全体の2割程度になり，これは非課税措置で奨励するには不適切といわざるをえない．理論的には世界のリスク資産の市場ポートフォリオに近い運用が望ましいが，こうした点は税制支援の性質上やむをえないと思われる．

　第2は，国内資産以外の部分を海外の株式と債券に投資をする投資信託とすることである．特に海外株式投資は今後も3～4％の成長率が続くと予想される世界の経済成長を取り込むために不可欠である．また，海外の債券についても分散投資によるリスク低減の観点から取り入れることが望ましい．先述の市場ポートフォリオからすれば当然の運用内容であり，これに大きな異論はないであろう．

　第3は，運用の手法においてローコストなパッシブ運用を一部に用いることである．つまり，いわゆるインデックス・ファンドを取り入れることである．わが国ではインデックス・ファンドの多様化はこれからだが，アメリカでは株式，債券，短期金融商品の分野で多種多様なインデックス・ファンドが売られている．これらのインデックス・ファンドを組み合わせることによって，個々の投資家の好みやリスク許容度に応じた資産ミックスや分散ポートフォリオを低コストで自製することが可能となる[36]．

　高齢者の老後の不安を解消して個人消費を増大させるには年金制度への不安を解消することも重要であるが，やはり，金融資産運用による所得があることが重要である．この証拠としてわが国で毎月分配型の投資信託の人気が高いことが挙げられよう．毎月分配型の投資信託がわが国に登場したのは1990年代末のことであるが，当初，こうした商品が売れるわけはないというのが証券界の実務家の見方であった．その見方を覆し，今では最も販売量が多いタイプの投資信託となった．

　この理由は投資家の保有実感にあると思われる．毎月，分配金が銀行口座やMMFの口座に振り込まれることにより，毎月のキャッシュ・フローを手にし

た人々は投資の実感を強く持ったと思われる．こうした比較的間隔の短い定期的なキャッシュ・フローを伴う財産所得は生活不安の軽減に効果があると思われる．

なお，年金不安については人々の知識不足という点も少なくない．しかし，現在では将来の公的年金の額を予め通知する制度も始まり，徐々にその不安も緩和してゆく可能性がある．高齢者の多数を占める元サラリーマン世帯であれば，月に約23万円の公的年金が支給される．さらに企業年金もある．月約23万円という金額は，30～34歳の勤労者世帯の消費支出約26万円の約9割になる．これはこの年代の平均世帯人数が約3.3人であることや，多くの高齢者は住宅を所有していることを考えると日常生活に不安を感じる額とはいえないと推察される．つまり，多くの高齢者世帯は子供の世帯とほぼ同様の生活を送る日々が続く．こうしてみると，年金やファイナンシャル・プランニングに関する知識が普及することにより，このような知識不足から生じる不安の軽減が可能ではないか．

この年金問題に関連して少子化についての懸念が示されることが多い．しかし，後藤純一は，少子化による労働力不足には外国人労働者の受入れより「貿易自由化によってモノの移動を促進する方がはるかに効果的である」[37]と指摘している．少子化は女性などの国内労働力の活用など多角的な取組で対応可能と思われる．

年金制度の見直しが行われれば現状の給付が維持できることはないであろうし，消費税の増税で高齢者の経済的状況は現在よりは悪化するだろう．しかし，年金制度が破綻すると思うことは行き過ぎであろう．年金破綻という議論に対してリプレースメント・レシオをみればわが国はこの値が低く，少子高齢化社会になれば現在より給付水準は少し下がるが，リプレースメント・レシオが30～40％であれば年金財政としては健全といわれている[38]．

このように高齢者向けの「少額ポートフォリオ非課税制度」にはさまざまな条件を課した上で実施することが求められるが，その効果は高齢者の金融資産運用に小さくない変化を与え，この取組み自体が1つのイノベーションではな

いかと思われる．次に税制支援とは別の観点として高齢者の知識の問題を検討する．

### (2) 望ましい投資教育

こうして検討してくると高齢化社会に適した金融システムとは市場型間接金融システムとしての投資信託を用いたものであり，現在用いられている「貯蓄から投資へ」の標語を「貯蓄から分散投資へ」とすることが妥当と思われる．この点についてさらに検討したい．

今，わが国に求められるものは，高齢者の投資信託を用いた内外の債券，株式への堅実な分散投資と思われるが，これを実現するには税制支援とともに一定の投資教育が必要ではないか．一般に金融経済教育というと年少者向けの視点の議論が多い．しかし，今のわが国に求められているのは高齢者への投資教育を中心とした金融経済教育，それも分散投資に関する教育であると思われる．

原田泰は，「不良債権問題にメドがついた05年以降も日米の利回り格差は縮小していない．インフレ率の差という問題はあるにしても，依然として，資産を活用するための個人のノウハウがつたない可能性や，金融業の技術力・競争力が高まっていないことをうかがわせる」と述べ，個人の金融資産運用についての知識不足を原因の1つとしている[39]．

ところで，若年層の投資教育については株式投資の断片的な知識をゲーム的な扱いで説明しているものが散見される．しかし，簿記・会計の知識がなければわからないような内容までをあたかも理解が可能であるかのように伝えることは問題があると思われる．山崎元は，「たまに，金融教育の名の下に，子どもたちに株式の模擬取引などをさせている風景を見聞するが，まったく意味がない．本当に必要な教育は，中学や高校の時点で，複利の計算など基本的なおカネの知識を身につけることだ」[40]と述べている．

米国では高校生に対して，リスクとリターンの関係，分散投資の理論が教えられている[41]．わが国でも高校生などに対してこうした基礎的な投資教育が行

われることが望ましいと思われる．

　金融資産運用には大きくわけて3つのアプローチがある．それはファンダメンタル分析，テクニカル分析（チャート），そしてポートフォリオ分析に基づくアプローチである．どれが有効であるかは市場の効率性の程度に依存するが，投資家はともすると自分の能力を過信して，過度なリスクをとることになりがちであるといわれる[42]．これら3つのバランスの良い投資教育が必要であるが，個人のライフプランを支える金融資産運用において重要な教育内容はポートフォリオ分析に依拠するアプローチと思われる．こうした分散投資についての投資教育が高齢者に対して行われることが望ましい．

　また，海外への投資というとリスクが高いと敬遠されがちである．しかし，少子高齢化が進むわが国では海外への資本の投下からの果実を得ることは企業にも個人にも必要なことである．松前俊顕は，世界の株式に分散投資を行った場合のリスクとリターンは共に日本株式に投資を行った場合より良いパフォーマンスを示し，「過去34年間（75～09年）を見ると，日本は他市場に対して継続的なアンダーパフォーマンスを経験」していると述べている[43]．

　リスクへの挑戦，企業のイノベーションへの金融支援を非課税措置という補助，投資教育という知的なサポートで支援することにより可能にしてゆくべきと考える．販売業者による投資信託の営業活動にのみ任せていては高齢者のリスク商品へのアプローチが遅くなる可能性はあり，公的教育の併用が必要である．業者は，法令遵守とファイナンシャル・プランニングの観点を徹底すれば良い情報の提供者となれるが，それだけでは不足する部分があることは否定できない．

　以上のように投資教育は高齢者の分散投資を中心に行われるべきであろう．こうして得られたリスクマネーがどのようにイノベーションを起こし，わが国の経済の状況を切り開いてゆくかを考察してきたが，次にこれへの反論について考える．

## 5．本考察についての再検討

　これまでの高齢者の金融資産運用とイノベーションの検討への反論について考えてみたい．これまでの意見については，第1に，現実論として提案された非課税制度は実現可能性があるのかという点があるだろう．これについては，2010年度の税制改正では英国の個人貯蓄口座（ISA）をモデルとした少額上場株式等にかかる配当所得および譲渡所得等の非課税措置の導入が決定された．この制度は2011年度税制改正で2014年から実施されることとなったが，これを修正すれば「少額ポートフォリオ非課税制度」のような非課税制度は実現可能である．また，年齢制限については，かつての老人などの少額貯蓄非課税制度の例があり，実現性はある．さらに付言すれば英国のISAではバランス型の投資信託での運用が多いといわれることも参考になる．

　第2に，株式投資の増大がイノベーションの主要因になるのかという反論もあるだろう．確かにそうした面はある．たとえば太田は，「日本の大企業がリスクに挑戦しやすい体制をもっているか，また，参入・退出を身軽に行える体制を持っているかということを考えると，なかなか難しい」[44]と述べ，終身雇用制の問題点を指摘している．しかし，イノベーションの問題は雇用形態でなく経営の問題である．

　一條和生は，フィロソフィー，戦略，そして経営力の三位一体によって競争力が発揮されなければイノベーションは起こらないとして経営力に着目している[45]．雇用システムより経営システムが問題と捉えることが妥当であり，終身雇用が決定的な要因とは思われない．リスクマネーの供給はやはりイノベーションの大きな要因であろう．シュンペーターは銀行家を流通経済の監督者と呼んだが，イノベーションを目指す企業者の行為を実現可能とするのは市場型間接金融による金融に違いない．

　第3に，シャープが述べるように構成比を固定しているポートフォリオは市場を相手に賭けを行うことになるという意見である[46]．確かにパッシブ運用の点からはホームカントリーバイアスの運用の奨励は，国内資産への賭けであり

好ましくない.

　しかし,わが国への株式投資は 2000 年から 2009 年の 10 年間においてインフレ調整後で年率マイナス 4.5％であり,同時期のグローバル株式運用は米ドルベースでインフレ調整後ではマイナス 2.8％とその差は 1.7％である.だが,1990 年代にはその差が 14.2％であった[47].つまり,今世紀に入りわが国の株式投資のパフォーマンスと世界との差は縮小しており,先述のとおり,制度的・政策的な効果を考えると,ある程度のホームカントリーバイアスは許容されると思われる.

　このようにさまざまな反対意見はあろうが,いずれもこれまでの検討を否定するまでの意見とはなりえないと思われる.

## 6. むすび

　わが国の高齢者のリスク資産による金融資産運用は合理的な行動である.金融資産運用と年齢の間には支出による制約から加齢とともにリスク資産運用が困難になるのではない.教育と住宅への支出が家計を圧迫する中年期より高齢期の人々の方がリスク資産運用に適している.人的資本の観点からはリスク許容度は年齢とともに低下するが,それだけから適合性の原則を判断してはならない.年金制度,住宅資金などの支出も含めたライフプランをベースとして包括的に金融資産運用と年齢の関係をみることが重要である.

　そして,高齢者,特に団塊の世代が内外の株式,債券による堅実な分散投資によって財産所得を得て,そこから個人消費を喚起し,同時に企業のイノベーションを資本の面から支援することによりわが国の経済は活性化する.高齢化社会の経済に必要なものはイノベーションによる生産性の向上である.それをサポートするには間接金融における銀行の情報生産機能,資産変換機能では不十分であり,市場型間接金融を用いてリスクマネーが供給されることがポイントである.そのための政策的な支援,政府の介入が求められており,高齢者に対する投資税制の改正と分散投資に関する投資教育が課題となると思われる.

今こそ需要サイドと供給サイドの双方に，短期的・直接的に，そして長期的・間接的に効果がある高齢者の堅実な分散投資に注目し，高齢化社会に適する投資信託を活用した金融システムの構築への取組みが行われることが望ましい．

　豊富な高齢者の金融資産がグローバルな分散投資に向かうことは重要であり，高齢者の金融資産運用に適した運用商品の開発，具体的な投資教育の手法などの課題についてさらなる研究が行われることを期待したい．

1) 井出正介・高橋文郎『証券投資入門』，日本経済新聞社，2001年，303ページ．
2) 菊池英博「偽装財政危機が招いた平成恐慌」，『学士会報第881号』，学士会，2010年，52-53ページ．
3) 岩本武和・奥和義・小倉明浩・金早雪・星野郁『グローバル・エコノミー新版』，有斐閣，2007年，202ページ．
4) きんざいファイナンシャル・プランナーズ・センター編著『FP技能検定教本2級1分冊ライフプランニングと資金計画／リスク管理2010年版』，きんざい，2010年，38ページ．
5) 日本証券アナリスト協会編 榊原茂樹・青山護・浅野幸弘『証券投資論第3版』，日本経済新聞社，1998年，467-468ページ．
6) 東洋信託銀行投資企画部編著『上級ポートフォリオ・マネジメント』，金融財政事情研究会，1998年，11ページ．
7) 渡辺孝監修金融中央広報委員会『暮らしと金融なんでもデータ平成21年版』，2010年，2ページ．
8) 岸真清・藤波大三郎『ファースト・ステップ金融論改訂版』，経済法令研究会，2010年，31-33ページ．
9) リスクプレミアムについては，蝋山昌一編『投資信託と資産運用』，日本経済新聞社，1999年を参考とした．
10) 渡辺孝監修金融広報中央委員会　前掲書，135ページ．
11) 田村耕一『ぼくらの金融教科書』，西田書店，2000年，50ページ．
12) 日本経済調査協議会「貯蓄率の低下，ISバランスの変化と日本経済―資金の効率運用と金融サービス業の国際競争力―」，2007年，11ページ．
13) 内閣府『平成20年版経済財政白書』，2008年，152-153ページ．
14) 伊藤伸二「相対的リスク回避度の適合性判定への応用」，『ファイナンシャル・プランニング研究』，No.8．日本FP学会，2009年，13ページ．

15) 内閣府　前掲書，152-153 ページ．
16) 野口悠紀雄『日本を破綻から救うための経済学』，ダイヤモンド社，2010 年，70-73 ページ．
17) 『日本経済新聞』，2010 年 12 月 27 日．
18) 蝋山昌一編著『投資信託と資産運用』，日本経済新聞社，1999 年，4 ページ．
19) 竹中平蔵監修藤田勉著『はじめてのグローバル金融市場論』，毎日新聞社，2009 年，18 ページ．
20) 渡辺孝監修金融広報中央委員会，前掲書，25 ページ．
21) McKinnon, Ronald I., *Money and Capital in Economic Development*, Brookings Institution, 1973, p. 69.
22) Show, Edward , S., *Financial Deeping in Economic Development*, Oxford University Press, 1973, p. 80.
23) 野口悠紀雄『1940 年体制』，東洋経済新報社，1995 年，102 ページ．
24) 池尾和人『開発主義の暴走と保身』，NTT 出版，2006 年，130 ページ．
25) 蝋山昌一編著『金融システムと行政の将来ビジョン』，財経詳報社，2002 年，1 ページ．
26) 『日本経済新聞』，2010 年 8 月 14 日．
27) 山田能伸『地域金融―勝者の条件』，金融財政事情研究会，2009 年，97 ページ．
28) 池尾　前掲書，288 ページ．
29) 『日本経済新聞』，2010 年 12 月 30 日．
30) 太田弘子『リスクの経済学』，東洋経済新報社，1995 年，39 ページ．
31) 日高正裕『論争・デフレを超える』，中央公論新社，2003 年，71-72 ページ．
32) 竹中平蔵『経済古典は役に立つ』，光文社，2010 年，160 ページ．
33) 『日本経済新聞』2011 年 1 月 12 日．
34) 吉川洋『いまこそ，ケインズとシュンペーターに学べ』，ダイヤモンド社，2009 年，26 ページ．
35) 吉川　前掲書，86 ページ．
36) 井出正介・高橋文郎『証券投資入門』，日本経済新聞社，2001 年，167 ページ．
37) 後藤純一「少子高齢化時代における外国人労働者問題」伊藤元重編『国際環境の変化と日本経済』，慶應義塾大学出版会，2010 年，365 ページ．
38) 高橋洋一『バランスシートで考えれば，世界のしくみが分かる』，光文社，2010 年，134 ページ．
39) 原田泰・大和総研『データで見抜く日本経済の真相』，日本実業出版社，2010 年，118 ページ．
40) 山崎元「投信が普及しないのは業界の努力不足」，『週刊金融財政事情』，第 60 巻第 33 号，2009 年，23 ページ．

41) Miller, R. L., *Economics*, The McGraw-Hill Companies, Inc. 2001. pp. 158-159.
42) 浅野幸弘・宮脇卓『資産運用の理論と実際』，中央経済社，1999 年，7 ページ．
43) 松前俊顕（2010）「グローバル株投資への移行―ホームカントリーバイアスのコスト―」，『証券アナリストジャーナル』，第 48 巻第 9 号，2010 年，9 ページ．
44) 太田　前掲書，38-39 ページ．
45) 一條和生『バリュー経営』，東洋経済新報社，1998 年，220 ページ．
46) Sharp. F. W., *Investors and Markets*, Princeton University Press, 2006（川口有一郎監訳不動産証券化協会不動産ファイナンス研究会訳『投資家と市場』，日経 BP 社，2008 年，272 ページ）．
47) 松前　前掲論文，9 ページ．

## 参 考 文 献

池尾和人『銀行はなぜ変われないのか』，中央公論社，2003 年
植田和男『ゼロ金利との闘い―日銀の金融政策を総括する』，日本経済新聞社，2005 年
斉藤誠『競争の作法―いかに働き，投資するか』，筑摩書房，2010 年
堺屋太一『次はこうなる』，講談社，1997 年
坂本武人『新しい家庭経済学　第 2 版』，法律文化社，1996 年
鹿野嘉昭『日本の金融制度　第 2 版』，東洋経済新報社，2006 年
全国銀行協会金融調査部編『図説わが国の銀行』，財経詳報社，2010 年
日本ファイナンシャル・プランナーズ協会監修　牧野昇＝武藤泰明著『ファイナンシャル・プランナーの基礎知識』，ダイヤモンド社，1999 年
野口悠紀雄『世界経済が回復するなか，なぜ日本だけが取り残されるのか』，ダイヤモンド社，2010 年
浜田宏一・堀内昭義編『論争　日本の経済危機　長期停滞の真因を解明する』，日本経済新聞社，2004 年
吉川洋『構造改革と日本経済』，岩波書店，2003 年
Keynes, J. Maynard, *The General Theory of Employment, Interest and Money*, 1936（間宮陽介訳『雇用，利子および貨幣の一般理論』，岩波書店，2008 年）
Schmperter J. A., *Theorie der wirtschaftlichen Entwichlung*, 1912（中山伊知郎・東畑精一訳『経済発展の理論』，岩波書店，1951 年）

## 第3章　高齢社会の資産分配政策
――資産分配の趨勢と政策――

## 1. はじめに

　従来型の福祉政策は所得再分配型であり，資産の再分配政策には無関心だった．本章では，資産の分配および再分配政策に焦点を当て次のことを示す．
　第1に，資産と資産／GDP比の上昇趨勢とその要因を明らかにする．
　第2に，資産ベースの福祉政策と勤労者の資産形成政策の意義と必要性を明らかにし，これらの資産分配政策は，老後の年金を補完する生涯資産形成政策として，また資産所有のナショナル・ミニマム政策として，有用であることを示す．
　第3に，工業化が進展すると，資産所有の不平等化はある段階まで進むが，勤労所得の分配率が高くなり，勤労者の資産所有が進むと，所得および資産所有の不平等化を矯正するメカニズムが働く論理的可能性を仮説として提示する．

## 2. 資産／所得比率を決める GDP・成長率・高齢化

### (1) 資産の比重上昇の計量的確認

　まず先進工業国では所得水準の傾向的上昇につれて，資産も所得以上の比率で上昇して，国民総資産の対 GDP 比も個人の金融資産の対個人所得比も趨勢的に上昇することを示唆する．日本の場合は，名目 GDP に対する名目国民総資産の比率（国民総資産／名目 GDP 比）は 1970 年以前には約 8 倍以下であった

が，バブル期には約 19 倍に達し，その後，バブル崩壊にもかかわらず 2005 年末には約 17 倍である（図 3-1 参照）．

図 3-1　国民総資産の対 GDP 比の動向

（出所）『経済財政白書』2010 年より筆者作成．

(2)　国民総資産／GDP 比上昇の要因

1960 年～2008 年の 48 年間の年次時系列データを用いて，国民総資産を名目 GDP と実質 GDP 成長率で回帰すると，(1) 式のように，1960 年～2008 年の国民総資産の動きは名目 GDP と実質経済成長率の 2 つの説明変数でほぼ説明できることがわかる．日本では高齢者の資産所有率が高いので，高齢化比率（65 歳以上の高齢人口の人口に占める比率）も国民総資産／GDP 比に大きな影響を与える[1]．

$$\text{国民総資産} = -1736.200 + 19.785Y + 108.473G \tag{1}$$
$$(-7.209) \quad (40.891) \quad (4.599)$$

相関係数 = 0.995，自由度調整済み決定係数 $(\bar{R}^2) = 0.988$

説明変数の係数の下の（　）の数値はt値

1990年代初めから実質経済成長率も名目GDPも停滞しているので，国民総資産も停滞気味だが，経済成長が復活すれば，資産の上昇も維持されるであろうことを（1）式は示唆する．

国民総資産の名目GDPの増加に対する弾性値は1960年〜2008年のデータで計算すると，1.3強となっている（図3-2および（2）式参照）．

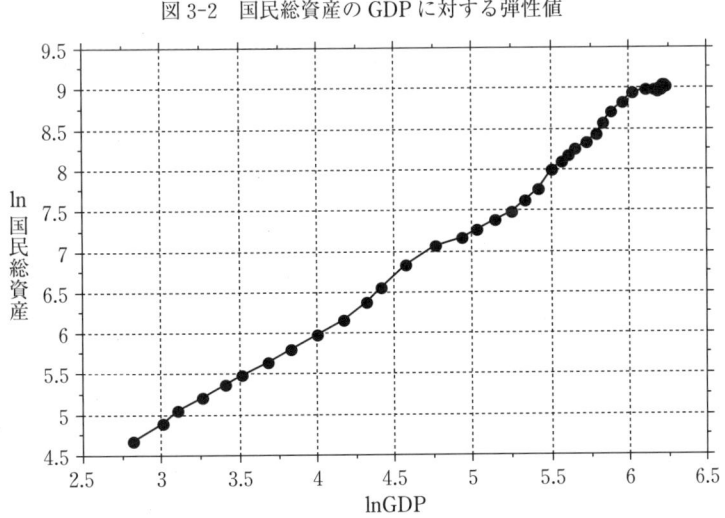

図3-2　国民総資産のGDPに対する弾性値

(出所)　『経済財政白書』2010年より筆者作成．

$$\ln 国民総資産 = \ln 0.796 + 1.320 \ln GDP \qquad (2)$$
$$(9.964) \quad (87.859)$$

自由度調整済み決定係数（$R^2$）＝0.997

各係数の下の括弧内の数値はt値

lnは対数であることを示す．

株式価値総額／国民所得比の趨勢も同様であり，いずれもバブル期に上昇しバブル崩壊によって下落し，その後のGDPの伸び悩みで停迷しているが，趨勢的には上昇傾向にある（図3-3参照）．

図3-3は東証株価時価総額を名目GDPに対する比率でみたものである．東証に上場する会社が増えているので，この図は株価総額が対GDP比で高くなったとは必ずしもいえないが，株というストックがGDPというフローの額よりも長期的にはより早く上昇する傾向があることを示唆する．

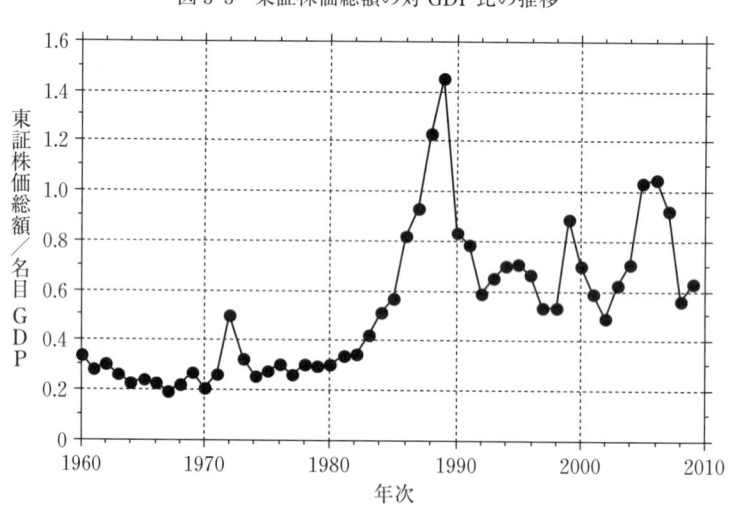

図3-3 東証株価総額の対GDP比の推移

（出所）『経済財政白書』2010年より筆者作成．

さらに個人資産の国民所得に対する比率も国民総資産／GDPの比率と似た動きをしており，平均個人金融資産は1955年には国民所得の1.8倍であったが，2005～2006年には約4.2倍になり，1,500兆円を越した（図3-4）．一国内の一時点でも高所得層と貧者を比べると，所得格差以上の資産格差がある．資産というストックはいずれにしてもフローの所得に比べて，経済成長が続く限り，その比重を高くする傾向があり，したがって豊かな社会ほど資産の経済的

重要性は相対的に高くなる.

このように資産というストックの所得というフローに対する比率は上昇趨勢にある.国民総資産の対GDP比も上昇趨勢にある[2].その理由については定説はないが,いくつかの推論は可能である.

GDP ($Y$) の増分 ($\Delta Y$) は$gY$であるが,資産の増分$\Delta A$は$rA$である.$g$は経済成長率,$r$は資産の利潤率である.名目値ではGDPの成長率は$g+\dot{p}$であり,資産の成長率は$r+\dot{p}_a$である.均衡成長では経済成長率$\dot{Y}$=標準利子率$r$と想定されることが多いが,$r$がキャピタル・ゲインを含む資産の収益率であるとすれば,名目GDPが成長している経済では,通常,$\dot{p}_a > \dot{p}$であり,資産はGDPや国民所得よりも,より早く成長する.

(記号の説明) $Y$:GDPあるいは国民所得,$g$:経済成長率,$r$:資産の収益率=資産の増加率,$I$:投資額,$s=S/Y$:貯蓄率.・印は増減率であることを示す.

富者が多い資産階級の貯蓄性向$S_p$は労働階級の貯蓄性向 ($s_w$) より高く ($S_w < S_p$),富者の資本家は資産を株で持つことが労働階級よりも多いことを考えると,富者の資産／所得率が高いと推定されるので,豊かになれば,資産／所得比率が高くなることは理解できる.

それに本章が示唆するように,いわゆる労働階級と呼ばれていた被雇用者が貯蓄して資産を形成するようになってきたことも,資産／所得比率が高まってきている原因であるといえよう.先進工業国では,高齢期に備えて勤労者も老後のための貯蓄や年金の形で貯蓄をするので,高齢者は資産／所得比率が低いので高齢化が資産形成を高める場合もある.

## 3. 資産ベースの福祉政策とは

次に年金を補完する新しい福祉政策として登場してきた資産ベースの福祉政策について,その意義と実際について述べよう.

### (1) 資産ベースの福祉政策とは

資産ベースの福祉政策という言葉は，イギリス労働党のシンク・タンクともいうべき役割を果たしていた IPPR (Institute for Public and Private Relations) が 2000 年頃から提唱した政策である．従来の福祉政策の多くがフローの所得を再分配して，所得やサービスとして給付する政策であったのに対して，ストックという資産の再分配を重視するのが資産ベースの福祉政策である．所得再分配型の所得ベースの福祉政策と対比して示すと，資産ベースの福祉政策の内容は表 3-1 のように示すことができる．

表 3-1 所得ベースの福祉政策対資産ベースの福祉政策と代表的事例

| 給付<br>所得対資産 | 金銭給付対物的給付 金銭の給付 | | 非金銭的サービスの給付 |
|---|---|---|---|
| | フロー給付 | ストック給付 | |
| 所得再分配型福祉政策 | 年金給付，失業手当給付，子ども手当 | | 医療サービス，介護サービス，保育サービスなど |
| 資産ベースの福祉政策 | | 金融資産給付（児童信託基金，ゲートウェイ制度） | 施設や物的資産利用による再分配<br>施設サービスの供給，住宅・土地の再分配政策，物的資産活用の福祉給付（リバース・モーゲージなど） |

（出所）　筆者作成．

### (2) 福祉ベースの資産政策の発足：児童信託基金と貯蓄ゲートウェイ

イギリスでは 2005 年からブレア政権が，かねて提唱していた児童信託基金 (child trust fund-CTF) を小規模ながら実現した．これらの政策はナショナル・ミニマムの所得保障を提唱した 1942 年のベバリッジ報告の資産版ともいえる「ナショナル・ミニマムの資産保障を普遍化しようとする政策」である．日本では奈良時代に班田収受の法が制定され，生まれた男子には一定の土地が与えられたことがあるが，児童信託基金制度は，この班田収受の法を思い起こさせ

る．最低の所得等の保障を普遍的に行うべしとの論は，イギリスでは20世紀初頭からウェッブ夫妻が提唱したことで知られているが，ベバリッジ報告に沿ってイギリス労働党政権下で，年金のほか医療サービスの給付がイギリスや北欧では保障されるようになった．資産ベースの福祉政策は，先進国では行われてきた所得とサービスに関するナショナル・ミニマムの社会保障を資産に拡大して行おうとする政策だと解することもできる．現にイギリスのIPPRではそういっている．

　一定の資産を一定年齢に達したとき一括して給付するとのアイディアは古くはトム・ペインに遡るといわれるが，イギリスでは1970年代に，似たようなアイディアがセドリック・サンドフォードによって提起され，アメリカでは，マイケル・シェラドン，ブルース・アッカーマン，アンネ・アルストットによって提起されたという (Ackerman et al, 2006)．

(3) 資産所有のナショナル・ミニマム化を目標

　イギリスの児童信託基金制度は，すべての人に生まれたときから貯蓄・投資信託基金を持たせようとする政策である．その信託基金で，誰もが18歳まで貯蓄を積立てられるから，公的年金の保険加入期間を18歳に引き下げれば，年金とつながることになる (le Grand in Ackerman et al, 2006) スウェーデンでは年金保険加入の下限年齢をなくしたが，資産ベースの福祉政策は将来は年金制度を補完する制度としても興味ある制度となりうる．年金の保険加入期間を0歳まで引き下げたようなものである．児童信託基金は子どものための長期貯蓄と投資勘定である．新制度は2005年の4月から始まった．この制度により，子供が18歳になるまで，資産を持つことができるように，2002年9月1日以降に生まれた者に，貧者に厚く250～500ポンドを児童信託基金として政府が給付する．この基金に加えて50～100ポンドの3つの資金が付与される．その基金は債券，株式基金に利用可能である．この制度はあまりにも小規模で発足したが，発展すればやがては「資産勘定が普遍的になる」(Regan & Paxton, 2001, p. 29) ことが期待される．かつてはナショナル・ミニマムの所得保障が福

祉国家の目標であったが，資産の個人勘定が普遍的になることはナショナル・ミニマムの資産をすべての国民が持つことを意味する．

　この政策は少子化対策としても有益であろう．その資金を相続税や富裕税で徴収すれば，高齢者に偏っている福祉政策予算を若年世代に移転させる上でも有益であり，世代間分配不公正の批判に答えることにもなろう．

　もう1つ提案された貯蓄ゲートウェイは，わずかしか貯蓄を持たない低所得層の家庭を対象として貯蓄に関心を持たせ，貯蓄する習慣をつけるように誘導する政策であるこの制度の特徴は1：1のマッチングがある点である．1：1のマッチングとはこの制度を用いて個人が10ポンド貯蓄すればそれと同額の助成金が出るという寛大な助成制度である．貯蓄ゲートウェイ制度は，一定地域で2回，実験的に行われた．マッチングの対象となる貯蓄限度額は，月25ポンドであったが，実験の結果，実験の対象者の多くはマッチングの特権をフルに利用した（Cramer, 2007）．そして「低所得のイギリス人も口座が設けられ，インセンティブが与えられるなら，貯蓄するものであり，貯蓄できるものであることが分かった」（Cramer, 2007）．

　こうして誰もが資産の個人勘定を若いときから持ち，個人資産を雪達磨式に拡大していき，年金資産形成につなげれば，結果的に，年金費用負担期間を飛躍的に拡大したことと同じようなことになる．少子化傾向に歯止めがかからない日本の場合には，この児童信託基金のような制度が出生率改善のインセンティブにもなるであろう．

　その資産ベースの福祉政策の提唱者の1人であるウイル・パクストン他編の『市民のステーク：普遍的資産政策の将来を探る』（Paxton & White, 2006）は，児童信託基金を発展させ，市民＝国民が普遍的に資産を持てる社会を構想している．まさに所得のナショナル・ミニマム論の資産への拡大である．その財源の1つとして相続財産に注目して，どのような形で国民の合意を得つつ，児童信託基金などの資産ベースの福祉政策の財源を得ることができるかを探っている．

　ストックの資産がフローの所得やGDPに比して相対的ウエイトが高くなっ

てきていることは，第2節で確認できた．資産の比重が高くなれば，財源としても重要になるし，その経済的影響も大きくなるだろうとの推定はできるが，それだけでは，資産重視の福祉政策が必要だということにはならない．資産重視の福祉政策が必要となる，より積極的意義としては次のようなことがある．

## 4. 資産重視の福祉政策の意義

(1) 所得とサービスのナショナル・ミニマムから資産のナショナル・ミニマムへ

第1に，資産ベースの福祉政策は20世紀初頭からウエッブ夫妻などによって提唱された所得やサービスのナショナル・ミニマム論の資産版であり，福祉政策史上の画期的理念である．この政策が福祉論者によって熱気を持って迎えられたのは，資産ベースの福祉政策が福祉政策と福祉国家のパラダイム的転換をもたらす政策になりうるからである．

しかし，所得再分配型の福祉政策にとって代わるというのではなく，「包括的な資産ベースの福祉政策は，1.所得保障，2.介護・サービス保障・医療・保育などのサービス保障という2つの柱に加えて行われる，3.資産活用の社会保障としても「第3の柱[3]」として所得ベースの政策およびサービスの供給と並びかつこれらの政策を補完するものである」(Regan ed. 2001).

(2) 所得再分配型福祉政策による公正と効率の矛盾を緩和するため

第2に，フローの所得再分配型の社会保障の比重が高くなると，効率や安定成長に深刻な問題が生ずるが，資産ベースの福祉政策は，そのジレンマを緩和すると期待される．成長あるいは生産効率と分配公正との間にジレンマが生ずることは多くの人々によって早くから警告されていた (Lindbeck, 1993；丸尾, 1977年, 1996年他参照)．アッサール・リンドベックは「福祉国家が——再分配国家になってしまった」と嘆き，「人間資産，金融資産，物的資産を中低所得層に再分配する試みが特に大切である」といっている．公的支出が過大に拡大

すれば，資源の最適配分からの乖離になるが，そのほか過大な公的支出とこれを賄うための高い税負担が資源配分を歪め，勤労と貯蓄のインセンティブを損なうおそれがある．リンドベックは，① 余暇選好，② 労働のインテンシィティの低下 (on the job leisure のおそれ)，③ 物々交換と自前供給の増加，④ 非金銭的報酬の選好，⑤ 合法的逃税，⑥ 人間資本投資の減少，⑦ 高所得者の海外移住，⑧ 過少な個人貯蓄，⑨ 資産選択の歪み，などが生ずるおそれがあるという (Lindbeck, 1993)．

　市場化，特に資産市場の自由化とグローバル化の結果，資産所有の不平等が増加する傾向があるので，勤労者資産所有政策は，平等化対策としても強く要請される．勤労者や市民による資産所有が「経済効率の要請と社会的正義の目標を結びつける最善の希望を与える」(Rosen, Youg eds. 1991) が，資産市場の自由化により，この希望が一層強くなった．資産の分配の不平等度は所得の分配の不平等度よりも概して大きい．イギリスでは「富の分配は所得の分配よりも2倍大きく，所得分配のジニ係数が 0.35 に対して，富の分配のジニ係数は 0.7 であった (Inland Revunue, 2005. Paxton & White eds. 2006)．しかも先進諸国では近年，その不平等は増加傾向にある．イギリスの場合，1％の富者が 1992 年には 18％の富を所有していたが，2002 年にはその比率は 23％になった (op. cit.)．アメリカでは 1990 年代に 1％の富者が金融資産の 45％を所有していたとの情報もあり (Keister, 2000)，所得分配よりもはるかに不平等が大きい．

(3) 真の機会平等と潜在能力の開発のため

　第3に，市場経済の下での真の機会均等のためには教育と市場参加の機会の形式的平等に加え，資産所有の平等化が必要であると認識されるようになったためである．特に資産市場の自由化の下で機会が均等であるためには誰もが資産を持てるようにすることが必要になる．市場化，特に「市場化・自由化，殊に資産市場の自由化には資産所有の平等化政策をセットにして行う」ことが効率と公正を両立させるために必要である．

　資産ベースの福祉政策論が注目され始めると，潜在能力 (capability) や

inclusion exclusion 理論との関連でもこの論が援用されて (Gramer, 2007, Moser, 2005), 資産ベースの福祉政策は貯蓄や教育投資を人々に可能にし,「資産からの exclusion 脱却を可能にする (Paxton, eds. 2003)」ことにより人々の潜在能力の開発に役立つ政策として位置づけられている. 貯金や資金を持たない人は, 資産を形成するという能力が乏しい. それに資産形成の意欲や習慣もないことが多いが, イギリスの児童信託基金や貯蓄ゲートウェイ制度は, そうした人々に金融教育 (financial education) の機会を与え, 貯蓄と資産形成のインセンティブと習慣と能力を与えることをも目的としている.

(4) 資産市場における情報の非対称性の緩和のため

第4に, 資産市場は, 医療サービスや高齢者介護サービスの市場同様に, そして財・サービス市場以上に情報の非対称性の大きい市場だからである. そのため金融市場の情報に疎い庶民や高齢者も資産価値を守り, 資産を有効に利用することができるように支援することが必要である. 金融市場の情報を豊富に持つ企業や資産家は自分の資産を株式市場で有利に運用できるのに, 金融市場に疎い市民は, 近年の日本の場合, 年利1%以下の利子しか取得できない. このことも資産分配不平等化の原因になっている. 日本の場合にも2002年4月から2008年に平均賃金は名目では低下しているが, その間, 利潤や資産所得は増えた.

広義の資産ベースの福祉政策の1つの狙いは, 資産市場における多くの情報弱者——特に資産を持たない低中所得の勤労者と高齢者など——のための資産形成政策を支援することである. 市場における情報格差が大きいことで知られる医療市場の場合には市場の欠陥が生ずるので, 政府などが情報弱者を支援するスポンサー機能 (日本でいう保険者機能) が必要であることが認識されている. 金融市場でも同じことがいえる. すなわち資産ベースの福祉政策は金融市場の弱者を支援するスポンサー機能を果たす. イギリスの資産ベースの福祉政策は勿論のこと, スウェーデンの公的年金の一部として, 市場的に運用されているプレミアム年金 (丸尾, 2010, 12月), 普遍化した北欧やドイツの職域年金, さ

らにはアメリカの個人年金の IRAs などは金融市場の弱者である市民が比較的安心して自分の資産を託することのできる制度の実現を意図している.

日本のかつての郵便貯金には金融市場の情報に弱い市民を支援する制度[4]としての一面もあったが，他の民間金融機関との equal footing での競争という大義名分によって民営化されて，その機能は失われた．確かに一般金融業務に関しては，equal footing による競争が必要であるが，金融情報弱者の市民にはスポンサー機能を果たす機関や制度が必要である．この点がわが国では認識されていない．

(5) 貯蓄・資産形成の習慣と能力の開発と金融情報教育としての意義

第5に，そのような制度を作って，資産市場の情報弱者を支援するだけでなく，そうした人々に資産を持たせ，資産投資を若いときから経験させることによって，金融資産市場の情報にも通ずるように「金融教育 (financial education) の機会と習慣を身につけさせ，貯蓄し投資する習慣と能力 (capability) を育てる」ことも資産ベースの福祉政策の目的である．「資産を保有することによって人は将来を考え計画する行動やマナーも影響される」(Cramer, 2007). 財産を持つ者は交渉力，安定感，独立，自由を持つようになるともいわれる．

(6) 世代間の所得・資産分配の公正化と相続税の活用

第6に，資産ベースの福祉政策は世代間の福祉政策の偏りと世代間の分配不公正を是正するためにも必要である．

日本では社会保障給付の大半が高齢者のために使われ，子どもや若年者への給付が少ない．それに公的年金の〈給付額／負担額〉比は高齢者に分配上有利だといわれる．そこで相続税の収入を資産ベースの福祉政策として用いることが考えられる．相続税は経済インセンティブを損なう効果も他の税制よりは弱いといわれる．

問題がある場合も，工夫次第で問題を緩和できる．相続税の課税対象の住居に住む相続人が重い相続税支払いのため住み慣れた住居を手放さざるをえなく

なるような場合は，相続税の支払いをその住居の売却まで（あるいは相続人が寡婦または寡夫の場合には，生存中は）延期することによって，相続人の well-being の損失を少なくすることができる（Paxton & White eds. 2006）．相続によって美しい邸宅と庭園が壊されるおそれがある場合は，イギリスのように，その住居の一部を公的に公開することを条件に，そこに住み続づけることを認めるなどの措置をとることによって，アメニティ資源の喪失を防ぐこともできる．

このような配慮や工夫をすれば，相続税の増税は可能である．

高齢者の資産（遺産）に課される相続税の一部を出生児の児童信託基金に用いれば，高齢世代から年少世代への世代間資産再分配になる．2006年の日本の死亡者数は約108万人で，不動産を含む相続対象資産は，75兆円で，2020年には109兆円になるとの推計（野村総合研究所）もある．2006年に75兆円の相続対象資産があり，相続税額が1.5兆円であると，相続財産の2％が税として徴収されたことになり，実効税率は高くない．

相続税は重いと通常，考えられており，アメリカのブッシュ政権では相続税廃止の声もあった．しかし，相続税にはいろいろの控除制度があり，税率は高くみえるが，資産全体の実効税率は低い．税率引上の余地は十分ある．

現在の相続税総額は相続対象財産の約2％だが，これに図3-4のような形で

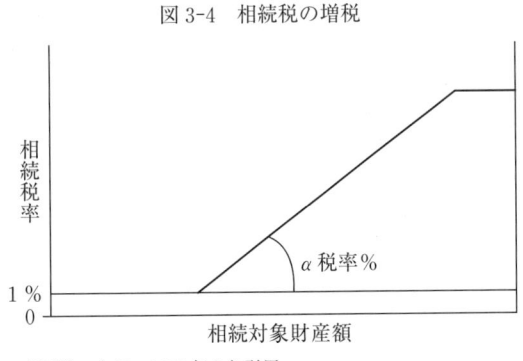

図3-4 相続税の増税

（縦軸：相続税率，横軸：相続対象財産額，$\alpha$ 税率％，1％）

（出所）丸尾，2009年より引用．

一律1％を加え，3％に引き上げることができればそれだけで7,500億円の増収があることになる．1年に生まれる子供数を120万人として仮に50万円の資産を支給しても6,000億円であるから，イギリス並みの児童信託基金を導入するには十分すぎる収入になる．しかも第1節でみたように国民総資産も個人金融資産も対所得比でも総額でも，経済成長が維持される限り，増加傾向があるので，相続財産他の資産課税に目を向ける必要がある．

相続税のほか，資産全般に課せられる富裕税も今日のような財政困難時の非常手段としては考えられる．

### (7) 年金政策の補完としての意義

第7に，資産ベースの政策は生まれたすべての子どもに一定額の信託基金を持たせ，すべての成人が年金資産を持つようにして，すべての人々が少なくともミニマムの資産を持つようになることを目指すが，生まれたときから資金の積み立てを始めれば，年金加入期間が長くなったと同じような結果になる．少子高齢社会の年金財政を一気に改善に向かわせる画期的政策にもなりうる．年金積立期間の長期化と同時に，公的年金の上積補完としても役立つという点でも注目されている．ただ，通常，公的年金資産は各人が，信託投資や株式投資などに使えないが，資産ベースの福祉政策による資産はそれが可能である．スウェーデンの公的年金のうちのプレミアム年金は，それが可能なので，資産ベースの福祉政策的な面をそなえた制度ともいえる（丸尾，2010年12月）．

資産ベースの福祉政策論の発展につれて，公的年金の補完として，資産ベースの福祉政策に準ずる政策を重視する論が増えている．人口高齢化に伴い年金財政は負担（保険料など）のこれ以上の引き上げと，給付の年金代替率のこれ以上の引き下げは困難になり，年金の依存率（年金給付受給数／年金の費用負担者数の比率）の上昇を緩和するか，年金の運用収益率を上げるしか道はなくなったが（丸尾，2010年3月），資産ベースの福祉政策による資産形成期間を子供のときからにまで拡大することによって，あるいは確定供出型の年金を公的年金に上積みすることによって，従来型の公的年金を補完する資産ベースの福祉

政策に準ずる政策が提唱され始めている．

### (8) 出生率回復のインセンティブに

第8に，生まれたとき資産を給付し，資産の一部を子育てや教育投資に使えるようにすれば，子育て支援と出生率向上のインセンティブにもなるという点でも注目される．少子化傾向に悩む日本の場合には，この児童信託基金制度や貯蓄ゲートウェイに類する信託基金を作ることで，出生率改善のインセンティブになるような制度にすることが可能であろう．

## 5．イギリスの資産ベースの福祉政策の現状と将来

資産ベースの福祉政策は，このように有意義な政策であるが，実際に行われている例は少ない．イギリスの児童信託基金と貯蓄ゲートウェイ制度は実際の代表事例である．

### (1) 児童信託基金の目的

児童信託基金の目的は，先に資産ベースの福祉政策の説明で述べたとおりであるが，児童信託基金の場合には，より具体的に次の4つの目的が示されている．

第1に，子どもたちが成人に達したとき貯蓄を持つようにするためである．
第2に，貯蓄習慣を開発するためである．
第3に，子どもたちに貯蓄の利益を教えるためである．
第4に，個人金融とはどういうものかを一層理解させるためである．

このように貯蓄習性を身に着けることと，投資できる資産を持つことによって金融とはどういうものかを教育し，理解させることが重視されている．人は金融資産を持つと，金融にも興味を持てるようになるから，子どものときから資産を持たせ，金融について教育することによって，金融市場における情報弱者を作らないようにするとの配慮が見られる．

(2) 児童信託基金制度の実際

Child Trust Fund は日本の奈良時代の班田収受の法を思い起こさせる．班田収受の法では生まれた男子に一定の土地が与えられた．アメリカ開拓時代には開拓し，農地を耕作する希望者には，新開地の一定の土地所有権が認められた．古くはこのような政策もあったが，近年では数ある資産所有推進論の中でも独自な構想であり，政策である．

児童信託基金制度は，生まれたすべての子どもに資産を与え信託投資勘定を作る構想である．この制度は2001年4月に，当時のブレア首相とゴードン・ブラウン蔵相が「すべての人に貯蓄と資産を」と題する政策協議文書を発表したことから始まった．提案された制度は児童信託基金と貯蓄ゲートウェイであった．この政策提案は2001年の総選挙に際しての労働党の選挙綱領にも述べられていた．労働党はその選挙に勝って，児童信託基金制度は2005年の4月から始まった．この制度により政府は，2002年9月1日以降に生まれた子供に，所得に応じて貧者に厚く250〜500ポンドを児童信託基金として支払う．その基金は債券，株式投資に利用可能である．この制度では18歳まで資産形成され，やがては「資産勘定が普遍的になる」(Regan & Paxton, 2001, p. 29)．18歳から公的年金制度の資産勘定を持つようになれば，文字どおりすべての国民が資産を所有する社会になる．

児童信託基金の積立金は税免除であるが，18歳になるまで引き出して使うことができない．信託した基金は，ステークホルダー口座に置かれて，多様な証券投資に向けられるのが標準的である．信託された口座は毎年管理費を払うが，管理費の上限は1.5%に定められている．信託基金口座のこの標準的な投資以外に，当初の預金を保証し，わずかな利子を受け取れる方法も選択肢としてある．

(3) 児童信託基金の実際の運用

児童信託基金の導入後の2年目の2007年10月に児童基金が実際にどの程度，行われているかを示す文書がイギリス政府から発表されて注目された

(HMCR, 2007 および Cramer, 2007). その調査によると, 2007年6月時点までに, 330万の児童信託基金バウチャーが発行されていたが, そのうち75％が口座を開設した. そして児童信託基金対象の29％の家族はタックス・クレジットを受けている場合, 補足の資産給付を受ける資格がある. 2007年10月の政府（歳入および関税庁）発表の統計によると, 制度の開始から2007年4月までに, 児童信託基金の資産は13億3,240ポンド（約26億ドル）であり, 1人平均額は981ドルであった.

政府はステークホルダー口座を推奨しているが, 76％はステークホルダー口座であり, 残りの24％はステークホルダー口座でない. イギリスでもスウェーデンでも政府が金融市場の情報に弱い一般国民のために, 比較的安心で投資できる制度を用意してもなお安全を選ぶ人があるようである（丸尾, 2010年12月）. その高邁な理念の割には小額ではあるが, 一般国民に資産勘定を持たせ, ステークホルダーになる機会を与えたこの政策の意義は大きい.

児童信託基金は政府から給付された金額以上の額にすることを期待して導入したが, 調査結果では, この口座に追加の拠出（貯蓄）した者は調査時点では24％にとどまっていた. しかし, 信託金に預けられた資産の多くは増加しており, 順調なスタートをみせた.

時の労働党政府関係者も児童に人生の出発の機会を与える画期的イニシアティブであると評価しており, 野党の保守党も児童信託基金政府や首相が代わっても存続するであろうと支持を表明した.

(4) 貯蓄ゲートウェイ制度の実験

もう1つの貯蓄ゲートウェイは, マイケル・シェラドンの個人開発口座（IDA）のアイディアに影響された案であるといわれており, わずかしか貯蓄を持たない低所得の家庭を対象として貯蓄習慣をつけるように誘導する制度である. この制度の特徴は1：1のマッチングがある点である. 1：1のマッチングとはこの制度を用いて個人が10ポンド貯蓄すればそれと同額の助成金が政府から出るという寛大な助成制度である.

貯蓄ゲートウェイ制度は，イギリスでもまだ全国的には制度化されていないが，2002年にイギリスの4つの地域でまず実験が行われ，その実験結果は報告されている．最初の口座は，2002年8月から2003年7月に開かれ，18カ月間続いた．対象者はタックス・クレジット[5]を受けている者か，現在失業していて政府の援助を受けている者で，年齢が16歳から65歳（働いている女性は60歳）までの者であった．この実験の参加者は，最初最低1ポンド，上限，月25ポンドの口座を設けることとされた．そしてその預金に対して1対1のベースでマッチングが行われた．個人の預金のその口座での上限は，375ポンドであり，上限の政府のマッチングが行われれば，750ポンドになるとの計算であった．実験参加者1,478人の平均預金月額は16.14ポンドだった（上限は25ポンド）．実験の18カ月の貯金残高は平均282ポンドだったが，中位値は預金上限の375ポンドであった．参加者全員の預金総額は41万7,000ポンドであった（Cramer, 2007 ; Kempson, 2005）．

さらに2004年12月には第2回の実験が，イングランド全土の6つの地域でより大きな規模で2万2,000人近い口座を開いて行われた．2回目の実験ではマッチング率や預金上限や金融教育の違いがどう影響するかという点も実験の対象とされた．また参加する勤労者の年収の上限を2万5,000ポンド（家族で5万ポンド）に引き上げた．さらにマッチング率を0.2ポンド対1ポンドから1ポンド対1ポンドまで設定し，月当たりの預金上限も25ポンドから125ポンドまでの場合を設定してその効果の違いを実験した．基礎的な金融教育の程度にも差をつけて，教育効果を実験しようとすることをも意図したものであった．

実験の結果，いくつかの興味ある結果がわかった．まず平均貯金高がほとんど2倍に増えた．参加者全部で1億5,000万ポンド近く貯蓄し，500万ポンド以上のマッチングを得た．ほとんどの人（92％）の場合，口座が開かれてから1カ月以内に開いた口座にお金を預け，預金の中位値は6つの地域のうち5つでは，拠出の上限値であった．ということは多くの人が貯蓄のインセンティブをフルに利用したということである．また65％の人はゲートウェイ貯蓄のマ

ッチングを受けられる上限額以上に貯蓄をした．しかし，拠出上限が一定ならば，マッチングの程度は貯蓄インセンティブにはそれほど大きく影響しないこともわかった．

実験参加者の貯蓄への態度は改善した．特に貯蓄をほとんどしていない人と貯蓄をした経験のない人の場合はそうだったというのが評価の結論だった（Cramer, 2007）．この発見は政府の指導者の資産ベースの福祉政策への関心を強めることになると評価された．

児童信託基金と貯蓄ゲートウェイの成果がよければ，政府は児童信託基金を7歳になったときと14歳になったとき，さらに時の労働党政府は，資産給付を上積みする可能性も示唆した．政府は2007年に児童信託基金への両親の参加を促し，学校での金融教育を促す政策を発表しており，資産ベースの福祉政策の一層の発展が期待された．

## 6．勤労者資産所有制度の発展

### (1) 市民の資産形成と資産の再分配

金融・資産市場に馴染んでいた英米仏独では金融・資産自由化に際して被用者や一般人に株式投資や信託投資を促す支援政策を積極的に導入した．アメリカは401（k），ESOP（従業員株式所有プラン），IDAs（個人開発口座）で勤労者の株式・信託投資を助成した．イギリスでも「個人株式プラン（PEPs）」と個人貯蓄勘定（ISAs）があったが，児童信託基金を2005年に導入した．

前アメリカの共和党政権下で提案された「オーナーシップ社会」の構想も資産重視の政策であり，「持ち家の拡大」「退職資産のオーナーシップ拡大」「新たな退職機会の提供」など国民の資産形成助成策が取られている．しかし，共和党政権下の株式投資や相続税軽減などの税制優遇措置は，資産家の資産を増加させる資産政策であり，資産ベースの福祉政策とはいいがたい．資産をあまり持たない低所得者の資産形成を促し，資産格差を緩和することこそが資産ベースの福祉政策の意図だからである．

資産ベースの福祉政策の提唱者の1人であるウイル・パクストン他編の『市民のステーク：普遍的資産政策の将来を探る』(Paxton & White, 2006) は，児童信託基金を発展させ，市民＝国民が普遍的に資産を持てる社会を構想している．まさに所得のナショナル・ミニマム論の資産への拡大である．その財源の1つとして相続財産に注目して，どのような形で国民の合意を得つつ，児童信託基金などの資産ベースの福祉政策の財源を得ることができるかどうかを探っている．

ピープルズ・キャピタリズムの伝統があり，ロング上院議員，ケルソ夫妻をはじめ勤労者・市民の資産所有推進論を提唱してきたアメリカでは，しばらくその種の論が影を潜めていたが，2000年代に再び資産再分配政策が提唱され始めた．アッカーマン他編の『分配の再設計：平等主義的資本主義のための礎石としての基礎所得とステークホルダー補助金』(原文 Ackerman, Aslott and Parijs, 2006) は，基礎所得と基礎資産を普遍的に政府が支給する政策と，成年に達したときに一定額の資産を給付する政策を提言している．一昔あるいは一世代前の論議と違う1つの点は，かつては資産を持たない労働者に資産を持たせよとの論が多かったのだが，最近では市民に普遍的に資産を給付せよとの論になっていることである．アメリカのアッカーマン，アスロットの提唱する基礎所得と資産給付は必ずしも普遍的ではないが，この本の中でイギリスのジュリアン・ルグランは，児童信託基金同様に普遍的な資産給付を提唱して，これをACE（資産・教育蓄積の頭文字）と呼んでいる．そして財源としては相続税を考えている．成人になったときの資産の使途としては，教育投資，住宅購入のときの頭金，企業をはじめるときの資金，年金の補完などを挙げている．資産の給付は，個人の口座を銀行か公的貯蓄機関に設け，資産の使途をACE信託 (ACE Trustee) が審査する役割を果たす．ジュリアン・ルグランが示唆する成年時の給付資産は1万ポンドであり，実際にイギリスで導入された児童信託基金250ポンド（低所得層はさらに250ポンド）という現実とは程遠いものだが，それでも市場化論の高まる中で，他方において，資産平等政策が登場してきたことは注目すべきである．

## (2) 資産所有と資源配分・分配による経済体制の分類

経済体制論は伝統的には資産の所有形態と資源の配分・所得分配形態との2つの観点から経済体制論を表3-2のように分類してきた．表3-3は，縦欄の資産の所有形態に勤労者所有あるいは市民所有を，横欄にインフォーマル・システムを加えたシステムであるが[6]，従来型福祉国家は表3-3のCであり，本章で示唆する新しい福祉社会はDである．

表3-2　資本主義対社会主義体制

| 資産の所有形態 \ 資源の配分と分配方式 | 市場システム Market system | 計画システム Planned system |
|---|---|---|
| 私有 Private ownership | A 資本主義 | |
| 公有 Social ownership | | B 社会主義 |

（出所）　たとえば，丸尾，1965年．

表3-3　資本主義，社会主義，従来型福祉国家，新しい福祉社会体制

| 資産の所有形態 \ 資源の配分と分配方式 | 市場システム | 計画システム | 市場＋計画の混合システム | 市場＋計画＋インフォーマル部門の混合システム |
|---|---|---|---|---|
| 私有 | A 資本主義 | | | |
| 公有 | | B 社会主義 | | |
| 私有＋公有 | | | C 従来型福祉国家 | |
| 私有＋公有＋勤労者・市民所有 | | | | D 新しい福祉社会 |

（出所）　丸尾，2006年．

## (3) 市場化と資産分配政策の組み合わせ

第3の所有形態というとかつては雇用される労働者による株式所有のことと

みなされるのが普通だった（J. E. ミードなど）．ところが，労組員は減少しつつあるが，従業員株式所有者は特に英米では増えて，アメリカでは株を持つ勤労者の方が労組員より多くなり，労働者という言葉はあまり使われなくなった．日本でも従業員持ち株制度や信託投資などを含むと，株を持つ勤労者は，労働組合員よりずっと多い．

今日では労働者という言葉自体があまり使われなくなった．代わって勤労者とか市民という言葉が多く使われるようになった．労働者の資産という表現でなく市民のステークといった表現が好んで用いられる．経済面では市場化が進行し，財とサービス市場化の拡大だけでなく，金融資産市場の自由化と国際化が進行した．

市場化と市民重視の風潮の中で，一層の「市場経済化と資産所有の一般化」の組合せへの動きが，近年の欧米先進工業国にみられる．資産所有不平等のもとでの所得再分配による平等化は，経済効率と両立しない場合があるが，資産所有の平等化による公正化は，市場経済化による効率化と両立する．経済の市場化を資産分配の公正化との組合せで進めるべき理由はここにある．筆者が『市場指向の福祉改革』などで市場化と併せて資産所有の平等化を提唱したのもそのためである（丸尾，1996 年）．

最近になって登場した資産ベースの福祉政策はまさに市場化による効率化と資産分配の平等化による公正との両立を意図する政策でもある．

(4) 英米の勤労者・市民資産所有政策の発達

分配政策として資産所有を重視すべきだとの論は古くからある．イギリスには特に保守・革新ともにその伝統が強い．労働党系では，当初はギルド社会主義を提唱した G. D. H. コール，平等論を書いた R. H. トーネー（Tawney），第 2 次大戦後の労働党の理論的指導家で第 2 次大戦後，住宅相も勤めて『社会主義の将来』（1956 年）を書いた R. H. S. クロスランド，『社会主義の言い分』（Socialist Case）の著者ダグラス・ジェイなどに資産分配平等化論がみられる．保守系では，マクミラン首相（当時，首相兼保守党党首）は「財産所有民主主義」

(property owning democracy) を提唱した．その後，アイアン・マクラウド（当時蔵相）は保守党政権の蔵相だったとき「資本所有民主主義」(capital owning democracy) を提唱した．さらにサッチャーイギリス元首相は，首相のとき，公営住宅（Council House）を有利な条件で賃貸者に売却して新たに150万戸の労働者住宅資産所有を増やした．国有企業の民営化に際してその株を従業員が所有することをも推奨した．さらには株式による利潤分配を促す政策を法制化した．この政策はサッチャーが首相を引退後，保守党政権に受け継がれ，ストック・オプション制度を一般従業員に適用し，さらには関連会社の従業員にまで拡大することまでした．こうした株式所有の助成政策により，1982年〜1988年の間に株を所有する人口は7.8％から22.8％へと上昇した（Paxton, 2003）.

このようにイギリスの良心的保守主義者と穏健な社会民主主義者は資産重視の政策を主張する伝統がある．学者では後にノーベル経済学賞を受賞したケンブリッジ大学のJ. E. ミードは，新古典派の自由市場重視の経済学者であったが，資産分配問題に特に熱心であり，労働株制度やすべての人が資産を所有するアガサトピア社会の構想を発表した（J. E. Meade, 1993；その紹介と評価は丸尾，1996年参照)[7]．このミード提唱の労働株制度とマーチン・L. ワイツマンの提唱する「シェア・エコノミー」(Weitzman, 1984) を組み合わせると，効率的かつ公正で雇用促進に役立つシステムになる（丸尾，1990年5月）．N. Gianaris (1996) は「従業員の会社経営への参加と一層の株式所有市民の増加は資本主義が民主主義的複合社会に基づく新しい経営制度に普遍的に変容する兆候である」と述べている．

アメリカでは一時，関心を集めた人民資本主義（peoples capitalism）の構想（Baddon et al. 1989）やケルソ夫妻の提言（Kelso, Louis & Patricia Hetter Kelso, 1986）やもっと最近ではJ. F. ゲーツの『所有による解決：21世紀に向けての共有する資本主義』(Gates, 1998) やブラッシー (Blasi, 1988) の『従業員所有：革命か略奪か？』(Blasi, 1988)，ジョージ・コープマン『従業員株式所有』(Copeman, 1991)，コリー・ロウゼンとカレン・ヤング編の『従業員所有を理解する』

(Rozen & Yungeds, 1991) などの著作がある．ESOP や 401 (k) などの実務書まで含めれば，勤労者資産所有論は無数にある．

筆者も 1971 年の『脱 GNP 時代』と 1975 年の『福祉の経済政策』，1996 年の『市場指向の福祉政策』等，いくつかの本や論文で，勤労者株式所有論を持論として提唱してきた（米英での勤労者資産形成論の発展に関しては丸尾，1990 年 3 月）．しかし，勤労者資産所有論は，たびたび提唱されてきた割には実際の政策は進行しなかった．

(5) スウェーデンの労働者基金制度

米英では自由主義者による資産平等化論が多いが，1980 年代のスウェーデンで導入された労働者共同基金制度は，労働組合にバック・アップされた社会民主労働党政権下の 1984 年に実現した制度である．それは賃金と超過利潤の一定割合を毎年徴収して，労働者の共同基金を設立し，その基金で主要企業の株式を購入していき，やがては労働者基金が企業の株式の相当部分を取得することを意図した制度だった．

この制度で年々，上場株式の 1％の株式を購入していく予定であった．そうすればスウェーデンの産業連盟の資料によれば，10 年以内にストックホルム株式市場に上場されている通常株の 15〜20％を労働者基金が所有することになるとの推定であり，労組を代表する LO（労働者全国組織）によれば，7 年でスウェーデンの大会社の株式の 7％を取得する程度であろうとの予測だった（スウェーデンの労働者共同基金の内容およびヨーロッパの労働者資産所有助成政策については，丸尾，1985 年参照）．

次節でみるように，労働者数も労働者の所得の比重も高くなっているので，その所得で年々，株式を計画的に購入していけば労働者所有制度による所有株式の割合は年々，増加していく[8]．

しかし，この労働者共同基金はスウェーデンで労組と社会民主労働党の相対的力が絶頂であった 1970 年代後半から 1980 年代前半の産物であり，2000 年には廃止していく（phase out）ことが決まった．

## 7. 所得分配と資産分配のU字型変動の可能性

以上，資産ベースの福祉政策と勤労者資産所有拡大論を鳥瞰したが，最後に，資産分配の動向と将来について，理論的観点から展望を試みることにしよう．

### (1) 所得分配のV字型趨勢仮説

所得分配に関しては分配不平等度のU字型の趨勢変動仮説がサイモン・クズネッツの名によって知られている．筆者も1960年代から労働所得（広義の賃金）の分配率の場合にも同様の趨勢変動が工業化過程でみられることに注目して，図3-5のような労働分配率のV字型趨勢変動仮説を示唆してきた（丸尾，1962年）．

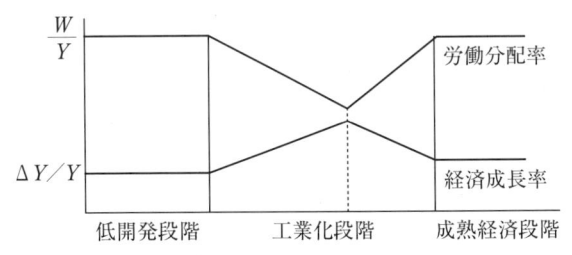

図3-5 経済発展段階と労働分配率のV字型趨勢変動の仮説

(出所) 丸尾，1965年．

労働分配率も工業化の過程でV字型趨勢変動をみせるが，そうなるのは，工業化の過程で，労働分配率に影響する投資率（＝経済成長率×限界資本係数）が高くなるからである．このことはニコラス・カルドアなどによって開発されたマクロ分配モデルで説明できる（Kaldor, 1960, 丸尾，1965年，1975年）．すなわち国民所得Yが労働階級の所得の賃金（W）と資本家階級の所得（利潤）だけから構成され，同時に国民所得の支出面は投資と消費だけから構成される2部門

モデルを想定すると，経済成長率（G），資本家の貯蓄性向（$s_p$），労働階級の貯蓄性向（$s_w$），限界資本係数 v と労働分配率との間には次のような関係がある（Kaldor, 1960 and 1964．丸尾，1975 年）．

単純化して Y＝W＋P, Y＝I＋C, 均衡では I＝S と想定すると，次式が導かれる．

$$\frac{W}{Y} = 1 - \frac{gv + s_w}{s_p - s_w} \qquad (3)^{9)}$$

（記号の説明）W：賃金，Y：国民所得，K：資本額，I：投資，C：消費，S：貯蓄，$s_p$：資本家階級の貯蓄性向，$s_w$：労働階級の貯蓄性向，g：経済成長率（$\Delta Y/Y$），v：限界資本係数＝$\Delta K/\Delta Y$，$\Delta K = I$，$gv = I/Y$，$s_p > s_w$

労働分配率がU字あるいはV字型趨勢変動を示すのは，工業化の過程では資本装備率が高く，労働分配率が低い重工業のウエイトが高くなり，その後，第3次産業の発展でそのウエイトは再び低下するからだという説明や，労働力市場が労働供給過剰型から労働供給不足型経済へ転換するからだという説も（A. Lewis, 1955）労働分配率のU字型趨勢仮説を補完する．

(2) 資産所有の相対的分配の変動を左右する要因

図3-1～3-4でみた資産／所得比率の趨勢的変動および労働分配率の趨勢変動と似た興味ある趨勢変動は資産所有の分配関係の趨勢変化である．すでに示唆したように，今のところ資産所有の分配格差が拡大傾向にあるが，果たして資産分配の不平等化はこのまま進行するのであろうか．

歴史的経験をみると資産分配の不平等化の進行を止める1つの要因は，大不況である．アメリカの資産分配の不平等は1930年代初めにピークに達したが，1932年の世界的大恐慌の発生により，資産分配の不平等は縮小した．戦争も資産分配の不平等化の進行を止めた．さらに2008年の金融危機直前にもアメリカでは，資産分配の不平等がピークに達したが（Irvin, 2008），金融バブルの

崩壊で所得と資産不平等化の傾向は一時止まった．所得と資産の不平等化が極端に進むと，有効需要の不足から恐慌や不況が生ずることは，J. A. ホブソン，マルクス，ケインズなどが指摘してきたことであり，現にアメリカでも1931年と2008年の大不況は所得分配のピーク時に生じた（Irvin, 2008）．

(3) 勤労者資産形成の帰結

これは国民所得を犠牲にする調整メカニズムであるが，これとは別に論理的に考えられる資産の分配の不平等を是正するメカニズムがある．それは高い労働分配率と労働階層あるいは一般市民の貯蓄率が高くなると，資産分配の不平等化が緩和され，資産分配の平等化へとU字型変動をする可能性があることである．高い労働分配率と過度の所得再分配はフローの分配政策の限界を示すと同時に，資産再分配による平等化の経済条件を生む．カルドア・モデルを発展させて国民所得を労働階級の所得と資産所得を得る資産階級だけの二階級モデルを想定する[10]．ただ，その場合，労働所得は賃金Wだけでなく，労働階級の利潤所得$P_w$をも含むとみる点でカルドア・モデルを発展させたものである[11]．労働階級の得る利潤$P_w$を含む労働所得を$W^*$と表すと，労働階級の所得は次のようになる．

$$W^* = W + P_w$$

$W^*(=W+P_w)$の国民所得に占める比率を，カルドア・モデルの賃金分配率（$\Omega$）と区別して$\Omega^*$と表すことにする．労働階級の所得$W^*$に，労働階級の貯蓄性向（これを$s_w$と表す）を乗じた値がその年の労働階級の貯蓄になり，労働階級の資産の増加（$\Delta A_w$）になる．労働階級が資産を持つと労働階級の貯蓄は，賃金所得と利潤からなされるので，$S_w = s_w W^*$が労働者の年々の貯蓄額となり，同時に労働者の資産増加分$\Delta A_w$（資産をAと表し，その増加分を$\Delta A$で表す）だから(4)式のようになる．

$$\Delta A_w = s_w \Omega^* Y \tag{4}$$

他方，資産家階級の利潤はPでなく，$P-P_w$であるが，これを$P^*$と表すと，資産増加額$\Delta A_p$は$s_p p^*$であるが，$Y=P^*+W^*$だから，$P^*=(1-\Omega^*)Y$である．

$$\Delta A_p = s_p(1-\Omega^*)Y \tag{5}$$

### (4) 資本家階級の資産額と労働階級の資産所有額，逆転の可能性

ここで$s_w \Omega^* > s_p(1-\Omega^*)$になれば，フローの（すなわち賃金と利潤からの）貯蓄に関する限り，労働階級の資産は資本家階級の資産の増加を相対的に上回り（すなわち$\Delta A_w > \Delta A_p$になるから），時間がたつにつれて，元の$\bar{A}_w/\bar{A}_p$に対して$\Delta A_w/\Delta A_p$の累積値が次第に大きくなり，長期的には$A_w/A_p$が$\Delta A_w/\Delta A_p$に近づき，いわゆる資産階級と労働階級の資産形成格差は，縮小し，さらに所有する資産額も逆転する可能性もある（丸尾，1977年；2003年9月参照）．この論理は次のようなモデルから示唆される．

### (5) 資本家階級の資産

資産（A）は既存資産（$\bar{A}$）に新たに所得からの貯蓄によって形成される資産から構成される．資本家階級であることをPの添え字で表す．資本家階級は既存資産$\bar{A}_p$を持つとすると，資本家階級の資産合計$A_p$は$\bar{A}_p + \Delta A_p$である．

$\Delta A_p$は資本家階級の得る利潤（利潤総額から労働階級の得る利潤を除いた額）を$P^*$と表すと，$s_p P^*$である．したがって，(6)式のようになる．

$$A_p = \bar{A}_p + s_p P^* \tag{6}$$

両辺をYで割り，利潤分配率（$P^*/Y$）が$1-\Omega^*$であることを考慮して，(6)式をYで除すると，(7)式を経て(8)式が得られる．

$$\frac{A_p}{Y} = \frac{\bar{A}_p}{Y} + s_p(1-\Omega^*) \tag{7}$$

$$A_p = \bar{A}_p + s_p(1-\Omega^*)Y \tag{8}$$

### (6) 労働階級の資産

他方，労働資産の貯蓄性向を $s_w$ と表し，労働階級の利潤所得 $p_w$ の国民所得に対する割合 $P_w/Y$ であるが，$(\Omega + P_w/Y)$ を $\Omega^*$ 表すと，労働階級の資産は (9) 式のように表せる．

$$A_w = \bar{A}_w + s_w \Omega^* Y \tag{9}$$

資本家階級の資産と労働階級の資産を示す (8)，(9) 式の資産額を縦軸に取り，国民所得を横軸にとって図で表すと図3-6のようになる．この図の右上がりの2つの直線の勾配は (8)(9) 式よりそれぞれ $s_p(1-\Omega^*)$ と $s_w\Omega^*$ であり，$s_p(1-\Omega^*) < s_w\Omega^*$ である限り，労資間の資産分配格差はやがて図3-6が示すように縮小し，逆転する可能性もある[12]．

$$Y = P^* + W^*$$

と想定する．

図3-6 労働階級と資産階級の資産分配を左右する要因：賃金と利潤からの資産形成

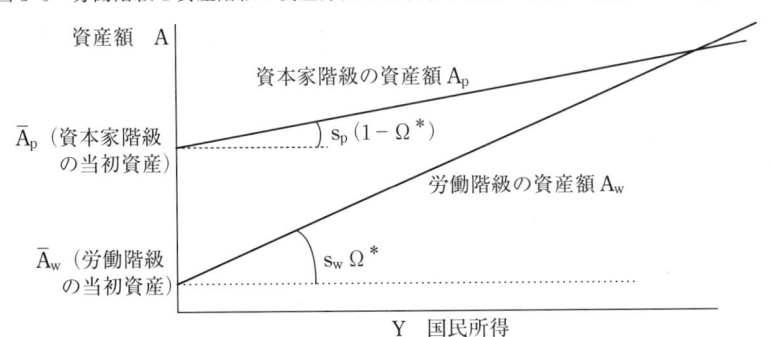

(注) 記号の説明 $A_w$：労働階級の資産額，$A_p$：資産階級の資産額，$A$：資産総額＝$A_p + A_w$，$Y$：国民所得（＝$W^* + P^*$と想定），$W$：労働者階級の労働所得（賃金），労働階級の所得総額＝$W^* = W + P_w$，$P^*$：資産階級の資産所得，w：労働階級であることを表す添え字，p：資産階級であることを示す添え字．$A$の上のバー（－）印は初期値であることを示す．$s_w$：労働階級の貯蓄性向，$s_p$：資産階級の貯蓄性向，$W^*$：賃金＋労働階級の利潤所得，$\Omega^* = W^*/Y$：労働分配率，$P^*/Y$：資本家階級の所得（利潤）分配率＝$1-\Omega^*$

ただこの (8), (9) 式では当該企業の賃金と利潤からの貯蓄＝蓄積だけを考慮しているし，単純化しているので，少なくとも次のことに留意する必要がある．

第1に，資本家は利潤所得以外に，他の資産所得として利子・地代・キャピタルゲインを得ており，経営者としての報酬も得ているが，本章のモデルの資本家の利潤（$P^*$＝資本家の所得）は，これらの所得を含むものとしても，結論には大きな違いは生じない．

(7) 資産ベースの福祉政策の必要

第2に，資産を持つ経験の少ない労働者は概してリスク回避的で，収益率の低い資産を所有するので，労働者の貯蓄が増えても，資産の収益率は低い．労働階級の資産の収益率 $r_w$，資本家階級の資産の収益率を $r_p$ とすると，$r_p > r_w$ である．本文のモデルでは r を省略したが，より厳密には先の $P_p$ と $P_w$ が $r_p$, $r_w$ の大きさで影響されることを考慮に入れることが必要である．

資産分配の労資間の平等化のためには，労働者がより高リターン (r) の資産に投資しやすいような金融環境を整える政策を進めることが必要である．低所得者の資産運用をより有利にする資産ベースの福祉政策が資産分配平等化に必要な理由はここにもある．

$\Delta A_w$ の方が $\Delta A_p$ より大きい状態が続けば，資産分配関係が逆転して，漸進的に資産所有は平等化する可能性がある．所得分配に関しては，経済発展に伴うV字型あるいはU字型発展の存在がサイモン・クズネッツ等によって指摘されているが (Kuznets, ; Maruo, 1964, 65)，資産の分配に関しても，将来はV字型あるいはU字型に発展して，資産分配の不平等化が是正される可能性がある（丸尾，1977年，2003年8月および Maruo, 2006)．

## 8. むすび

日本の高齢者は，資産を多く持っているが，それでいて公的年金制度の不確

実性・不安定のためもあって，老後の生活不安は大きい．

　高齢者の老後不安の緩和のためには，公的年金制度を自分の貯蓄として自覚できるような年金制度にすることと，原則としてすべての人が就業して従前比例型年金を受け取れるようになることが望ましい．

　また，日本の高齢者の持ち家率は約80％と国際的にも高い．この高齢住宅・土地資産を一種の年金として活用するリバース・モーゲージ制度も高齢者の不動産という資産の活用のために有意義である．

　この2つ政策については既に度々述べたことがあるので，繰り返さない（丸尾，1975年，2010年12月，リバース・モーゲージ制度に関しては田中，2001所載の拙稿を参照されたい）．

　本章では，資産変動のメカニズムを解明し，資産／GDP比拡大の趨勢を確認するとともに，労使間の所得分配と同様に，資産分配にもその不平等化を是正するメカニズムが働くことを示唆したが，その不平等化是正のメカニズムを機能させるためにも，公的年金制度の改善に加え，勤労者資産形成制度をも含む広義の資産ベースの福祉政策を発展させて，誰もが小さいときから資産を所有し，金融市場に親しむような社会にすることが必要だと述べた．

　本章で扱った資産ベースの福祉政策も，勤労者株式所有制度も，いずれも「市場化による経済効率化」と「所得と資産の平等化」を両立させるのに不可欠な制度である．資産ベースの福祉政策の歴史は浅いが，勤労者資産所有政策は，世界の学者が繰り返し提唱してきているが，なかなか普及していない制度である．

　本章では，資産労働者の貯蓄と資産形成を助成する政策は，資産平等化のための，そして経済体制を表3-3のA，B，Cの体制からDの体制へと，漸進的に変えていくための基本的な政策であり，制度であることを強調しておきたい．

1) 高齢化率も国民総資産／GDP比に大きな影響を与えるが，高齢化率と名目GDPは0.9以上の相関があるので，同じ回帰式の説明変数には使えない．

2) その1つの理由としては，エブセイ・ドーマーモデルが示すように，単純化して表せば，GDP(Y)の増分（ΔY）は$\sigma I$であるが，GDPの成長率は$\sigma I/Y$であるのに対して，資産の成長率は所得からの貯蓄で増えるほか，キャピタル・ゲインで上昇するからである．

　Y：GDPあるいは国民所得，I：投資額，s：貯蓄率，$\sigma$：投資の生産性，I/Y：投資率．S：貯蓄

Y＝I＋C，事後的にはI＝Sを想定する．

3) 第1の柱が所得給付，第2の柱がサービス給付で，資産給付は第3の柱だという．しかし，資産給付にも，金銭的給付と物的資産給付があるとすれば，先の表3-1のような分類になる．

4) 日本の勤労者財産形成助成制度も勤労者の資産形成を支援する制度であった．「小さく生んで，大きく育てる」という意図で設立されたが，その後，当初の意図よりも小さな制度になってしまった．

5) タックス・クレジットとは一定以下の所得の人には給付を，それ以上の人には課税というネガティブ・インカム・タックスのアイディアに触発されて導入された制度であるが，イギリスで導入されている勤労者に児童給付として導入されているタックス・クレジットは一定所得以下の家庭に支給されている．

6) 政府と市場にインフォーマル部門を加えた社会経済システムは，福祉ミックス社会と呼ばれる．その内容に関しては，丸尾，2011年3月．

7) 1972～73年にケンブリッジ大学に研究留学中，筆者はミード教授からポリシー・ミックス論と労働者資産所有重視論を，ニコラス・カルドア教授からマクロ分配論を学んだ．

8) 労働者の年々の株式取得額＝労働者所得の貯蓄性向×労働者所得（賃金W＋労働者の資産所得）×労働者の貯蓄のうち株式所有に回す割合だから，労働所得分配率と労働者の貯蓄性向と株式所有に回す割合が大きいほど，労働階級の所有する株式の割合は増えていく．

9) このカルドア的式は投資＝貯蓄においてW/Yに関して解くことによって得られる．国民所得＝貯蓄＋消費で分配国民所得＝利潤所得＋賃金所得であるとする．すなわちY＝C＋I　で　Y＝P＋W．

　また貯蓄Sは，労働階級の貯蓄$S_w$と資本家階級の貯蓄$S_p$から構成されると想定すると，それぞれの貯蓄性向を$s_p$，$s_w$と表わし，$s_p > s_w$と想定すると，(1)式が導出され，賃金分配率（W/Y）が経済成長率Gおよび限界資本係数と逆方向に変動することが確認される．

$S = S_p + W_p = s_p P + s_w W$

$\therefore S = (s_p - s_w)P + s_w Y$

この式を国民所得Yで除して変形すると，次式のカルドアの貯蓄関数が得られ

る．

$$\frac{S}{Y} = (s_p - s_w)\frac{P}{Y} + s_w \quad \text{①}$$

他方，投資 I は，I = ΔY/v だから，Y で除すると，

$$\frac{I}{Y} = Gv \quad \text{②}$$

$\frac{I}{Y} = \frac{S}{Y}$ のとき，$(s_p - s_w)\frac{P}{Y} + s_w = Gv$ であり，$\frac{P}{Y} = 1 - \frac{W}{Y}$ だから本文の（1）式が得られる．

10) 1960～1970年代のマクロ分配論では2階級モデルが普通だったが，労働階級がかなりの資産を持って大きな利潤所得を得る社会では，従来のような2階級モデル自体が不適切になる．本章のモデルも2階級モデルであるが，労働階級が貯蓄し，資産を持つ社会では資本家階級と労働階級という2階級モデル自体が適切でなくなることを示唆する結果になる．

  2階級モデルで労働階級が貯蓄する場合には，労働階級も資産を持つ．その場合，r を資産所得の収益率（広義の利潤率）とすれば労働階級の所得は $W + r_w A_w$ となり，$\Delta A_w$ は $s_w(W + r_w A)$ となる．

11) カルドア・モデルでは労働階級の貯蓄性向 $s_w > 0$ としながら，労働階級は資産を持つことを想定しなかった．この点の非整合性を正したのが，本章のモデルである．

12) この関係は，1977年の経済政策学会の全国大会共通論題として報告した（丸尾，1977年）．所得再分配率（再分配される所得／国民所得）の上昇は，数式の上では労働分配率 W/Y の上昇と似た効果を持つ．労働階級対資本家階級という2階級モデルでなくて資産を持たない市民階級対資産を多く持つ資産家階級という2部門モデルでも，本章の論理はアナロジカルに準用できる．というよりもこのモデルは，労働階級の資産所有が増え，利潤所得が増えると，労働階級対資本家階級というモデルが，適切でなくなることを示すことになる．

## 参 考 文 献

田中啓一編『都市環境整備論』，有斐閣，2001年
丸尾直美「資産活用型福祉政策」，『週刊社会保障』，1999年6月7日号
─── 「経済発展段階と所得分配」，『三田学会雑誌』，1962年2月
─── 『福祉国家の経済政策』，中央経済社，1965年
─── 『福祉の経済政策』，日本経済新聞社，1975年
─── 「減速成長下の福祉政策の4つのジレンマ」，『安定成長下の福祉政策』，日本経済政策学会年報 XXV，1977年

──「労働者資産所有社会──第三の経済体制」，中央大学経済研究所編『社会主義経済の現状分析』所載，中央大学出版部，1985年
──「米英の勤労者株式所有制の発展：その背景・意義，問題点」，『経済学論纂』，中央大学出版部，第31巻1・2号合併号，1990年3月
──『市場指向の福祉改革』，日本経済新聞社，1996年
──「資産政策と勤労者の資産形成」，『LDI Report』，1996年10月
──「90年代の不況と資産政策」，『中央大学経済研究所年報』，第29号，1999年
──「福祉政策の新展開：所得再分配から資産ベースの福祉へ」，『中央大学経済研究所年報』，第34号，2004年3月
──「福祉国家の発展：市場と再分配の再設計」，『経済集志研究紀要』，日本大学，2006年4月
──「スウェーデンの年金制度：日本の年金改革と対比して」，『尚美学園大学総合政策論争』，2010年12月
──「第三の道と福祉ミックス論」，『週刊社会保障』，法研，2011年3月
Ackerman, Bruge, Anne Aslott and Phillipe Van Parijs, *Redesigning Distribution : Basic Income and Stakeholder Grants as Cornerstones for an Egalitarian Capitalism*, Verso, London and New York, 2006
Bladdon, Lesley, Laurie Hunter, Jeff Hyman Leopold and harvie Ramsay, *People's Capitalism?*, Routledge, London and New York, 1989
Blasi, Rjoseph, *Employee Ownership : Revolution or Ripoff?*, Ballinger Publishing Company, Massachusetts, 1988
Copeman, George, *Employee Share Ownership*, Kogan Page, 1991
Cramer, Reid "Asset-Based Welfare Policy in the UK : Findings from the Child Trust Fund and Saving Gateway Initiatives", New American Foundation Asset Building Program, 2007
Creedy, John, *Pensions and Population Ageing' An Economic Analysis*, Edward Elgar, 1998
Gates, Jef, *The Ownership Solusion : Toward a Shared Capitalism for the Twenty-first Century*, Penguin Press, 1998
Gianaris, Nicholas V. *Modern Capitalism : Privatization, Employee Ownership, and Industrial Democracy*, Praeger London, 1996
HMCR, *Child Trust Fund Statistical Report 2007*, 2007
Hvinden, Bjørn, Håkan Johansson, *Citizenship in Nordic Welfare States : Dynamics of choice, duties, and participation in changing Europe*, Poutledge
Irvin, George, *Rich and Super Rich*, Polity, 2008
Kaldor, Nicholas, *Essays on Value and Distribution*, Duckworth, London, 1960

———, *Essays on Economic Policy*, Duckworth, London, 1964

Keister, Lisa A., *Wealth in America : Trends in Wealth Inequality*, Cambridge University Press, 2000

Kelly Gavin and Lessauer, Rachel, *Ownership for All*, London : IPPR, 2000

Kelso, Louis & Patricia Hetter Kelso, *Democracy and Economic Power*, 1986

Kempson, Elaine, Stephan Mackay, Sharon Collard, *Incentives to Save : Encouraging Savings among Low-income Households, Final Report on the Saving Gateway Pilot Project*, Personal Research Center, University Bristol

Lewis, A. W., *The Theory of Economic Growth*, Richard Irwin, 1955

Lindbeck, Assar), *The Welfare State*, Edward Elgar, 1993

Maruo, Naomi, *Economic Policy Management*, Chuo University Press, 1989

———, "A Contribution to the Theory of Distribution and Welfare" *Shobi Journal of Policy Studies*, Shobi University, 2006

Maruo, Björklund and Le Grand eds. *Welfare Policy and Labour Markets*, Almqvst International, 2004

Meade, J. E., *Liberty, Equity and Efficiency*, Macmillan, 1993

National Swedish Pension Fund, *The National Swedish Pension Fund*, First, Second and Third Funds Annual Report, 2008. その後のデータは各 Fund のインターネットによる.

Paxton, Will ed., *Equal Shares?*, IPPR, 2003

Paxton, Will and StuartWhite, *The Citizen's Stake : Exploraring the Future of Universal Asset Policies*, Policy Press Org. UK, 2006

Regan, Sue ed., *Assets and Progressive Welfare*, IPPR, 2001

Rosen, Corey and Karen M. Young, *Understanding Employee Ownership*, ILR Press, 1991

Treasury (2001a), *Savings and Assets for All*, HMSO, 2001

Wadensjö, Eskil and Naomi Maruo eds,. *Changing Labour Market and Economic Policy : Towards the Post-Welfare State*, Life Design Institute, 2001

Weitzman, Martin L. (1984), *The Share Economy*, Harvard University Press, 1984

# 第4章　高齢化社会と資産課税
## ——相続税を中心に——

## 1. はじめに

　本章では，高齢化社会における資産の活用にとって，資産課税とりわけ相続税がどのような役割を果たすかという問題について考察する．

　税制における位置づけからいっても，税収に占める割合からいっても，相続税は基幹税ではない．また，いかなる理由で相続財産に課税できるのかという課税根拠をめぐってもさまざまな議論がある．実際，相続税を廃止した国も少なからず存在する．

　しかし，高齢化社会の進展とともに，高齢者層への富の偏在傾向がますます顕著となり，それを放置すると，経済的な活力や社会の安定にとって大きな弊害がもたらされることが予想される．こうした弊害の発生を封じるためには，相続税を中心とする資産課税の役割が欠かせない．しかも日本の高齢化が世界一のスピードで進行している点に鑑みると，相続税の役割は，今後ますます重要性を増すものと思われる．

　議論は，以下の順序で行う．まず，次の2節で，日本の高齢化の現状について，直近のデータを用いて確認する．3節では，高齢者の経済状況について，高齢者の就業状況，高齢者間の所得格差，高齢者間の資産格差等の観点から論ずる．4節では，相続財産の推移，相続税制度の概要と税制改正の推移，相続税納付税額の動向について述べる．続く5節では，相続税の課税根拠と課税方法，日本の相続税の課税方法，最近の税制改正の動向について検討する．6節では，相続税が，税制体系に関する3つの考え方（所得税主義，支出税主義，最

適課税論）において，それぞれどのように位置づけられるかについて考察する．そして最後の7節で，相続税の今後の展望を述べてむすびにかえる．

## 2．高齢化の現状

　日本の社会は急速に高齢化している．日本の総人口は，2010年10月1日現在，1億2,806万人であるが，そのうち，65歳以上の高齢者人口は2,958万人であり，高齢化率（65歳以上人口の総人口に対する割合）は23.1％となっている．高齢者人口，高齢化率ともに過去最高の値である（表4-1参照）．

　高齢者人口をさらに詳細にみると，65～74歳の前期高齢者人口が1,528万人（総人口に占める割合は11.9％），75歳以上の後期高齢者人口が1,430万人（同じく，11.2％）となっている．過去5年間（2005～2010年）で比較してみると，高齢者人口は全体で382万人（14.8％）増加しているが，そのうち前期高齢者が116万人（8.2％）増加したのに対して，後期高齢者は266万人（22.9％）増加しており，後期高齢者の増加のスピードが圧倒的に大きい．

　一般に，高齢化率が7％を超えた社会を「高齢化社会」，14％を超えた社会を「高齢社会」と呼んでいる．日本の高齢化率が7％を超えたのは1970年，14％を超えたのは1994年であった．すなわち，現在の日本社会は高齢社会ということになる．

　高齢化の急速な進展により，人口構成も変化している．2010年の生産年齢人口（15～64歳人口）は8,152万人で全人口に対する比率は63.7％であるが，生産年齢人口はすでに1995年に8,717万人でピークを記録し（生産年齢人口の全人口に対する比率69.7％），その後は減少している．生産年齢人口は，ピーク時と比べると，6.5％も減少している．

　一方，2010年の年少人口（0～14歳）は1,696万人で，年少人口比率（年少人口の総人口に占める割合）は13.2％である．年少人口は1955年の3,012万人をピークとして，その後は減少傾向をたどって現在に至っている．そして，1997年以降は，年少人口比率を高齢化率が上回っている．

表 4-1 高齢化の現状

(単位：万人（人口），％（構成比）)

| | | 2010年10月1日 | | | 2009年10月1日 | | |
|---|---|---|---|---|---|---|---|
| | | 総数 | 男 | 女 | 総数 | 男 | 女 |
| 人口 | 総人口 | 12,806 | 6,236<br>(性比)94.9 | 6,570 | 12,751* | 6,213<br>(性比)95.0 | 6,538 |
| | 高齢者人口（65歳以上） | 2,958 | 1,264<br>(性比)74.7 | 1,693 | 2,901 | 1,240<br>(性比)74.7 | 1,661 |
| | 65～74歳人口（前期高齢者） | 1,528 | 720<br>(性比)74.7 | 808 | 1,530 | 720<br>(性比)89.0 | 809 |
| | 75歳以上人口（後期高齢者） | 1,430 | 545<br>(性比)61.5 | 885 | 1,371 | 520<br>(性比)61.0 | 852 |
| | 生産年齢人口（15～64歳） | 8,152 | 4,102<br>(性比)101.3 | 4,050 | 8,149 | 4,101<br>(性比)101.3 | 4,048 |
| | 年少人口（0～14歳） | 1,696 | 869<br>(性比)105.2 | 827 | 1,701 | 872<br>(性比)105.1 | 829 |
| 構成比 | 総人口 | 100.0 | 100.0 | 100.0 | 100.0 | 100.0 | 100.0 |
| | 高齢者人口（高齢化率） | 23.1 | 20.3 | 25.8 | 22.7 | 20.0 | 25.4 |
| | 65～74歳人口 | 11.9 | 11.5 | 12.3 | 12.0 | 11.6 | 12.4 |
| | 75歳以上人口 | 11.2 | 8.7 | 13.5 | 10.8 | 8.4 | 13.0 |
| | 生産年齢人口 | 63.7 | 65.8 | 61.6 | 63.9 | 66.0 | 61.9 |
| | 年少人口 | 13.2 | 13.9 | 12.6 | 13.3 | 14.0 | 12.7 |

資料：総務省「人口推計」（各年10月1日現在）
(注) 1. 2009年は「平成17年国勢調査」，2010年は「平成22年国勢調査人口速報集計」による人口を基準としている。
2. 「性比」は，女性人口100人に対する男性人口。
＊平成22年国勢調査人口速報集計結果を基に遡及的に補正した暫定値は12,803（万人）。
(出所) 内閣府「平成23年版高齢社会白書」2ページ（一部表記を変更）。

人口構成の変化を伴いつつ，日本の総人口は2004年に過去最多の1億2,779万人を記録した後，翌年減少したが，その後増減を繰り返して現在に至っている．2010年の総人口は2004年よりも27万人増え，過去最多記録を更新した．

　以上が高齢化の現状であるが，今後，高齢化はどのように展開するのであろうか．国立社会保障・人口問題研究所の「将来推計人口（平成18年12月推計）」によれば，65歳以上人口は2012年に3,000万人を超える．その後も増加を続けるが，2042年にピークを打ち（3,863万人），それ以降は減少する．一方，生産年齢人口も年少人口も今後は一貫して減少を続ける．その結果，総人口も減少を続け，2025年に1億2,000万人を割り込み，2036年に1億1,000万人を割り込み，2046年には1億人を割り込み，2055年には9,000万人を割り込む．すなわち2025年頃から人口減少のペースが速くなり，10年ごとに1,000万人ずつ人口が減っていくことになる[1]．

　すぐ前で述べたように，高齢者人口は2042年を境に増加から減少に転ずるが，高齢化率は今後一度も低下することなく上昇して，2055年には40.5％になる．ちなみに2055年の年少人口は752万人で，2009年の半分以下に減っている．日本の社会は，今後，人口減少・高齢化・少子化が急速に進む社会となるのである．

## 3．高齢者の経済状況

### (1) 高齢者の就業状況

　現在，3,000万人近くいる高齢者の経済状況はどのようなものであろうか．

　まず，総務省「就業構造基本調査」（2007年）によって高齢者の就業状況について概観しよう（表4-2を参照）．厚生労働省の「平成22年就労条件総合調査結果の概況」によれば，定年制を定めている企業の割合は93.1％であり，そのうちの98.7％の企業が，職種に関係なく一律に定年を定めている．そして一律定年制を定めている企業のうち，定年年齢を60歳とする企業の割合は82.7％である[2]．その一方で，定年後に勤務延長制度や再雇用制度を持っている企

第4章 高齢化社会と資産課税　103

表4-2　高年齢者の就業状況（2007年）

(1) 就業者

（単位：人、％）

| 年齢層 | 人口 | | | 就業者数と就業率 | | | 就業者数と就業率 | | |
|---|---|---|---|---|---|---|---|---|---|
| | 男子(a) | 女子(b) | 男女計(c) | 男子(d) | 就業率(d/a) | 女子(e) | 就業率(e/b) | 男女計(f) | 就業率(f/c) |
| 60～64歳 | 4,126,400 | 4,342,500 | 8,468,900 | 3,013,100 | 73.0 | 1,887,900 | 43.5 | 4,901,100 | 57.9 |
| 65～69歳 | 3,745,000 | 4,090,700 | 7,835,700 | 1,870,900 | 50.0 | 1,150,900 | 28.1 | 3,021,800 | 38.6 |
| 70～74歳 | 3,189,600 | 3,731,400 | 6,921,000 | 1,066,800 | 33.4 | 660,400 | 17.7 | 1,727,200 | 25.0 |
| 75～79歳 | 2,406,900 | 3,157,700 | 5,564,600 | 546,700 | 22.7 | 338,300 | 10.7 | 885,000 | 15.9 |
| 80～84歳 | 1,463,800 | 2,401,800 | 3,865,600 | 230,200 | 15.7 | 143,800 | 6.0 | 374,000 | 9.7 |
| 85歳以上 | 894,400 | 2,378,400 | 3,272,800 | 79,300 | 8.9 | 52,800 | 2.2 | 132,100 | 4.0 |
| 65歳以上計 | 15,826,100 | 20,102,500 | 35,928,600 | 6,807,000 | 43.0 | 4,234,100 | 26.8 | 11,041,200 | 30.7 |

(2) 無業者

（単位：人、％）

| 年齢層 | 無業者数 | | | 就業希望者数と就業希望率 | | | 就業希望者数と就業希望率 | | |
|---|---|---|---|---|---|---|---|---|---|
| | 男子(g) | 女子(h) | 男女計(i) | 男子(j) | 就業希望率(j/g) | 女子(k) | 就業希望率(k/h) | 男女計(l) | 就業希望率(l/i) |
| 60～64歳 | 1,113,300 | 2,454,600 | 3,567,900 | 412,100 | 37.0 | 465,700 | 19.0 | 877,800 | 24.6 |
| 65～69歳 | 1,874,100 | 2,939,800 | 4,813,900 | 444,900 | 23.7 | 383,300 | 13.0 | 828,200 | 17.2 |
| 70～74歳 | 2,122,900 | 3,070,900 | 5,193,800 | 310,200 | 14.6 | 201,400 | 6.6 | 511,600 | 9.9 |
| 75～79歳 | 1,860,100 | 2,819,500 | 4,679,600 | 120,000 | 6.5 | 75,200 | 2.7 | 195,200 | 4.2 |
| 80～84歳 | 1,233,600 | 2,258,000 | 3,491,600 | 38,300 | 3.1 | 29,600 | 1.3 | 67,900 | 1.9 |
| 85歳以上 | 815,000 | 2,325,700 | 3,140,700 | 8,500 | 1.0 | 12,400 | 0.5 | 20,900 | 0.7 |
| 65歳以上計 | 9,019,000 | 15,868,500 | 24,887,500 | 1,334,000 | 14.8 | 1,167,600 | 7.4 | 2,501,600 | 10.1 |

(出所) 総務省「就業構造基本調査」（2007年）より作成。

業が91.3％ある．勤務延長制度についてみれば，この制度を持っている企業のうち最高雇用年齢を定めている企業が55.8％あり，最高雇用年齢を65歳としている企業が圧倒的に多い（82.7％）．また，再雇用制度については，最高雇用年齢を定めている企業が77.1％あり，最高雇用年齢を65歳としている企業は87.8％にのぼる．つまり，60歳でいったん定年を迎えるものの，その後も65歳くらいまで働き続ける人が大勢いることがわかる．以上の点を踏まえ，表4-2には，一般的な定義からすれば高齢者に分類されない60～64歳の年齢層の就業状況についても計数を載せている．

表4-2で，60～64歳の年齢層の人たちの就業状況をみると，男子の4人に3人，女子の半分近くの人が働いていることがわかる．しかも，現在無業であっても就業を希望している人が男子で3人に1人，女子で5人に1人いることもわかる．

勤労意欲は高齢者になっても衰えない．60歳代後半の人たちは，男子では2人に1人，女子では3割近くの人が働いているし，70歳代前半の層では，男子で3人に1人，女子で6人に1人が働いている．

しかし，別の見方をすれば，たとえば男子の場合，60歳代前半では4人に1人が，60歳代後半では2人に1人が，そして70歳代前半では3人に2人が就業していないともいえるのである．そして，このことは，高齢者間の所得格差や資産格差が，若年層に比べて大きくなることを予想させる．

(2) 高齢者間の所得格差

厚生労働省の「所得再分配調査」（2008年）の調査結果を用いて，世代間の所得分布をみてみよう．図4-1は，世帯員の年齢階級別所得分配と再分配の状況を示したものである．ここでは，世帯単位の所得ではなく，世帯所得を世帯人員数の平方根で除して求めた世帯員単位の所得（「等価所得」）[3]の年齢階級別比較を行っている．図4-1には，税や社会保障移転等の再分配措置が行われる前の段階の所得（等価当初所得）と再分配後の所得（等価再分配所得）の年齢階層別世帯員の所得分布が示されている[4]．

図 4-1　世帯員の年齢階級別所得再分配状況（等価所得）

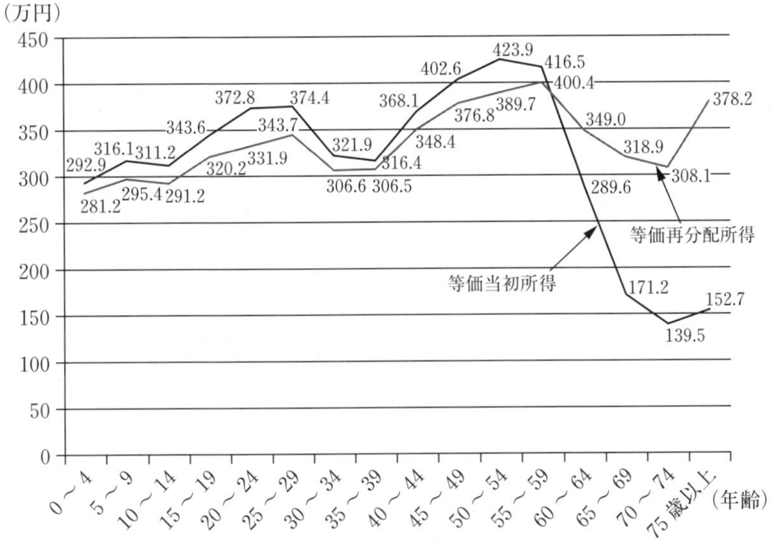
(万円)
450
400
350
300
250
200
150
100
50
0
423.9
402.6
416.5
400.4
372.8
374.4
368.1
378.2
343.6
343.7
376.8
389.7
349.0
316.1
311.2
321.9
348.4
318.9
292.9
320.2
331.9
316.4
308.1
281.2
295.4
291.2
306.6
306.5
289.6
等価再分配所得
等価当初所得
171.2
152.7
139.5
0～4
5～9
10～14
15～19
20～24
25～29
30～34
35～39
40～44
45～49
50～54
55～59
60～64
65～69
70～74
75 歳以上
(年齢)

（出所）　厚生労働省「平成 20 年所得分配調査」より作成.

世帯員の年齢が 60 歳代以降になると，等価当初所得金額が激減していることがわかる．50 歳代後半に比べると，60 歳代前半の等価当初所得は約 3 割減少する．60 歳代後半になると 60 歳代前半の水準からさらに 4 割減少する．これをみる限り，高齢者と現役世代との間に大きな経済格差が存在することは明らかだ.

しかし，以上の指摘はあくまで，当初所得に関することであって，等価当初所得から税と社会保険料を控除し，社会保障給付を加えた等価再分配所得に関することではない．等価再分配所得の分配状況をみると，現役世代の等価再分配所得が等価当初所得に比べて減少している中，60 歳代以上の等価再分配所得は激増していて，結果的に現役世代の等価再分配所得の水準とほぼ同じ水準にまで引き上げられている．これは税と社会保障給付による所得分配の是正効果である.

ところで，等価所得の年齢層間比較は，いわば各年齢層の平均的な所得につ

いての比較であり，平均的にいって，再分配前は，高齢者と現役世代との所得格差は大きいが，再分配後は所得格差が一挙に縮まっているといえよう．

それでは，同一世代内の所得格差はどの程度の大きさで，また，所得格差の大きさは世代が違うとどの程度違うものなのであろうか．

それらの比較を行ったものが，図 4-2 のジニ係数による比較である．図 4-2 には，世帯員の年齢階級別ジニ係数（等価所得）が示されている．等価当初所得についてみると，60 歳代になるとジニ係数の値が急上昇しており，各年齢層内での不平等度が高齢層になるほど大きいことがわかる．しかし，等価再分配所得についてみると，高年齢層のジニ係数は，現役世代に比べて若干高いものの，ほとんど変わらなくなる．社会保障給付により，所得分配の不平等度が大幅に改善されているのである．

また，図 4-2 から，所得再分配前についてみると，現役世代では，40 歳代前半と 50 歳代後半の層で所得分配の不平等度がやや高いが，総じて不平等度に差はないこと，そして所得再分配後については，30 歳代後半のジニ係数が

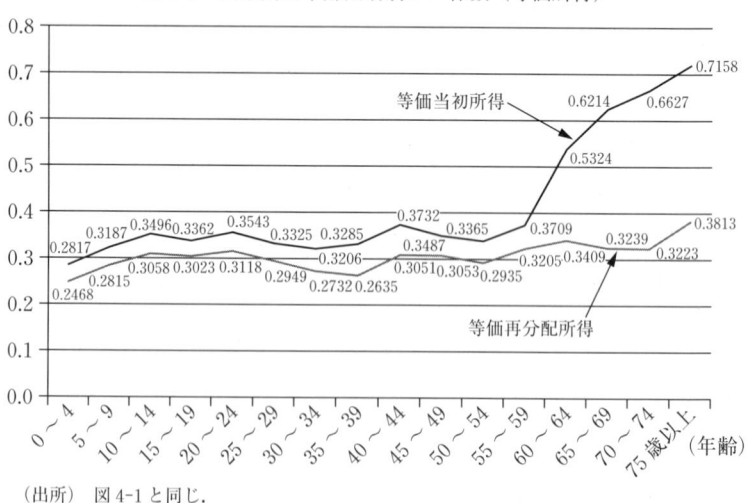

図 4-2 世帯員の年齢階層別ジニ係数（等価所得）

（出所）図 4-1 と同じ．

表4-3 全世帯—高齢者世帯別にみた年間所得金額のジニ係数の推移

| 年次 | 全世帯 | 高齢者世帯 |
| --- | --- | --- |
| 1997 | 0.3954 | 0.4309 |
| 2000 | 0.3997 | 0.4159 |
| 2003 | 0.3882 | 0.3906 |
| 2004 | 0.3999 | 0.4131 |
| 2005 | 0.3948 | 0.3962 |
| 2006 | 0.3981 | 0.3989 |
| 2007 | 0.3949 | 0.3892 |

(出所) 厚生労働省「平成20年国民生活基礎調査」より作成.

最低になるが，すべての年齢層で不平等度に大きな差異はみられなくなること，が指摘できる．つまり，所得再分配後でみる限り，高齢者層だからといって所得分配が特に不平等化しているわけではないといえる．

このことは，時系列的にみても妥当するだろうか．表4-3は，過去10年間(1997〜2007年)の世帯所得(世帯員所得ではない)のジニ係数の推移を示したものである．全世帯と高齢世帯の比較になっているが，これをみると，この10年間で全世帯の世帯所得のジニ係数はほとんど変わっていないことがわかる．一方，高齢世帯の世帯所得のジニ係数は，若干の増減はあるが，傾向的に低下してきている．そして，最近年では，全世帯と高齢世帯のジニ係数の値が接近してきていることもわかる．すなわち，高齢世帯の所得分配の不平等度は年々改善されてきているといえよう．

(3) 高齢者間の資産格差

以上でみたのは，高齢者間の所得格差，すなわちフローの格差についてであった．次に，高齢者間の資産格差すなわちストックの格差についてみよう．

まず，家計の資産保有の状況をみる．図4-3は，世帯主の年齢階層別1世帯当たり家計資産(2人世帯以上)(2009年)の分布状況を表したものである．60

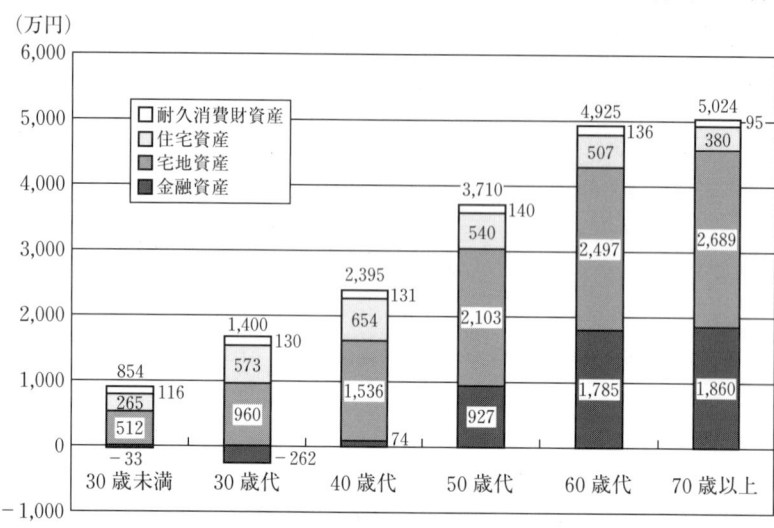

図4-3　世帯主の年齢階級別1世帯当たり家計資産（2人以上の世帯）(2009年)

(万円)

| 年齢階級 | 金融資産 | 宅地資産 | 住宅資産 | 耐久消費財資産 | 合計 |
|---|---|---|---|---|---|
| 30歳未満 | 512 | −33 | 265 | 116 | 854 |
| 30歳代 | 960 | −262 | 573 | 130 | 1,400 |
| 40歳代 | 1,536 | 74 | 654 | 131 | 2,395 |
| 50歳代 | 2,103 | 927 | 540 | 140 | 3,710 |
| 60歳代 | 1,785 | 2,497 | 507 | 136 | 4,925 |
| 70歳以上 | 1,860 | 2,689 | 380 | 95 | 5,024 |

(出所)　総務省「平成21年全国消費実態調査」より作成.

　歳代以上の世帯の1世帯当たり資産保有額は格段に多い．そして，1世帯当たり約5,000万円という資産保有額，その6割が土地・住宅資産で，4割近くが金融資産という資産構成は，60歳代と70歳以上にほぼ共通した特徴である．また，総務省「家計調査」によれば，家計金融資産の年齢階級別保有割合は，60歳代が32.1％，70歳代が28.6％を占め，60歳代以上が全体の60.7％を占めている（2009年）．

　さらに，図4-4で世帯主が60歳以上の世帯（2人以上の世帯）について，貯蓄額の分布（2010年）をみると，2,500万円以上の貯蓄を保有する世帯が3割を超えている（32.2％）ことがわかる．全年齢層の2人以上の世帯のうち，貯蓄額2,500万円以上を保有する世帯の割合は20.9％であるから，貯蓄額2,500万円以上の60歳以上の世帯割合の方が1.5倍多い．

　しかし，その一方で，高齢者世帯において貯蓄を全く保有していない世帯も少なからず存在する．金融広報中央委員会の「家計の金融行動に関する世論調

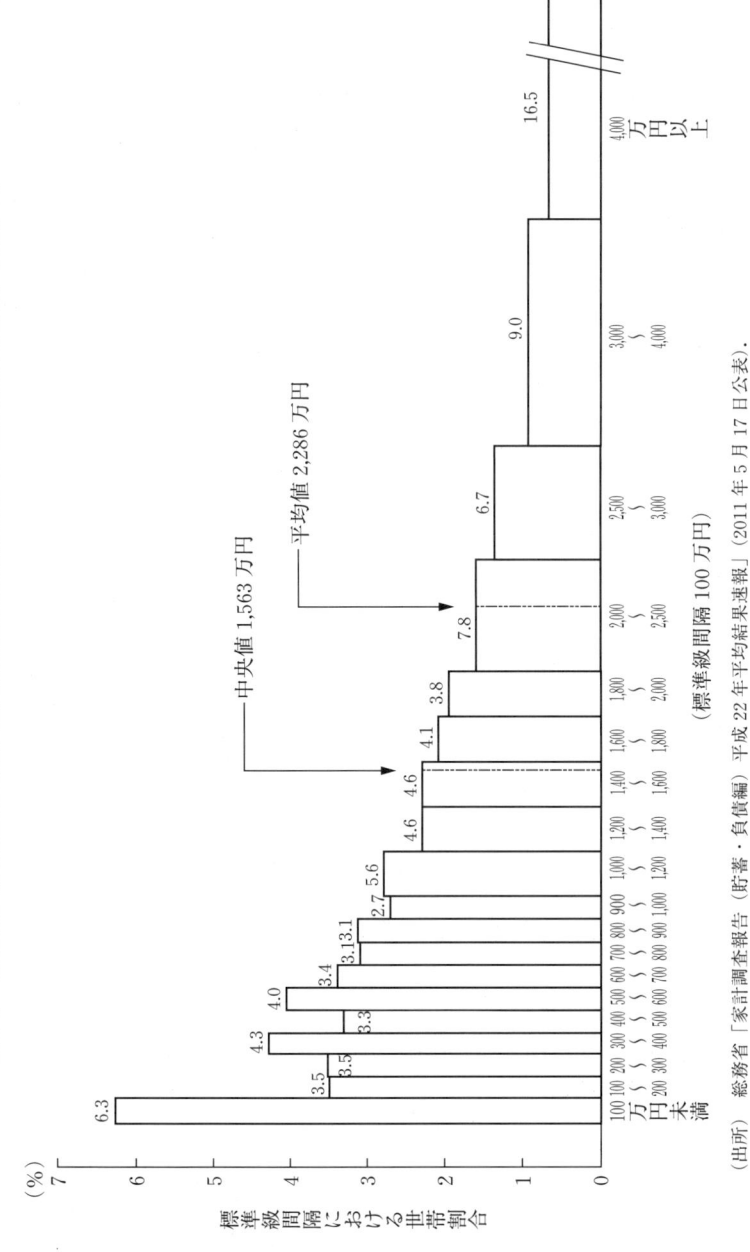

第 4 章 高齢化社会と資産課税　109

図 4-4　世帯主が 60 歳以上の世帯の貯蓄現在高階級別世帯分布（2 人以上の世帯）（2010 年）

(出所)　総務省「家計調査報告（貯蓄・負債編）平成 22 年平均結果速報」（2011 年 5 月 17 日公表）．

査」(各年) によれば，2006年から2010年までの期間をみると，貯蓄非保有世帯数は若い年齢層 (20～40歳代) の方が多い．20歳代を除く他の年齢層の貯蓄非保有世帯数は2007年にいったん減少したが，その後は増加傾向にある．60歳代，70歳代の世帯の貯蓄非保有世帯割合は，若い年齢層 (20～40歳代) の世帯に比べて5ポイントほど低く，最近では17～18％程度で推移している (表4-4参照)．

以上，高齢者の所得稼得状況，資産保有状況を他の年齢層との比較によってみてきたが，以下の諸点を指摘できる．

① 高齢者と現役世代の所得格差は確かに大きいが，社会保障制度等の再分配機能により，再分配後所得の格差は著しく改善されている．
② 高齢者間の所得格差は，他の年齢層内の所得格差とさほど変わらない．
③ 高齢者と現役世代の資産格差は大きい．家計金融資産の6割以上を世帯主が60歳以上の世帯が保有している．
④ 高齢者間の資産格差も大きい．世帯主が60歳以上の世帯の3割以上が貯蓄現在高2,500万円を保有している．また世帯主が70歳以上の世帯の約5割が4,000万円以上の純資産 (資産−負債) を保有している．その一方で，貯蓄がゼロという世帯が，世帯主が60歳以上の世帯でも，世帯主が

表4-4 貯蓄非保有世帯 (2人以上世帯) の割合 (2006～2010年)

(単位：％)

| 年齢層 \ 年 | 2006 | 2007 | 2008 | 2009 | 2010 |
| --- | --- | --- | --- | --- | --- |
| 20歳代 | 25.0 | 29.6 | 30.6 | 29.9 | 24.7 |
| 30歳代 | 27.2 | 20.1 | 23.3 | 23.0 | 23.2 |
| 40歳代 | 23.0 | 21.8 | 22.1 | 20.9 | 23.2 |
| 50歳代 | 21.5 | 18.7 | 20.3 | 21.8 | 21.9 |
| 60歳代 | 18.9 | 15.0 | 18.5 | 17.1 | 18.4 |
| 70歳以上 | 21.5 | 15.6 | 17.7 | 18.6 | 17.3 |

(出所) 金融広報中央委員会「家計の金融資産に関する世論調査」より作成．

70歳以上の世帯でも，18%程度いる．

## 4．相続財産および相続税の現状

### (1) 相続財産の推移

2節でみたように，人口の高齢化は資産保有層の高齢化をも意味する．人口の長寿化は相続財産の移転の時期を遅らせ，被相続人（相続財産を遺す人）も相続人（相続財産を受け取る人）もともに高齢層であるケースを増大させるので[5]，それが高齢者と現役世代との資産格差をさらに拡大する要因となる．

そもそも相続された財産および負債の合計額はどれくらいの大きさになるのか．残念ながら，日本全体で，毎年どのくらいの資産（および負債）が相続されているのかについての統計はない．あるのは相続税の課税対象になった相続財産に関する統計のみである．それを示したものが表4-5である．

人口の高齢化を反映して毎年の死亡者数は増加の一途をたどっている．過去25年間（1983～2008年）で死亡者数は約5割増加した．それに対して，相続税の課税があった被相続人（死亡者）数（「課税件数」）は2割程度しか増加していない．その結果，死亡者のうちで相続税の課税があった人の割合（「課税割合」）は，1990年代初めのバブル崩壊以降，低下傾向にある．しかも，過去25年間で，課税割合が最も高いとき（1987年）でさえ，課税割合は7.9%でしかなく，つまりは，100人亡くなって，そのうち92人は相続税を納めなくてもよかったのである．最近では，課税割合はさらに下がって4.2%になった．つまり死亡者25人のうち24人までは相続税を納めていないのである．

このような状況をもたらした原因は，相続税制度にある．そこで，次に相続税制度の概要をみておこう．

### (2) 相続税制度の概要と税制改正の推移[6]

相続財産とは，個人が相続または遺贈（遺言による贈与）により取得した財産のことをいうが[7]，そのすべてが相続税の課税対象になるわけではない．

表 4-5　相続税の

| 区分 年分 | 死亡者数（a）| 課税件数（b）| 課税割合 (b)/(a) | 被相続人1人当たり法定相続人数 | 合計額（c）|
|---|---|---|---|---|---|
| | （人）| （件）| （％）| （人）| （億円）|
| 1983 | 740,038 | 39,534 | 5.3 | 4.08 | 50,021 |
| 1984 | 740,247 | 43,012 | 5.8 | 4.05 | 54,287 |
| 1985 | 752,283 | 48,111 | 6.4 | 4.03 | 62,463 |
| 1986 | 750,620 | 51,847 | 6.9 | 3.99 | 67,637 |
| 1987 | 751,172 | 59,008 | 7.9 | 3.93 | 82,509 |
| 1988 | 793,014 | 36,468 | 4.6 | 3.68 | 96,380 |
| 1989 | 788,594 | 41,655 | 5.3 | 3.90 | 117,686 |
| 1990 | 820,305 | 48,287 | 5.9 | 3.86 | 141,058 |
| 1991 | 829,797 | 56,554 | 6.8 | 3.81 | 178,417 |
| 1992 | 856,643 | 54,449 | 6.4 | 3.85 | 188,201 |
| 1993 | 878,532 | 52,877 | 6.0 | 3.81 | 167,545 |
| 1994 | 875,933 | 45,335 | 5.2 | 3.79 | 145,454 |
| 1995 | 922,139 | 50,729 | 5.5 | 3.72 | 152,998 |
| 1996 | 896,211 | 48,476 | 5.4 | 3.71 | 140,774 |
| 1997 | 913,402 | 48,605 | 5.3 | 3.68 | 138,635 |
| 1998 | 936,484 | 49,526 | 5.3 | 3.61 | 132,468 |
| 1999 | 982,031 | 50,731 | 5.2 | 3.59 | 132,699 |
| 2000 | 961,653 | 48,463 | 5.0 | 3.55 | 123,409 |
| 2001 | 970,331 | 46,012 | 4.7 | 3.52 | 117,035 |
| 2002 | 982,379 | 44,370 | 4.5 | 3.46 | 106,397 |
| 2003 | 1,014,951 | 44,438 | 4.4 | 3.4 | 103,582 |
| 2004 | 1,028,602 | 43,488 | 4.2 | 3.35 | 98,618 |
| 2005 | 1,083,796 | 45,152 | 4.2 | 3.33 | 101,953 |
| 2006 | 1,084,450 | 45,177 | 4.2 | 3.26 | 104,056 |
| 2007 | 1,108,334 | 46,820 | 4.2 | 3.20 | 106,557 |
| 2008 | 1,142,407 | 48,016 | 4.2 | 3.17 | 107,482 |

（注）1．"死亡者数(a)"は「人口動態統計」（厚生労働省）により，その他の計数は「国税庁
　　 2．"課税件数(b)"は，相続税の課税があった被相続人の数である．
　　 3．"課税価格(c)"および"納付税額(d)"には更正・決定分を含む．また，"納付税額
　　 4．下線のある年分は，基礎控除または税率構造について改正があった年分である．
（出所）財務省資料に一部加筆．

第4章　高齢化社会と資産課税　113

課税状況の推移

| 価格 | 相続税額 | | | | 相続税収（贈与税収を含む）の国税収入に対する割合 |
|---|---|---|---|---|---|
| 被相続人1人当たり金額 | 納付税額（d） | 被相続人1人当たり金額 | 負担率 $\frac{(d)}{(c)}$ | | |
| （万円） | （億円） | （万円） | （％） | | （％） |
| 12,652.70 | 7,153 | 1,809.30 | 14.3 | | 2.4 |
| 12,621.40 | 7,769 | 1,806.20 | 14.3 | | 2.5 |
| 12,983.10 | 9,261 | 1,925.00 | 14.8 | | 2.8 |
| 13,045.60 | 10,443 | 2,014.20 | 15.4 | | 3.3 |
| 13,982.60 | 14,343 | 2,430.70 | 17.4 | | 3.8 |
| 26,428.60 | 15,629 | 4,285.50 | 16.2 | | 3.6 |
| 28,252.50 | 23,930 | 5,744.90 | 20.3 | | 3.7 |
| 29,212.40 | 29,527 | 6,114.80 | 20.9 | | 3.2 |
| 31,548.00 | 39,651 | 7,011.20 | 22.2 | | 4.3 |
| 34,564.70 | 34,099 | 6,262.50 | 18.1 | | 5.0 |
| 31,685.90 | 27,768 | 5,251.50 | 16.6 | | 5.4 |
| 32,084.40 | 21,058 | 4,644.90 | 14.5 | | 5.2 |
| 30,159.90 | 21,730 | 4,283.50 | 14.2 | | 5.2 |
| 29,039.90 | 19,376 | 3,997.00 | 13.8 | | 4.6 |
| 28,522.80 | 19,339 | 3,978.80 | 13.9 | | 4.5 |
| 26,747.10 | 16,826 | 3,397.40 | 12.7 | | 3.9 |
| 26,157.30 | 16,876 | 3,326.50 | 12.7 | | 4.0 |
| 25,464.70 | 15,213 | 3,139.00 | 12.3 | | 3.5 |
| 25,435.70 | 14,771 | 3,210.20 | 12.6 | | 3.5 |
| 23,979.40 | 12,863 | 2,899.00 | 12.1 | | 3.3 |
| 23,309.40 | 11,263 | 2,534.60 | 10.9 | | 3.3 |
| 22,677.00 | 10,651 | 2,449.10 | 10.8 | | 3.2 |
| 22,579.90 | 11,567 | 2,561.80 | 11.3 | | 3.2 |
| 23,032.90 | 12,234 | 2,708.10 | 11.8 | | 3.1 |
| 22,758.90 | 12,666 | 2,705.30 | 11.9 | | 2.9 |
| 22,384.70 | 12,517 | 2,606.80 | 11.0 | | 2.9 |

統計年報書」による．

(d)"には納税猶予額を含まない．

まず相続財産から非課税財産等および債務等を差し引く．非課税財産には，死亡保険金や死亡退職金のうち一定金額（それぞれ500万円×法定相続人数），相続人が相続財産を国や公益法人に贈与（寄附）した場合の贈与（寄附）金額等を含む．また，たとえば，事業用宅地の相続に対しては$400m^2$まで，居住用宅地の相続に対しては$240m^2$まで，課税価格の80％減額措置が適用されるが，そのような特例分を考慮することができる．

次に，それに，相続時精算課税にかかる贈与財産および相続開始前3年以内の贈与財産を加える．

そして，最後に基礎控除額を差し引くことによって，課税対象となる相続財産（これを「課税遺産総額」と呼ぶ）が求められる．現行制度における基礎控除額は（5,000万円＋1,000万円×法定相続人数）となっている．

以上の計算プロセスを式で表示すると，

　　課税遺産総額＝相続財産－非課税財産等－債務等＋相続時精算課税に係る
　　　　　　　　贈与財産＋相続開始前3年以内の贈与財産－基礎控除

となる．

次に，課税遺産総額を法定相続分で按分し，各法定相続人に相続税率を適用して相続税額を計算する．各法定相続人の相続税額を合計して相続税総額が計算される．続いて相続税総額を，実際の相続割合で按分して，各人の実際の相続税納付額を計算する．その際，税額控除として，配偶者控除等が適用される[8]．

さて，以上のような仕組みを持つ相続税制度は，これまで何度も改正されてきたが，改正の歴史は減税の歴史といってよい．表4-6に最近の相続税制改正の推移が示されている．

最近では，バブル期[9]をはさんで相続税減税のための改正が目立つ．バブル期に入る時期（1988年末）には，基礎控除額を大幅に引き上げた．バブル終了期には短期間のうちに2度減税を行い，このときには，基礎控除額を若干引き上げた他に，最高税率適用の金額を倍増した（5億円超から10億円超へ（1992年度改正）および10億円超から20億円超へ（1994年度改正））．これらは，バブルに

第4章 高齢化社会と資産課税　115

表4-6　最近の相続税制改正の推移

| 改正時期 | | 1988年改正前 | 1988年12月改正<br>(1988年1月1日以降適用) | 1992年度改正<br>(1992年1月1日以降適用) |
|---|---|---|---|---|
| 税率構造 | 最高税率 | 75%（5億円超） | 70%（5億円超） | 70%（10億円超） |
| | 最低税率 | 10%（200万円以下） | 10%（400万円以下） | 10%（700万円以下） |
| | ブラケット数 | 14 | 13 | 13 |
| 基礎控除等 | | 2,000万円<br>＋<br>400万円×法定相続人数<br>(3,200万円) | 4,000万円<br>＋<br>800万円×法定相続人数<br>(6,400万円) | 4,800万円<br>＋<br>950万円×法定相続人数<br>(7,650万円) |
| 小規模宅地等の課税特例 | 事業用宅地　減額割合 | 40% | 60% | 70% |
| | 　　　　　　適用対象面積 | | 200m² | |
| | 住宅用宅地　減額割合 | 30% | 50% | 60% |
| | 　　　　　　適用対象面積 | | 200m² | |
| 減収額 | | — | 6,710億円 | 5,680億円 |

| 改正時期 | | 1994年度改正<br>(1994年1月1日以降適用) | 2003年度改正<br>(2003年1月1日以降適用) | 2011年度改正予定<br>(2011年4月1日以降適用予定) |
|---|---|---|---|---|
| 税率構造 | 最高税率 | 70%（20億円超） | 50%（3億円超） | 55%（6億円超） |
| | 最低税率 | 10%（800万円以下） | 10%（1,000万円以下） | 10%（1,000万円以下） |
| | ブラケット数 | 9 | 6 | 8 |
| 基礎控除等 | | 5,000万円<br>＋<br>1,000万円×法定相続人数<br>(8,000万円) | 同　　左 | 3,000万円<br>＋<br>600万円×法定相続人数<br>(4,800万円) |
| 小規模宅地等の課税特例 | 事業用宅地　減額割合 | 80% | 80% | 80% |
| | 　　　　　　適用対象面積 | 200m² | 400m² | 400m² |
| | 住宅用宅地　減額割合 | 80% | 80% | 80% |
| | 　　　　　　適用対象面積 | 200m² | 240m² | 240m² |
| 減収額 | | 3,220億円 | 1,120億円 | — |

（注）1. 基礎控除の（ ）内は、法定相続人数が3人（例：配偶者＋子2人）の場合の金額である。
　　　2. 小規模宅地等の課税の特例で、表中には表示されていないが、事業用宅地の改正対象面積は1999～2000年の期間、330m²であった。
　　　3. 減収額は改正時の改正減収見込み額（平年度）による。
（出所）財務省資料に一部加筆。

よる相続財産の価格上昇（特に土地）に対する相続税を軽減するための措置であった．ちなみに，4度の相続税制改正による減収額も表4-6に掲げてあるが，1988年度改正による減収額が6,710億円，1992年度改正時が5,680億円，1994年度改正時が3,220億円，2003年度改正時が1,120億円であった．

表4-5に戻って，税制改正の行われた年の各計数をみると，減税策の影響が表れていることがわかる．たとえば1988年には，前年に比べ，死亡者数は4万人以上増えているのに，課税件数は2万件以上減っている．そのため，相続税の負担率（納付税額÷課税価格）は前年よりも1.2ポイント下がっている．

しかしながら，バブルが崩壊して20年が経過した．この間，地価は大幅に下落し，すでにバブル期以前の水準を下回っている[10]．相続税制の減税措置は，1992年度改正，1994年度改正までは，それなりの意味を持っていたといえるが，今日，減税措置を続ける理由は全くないといわなければならない．表4-5で確認できるが，ここ数年，課税割合も相続税の負担率もバブル期以前を下回る状態が続いているのである．

さらに，相続財産に占める土地の割合が大きく減少している．表4-7は，相

表4-7 相続財産種類別の財産価額の推移

(単位：兆円，％)

| 年分 | 土地 | 金融資産 現金・預貯金等 | 金融資産 有価証券 | 金融資産 合計 | その他の資産 | 相続財産価額 |
|---|---|---|---|---|---|---|
| 1983 | 3.7(69.8) | 0.4( 7.5) | 0.5( 9.4) | 0.9(17.0) | 0.7(13.2) | 5.3(100.0) |
| 1988 | 7.4(69.2) | 0.9( 8.4) | 1.2(11.2) | 2.1(19.6) | 1.2(11.2) | 10.7(100.0) |
| 1992 | 15.5(76.0) | 1.5( 7.4) | 1.5( 7.4) | 3.0(14.7) | 1.9( 9.3) | 20.4(100.0) |
| 1994 | 11.3(71.1) | 1.5( 9.4) | 1.3( 8.2) | 2.8(17.6) | 0.8( 5.0) | 15.9(100.0) |
| 2003 | 6.6(55.9) | 2.1(17.8) | 1.1( 9.3) | 3.2(27.1) | 2.0(16.9) | 11.8(100.0) |
| 2007 | 5.6(47.9) | 2.4(20.5) | 1.8(15.4) | 4.2(35.9) | 1.9(16.2) | 11.7(100.0) |

資料：「国税庁統計年報書」による．
(出所) 平成21年度第8回税制調査会資料（2009年11月17日）により作成．

続税の税制改正が行われた年を中心に，相続財産種類別の財産価額の推移をみたものである．バブル期以前から相続財産のうち土地の占める割合が圧倒的に多く，特にバブル崩壊直後の1992年には，土地の割合は相続財産全体の76％を占めていた．ところが，バブル崩壊後は，土地の割合は一挙に減少し，2007年には相続財産全体の50％を下回るに至っている．それとともに，相続財産全体の価額も減少し，2007年の相続財産の価額は，1992年に比べ40％以上低下している．

相続財産に占める土地の割合が減少した代わりに，増加してきているのが金融資産である．1992年における金融資産の割合は15％弱であったが，2007年には相続財産全体の3分の1以上にまで増加している．金融資産の中でも特に現金・預貯金等の増加が著しい．

このように，バブルによる地価高騰→土地の相続財産の価額上昇→相続税の納税額増大，という連鎖反応から，相続税の納税者の負担調整するために行われた相続税減税措置は，いまや金融資産が相続財産の場合にも相続税の負担軽減のために機能するに至っており，もはや本来の趣旨は失われているといわなければならない．

(3) 相続税納付税額の動向

表4-5の相続税額の欄をみると，納付税額にバブルの影響をみてとることができる．1991年分の税額が最高（約4兆円）であるが，これはバブル開始時期（1986年）の税額の約4倍の大きさだ．税額は1991年をピークとしてその後減少を続け，2004年には1986年とほぼ同じ水準にまで戻っている．

最近の相続税額は1.2兆円程度であり，相続税額と贈与税額を加えた金額[11]が一般会計の国税収入に占める割合は3％前後である（表4-5参照）．過去25年間を振り返ってみると，相続税（および贈与税）は税収の大きさからみても，国税における構成比からみても，決して基幹税ではない．

次に，表4-8の(2)により，2008年分について，相続財産の課税価格の区分ごとに相続税の納付額がどうなっているかをみよう．相続財産の課税価格は2

表 4-8 相続税の合計課税価格階級別の課税状況等 (1998 年分と 2008 年分)
(1) 1998 年分

| 合計課税価格階級区分 | 課税件数（被相続人数） ||| 納付税額 |||
|---|---|---|---|---|---|---|
| | 件数 | 割合 | 累積割合 | 税額 | 割合 | 累積割合 |
| | (件) | (%) | (%) | (億円) | (%) | (%) |
| ～1億円 | 7,984 | 16.1 | 16.1 | 97 | 0.6 | 0.6 |
| ～2億円 | 22,425 | 45.3 | 61.4 | 1,197 | 7.1 | 7.7 |
| ～3億円 | 8,077 | 16.3 | 77.7 | 1,517 | 9.0 | 16.7 |
| ～5億円 | 5,916 | 11.9 | 89.7 | 2,751 | 16.3 | 33.1 |
| ～7億円 | 2,131 | 4.3 | 94.0 | 2,083 | 12.4 | 45.4 |
| ～10億円 | 1,422 | 2.9 | 96.8 | 2,225 | 13.2 | 58.6 |
| ～20億円 | 1,189 | 2.4 | 99.2 | 3,523 | 20.9 | 79.6 |
| 20億円超 | 382 | 0.8 | 100.0 | 3,444 | 20.5 | 100.0 |
| 合　計 | 49,526 | 100.0 | | 16,837 | 100.0 | |

(2) 2008 年分

| 合計課税価格階級区分 | 課税件数（被相続人数） ||| 納付税額 |||
|---|---|---|---|---|---|---|
| | 件数 | 割合 | 累積割合 | 税額 | 割合 | 累積割合 |
| | (件) | (%) | (%) | (億円) | (%) | (%) |
| ～1億円 | 10,812 | 22.5 | 22.5 | 130 | 1.0 | 1.0 |
| ～2億円 | 22,430 | 46.7 | 69.2 | 1,280 | 10.2 | 11.3 |
| ～3億円 | 6,979 | 14.5 | 83.8 | 1,431 | 11.4 | 22.7 |
| ～5億円 | 4,524 | 9.4 | 93.2 | 2,282 | 18.2 | 41.0 |
| ～7億円 | 1,465 | 3.1 | 96.2 | 1,480 | 11.8 | 52.8 |
| ～10億円 | 881 | 1.8 | 98.1 | 1,508 | 12.1 | 64.9 |
| ～20億円 | 703 | 1.5 | 99.5 | 2,259 | 18.1 | 82.9 |
| ～100億円 | 219 | 0.5 | 100.0 | 2,037 | 16.3 | 99.2 |
| 100億円超 | 3 | 0.0 | 100.0 | 97 | 0.8 | 100.0 |
| 合　計 | 48,016 | 100.0 | | 12,505 | 100.0 | |

(注) 1.「国税庁統計年報書」による.
　　 2. 当初申告ベースの計数である（修正申告を含まない).
(出所) 財務省資料により作成.

億円以下の件数（被相続人数）（約3万3,000人）が全体の約7割，5億円以下の件数（約4万5,000人）が全体の9割を占める．一方，相続税の納付額をみると，相続財産の課税価格2億円以下の被相続人が納める相続税額は相続税全体の1割程度，5億円以下の被相続人が納める相続税額は全体の4割程度となっている．すなわち，被相続人全体の7割の人が相続税全体の1割を納めており，9割の人が相続税全体の4割を納めていた．これを言い換えれば，被相続人全体の1割の人が相続税全体の6割を納めていたといえる．

　表4-8の(1)によって，同じことを10年前（1998年分）についてもみておこう．1998年の方が課税件数，納付税額ともに2008年よりも多い．これは，2003年の相続税減税政策（表4-6参照）に加え，1998年が景気後退期であったことも影響していると考えられる[12]．

　1998年には，相続財産の課税価格2億円以下の被相続人数は約3万人いて，全体の6割強を占めていた．また5億円以下の件数は約4万4,000人いて，全体の9割を占めていた．そして，被相続人全体の1割の人が相続税全体の3分の2を納めていた．したがって，2008年と比べると，1998年の方が，高額の相続財産を遺す人が多かったといえよう．

## 5．相続税の課税根拠と課税方法

### (1) 相続税の課税根拠

　なぜ相続財産に課税できるのかという相続税の課税根拠については，これまでさまざまな議論が展開されている[13]．また，相続税の課税根拠は，相続財産を残す人（被相続人）に課すのか（遺産課税方式），相続財産を受け取る人（相続人）に課すのか（遺産取得課税方式）という課税方法とも不可分の関係にあり，課税方法により異なった課税根拠が割り当てられている．

　最近の政府税制調査会の答申の中で，相続税の課税根拠について詳しく述べているのは2000年7月に出された答申『わが国税制の現状と課題―21世紀に向けた国民の参加と選択―』である[14]．同答申においては，以下の4項目が，

相続税の課税根拠として指摘されている．
① 個人所得課税の補完
② 富の再分配
③ 被相続人の生前所得の清算課税
④ 老後扶養の社会化に対応した資産継承の社会化

このうち，①と④について補足しよう．まず①について．ここにいう個人所得課税の補完とは，遺産取得に担税力を見出して課税するもので，被相続人の個人所得課税の補完という意味ではなく，その点，③と区別される．

次に④について．近年の社会保障制度の充実により，従来は家族内で行われていた老後扶養（たとえば高齢者介護）が社会化され，家族の私的負担が軽減し，社会全体の公的負担が大きな割合を占めるに至った．そのため，家計の資産は従来ほど減少せずに済み，それが相続財産の大きさにも影響をおよぼす．そこで，社会化された老後扶養のコストに見合った負担を相続財産に求め，相続（資産の引き継ぎ）の際にその分を国が相続税の形で徴収する，というのがその趣旨である．

上記4項目のうち，③④は遺産課税方式に，①は遺産取得課税方式に当てはまる根拠とみなせよう．②は解釈のしかたによって遺産課税方式にも，遺産取得課税方式にも当てはまる根拠といえる．

佐藤（1993）によれば，これらの他にも，いくつか課税根拠が示されている．遺産課税方式の根拠としては上記の他，「不労所得課税」，「国家共同相続権」[15]などが唱えられ，また，遺産取得課税方式の根拠としては上記の他，「出発点の機会均等の促進」などが提示されている．

遺産課税方式も遺産取得課税方式もそれぞれ一長一短を持っている．遺産課税方式の長所としては，遺産の仮装分割による租税負担軽減操作を防ぐことができること，徴税実務が容易であること等が挙げられる．反対に，短所としては，相続人の担税力を一切考慮しないので相続人間の課税の公平性が担保されないこと，所得税課税後の所得から蓄積した資産が相続時に課税されるので所得税と相続税の二重課税が発生すること等が挙げられる．

一方，遺産取得課税方式の長所としては，相続人の担税力に応じた課税がなされるので公平な課税が実現すること，相続人が多くなればなるほど資産が分散され，富の集中が排除されること等が挙げられる．反対に，短所としては，税負担軽減のため相続人の水増しや仮装分割が行われる可能性があること，遺産分割の実態が把握しづらいので，税務執行が困難になること，事業用資産や農業用資産のような分割が困難な資産の相続については税負担が重くなること等が指摘されている．

ところで，相続税の課税根拠として掲げた上記①～④については，それぞれ批判がある．

① 「個人所得課税の補完」については，相続財産は被相続人が生前所得税を負担した後蓄積した資産であるから，それに所得税を課すのは二重課税になるとの批判がある．

② 「富の再分配」については，同一の資産保有階層内の再分配であって，社会全体の再分配にどの程度寄与できているかは疑わしいとする批判がある．資産を保有していない人たちへの再分配は，相続税以外の手段で行う方がより有効ではないかとの指摘がある．

③ 「被相続人の生前所得の清算課税」については，被相続人の生前に所得税の徴収漏れがあったから，死亡時にその分を追加徴収するといった意味を持つが，これは税制上の不備や徴税実務上の不手際を暗黙裡に認めていることに他ならず，あるいは被相続人が生前脱税や不正蓄財を行っていたことを暗に前提とした課税根拠であって，妥当な理由とは認めがたいとする批判がある．

④ 「老後扶養の社会化に対応した資産継承の社会化」という根拠は，近年付加された根拠であるが，このような根拠を掲げながら相続税の減税を行っているのは明らかに矛盾している．また，資産を全く保有していない層は，老後扶養の社会化の見返りとして何も出すものがないが，それでよいのかという問題が残る．

(2) 日本の相続税課税方式

すでに3節(2)で説明したように，日本の相続税課税方式は「法定相続分課税方式」と呼ばれるもので，遺産課税方式と遺産取得課税方式のいわば折衷方式といってよい．この制度は1958年（昭和33年）から実施された．それ以前を振り返ってみると，わが国の相続税は日露戦争の戦費調達のために1905年（明治38年）に創設されたが，創設当初は遺産課税方式であった．遺産課税方式は，家督相続制度とあいまって戦前はずっと続き，第2次世界大戦後，1950年のシャウプ勧告において遺産取得課税方式に移行した．遺産取得課税方式は1957年まで続き，1958年に「法定相続分課税方式」に移行して現在に至っている．すなわち，この制度はすでに半世紀以上続いていることになる．

遺産取得課税方式から現行制度に移行する際の理由は，次のようなものであった[16]．

① 民法改正により，家督相続が廃止されたものの（1947年），家督相続の慣習が残存していて，分割相続が行われにくく，しかも遺産分割の実態を税務実行上，確認困難なこともあって，遺産の仮装分割等の不正申告が生じていた．

② 農業用資産や中小企業用資産等の遺産相続の場合，資産分割が困難であることに加え，相続人数が少数なので，相続税負担が重くなった．

③ 特に中小財産階層の相続税負担が相当重いものとなっていた．

つまり，1958年の相続税制度改正は，当時の社会経済の実情を踏まえ，相続税負担の軽減を図るための妥協策であったといえよう．

法定相続分課税方式は，遺産分割をどのように行おうと遺産全体に対する税負担は変わらないという遺産課税方式の長所と，個々の相続人に対して取得した相続財産の額に応じて課税することにより課税の公平性が保てるという遺産取得税方式の長所の両方が発揮できる制度である．

(3) 最近の動向

ところが最近，わが国独自の法定相続分課税方式の問題点が露わになってき

た[17]．もともとこの方式は遺産課税方式と遺産取得課税方式の折衷方式だから，両者の長所を共有しているとともに，両者の短所も共有している．

法定相続分課税方式では，遺産額が同額でも相続人の数によって相続税の納付総額が異なったり，1人の相続人の申告漏れ等があると相続人全員の納付税額に影響が及ぶ，といった問題点があった．加えて，居住継続や事業承継に配慮した相続財産の課税価格の減額措置が行われると，減額措置の直接対象者以外の相続人にも税負担軽減の恩恵が生じるという問題点も指摘されてきた．

実際，1975年に，農地の納税猶予制度（農地を相続した者が農業を継続する場合に限り，農業投資価格（農地本来の価格）を超える部分に対する相続税の納税を猶予する制度）が創設され，1983年に，小規模宅地等についての課税価格の計算の特例（相続により取得した被相続人等の事業の用または居住の用に供されていた宅地で，申告期限まで保有し，事業の用または居住の用に供していたもののうち，一定の部分について相続税の課税価格を減額する措置）が導入され，さらに2002年に，特例事業用資産についての課税価格の計算の特例（① 相続により取得した一定の非上場株式で，申告期限まで保有していたもののうち，一定の部分について課税価格を減額する．② 相続により取得した一定の山林（林地を含む．）で，申告期限まで保有していたものの課税価格を減額する．）が実施された[18]．

2008年5月に「中小企業における経営の承継の円滑化に関する法律」が制定され，それに基づき，2009年度税制改正において「取引相場のない株式等に係る相続税の納税猶予制度」[19]が創設され，2008年10月1日（上記法律の施行日）以後の相続に遡って適用された．そして，「平成20年度税制改正の要綱」（2008年1月11日閣議決定）において，「この新しい事業承継税制の制度化にあわせて，相続税の課税方式をいわゆる遺産取得課税方式に改めることを検討する」と明記された．

2009年9月に政権交代があり，自公政権から民主党政権に移ったが，新政権で上記の課題を検討した気配はない．確かに相続税の改正は行われる予定だが，表4-6をみれば明らかなように，2011年度実施予定の税制改革（いわゆる「ねじれ国会」の状況に加え，東日本大震災発生のために実施未定）は，基礎控除の

引き下げと最高税率および適用金額の引き上げといった内容であり，これでは従来の減税路線を，仕組みをそのままにして増税路線に切り替えたに過ぎない．法定相続分課税方式を遺産取得課税方式に改めるという相続税制の抜本的見直しには未だ着手されていないというのが現状である．

## 6．相続税の理論的整理

ここまで，相続税の制度および現状についてみてきたが，相続税という税は，それ自体，独自の存在理由があるという前提で議論してきた．しかし，以下でみるように，相続税を他の税体系に吸収させてしまうことが，少なくとも理論的には可能である．すなわち，その場合には，相続税は他の税で代替されるため，独自の存在理由は失われる．以下，簡単な3期間ライフサイクルモデルを使って，このことを考察しよう[20]．

(1) 所得税主義（包括的所得税）

多くの国で，租税体系の中心は所得税が占めている．租税の公平性の尺度として所得を考えるとき，理念型として位置づけられるのがヘイグやサイモンズが提起した包括的所得（comprehensive income）概念である．包括的所得税は1期間における資産の純増加分と1期間における消費額の和として表される．包括的所得税を $Y$，資産の純増加分を $\Delta W$，消費額を $C$ と書くと，包括的所得は

$$Y = \Delta W + C$$

と書ける．文字どおり，包括的所得の範囲は広く，相続で取得した財産は資産の純増加分 $\Delta W$ に含まれる．したがって，この場合（遺産取得課税方式に該当）には，（包括的）所得税を課税すれば，相続税は不要となる．

次に，相続財産として子に遺す財産（遺産）についてはどうか．遺産を消費と同じとみなせば，上式の $C$ に含まれることになり，この場合（今度は遺産課税方式に該当）も，（包括的）所得税を課税すれば，相続税は不要となる．

遺産を消費とはみなさない場合には，相続税は必要になるように思われるが，実は，そうではない．以下にそのことを示す．

さて，ここで，第1期と第2期を労働期とし，第3期は退職期とする次のような3期間ライフサイクルモデルを構築する．

各期の予算制約式は，次のように書ける．

第1期（労働期） $E + W_1 = C_1 + S_1$  (1)

第2期（労働期） $W_2 + r_1 S_1 = C_2 + S_2 - S_1$  (2)

第3期（退職期） $r_2 S_2 = C_3 + D - S_2$  (3)

($E$：取得相続財産，$W_i$：i期の労働所得（i=1, 2），$C_i$：第i期の消費（i=1, 2, 3），$S_i$：第i期の貯蓄（i=1, 2），$r_i$：第i期の利子率（i=1, 2），$D$：遺産）

(1)〜(3)式の左辺が包括的所得に基づく課税ベースを表している．そこで(3)式に注目しよう．いま，遺産（$D$）を消費とみなす場合には，

第3期の「包括的所得」＝資産の純増分$(0 - S_2)$＋消費$(C_3 + D)$

と表せる．一方，遺産（$D$）を消費とみなさない場合には，

第3期の「包括的所得」＝資産の純増分$(D - S_2)$＋消費$(C_3)$

と表すことができる．どちらの場合でも，包括的所得（$= r_2 S_2$）に対する課税で対応でき，取得相続財産（$E$）や遺産（$D$）に対する別個の税（相続税）の適用は不要である．

このとき，相続税を課すと，遺産課税方式（$D$に課税）であれ，遺産取得税方式（$E$に課税）であれ，資産の二重課税が発生する．

(2) 支出税主義

租税の公平性の尺度として所得よりも消費の方がふさわしいとする考え方がある．その理由は次のとおりである．第1は，所得と消費の経済的な意味づけ

の違いに起因する．所得とは社会全体の財・サービスの「プール」に，新たに財・サービスを付加する行為とみなせるのに対して，消費とは，社会全体の財・サービスの「プール」から財・サービスを取り出す行為とみなすことができる．そうすると，所得税とは財・サービスの増加への貢献に対する課税であり，消費税（支出税）は財・サービスの使用に対する税と位置づけられる．社会への貢献が多い人ほど税負担が多くなるというのは，税が一種のペナルティとして作用するので，明らかに不合理といえる．それに対して，財・サービスの使用量が多い人ほど税負担が増えるというのは，公平と考えることができよう．

第2に，租税の公平性の尺度として所得を採用する場合，所得税の課税ベースとして1期間（たとえば1年間）の所得と生涯所得とでは，どちらが適切かといえば，生涯所得の方であろう．つまり，生涯所得額が同じ人は同じ所得税額を支払う，という方がわれわれの公平性の考え方に合致していると思われる．しかし，生涯所得を課税ベースとして所得税を課すことは事実上不可能だ．そこで，生涯所得税に代わる税で生涯所得税と同じ機能を持つ税はないだろうか．そこで注目するのが生涯所得と生涯消費が等しいという点である．すなわち，生涯所得税は生涯消費税と等価となる．しかも，消費は所得に比べて比較的安定的な動きをする．そこで，1期間の消費に対する課税を継続することで生涯所得税の代わりをさせることができるのではないか．これが課税ベースとして消費を採用するもう1つの理由である．

さて，支出税体系において，遺産はどのように扱われるだろうか．生涯のどの時期に稼得した所得も，いつかは消費される．生涯所得のうち，消費されなかったものが遺産であるが，生涯所得＝生涯消費とみなして，生涯所得税の代替として支出税を位置づける場合には，すでに遺産＝消費とみなしていることになるから，遺産にも支出税を課税すべし，ということになる．一方，相続で取得した資産は非課税でよい．すなわち，相続税は支出税に吸収される．相続税単独の課税は不要である．

このことを前述の3期間ライフサイクルモデルで確認しておこう．

第1期（労働期） $C_1 = E + W_1 - S_1$ (4)

第2期（労働期） $C_2 = W_2 + (1 + r_1)S_1 - S_2$ (5)

第3期（退職期） $C_3 + D = (1 + r_2)S_2$ (6)

（遺産＝消費とみなす場合）

第3期（退職期） $C_3 = (1 + r_2)S_2 - D$ (6)′

（遺産＝消費とみなさない場合）

(4)～(6)′式の左辺が消費（支出）に基づく課税ベースを表している．遺産＝消費とみなす場合の課税ベースが(6)式左辺であり，遺産＝消費とみなさない場合の課税ベースが(6)′式左辺である．

上記のケースが，いわば支出税の基本型であるが，別タイプの支出税もある．以下にそれをみよう．

1） 貯蓄控除方式

このタイプのものは，（所得―資産純増分）を課税ベースにする．この場合，各期の課税ベースは次の (7)～(9)′式の左辺のように表せる．

第1期（労働期） $W_1 - (S_1 - E) = C_1$ (7)

第2期（労働期） $W_2 + r_1 S_1 - (S_2 - S_1) = C_2$ (8)

第3期（退職期） $r_2 S_2 - (0 - S_2) = C_3 + D$ (9)

（遺産＝消費とみなす場合）

第3期（退職期） $r_2 S_2 - (D - S_2) = C_3$ (9)′

（遺産＝消費とみなさない場合）

この貯蓄控除方式は，前述の支出税の基本型と課税ベースが全く同一であることは，(4)～(6)′式の左辺と(7)～(9)′式の右辺が同一であることから簡単に確認できる．

2） 利子非課税方式（労働所得課税方式）

このタイプは，労働所得のみに課税するものである．また，所得相続財産は

所得とみなされる．このときの課税ベースは，次の(10)～(12)式の左辺のように表せる．

$$\text{第1期（労働期）} \quad E + W_1 = C_1 + S_1 \tag{10}$$
$$\text{第2期（労働期）} \quad W_2 = C_2 + S_2 - S_1 - r_1 S_1 \tag{11}$$
$$\text{第3期（退職期）} \quad 0 = C_3 + D - S_2 - r_2 S_2 \tag{12}$$

3) 貯蓄控除方式と利子非課税方式（労働所得課税方式）の同等性

一見異なるようにみえる貯蓄控除方式と利子非課税方式（労働所得課税方式）が，実は同じ税収の割引現在価値を生むことを示そう．いま，支出税率を $t$（比例税率），第 i 期の税収を $T_i (i = 1, 2, 3)$ とし，利子率は各期で一定 $r$ とする．

このとき，①貯蓄控除方式の場合の各期の税収は

$$T_1 = t\{W_1 - (S_1 - E)\}$$
$$T_2 = t\{W_2 + r_1 S_1 - (S_2 - S_1)\}$$
$$T_3 = t\{r_2 S_2 - (0 - S_2)\}$$

となる．これらを用いて税収の割引現在価値を求めると

$$T_1 + T_2/(1+r) + T_3/(1+r)^2 = t\{W_1 + E + W_2/(1+r)\} \tag{13}$$

となる．

一方，利子非課税方式（労働所得課税方式）の場合の各期の税収は

$$T_1 = t(W_1 + E)$$
$$T_2 = tW_2$$
$$T_3 = 0$$

となる．これらを用いて税収の割引現在価値を求めると

$$T_1 + T_2/(1+r) + T_3/(1+r)^2 = t\{W_1 + E + W_2/(1+r)\} \tag{14}$$

となる．(13)式と(14)式は，全く同一の式である．ゆえに，各期の消費（支出）に課税しても，各期の貯蓄を控除した所得に課税しても，労働所得のみに課税しても，税収の現在割引価値は等しくなるという意味において同じ効果を持つ．

上記の結果からいえることは，第1に，相続税は支出税に吸収されるので，単独には課税する必要がないということである．第2に，利子非課税方式（労働所得方式）の支出税の場合には，取得した相続財産（$E$）にも，労働所得（$W$）と同率で課税しなければ不公平になるということである．第3に，支出税の基本型と貯蓄控除方式と利子非課税方式（労働所得方式）の3者が税収の割引現在価値が等しくなるという意味の同等性を発揮するためには，遺産（$D$）を消費とみなして課税対象とするという前提が必要だということである．

(13)式と(14)式の同一性を導出できたのは，遺産＝消費とみなす場合の式（(6)式と(9)式）を用いたからである．もし遺産を消費とみなさない場合には，上記3者の同一性は崩れ，税収の割引現在価値が異なる結果となり，相互の比較が困難となる．

(3) 最適課税論

最適課税論とは，課税による資源配分の効率性や所得分配の公平性等の観点を考慮し，望ましい課税のあり方を模索する理論を指す．具体的には，税収一定の条件下で，社会的厚生（個人（納税者）の効用の集計値）を最大化するような税制および税率を求める議論が展開される．

相続と最適課税論との接点を探れば，遺産動機が重要な役割を果たす．なぜなら，遺産動機は個人（親（被相続人）と子（相続人））の効用に影響を及ぼすからである．遺産動機としては，次の6つが取り上げられている[21]．

① 偶発的遺産（accidental bequest）
② 利他的遺産動機（altruistic bequest motive）
③ 贈与の喜び（joy of giving）
④ 資本主義の精神（capitalist spirit）

⑤ 戦略的遺産動機 (strategic bequest motive) または交換動機 (exchange motive)

⑥ 愛情シグナルとしての遺産 (bequest as a signal of love)

① 偶発的遺産は，子に財産を遺す動機が親にないケースである．親は貯蓄をするが，それは自分の老後のことだけを考えての行動である．自分の死後，遺産に課税されようとされまいと親の効用には全く影響はない．

② 利他的遺産動機は，これとは対照的に，親の効用は子の効用にも影響を受けると考える．すなわち，親の効用は，自身の若年期と老年期の消費水準に左右されるとともに，子の効用（割引因子で割引現在価値に変換したもの）にも左右される．式で表すと次式のようになる．

$$U_1 = u(C_1, C_2) + \beta U_2$$

($U_1$：親の効用，$U_2$：子の効用，$C_1$：親の若年期の消費，$C_2$：親の老年期の消費，$\beta$：割引因子)

③ 贈与の喜び (joy of giving) は遺産を子どもに遺すこと自体に満足を味わうケースである．式で書けば，

$$U = u(C_1, b) \quad (U：親の効用, b：遺産)$$

と書ける．

④ 資本主義の精神は，超お金持ち（スーパーリッチ）の貯蓄性向が高いことをふまえて，資産保有が増大すれば親の効用が高まるという内容である．式で書くと

$$U = u(C_1, W) \quad (U：親の効用, W：資産)$$

となる．

⑤ 戦略的遺産動機 (strategic bequest motive) または交換動機 (exchange motive) とは，親は子に親の面倒を見てもらう代わりに，子に遺産を遺す．すなわち遺産を介護と交換するとみなすのである．

⑥愛情シグナルとしての遺産とは，遺産の多寡が子に対する愛情のシグナルとみなすことを指す．

以上の6つの遺産動機のうち，①は非意図的動機，②～⑥は意図的動機と分類できる．このように，遺産動機を重視すると，相続税の課税根拠の説明の際に取り上げた「出発点の機会均等」という根拠は，根拠としての妥当性に疑問符が付く．相続税を課して子の世代における資産分配を平等化することを，実は親が望んでいないかもしれないからだ．

また，最適課税論に基づいて相続税を構築する際，税率をどの程度にすべきかは，①偶発的遺産の場合を除いて，遺産動機を踏まえても明確には定まらない[22]．

では，実際の遺産動機は上記6つのうちのどれが最もあてはまるのだろうか．この点については，金融広報中央委員会「家計の金融行動に関する世論調査（平成21年）」の結果が参考になる．表4-9には，「貯蓄の目的」と「遺産についての考え方」に関する世論調査結果が示されている．

まず，貯蓄の目的については，過去3カ年（2007～2009年）のどの年の調査においても圧倒的に多かったのが，「病気や不時の災害への備え」（65％）と「老後の生活資金」（55％）であった．子どもへの支援として「子どもの教育資金」と「子どもの結婚資金」が合わせて35％程度あった．その一方で，「遺産として子孫に残す」という目的は，わずか4％しかなかった．

次に「遺産についての考え方」の調査結果をみると，「老後の世話をしてくれるか，家業を継ぐか等にかかわらずこどもに財産を残してやりたい」という考えを持っている人が40％以上いる．また，「老後の世話をしてくれるならば，こどもに財産を残してやりたい」という人は20％以上いるが，「家業を継いでくれるならば，こどもに財産を残してやりたい」というふうに思っている人は3％以下しかいない．一方で「自分たちの人生を楽しみたいので，財産を使い切りたい」という人が約20％いる．

これらを先述した6つの遺産動機と照らし合わせてみると，以下の点が指摘できよう．日本の現状では，遺産動機として一番多いのは③贈与の喜びもし

表4-9 貯蓄の目的と遺産についての考え方

(1) 貯蓄の目的（貯蓄を保有していない世帯を含む）（3つまでの複数回答）

(単位：％)

|  | 2007年 | 2008年 | 2009年 |
| --- | --- | --- | --- |
| 病気や不時の災害への備え | 65.7 | 65.5 | 65.7 |
| 子どもの教育資金 | 28.7 | 28.2 | 29.4 |
| 子どもの結婚資金 | 7.5 | 6.9 | 7.0 |
| 住宅の取得または増改築などの資金 | 12.7 | 13.3 | 13.7 |
| 老後の生活資金 | 55.3 | 55.1 | 55.9 |
| 耐久消費財の購入資金 | 14.9 | 14.2 | 14.2 |
| 旅行，レジャーの資金 | 12.6 | 10.8 | 11.6 |
| 納税資金 | 7.5 | 7.4 | 7.2 |
| 遺産として子孫に残す | 3.3 | 3.8 | 3.9 |
| 特に目的はないが，貯蓄していれば安心 | 27.4 | 27.1 | 25.6 |
| その他 | 6.4 | 6.9 | 6.7 |

(2) 遺産についての考え方

(単位：％)

|  | 2007年 | 2008年 | 2009年 |
| --- | --- | --- | --- |
| 老後の世話をしてくれるならば，子どもに財産を残してやりたい | 20.4 | 21.1 | 21.3 |
| 家業を継いでくれる子どもに財産を残してやりたい | 2.7 | 2.9 | 2.7 |
| 老後の世話をしてくれるか，家業を継ぐか等にかかわらず子どもに財産を残してやりたい | 41.4 | 42.1 | 42.1 |
| 財産を当てにして働かなくなるといけないので，社会・公共の役に立つようにしたい | 0.5 | 0.7 | 0.2 |
| 財産を残す子どもがいないので，社会・公共の役に立つようにしたい | 0.4 | 0.8 | 0.5 |
| 財産を残す子どもがいないうえ，自分たちの人生を楽しみたいので，財産を使い切りたい | 4.3 | 4.3 | 4.2 |
| 子どもはいるが，自分たちの人生を楽しみたいので，財産を使い切りたい | 15.5 | 13.3 | 15.3 |
| その他 | 13.2 | 13.1 | 12.6 |

(注) 平成20年以降，設問文最後に「(注) 子どもが現在いない場合でも，将来の予定を考えてお答え下さい。」を追加．
(出所) 金融広報中央委員会「家計の金融行動に関する世論調査(平成21年)」(一部表記を変更)．

くは②利他的遺産動機である．また，⑤戦略的遺産動機を持った人，①偶発的遺産を遺しそうな人がそれぞれ2割程度いることもわかった．

## 7．むすびにかえて——相続税の今後の展望

　以上，本章では，高齢化社会において重要な役割を果たす相続税について検討を加えてきた．最後に，相続税の今後の展望について考察し，むすびにかえたい．

　海外では，相続税を廃止した国や地域は少なからずある．カナダ（1972年廃止），オーストラリア（1977年廃止），マレーシア（1992年廃止），ニュージーランド（1999年廃止），イタリア（2001年廃止），スウェーデン（2004年廃止），香港（2006年廃止），シンガポール（2008年廃止）等である[23]．廃止の理由には各国の事情によりさまざまなものがあるが，たとえばスウェーデンの場合，相続税（および贈与税）の廃止理由は，①不動産価格の高騰による税負担の増大，②上場株式と非上場株式の評価の違いによる相続の非上場株式への転換拡大，③中小企業の事業承継への障害，④国際的租税回避による不公平，⑤相続税収の低下と執行費用の相対的増加，といった要因が挙げられている（柴（2006））．すでにみたように，わが国でも，相続税は累次にわたり減税されてきた．基礎控除の引き上げ，税率構造の見直しが行われたほか，農地の納税猶予制度の創設，小規模宅地等についての課税価格の計算の特例措置，特定事業用資産についての課税価格の計算の特例措置，取引相場のない株式等に係る相続税の納税猶予制度等が，次々に実施されてきた．これら特例措置は，農業従事者や中小事業者の事業承継を円滑に進めるためのものであるが，こうした施策が向かっている先は，相続税ゼロの世界である．

　日本の相続税のこのような実態と，相続税廃止・軽減といった世界の潮流をふまえると，日本の相続税も廃止すべきであろうか．

　現行相続税の課税方式（法定相続分課税方式）が実施された頃の高齢化率は5.7%，平均寿命は男子65.32歳，女子70.19歳であった（いずれも1960年の値）．

それに対して2007年の高齢化率は21.5％，平均寿命は男性79.19歳，女性85.99歳である．人口構成が若い時代の相続税の役割と人口構成が高齢化した時代の相続税の役割は，自ずと異なるはずである．被相続人も相続人も高齢者の場合，相続税に「出発点の機会均等の促進」という役割を期待するのは無理である．相続人が相続するとき，すでに人生の出発点をはるかに過ぎているからである．われわれは，日本が世界一の高齢社会であるという状況を十分ふまえたうえで相続税のあり方を議論しなければならない．相続税の今後を検討するにあたって，前述した相続税の課税根拠をもう一度振り返ってみよう．

第1に，高齢者間の資産格差の大きい高齢化社会において相続税が廃止されると，相続人がよほどの乱費でもしない限り，資産格差は是正されないまま，富裕層と貧困層が固定化していくであろう．したがって経済社会の活力を維持するためにも，富の再分配は必要である．ただ，すでに紹介したように，相続税による再分配は，富裕層内部の再分配であって，富裕層から貧困層への再分配にはならないという批判がある．この批判に応えるためには，相続税収が，補助金やサービスの形で貧困層向けに使われているということがきちんと示されなければならない．相続税は目的税ではないので使途の明示は困難だが，税収を増やすことで富裕層から貧困層への垂直的再分配に寄与できていると主張することができよう．

第2に，個人所得課税の補完としての相続税の位置づけについていえば，取得した相続財産を所得と同等にみなすということである．そこで，いま同額の賃金を稼得している2人の個人AとBがいるとして，Aは賃金のほかに親の遺産を取得したが，Bは賃金のみであるとしよう．ここで相続税を非課税にすれば，AとBの納税額（所得税）は同額となる．確かにこの場合，資産の二重課税は回避されてはいるが，Bは不公平だと感じるであろう．

したがって，相続税は所得税の補完として課税されるべきであり，日本の場合には相続税を増税すべきであるといえる．なぜなら，相続税を所得税と比べると相続税の方が税負担が軽いからである．表4-10は所得税と相続税の税率表を示したものである．所得税（住民税も含めて考える）は，1,800万円以上の

表 4-10 所得税と相続税の税率比較

(1) 所得税（および住民税）　　　　　　(2) 相続税　　　　（単位：％）

| 所得金額 | 所得税 | 住民税 | 合計 | 取得相続資産額 | |
|---|---|---|---|---|---|
| ～195万円 | 5 | 10 | 15 | ～1,000万円 | 10 |
| ～330万円 | 10 | 10 | 20 | ～3,000万円 | 15 |
| ～695万円 | 20 | 10 | 30 | ～5,000万円 | 20 |
| ～900万円 | 23 | 10 | 33 | ～1億円 | 30 |
| ～1,800万円 | 33 | 10 | 43 | ～3億円 | 40 |
| 1,800万円～ | 40 | 10 | 50 | 3億円超 | 50 |

（出所）　諏訪園（2010）より作成．

　所得には40％（住民税を含めると50％）の限界税率で課税される．ところが，相続税では，限界税率40％適用の取得相続財産額は1億円超3億円未満であるし，限界税率50％適用の取得相続財産額は3億円超である．ゆえに，所得税と同等の取り扱いを相続税で行おうとすれば，増税しなければならない．

　第3に，老後扶養の社会化に対応した資産継承の社会化という意味で相続税に課税根拠を求める，最近の議論の趣旨を生かす場合にも，相続税は増税しなければならない．老後扶養の社会化の恩恵を被っている人は，100人中4～5人（相続税を納める被相続人数）どころではなく，はるかに多いからだ．課税ベースを広げて納税者数を増やす必要がある．

　第4に，被相続人の生前所得の精算課税として相続税を位置づける場合も，相続税は増税になるだろう．現行相続税制下における納税者の割合が余りに少ないからである．

　以上，相続税の課税根拠のどれを取っても，日本の相続税は増税すべきという結論になる．まずは，基礎控除額を引き下げ，税率構造の見直しを進めるべきであろう．そして，課税対象を世帯ではなく個人とする以上，個人の経済行為と納税行為は個人単位で完結しているべきであり，現行の法定相続分課税方式のように，ある相続人の行為が相続人全体の納税額に影響するというのは，明らかに不合理だ．その問題を防ぐために，法定相続分課税方式から遺産取得課税方式への移行を積極的に推進すべきと考える．

さらに，本章では詳しく取り上げなかったが，高齢者の保有している資産を早い段階で次の世代に移転して有効需要を喚起する，いわばストックのフロー化を促進するための施策も重要だ．生前贈与の促進を狙って2003年1月1日の贈与から開始された贈与税の相続時精算制度[24]もその1つであるが，今後も，相続税と贈与税の一体化課税の検討が望まれる[25]．

1) 2006年の総人口は1億2,762万人であった．2027年の総人口は1億1,773万人と推計されているので，1,000万人の人口減少に21年かかる計算となる．すなわち，2025年頃以降，人口減少のスピードは倍増すると予想されるのである．
2) ちなみに定年年齢が65歳以上の企業の割合は13.3%である．
3) 所得を生活水準を表す指標として捉えると，世帯所得を単純に世帯員数で除して1人当たり所得を算出すると，実際よりも生活水準を過少に表示することとなる．なぜなら，たとえば，2人世帯を1人世帯と比べると食料品などは2人分必要だが，耐久消費財などは共用できるため2台もいらないからである．こうした事情を考慮して世帯所得から世帯員所得を算出するための便法として，世帯所得を世帯員数の平方根で除すという方法が取られており，その所得を「等価所得」と呼ぶのである．
4) 厚生労働省の「所得再分配調査」における「当初所得」とは，雇用者所得，事業所得，農耕・畜産所得，財産所得，家内労働所得および雑収入ならびに私的給付（仕送り，企業年金，生命保険金等の合計額）の合計額を指す．また，「再分配所得」とは，当初所得から税金，社会保険料を控除し，社会保障給付（現金，現物）を加えたものを指す．
5) 財務省資料によれば，相続税の申告において，被相続人（死亡者）の年齢が急速に高齢化している．1989年と2006年とを比べると，被相続人が80歳以上の割合が1989年では38.9%であったものが，2006年には56.4%にまで増加している（17.5ポイント増）．被相続人の年齢が70歳代，60歳代，50歳代以下のすべての年齢層において，1989年より2006年の方が人数構成比は減っている．
6) 本項の説明は，財務省ホームページおよび諏訪園（2010）に負うところが大きい．
7) 相続財産には，相続により取得した財産のほか，死亡保険金や死亡退職金等の「みなし相続財産」，相続時精算課税に係る贈与財産等も含まれる．また，被相続人が法人に寄附した財産は，相続税の対象とならない．
8) 配偶者は，法定相続税額分相当額（1億6,000万円に満たない場合には1億6,000万円）に対する税額が控除される．また，相続人が未成年者の場合，20歳に達す

るまでの年数×6万円が税額控除される（未成年者控除）. さらに, 相続人が障害者の場合, 85歳に達するまでの年数×6万円（特別障害者の場合には12万円）が控除される（障害者控除）.

9) 「バブル期」とはいつからいつまでを指すかについては諸説があるが, 本章では, 1986年11月を景気の谷とし, 1991年2月を景気の山とする景気上昇期を指すことにする. したがって, バブル崩壊が始まったのは1991年前半のことである.

10) 財務省資料によると, 地価公示価格指数（1983年＝100）でみると, 三大圏商業地の地価は早くも2000年には100を下回っているし, 全国・全用途の地価についても, 2005年には100を切っている. 2010年の地価公示価格指数は, 三大圏商業地が72.9, 三大圏住宅地が104.0, 全国・全用途が89.4となっている. ちなみに, これら3つの地価公示価格指数が最も高かったのは1991年であった（三大圏商業地が336.8, 三大圏住宅地が262.0, 全国・全用途が199.3）.

11) 表4-5の(注)3に記されているように, 表4-5の相続税額欄の「納付税額」の金額には「納税猶予額」が含まれていない. ここに「納付猶予額」とは,「相続人が農地等を相続して継続して農業を営む場合には, 相続税額から農業投資価格に基づき計算された相続税額を差引いた残額が, 20年間納付を猶予される」その金額を指す（「国税庁統計年報書」）. 一方, 表4-5の「相続税収（贈与税収を含む）の国税収入に対する割合」の計数を算出する際に用いた相続税額には, 上記「納付猶予額」が含まれている.

12) 内閣府の「景気基準日付」によれば, 1998年は, 1997年5月を山とし, 1999年1月を谷とする景気後退期（戦後第12循環の後退期）に当たる.

13) 世界の相続税の歴史は非常に古く, 最古の相続税は紀元前7世紀の古代エジプトの時代にまで遡るといわれているほどであるから, 相続税の課税根拠についての議論も数多くある. 世界の相続税の沿革や根拠については佐藤（1993）を参照されたい.

14) この答申は, 加藤寛監修（2000）の形で出版されている.

15) 国民の財産は国家が保護しているのだから, 国民が遺産を相続する権利を持つのと同様に, 国家も共同して遺産相続する権利を持つとする説.

16) 「相続税制度改正に関する税制特別調査会答申」（1957年12月）による.

17) 三木（1999）（2002）は, 相続税の現行方式を批判し, 遺産取得課税方式への移行を主張している. なお, 三木（1999）に対する塩崎（1999）の反論も参照.

18) 政府税制調査会資料（2008年11月18日）による.

19) 中小企業の後継者（被相続人の親族.「経営承継相続人」と呼ばれる）が, 企業の代表者であること, 相続により取得した株式の保有を継続すること, 雇用の8割を維持すること等の要件を満たし, 経済産業大臣の認定を受ければ, 相続後で発行済株式総数の3分の2以内の部分の80％に対応する相続税の納付が猶予される制

度．当該株式を後継者が死亡するまで保有し続けた場合には，猶予税額の納税が免除となる．
20) 以下の展開は，野口（1994）（1995）の議論を定式化したものである．
21) 遺産動機についての以下の記述は，Kaplow（2001），国枝（2002）（2006），Kopczuk（2009）に負うところが大きい．
22) 偶発的遺産動機の場合には100％の相続税率が望ましい．
23) 関口（2010），川端（2004），梅崎（2004）による．アメリカでもブッシュ大統領のときに2010年に相続税を廃止することを決めたが，オバマ大統領になって，2009年に非課税枠をそれまでの200万ドルから350万ドルに引き上げて存続されることになった．なお，海外の相続税（および贈与税）の動向を解説した文献として，アメリカについては川端（2004），イギリスについては高野（2004）Boadway（2010），ドイツについては渋谷（2004），フランスについては首藤・平川（2004），イタリアについては首藤（2004），スウェーデンについては柴（2006）等を参照せよ．
24) 原則として65歳以上の親から20歳以上の子（将来相続をするであろう推定相続人）に対する贈与について，2,500万円までは非課税，2,500万円を上回る部分については一律20％の税率で課税される．そして相続時に，それまでの贈与財産と相続財産を合算して相続税額を計算し，その金額からすでに納付した贈与税額を控除して最終的な相続税額を算出する．
25) 相続税と贈与税の一体化課税の議論については，たとえば渋谷（2008）（2010）を参照．

## 参 考 文 献

一高龍司「カナダ及びオーストラリアにおける遺産・相続税の廃止と死亡時譲渡所得課税制度」，『日税研論集』，第56号，2004年12月，45-101ページ

貝塚啓明「資産課税の現状と問題点」，『日税研論集』，第10号，1989年12月，5-58ページ

加藤寛（監修）『わが国税制の現状と課題—21世紀に向けた国民の参加と選択—』，財団法人大蔵財務協会，2000年

川端康之「アメリカ合衆国における相続税・贈与税の現状」，『日税研論集』，第56号，2004年12月，21-43ページ

国枝繁樹「相続税・贈与税の理論」，『フィナンシャル・レビュー』，第65号，2002年10月，108-125ページ

―――「相続税と経済格差」，貝塚啓明・財務省財務総合研究所（編著）『経済格差の研究—日本の分配構造を読み解く』，中央経済社，2006年，203-244ページ

―――「少子高齢化社会における世代間の資産移転税制のあり方」，『税研』，第151

号，2010年5月，40-45ページ

佐藤進「相続税の根拠とあり方」，『税研』，第52号，1993年11月，3-12ページ

塩崎潤「三木教授の『相続税の抜本的改革への一視点』に対する共鳴と別視点」，『税経通信』，第54巻第13号，1999年10月，23-27ページ

柴由花「スウェーデン相続税および贈与税法の廃止」，『土地総合研究』，第14巻第2号，2006年春

渋谷雅弘「ドイツにおける相続税・贈与税の現状」，『日税研論集』，第56号，2004年12月，155-185ページ

─── 「相続税の本質と課税方式」，『税研』，第139号，2008年5月，22-26ページ

─── 「相続税・贈与税の一体化課税の是非」，『税研』，第151号，2010年5月，46-51ページ

首藤重幸「日本における相続税の現状」，『日税研論集』，第56号，2004年12月，5-19ページ

─── 「補章─イタリアにおける相続税の廃止」，『日税研論集』，第56号，2004年12月，221-227ページ

首藤重幸・平川英子「補章─フランスにおける相続税・贈与税の現状」，『日税研論集』，第56号，2004年12月，187-219ページ

諏訪園健司（編著）『図説　日本の税制（平成22年度版）』，財経詳報社，2010年

関口智「相続税・贈与税の理論的基礎：シャウプ勧告・ミード報告・マーリーズレビュー」，『税研』，第151号，2010年5月，20-32ページ

総務省「家計調査」

─── 「全国消費実態調査」

高野幸大「イギリスにおける相続税・贈与税の現状」，『日税研論集』，第56号，2004年12月，103-154ページ

高山憲之・チャールズ・ユウジ・ホリオカ・太田清（編著）『高齢化社会の貯蓄と遺産・相続』，日本評論社，1996年

内閣府「高齢社会白書」，平成21年版

野口悠紀雄「相続税に関する基礎的考察」，野口悠紀雄（編）『税制改革の新設計』，日本経済新聞社，1994年，117-139ページ

─── 「相続税の理論的基礎」，水野正一（編）『資産課税の理論と課題』，税務経理協会，1995年，143-160ページ

─── 「相続税の果たすべき役割」，『税研』，第151号，2002年3月，42-46ページ

藤田晴「取得課税のあり方─相続税を中心に─」，『税研』，第56号，1994年7月，16-19ページ

三木義一「相続税の抜本的改革への一視点」，『税経通信』，第54巻第10号，1999年7月，26-32ページ

────「相続・贈与税改革の論点」,『税研』, 第102号, 2002年3月, 29-34ページ

Boadway, R., E. Chamberlain, and C. Emmerson, "Taxation of Wealth and Wealth Transfers" in *Dimensions of Tax Design : The Mirrlees Review*, J. Mirrlees, et al (eds.), Oxford, Oxford University Press, 2010, pp. 737-814

Gale, W. G., J. R. Hines, Jr. and J. Slemrod (eds.), *Rethinking Estate and Gift Taxation*, Washington, D. C., Brookings Institution Press, 2001

Kaplow, L., "A Framework of Assessing Estate and Gift Taxation" in W. G. Gale, J. R. Hines, Jr. and J. Slemrod (eds.), *Rethinking Estate and Gift Taxation*, Washington, D. C., Brookings Institution Press, 2001, pp. 164-204

Kopczuk, W., "Economics of Estate Taxation : Brief Review of Theory and Evidence" *Tax Law Review*, Vol. 63, No. 1, (Fall 2009), pp. 139-158

## 第5章　財政危機下の年金資金運用と国債管理
――年金資金運用政策における国債管理視点と
年金国債の導入についての試論――

## 1．はじめに

　高齢化社会において国民の貯蓄性資金の運用はいかにデザインされるべきか．この問題は大きく2つの議論に分けることができる．1つは国民1人1人の貯蓄動向，とりわけ老後に備えた貯蓄のあり方，そのための制度・政策に対する評価やその改革方向に関する議論であり，今1つは老後に備えた貯蓄の最大の制度である年金の資金運用のあり方やその改革方向に関する議論である．

　本章では，後者の議論，すなわち公的年金制度を通じた資金運用に焦点を当てる．周知のとおりわが国の公的年金制度は危機的な状況にある．2004年改革で基礎年金給付額の2分の1の国庫補助が始まったばかりであるにもかかわらず，すでに公的年金財政自体が崩壊の危機に瀕している．そして年金財政を支えるはずであった国家財政自体が破綻状態にあり，加えて今回の東日本大震災に対応した第1次補正予算の原資として，国庫補助金のうち2兆数千億円が流用されることがきまり，今年度もまた116兆円ある積立金のうち6兆円超の取崩しが不可避となっているのである[1]．

　すなわち基礎年金への2分の1国庫補助という年金の財政依存体質が深まり，積立金の取崩しが進む中で，さらに補正予算で年金原資流用を契機に積立金の取崩しが加速すると，公的部門による国債の市場隔離を通じた長期金利の低位釘づけの安全弁の1つが取り払われるにとどまらず，国債市場のかく乱要因にもなりうることを意味する．そしてこのような状況下で，年金財政と国家

財政とがスパイラル的に悪化し，さらに国債増発圧力が強まると，現局面では，大震災による生産拠点被災を契機にした日本の貿易赤字への転落，経常収支黒字の急減とあいまって，国債市況の悪化を契機とする長期金利の上昇の危険性も覚悟しなければならなくなる．

そしてこのような長期金利上昇は，900兆円を超える国債残高の下では，たとえ「財政と年金の一体改革」で増税や年金給付の抑制がなされたとしても，その効果がすべて相殺されてしまうような国債利払費の急増を招きかねないのである．公的年金の資金運用問題の焦点の1つは，ゆうちょ銀行，かんぽ生命による国債保有問題と並ぶ，事実上の「公的部門」による国債保有機能にあり，わが国の財政バランスと国内外の金融バランスの岐路にあって，長期金利の上昇阻止を最優先の課題として薄氷を踏む運営が求められる日本経済の焦点の1つでもあると考えられる．

わが国の公的年金制度の動揺は，少子・高齢化が着実に進展する中で，一方では，長期の経済停滞の下での非正規雇用の比重上昇，厚生年金と共済年金（被用者年金）の加入率低下，他方では，企業の年金負担からの脱却の手段としての確定給付型の厚生年金の崩壊，確定拠出年金制度への地すべり的なシフトという形で本格化した．また長期不況下での国民年金掛け金の納付率の低下や，年金制度への信頼感の低下とあいまって，保険料収入が減少する一方で，基礎年金給付負担が急増し，年金財政が急速に悪化しているのである．年金財政の国家財政依存と積立金の大幅取崩しという事態は，年金財政の崩壊を象徴するものである．

本章では年金制度全体の分析を行う余裕はない．しかしここで，現行の年金財政試算で，20歳〜60歳という生産年齢を固定化する一方で，必然的に進展する少子化・高齢化に対応した年金掛け金の負担者の減少と受給者の増加を対比させ，「現役世代何人で何人の高齢者を支えるのか？」といった計算を繰り返しても，現役世代＝企業＝財政との間の負担関係を技術的に取り繕う堂々巡りの議論に帰着するほかはないという点を一言しておきたい．

必然的に進展する高齢化に即して，それにふさわしく高齢者就業・雇用を促

進し，就業可能な高齢者が現役時代と同じように働き，所得を得て，年金の掛け金を支払うような構造改革によって年金財政を再建させる以外には抜本的な解決策はないと考えられる．年金制度の再構築，年金財政の抜本的な再建には，高齢化に伴う高齢者雇用システムを組み込んだ年金財政の再構築が不可欠なのである．

前置きが長くなったが，年金財政の抜本的改革が，高齢者雇用と被用者・企業が一体となった年金掛け金の支払いシステムの構築であるにしても，現下の年金危機，財政危機の下で行わねばならないことの1つは，これまで財政投融資の解体路線や全額市場運用という路線の下に，年金の国債運用と国債管理とのリンクを希薄化させてきた流れを再検討し，少なくとも公的年金の資金運用については国債管理政策の一翼を担う点を明確にすることを検討しなければならないと考えられる[2]．

公的部門による国債保有それ自体は，諸外国でも見られることであり，アメリカでは非市場性国債を含めると全国債の30〜40％が年金基金など連邦信託基金として所管される公的部門で保有されている[3]．老後の生活を支えるべく年金基金の積立金として存在する国民の貯蓄性資金のかなりの部分が国債で運用されているのは，諸外国でも共通にみられることである．そして実際にも，公的年金の積立金の多くは国債に運用されており，公的年金基金は，事実上国債管理政策の一翼を担ってきたことにもなる．わが国では，日銀，ゆうちょ，かんぽ，および公的年金など，「事実上の公的部門」による保有比重がほぼ半分を占めてきたのであるから，このことを単に経過措置とするのではなく，明確に政策的な再検討が求められると考えられる[4]．

こうして年金資金の国債への運用問題は，国民の貯蓄性資金の運用問題であるにとどまらず，その運用が諸外国にも類例を見ない水準に累積した国債を対象としており，しかもゆうちょ銀行やかんぽ生命と並んで巨大な国債保有機関として国債の市場隔離機能の一角を構成していることから，国債管理政策の一環として，さらには国の資金循環バランスの維持政策の一環としても捉える視点がますます重要になっていると考えられる．

本章では，公的年金制度と年金財政の現状と収支悪化の要因を検討した上で，資金の国債への運用の歴史をその考え方や政策の変遷に即して振り返る．ここ数年の年金改革の下での急速な財政悪化と資金運用政策の変化過程を検討する．そしてこのような資金運用の考え方を国債管理政策という観点から再検討し，その一環としていわゆる国債の市場隔離政策と年金国債の可能性について試論的に検討することにしたい．

## 2．公的年金制度の現状と収支悪化

### (1) 制度の現状

わが国の年金制度は，1986年度の改正によって，図5-1にみられるように，現役世代全員が被保険者となり基礎年金の給付を受ける1階部分，民間サラリーマンや公務員が厚生年金や共済年金に加入し，報酬比例年金の給付を受ける2階部分，および個人や企業の選択で厚生年金基金などに加入し，多くの場合確定拠出年金型の給付を受ける3階部分の3層からなる制度に改正された．これによって，自営業者などは，40年加入の第1号被保険者1人分で6万6,008円，サラリーマン夫婦は，第2号被保険者の厚生年金（平均賃金で40年加入）と基礎年金夫婦2人分（40年加入）の合計で23万2,592円の月額の年金が給付される制度となっている．

加入状況をみると，1階部分で7,000万人弱（2009年3月末で6,936万人），2階部分で3,890万人（同），3階部分は，厚生年金基金（466万人），確定給付企業年金（570万人），適確退職年金（348万人）に，共済年金の職域加算部分（447万人）や国民年金基金（61万人），個人型の確定拠出年金（10万人）を加えると1,900万人となり，文字どおりほとんどの国民をカバーする皆保険制度が実現している．

また給付状況をみると，2009年度末の公的年金受給権者3,600万人弱（3,593万人）に対して，2010年度の年金給付額が自営業者などに1階部分の基礎年金（40年加入の第1号被保険者1人分）で月額6万6,008円，サラリーマン夫婦で

第5章 財政危機下の年金資金運用と国債管理　145

図5-1　年金制度の概要

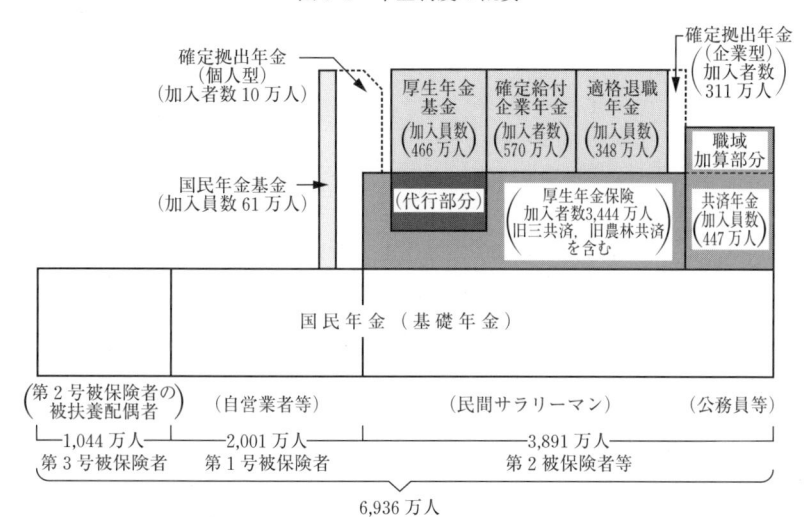

```
                    確定拠出年金
                      (個人型)
                  (加入者数 10万人)              確定拠出年金
                                                  (企業型)
                              ┌厚生年金┐┌確定給付┐┌適格退職┐ (加入者数
                              │ 基金  ││企業年金││ 年金  │  311万人)
                              │(加入員数)││(加入者数)││(加入員数)│
                              │466万人 ││570万人 ││348万人 │  職域
      国民年金基金             │       ││       ││       │ 加算部分
    (加入員数61万人)            │(代行部分)│ 厚生年金保険     共済年金
                              │       │ 加入者数3,444万人 (加入員数
                              │       │ 旧三共済，旧農林共済 447万人)
                              │       │ を含む
                              
                         国 民 年 金 （基 礎 年 金）

  (第2号被保険者の)  (自営業者等)   (民間サラリーマン)    (公務員等)
    被扶養配偶者
  ─1,044万人─ ─2,001万人─ ─────3,891万人─────
   第3号被保険者   第1号被保険者        第2被保険者等
                        6,936万人
```

(注)　1．(数値は，2009年3月末)
　　　2．厚生年金基金，確定給付企業年金および私学共済年金の加入者は，確定拠出年金（企業型）にも加入できる．
　　　3．国民年金基金の加入員は，確定拠出年金（個人型）にも加入できる．
　　　4．適格退職年金については，平成23年度末までに他の企業年金に移行．
　　　5．第2号被保険者等は，被用者年金被保険者のことをいう（第2号被保険者のほか，65歳以上で老齢または退職を支給事由とする年金給付の受給権を有する者を含む）．
(出所)　厚生労働省『平成22年度版　厚生労働白書』，238ページ．

（厚生年金と基礎年金2人分の合計）同23万2,592円が支給されるものとなっている（表5-1）．

　こうした給付水準が，年金それ自体で老齢者全員の生活を支えるものではないことは明らかであるが[5]，現行制度の下での年金財政状態は，こうした事態を改善するどころか，現役世代・企業の負担や財政負担の引き上げ，あるいは給付水準の抑制・削減の議論を引き起こし，国の政策の重要課題となっている[6]．

表 5-1 公的年金制度の現状

(2008 年度末 (2009 年 3 月末) 現在)

| 公的年金制度 | 被保険者数[1] ① (万人) | 基礎年金等受給権者数[2] ② (万人) | 年金扶養比率 (①/②) (人) | 基礎年金平均月額 (繰上げ・繰下げ除く) (万円) | 実質的な支出・総費用額 (兆円) | 積立金簿価 (時価・総費用ベース) (兆円) | 積立比率簿価 (時価ベース) (倍) | 保険料 (平成 22 年 4 月) (円) | 老齢基礎年金支給開始年齢 |
|---|---|---|---|---|---|---|---|---|---|
| 国民年金 | | | | | | | | | |
| 第 1 号被保険者 | 2,001 | | | | | | | 15,100 | |
| 第 2 号被保険者 | 3,819 | | | | | | | | |
| 第 3 号被保険者 | 1,044 | | | | | | | | |
| 合計 | 6,853 | 2,690 | 2.55 | 5.8 | 4.2 | 7.7 (7.2) | 3.5 (3.6) | | 65 歳 |
| (公的年金加入者合計) | 6,936 | | | | | | | | |

| 被用者年金制度 | 適用者数 ③ (万人) | 該当年金受給権者数[3] ④ (万人) | 年金扶養比率 ③/④ (人) | 老齢 (退職) 年金平均年金月額 (万円) | 実質的な支出・総費用額 (兆円) | 積立金簿価 (時価ベース) (兆円) | 積立比率簿価 (時価ベース) (倍) | 保険料率 (平成 22 年 4 月) (%) | 老齢 (退職) 年金支給開始年齢 (平成 22 年度) |
|---|---|---|---|---|---|---|---|---|---|
| 厚生年金 | 3,444 | 1,324 | 2.60 | 16.4 | 34.1 | 124.0 (116.6) | 4.5 (4.6) | 15.704 | 報酬比例部分 一般男子・女子 60 歳 坑内員・船員 59 歳 定額部分 一般男子・女子 60 歳 厚年女子 62 歳 坑内員・船員 59 歳 |
| 国家公務員共済組合 | 105 | 67 | 1.58 | 21.9 | 2 | 8.6 (8.2) | 6.3 (6.4) | 15.154 | |
| 地方公務員共済組合 | 295 | 175 | 1.69 | 22.7 | 5.3 | 39.5 (36.2) | 10.1 (10.0) | 15.154 | |
| 私立学校教職員共済 | 47 | 11 | 4.49 | 21.4 | 0.4 | 3.4 (3.2) | 9.9 (9.8) | 12.584 | |
| 合計 | 3,892 | 1,576 | 2.47 | 17.4 | 41.8 | 175.5 (164.2) | 5.3 (5.3) | — | |

(注) 1) 第 1 号被保険者には、任意加入被保険者を含む.
2) 基礎年金受給権者数に、旧国民年金法による老齢年金受給者数.
3) 老齢 (退職) 年金受給権者数で、老齢・退職年金.

## (2) 年金財政の収支悪化

以下では，公的年金の財政収支状況と悪化要因を『厚生労働白書』を中心にみていくこととするが，その際，まず基礎年金勘定について，独特の構造的特徴をみておこう．

### 1) 歪んだ基礎年金の負担構造

基礎年金勘定は，一階建て部分に相当し，いわゆる自営業などの国民年金加入者である第1号被保険者だけではなく，厚生年金保険や共済年金の加入者である第2号被保険者も加入し，それぞれ定額の保険料（平成22年度で月額1万5,100円）を払う一方で，給付額は定額となっている[7]．基礎年金は，各制度から国民年金特別会計基礎年金勘定に独自に算定される基礎年金拠出金が支出され，それを集めて基礎年金が支払われる．その際の各制度の拠出金額は，基本的には基礎年金拠出金単価に基礎年金算定対象者（被保険者）を乗じて算定される[8]．

基礎年金拠出金＝基礎年金拠出金単価×同拠出金算定対象者数
基礎年金拠出金単価＝（基礎年金給付費＋基礎年金相当給付費
　　　　　　　　　　－特別国庫負担）÷基礎年金拠出金算定対象者数
基礎年金拠出金算定対象者＝
　　国民年金：保険料納付期間，保険料半額免除期間を有する第1号被保険
　　　　　　　者（含む任意加入）
　　被用者保険：20歳以上60歳未満の第2号被保険者，および第3号被保
　　　　　　　　険者

ここで問題は，拠出額に決定的な影響を与える拠出金算定対象者数である．拠出金算定対象者は，国民年金では基本的には第1号被保険者であるが，被用者年金の場合，第2号被保険者とその配偶者である第3号保険者の合計である．すなわち主として専業主婦などの保険料を負担しない被用者の扶養配偶者の数が，拠出金の算定対象者数に入れられており，その分だけ「保険料収入な

表 5-2　国民年金の収支状況の推移

|  |  | 1998 | 1999 | 2000 | 2001 |
|---|---|---|---|---|---|
| 収入 | 収入総額（国庫負担・積立金取崩除） | 50,954 | 50,050 | 48,251 | 46,082 |
|  | 保険料収入 | 19,716 | 20,025 | 19,678 | 19,538 |
|  | 　業務勘定より受入れ(印紙収入) | 18,802 | 19,002 | 18,596 | 18,335 |
|  | 　保険料収入 | 914 | 1,023 | 1,082 | 1,202 |
|  | 基礎年金勘定より受入れ（①） | 27,826 | 26,748 | 25,701 | 24,245 |
|  | 運用収入 | 3,368 | 3,236 | 2,828 | 0 |
|  | 独立行政法人納付金 | 0 | 0 | 0 | 0 |
|  | 雑収入 | 44 | 41 | 43 | 36 |
|  | 前年度剰余金受入れ | 0 | 0 | 0 | 0 |
| 支出 | 支出総額 | 59,348 | 58,324 | 58,361 | 59,205 |
|  | 年金支給額 | 58,540 | 57,497 | 57,379 | 58,004 |
|  | 　国民年金給付費 | 28,933 | 27,781 | 26,454 | 25,133 |
|  | 　基礎年金勘定へ繰入れ（②） | 29,607 | 29,716 | 30,925 | 32,871 |
|  | 諸支出金 | 243 | 240 | 263 | 258 |
|  | 業務勘定へ繰入し | 566 | 587 | 719 | 943 |
|  | 以上の収支 | −8,394 | −8,275 | −10,110 | −13,123 |
|  | 一般会計より受入れ | 13,265 | 13,227 | 13,637 | 14,307 |
|  | 積立金より受入れ | 0 | 0 | 0 | 0 |
|  | 収支差引剰余金 | 4,871 | 4,952 | 3,527 | 1,184 |
|  | 決算後の積立金 | 89,619 | 94,617 | 98,208 | 99,490 |
|  | 参考：基礎年金収支（①−②） | −1,781 | −2,969 | −5,224 | −8,625 |

(注) 厚生労働省『平成 20 年度　厚生年金保険・国民年金事業年報』より作成．

き拠出金負担」となっている点である．

　このような支出負担構造の下では，積立金やその運用収益などの収入を度外視して，完全な賦課方式として考えることが収支構造の特徴をクリアにする上で有益であると考えられる．まずは国民年金勘定を基礎年金を中心にみると，1 人当たりの 6 万円弱の給付総額 5 兆 7,000 億円の給付額を，2,000 万人の被保険者による月額 1.7 万円弱の保険料 3 兆 4,000 億円で賄うということが明瞭になる．当然，大幅な赤字なのであるが，この赤字分を 2 兆円弱の国庫負担金

(一般会計より受入れと積立金より受入れを除く収支)　　　　　　　　　　(単位:億円)

| 2002 | 2003 | 2004 | 2005 | 2006 | 2007 | 2008 |
|---|---|---|---|---|---|---|
| 43,659 | 42,714 | 40,490 | 39,616 | 38,365 | 35,802 | 33,849 |
| 18,958 | 19,627 | 19,354 | 19,480 | 19,038 | 18,582 | 17,470 |
| 521 | 0 | 0 | 0 | 0 | 0 | 0 |
| 18,437 | 19,627 | 19,354 | 19,480 | 19,038 | 18,582 | 17,470 |
| 22,771 | 21,534 | 20,076 | 18,763 | 17,108 | 15,772 | 14,863 |
| 1,897 | 1,523 | 1,044 | 758 | 607 | 334 | 15 |
| 0 | 0 | 0 | 600 | 1,358 | 1,102 | 1,488 |
| 32 | 30 | 16 | 15 | 254 | 13 | 14 |
| 0 | 0 | 0 | 0 | 0 | 0 | 0 |
| 58,709 | 58,177 | 57,416 | 62,245 | 60,358 | 59,322 | 58,344 |
| 57,512 | 57,146 | 56,325 | 58,503 | 59,151 | 58,014 | 56,998 |
| 23,819 | 22,293 | 20,888 | 19,527 | 18,149 | 16,862 | 15,779 |
| 33,693 | 34,853 | 35,437 | 38,976 | 41,002 | 41,151 | 41,218 |
| 260 | 261 | 272 | 300 | 333 | 393 | 374 |
| 937 | 770 | 819 | 3,443 | 874 | 916 | 972 |
| −15,050 | −15,463 | −16,926 | −22,629 | −21,993 | −23,520 | −24,494 |
| 14,565 | 14,963 | 15,219 | 17,020 | 17,971 | 18,436 | 18,558 |
| 0 | 0 | 0 | 4,539 | 2,828 | 1,490 | 1,737 |
| 485 | 500 | 1,707 | 1,071 | 1,194 | 3,593 | 4,199 |
| 99,108 | 98,612 | 96,991 | 91,514 | 87,660 | 82,692 | 81,888 |
| −10,922 | −13,319 | −15,362 | −20,212 | −23,894 | −25,379 | −26,356 |

(一般会計よりの受入)と積立金の取崩しで埋めているのが表5-2でも示される.

　厚生年金保険も同様に考えると,同じく月額6万円で,配偶者がいる場合には2人分の月額13万円弱の給付を,3,440万人の被保険者の保険料で賄うことになっている.しかもこの場合の基礎年金拠出金の算定基準には第3号被保険者も入るのであるから,表5-3で国民年金と同様に国庫負担金や積立金の取崩しを度外視した公表勘定項目による年金基金の収支をみると,基礎年金に関連する項目は,2000年代に入ると一貫して赤字であり,しかも特に2004年度の

表 5-3 厚生保険特別会計年金勘定および

| 区　分 | 1998年度<br>(平成10) | 1999年度<br>(平成11) | 2000年度<br>(平成12) | 2001年度<br>(平成13) |
|---|---|---|---|---|
| 収入　保険料 | 206,151 | 202,099 | 200,512 | 199,360 |
| 拠出金収入等 | 9,208 | 9,700 | 6,347 | 5,928 |
| 　国共済組合連合会等拠出金収入 | 327 | 327 | 327 | 327 |
| 　積立金相当額等納付金 | 3,625 | 4,842 | 1,888 | 1,621 |
| 　職域等費用納付金 | 4,326 | 4,256 | 4,132 | 3,979 |
| 　旧制度間調整法調整拠出金収入 | 929 | 275 | 0 | 0 |
| 国年特会より受入れ<br>(基礎年金勘定より受入れ) | 24,952 | 23,036 | 19,574 | 15,566 |
| 解散厚生年金基金等徴収金 | 0 | 0 | 0 | 0 |
| 運用収入 | 52,164 | 47,286 | 43,067 | 38,607 |
| 年金資金運用基金納付金 | 0 | 0 | 0 | 0 |
| その他 | 276 | 275 | 281 | 261 |
| 国庫負担・積立金取崩しを除く総収入 | 292,751 | 282,396 | 269,780 | 259,722 |
| 支出　保険給付費 | 182,824 | 187,364 | 191,544 | 196,228 |
| 旧制度間調整法調整交付金 | 930 | 276 | 0 | 0 |
| 国年特会へ繰入れ<br>(基礎年金勘定へ繰入れ) | 83,144 | 88,235 | 91,272 | 93,048 |
| 業務勘定へ繰入 | 2,320 | 2,275 | 2,209 | 2,312 |
| その他 | 1,034 | 1,121 | 1,185 | 1,231 |
| 計 | 270,253 | 279,271 | 286,210 | 292,818 |
| 上記収支 | 22,499 | 3,126 | △ 16,430 | △ 33,096 |
| 一般会計より受入れ | 28,302 | 36,356 | 37,209 | 38,164 |
| 積立金より受入れ | 0 | 0 | 0 | 0 |
| 差引収支過不足額 | 50,801 | 39,482 | 20,779 | 5,067 |
| 積立金から補足 | 0 | 0 | 0 | 0 |
| 業務勘定から積立金への繰入れ | 85 | 60 | 38 | 62 |
| 積立金へ繰入れ | 50,886 | 39,542 | 20,817 | 5,130 |
| 決算後の積立金 | 1,308,446 | 1,347,988 | 1,368,804 | 1,373,934 |
| 平均運用利回り (%) | 4.15 | 3.62 | 3.22 | 3.02 |
| 積立金全体にかかる平均運用利回り | 4.15 | 3.62 | 3.22 | 1.99 |
| | | | | |
| 参考：基礎年金収支 | − 58,192 | − 65,198 | − 71,699 | − 77,482 |
| 厚生年金保険収支 | 23,327 | 14,734 | 8,969 | 3,132 |

(出所)　表 5-2 に同じ．詳細な注記は，原資料を参照されたい．

第 5 章 財政危機下の年金資金運用と国債管理 151

年金特別会計厚生年金勘定の収支状況　　　　　　　　　　　　　　　　（単位：億円）

| 2002年度 | 2003年度 | 2004年度 | 2005年度 | 2006年度 | 2007年度 | 2008年度 |
|---|---|---|---|---|---|---|
| （平成14） | （平成15） | （平成16） | （平成17） | （平成18） | （平成19） | （平成20） |
| 202,034 | 192,425 | 194,537 | 200,584 | 209,835 | 219,691 | 226,905 |
| 21,245 | 5,522 | 4,901 | 4,721 | 5,713 | 2,907 | 2,546 |
| 273 | 372 | 383 | 384 | 385 | 347 | 328 |
| 17,243 | 1,727 | 1,374 | 1,382 | 2,567 | 0 | 0 |
| 3,730 | 3,423 | 3,144 | 2,955 | 2,762 | 2,560 | 2,218 |
| 0 | 0 | 0 | 0 | 0 | 0 | 0 |
| 14,240 | 13,921 | 16,060 | 19,474 | 19,989 | 18,832 | 18,797 |
| 0 | 34,965 | 53,854 | 34,568 | 6,800 | 5,552 | 3,486 |
| 31,071 | 22,884 | 16,125 | 10,776 | 7,454 | 4,344 | 824 |
| 0 | 0 | 0 | 7,522 | 18,266 | 17,803 | 23,515 |
| 258 | 259 | 208 | 203 | 4,487 | 188 | 216 |
| 268,848 | 269,977 | 285,685 | 277,848 | 272,544 | 269,317 | 276,289 |
| 203,466 | 208,140 | 215,380 | 219,863 | 222,541 | 223,179 | 226,870 |
| 0 | 0 | 0 | 0 | 0 | 0 | 0 |
| 98,961 | 102,986 | 107,874 | 112,831 | 119,224 | 126,233 | 133,162 |
| 2,202 | 2,075 | 1,906 | 42,402 | 1,223 | 1,124 | 968 |
| 1,249 | 1,201 | 957 | 972 | 988 | 916 | 77 |
| 305,878 | 314,401 | 326,118 | 376,068 | 343,975 | 351,451 | 361,078 |
| △37,029 | △44,425 | △40,433 | △98,219 | △71,431 | △82,134 | △84,788 |
| 40,036 | 41,045 | 42,792 | 45,394 | 48,285 | 51,659 | 54,323 |
| 0 | △3,379 | 0 | 62,497 | 34,167 | 39,853 | 33,605 |
| 3,007 | △3,379 | 2,359 | 9,672 | 11,021 | 9,378 | 3,139 |
| 0 | 3,379 | 0 | 0 | 0 | 0 | 0 |
| 83 | 67 | 150 | 226 | 105 | 63 | 85 |
| 3,089 | 67 | 2,509 | 9,988 | 11,126 | 9,441 | 3,225 |
| 1,377,023 | 1,374,110 | 1,376,619 | 1,324,020 | 1,300,980 | 1,270,568 | 1,240,188 |
| 2.77 | 2.41 | 2.06 | 1.73 | 1.60 | 1.43 | 0.58 |
| 0.21 | 4.91 | 2.73 | 6.82 | 3.10 | △3.54 | △6.83 |
|  |  |  |  |  |  |  |
| －84,721 | －89,065 | －91,814 | －93,357 | －99,235 | －107,401 | －114,364 |
| －1,432 | －15,715 | －20,843 | －19,278 | －12,706 | －3,488 | 35 |

制度改正以降は，一般会計よりの受入れ額が5兆円を超え，また積立金も2005年度以降はほぼ毎年3兆円を超える取崩しが常態化しているのである．

以上のような基礎年金勘定を中心とした分析に加えて，国民年金と厚生年金保険とについて，それぞれの制度要因を加えた収支とその構造的な要因を検討してみよう．

2) 国民年金

国民年金勘定における給付は，表5-2に示されるように，大きく旧法に基づく「国民年金給付費」と1987年以降の基礎年金給付のための「基礎年金勘定へ繰入」とで構成される．厚生労働白書ではもともとの国民年金第1号被保険者で基礎年金受給者となった人の内数が示されていない．受給者，「基礎年金勘定への繰入」額は着実に増加する一方で，旧法での国民年金給付費は，急速に減少している．その結果，国民年金勘定での年金支給額は6兆円弱で推移し，むしろ近年は5兆6,000億円台にまで低下しており，むしろ近年の抑制効果が働いているかにみえる．

これに対して，収支悪化要因として明瞭なのが保険料収入と基礎年金繰入額の実質的な保険料収入である．収入総額を国庫負担金や積立金の取崩し分を除いたものでみると，1998年度の5兆円台から2008年度の3.3兆円へと，10年間で1.7兆円，33％も減少している．保険料収入は99年度の2兆円水準から低減を開始し，2008年度には1兆7,470億円まで，約10年間で12.6％減少（保険料収入が2008年度にそれまでの水準から2,000億円程度の微減）であるのに対して，資金運用収支の3,000億円台からネグリジブルな水準への急減もさることながら，基礎年金勘定からの受入れ額が，2.7兆円台から1.5兆円弱まで，じつに半分近く（46.6％）も減少しているのである．

このようにみると収支悪化の要因は，年金給付額を中心とする支出総額の抑制が効き始めているのに対して，保険料収入や資金運用収益の減少にあることは明らかである．

表5-4のように，国民年金の被保険者が2003年度末の2,300万人をピークに減少し始め，08年度末には2,000万人を割り込む寸前まで減少しているので

表 5-4　公的年金加入者数の推移（年度末現在）

(単位：千人)

| 年　度 | 加入者総数 | 国民年金第1号被保険者 | 国民年金第3号被保険者 | 被用者年金被保険者 | 厚生年金保険（旧共済を除く） | 旧共済 | 共済組合 |
|---|---|---|---|---|---|---|---|
| 1975（昭和50）年 | 55,456 | 25,884 |  | 23,893 | 23,893 | ― | 5,678 |
| 80（　55） | 59,045 | 27,596 |  | 25,445 | 25,445 | ― | 6,006 |
| 85（　60） | 58,239 | 25,091 |  | 27,234 | 27,234 | ― | 5,914 |
| 87（　62） | 64,105 | 19,292 | 11,299 | 28,216 | 27,676 | 541 | 5,299 |
| 89（平成元） | 65,678 | 18,155 | 11,788 | 30,433 | 29,921 | 512 | 5,302 |
| 90（　2） | 66,313 | 17,579 | 11,956 | 31,493 | 30,997 | 496 | 5,285 |
| 95（　7） | 69,952 | 19,104 | 12,201 | 33,275 | 32,808 | 467 | 5,372 |
| 96（　8） | 70,195 | 19,356 | 12,015 | 33,462 | 32,999 | 463 | 5,362 |
| 97（　9） | 70,344 | 19,589 | 11,949 | 33,468 | 32,990 | 478 | 5,339 |
| 98（　10） | 70,502 | 20,426 | 11,818 | 32,957 | 32,486 | 470 | 5,302 |
| 99（　11） | 70,616 | 21,175 | 11,686 | 32,481 | 32,020 | 461 | 5,273 |
| 00（　12） | 70,491 | 21,537 | 11,531 | 32,192 | 31,736 | 456 | 5,231 |
| 01（　13） | 70,168 | 22,074 | 11,334 | 31,576 | 31,147 | 429 | 5,184 |
| 02（　14） | 70,460 | 22,368 | 11,236 | 32,144 | 31,336 | 809 | 4,712 |
| 03（　15） | 70,292 | 22,400 | 11,094 | 32,121 | 31,334 | 787 | 4,677 |
| 04（　16） | 70,293 | 22,170 | 10,993 | 32,491 | 31,724 | 767 | 4,639 |
| 05（　17） | 70,447 | 21,903 | 10,922 | 33,022 | 32,272 | 750 | 4,599 |
| 06（　18） | 70,383 | 21,230 | 10,789 | 33,794 | 33,063 | 731 | 4,569 |
| 07（　19） | 70,066 | 20,354 | 10,628 | 34,570 | 33,848 | 722 | 4,514 |
| 08（　20） | 69,358 | 20,007 | 10,436 | 34,445 | 33,719 | 726 | 4,471 |

(注)　1．第1号被保険者には任意加入被保険者を含んでいる。
　　　2．昭和60年度以前の旧共済組合については共済組合に含んでいる。
(出所)　厚生労働省年金局「厚生年金保険・国民年金事業の概況」など。

あるから,保険料収入は,当然のことながら減少する.しかも納付率は,長引く不況や年金制度それ自体に対する不信の高まりの中で納付率が低下し,60%を割り込むに至っているのである[9].

年金財政を支えるもう1つの柱である資金運用収益は,後に詳しくみるように,長期不況下の低金利,株価の低迷の中で,急速に減少しており,ゼロ金利が始まった98年度,99年度時点でも3,000億円を超えていた運用収益は,近年ではほとんどネグリジブルな水準にまで低下している.

そこで前掲表5-2で,一般会計からの繰入(国庫負担)や積立金からの受入れ(取崩し)を除いた収支状況をみると,実質的な赤字水準は,90年代末の8,000億円超から2兆4,500億円弱まで,じつに約3倍に膨れ上がっているのである.言い換えれば国民年金財政は,年々2兆円を超える国庫負担や積立金の取崩しによって,ようやく給付を維持していることになる.そしてその結果として積立金は,10兆円弱から8兆円水準にまで減少しているのである.

3) 厚生年金保険

厚生年金についても,表5-3で,国庫金の繰入や積立金の取崩しを除いた収支でみてみよう.

まず保険料収入は,90年代末から04年にかけて19兆円台にまで減少したが,2004年改正後は22兆7,000億円まで回復する一方,運用収益は98年度の5兆円水準から08年度の824億円まで激減している.一般会計からの繰入や積立金の取崩し収入を除く収入増額は,29兆2,000億円から27兆6,000億円まで逓減している.

保険料収入の減少は,2004年改正によって,国民年金と同様に引き上げられ,2010年4月で報酬の15.704%にまで引き上げられることになっているにもかかわらず[10],雇用者報酬の伸び悩みや失業,非正規労働比率の上昇などで厚生年金収入が頭打ちになっていることの影響が指摘されている[11].

これに対して支出は,厚生年金保険の給付が18兆円台から08年度の22兆7,000億円弱まで着実に増加する一方,基礎年金勘定への繰入れ額が8兆3,000億円台から13兆3,000億円台にまで5兆円増加したため,支出総額は27兆円

から36兆円台へと，30％以上も増加している．その結果，上記基準の収支赤字は8兆円を超えている．

結果として厚生年金保険は，一般会計からの基礎年金給付の2分の1繰入で5兆円では不足しており，2005年度以降積立金を累計で17兆円も取り崩して実質的な赤字を賄っているのである．

ここで厚生年金保険による基礎年金にかかわる実質的な収支をみると，厚生年金自らが被保険者ベースで徴収した保険料収入である国年特会よりの受入れ（基礎年金勘定よりの受入れ）が，98年の2兆5,000億円水準から1兆8,800億円弱まで25％も減少する一方，自らの負担となる第3号被保険者を含む給付負担である基礎年金勘定への繰入れ額が，同期に8兆3,000億円台から13兆3,000億円台へと，60％も増加しているのである．

そのため一般会計からの受入れや積立金の取崩しを除外した収支は2000年度から赤字に転落し，今日ではその赤字幅は8兆円を超える水準に達しているのである．

特に注目すべきは，表5-3の下段の参考数値で示した基礎年金勘定での収支赤字（基礎年金からの受入れから基礎年金勘定への繰入れの差額）が着実に増加して11兆4,000億円にも達しており，これは表5-3の一般会計よりの繰入れと積立金の取崩しを除外した全体の収支赤字の8兆5,000億円弱を35％も上回っている点である．このことは，厚生年金保険の中では，基礎年金の赤字が事実上その他の厚生年金基金の収支を圧迫し，負担を増加させていることを意味する．2004年改正で，厚生年金保険レベルでも基礎年金の国庫負担割合が2009年度までに2分の1まで引き上げられることとなったが，基礎年金収支赤字を埋め合わせるには，5兆4,000億円の一般会計からの繰入れでは間に合わず，さらに積立金取崩し額を3兆3,600億円を加えて収支赤字を埋め合わせることになるが，残り（2兆6,000億円）は基金収支内部の補塡で行われていることとなっている．

こうした財政収支状況は，すでに現実的ではないとの批判の多い「100年安心プラン」での財政見通しの前提をすでに崩し始めているといってよい．この2004年の年金改正で導入され，2009年の財政検証の下で手直しがなされた国

表 5-5　国民年金と厚生年金の
○基本ケース（人口は出生中位（死亡中位），経済中位ケース）

## 国民年金保険

| 年度 | 保険料月額 保険料率[1] | 収入合計 | 保険料収入 | 運用収入 | 国庫負担 |
|---|---|---|---|---|---|
| 西暦（平成） | 円 | 兆円 | 兆円 | 兆円 | 兆円 |
| 2009（21） | 14,700 | 4.8 | 2.2 | 0.1 | 2.4 |
| 2010（22） | 14,980 | 4.9 | 2.2 | 0.2 | 2.5 |
| 2011（23） | 15,260 | 4.9 | 2.2 | 0.2 | 2.5 |
| 2012（24） | 15,540 | 4.9 | 2.2 | 0.2 | 2.5 |
| 2013（25） | 15,820 | 5.1 | 2.3 | 0.2 | 2.6 |
| 2014（26） | 16,100 | 5.4 | 2.4 | 0.3 | 2.7 |
| 2015（27） | 16,380 | 5.7 | 2.5 | 0.3 | 2.8 |
| 2020（32） | 16,900 | 6.6 | 2.9 | 0.5 | 3.2 |
| 2025（37） | 16,900 | 7.3 | 3.2 | 0.6 | 3.5 |
| 2030（42） | 16,900 | 8.0 | 3.4 | 0.8 | 3.8 |
| 2040（52） | 16,900 | 9.5 | 3.6 | 1.2 | 4.7 |
| 2050（62） | 16,900 | 11.5 | 4.0 | 1.5 | 6.0 |
| 2060（72） | 16,900 | 13.3 | 4.4 | 1.6 | 7.2 |
| 2070（82） | 16,900 | 14.7 | 4.8 | 1.6 | 8.2 |
| 2080（92） | 16,900 | 16.0 | 5.4 | 1.5 | 9.1 |
| 2090（102） | 16,900 | 17.3 | 6.1 | 1.3 | 9.9 |
| 2100（112） | 16,900 | 18.7 | 6.7 | 1.0 | 10.9 |
| 2105（117） | 16,900 | 19.5 | 7.2 | 0.8 | 11.5 |

## 厚生年金保険

| 西暦（平成） | % | 兆円 | 兆円 | 兆円 | 兆円 |
|---|---|---|---|---|---|
| 2009（21） | 15.704 | 34.9 | 23.8 | 2.1 | 7.2 |
| 2010（22） | 16.058 | 35.0 | 24.7 | 2.5 | 7.4 |
| 2011（23） | 16.412 | 36.7 | 26.2 | 2.7 | 7.5 |
| 2012（24） | 16.766 | 38.5 | 27.6 | 2.8 | 7.8 |
| 2013（25） | 17.120 | 40.4 | 28.9 | 3.1 | 8.1 |
| 2014（26） | 17.474 | 42.5 | 30.3 | 3.6 | 8.4 |
| 2015（27） | 17.828 | 44.8 | 31.7 | 4.1 | 8.7 |
| 2020（32） | 18.30 | 53.3 | 36.9 | 6.8 | 9.4 |
| 2025（37） | 18.30 | 59.5 | 40.8 | 8.6 | 9.9 |
| 2030（42） | 18.30 | 66.1 | 44.5 | 11.1 | 10.4 |
| 2040（52） | 18.30 | 78.5 | 49.1 | 16.5 | 12.8 |
| 2050（62） | 18.30 | 90.4 | 54.1 | 20.2 | 16.0 |
| 2060（72） | 18.30 | 101.2 | 59.8 | 22.5 | 18.8 |
| 2070（82） | 18.30 | 109.6 | 65.2 | 22.6 | 21.7 |
| 2080（92） | 18.30 | 116.7 | 72.4 | 20.3 | 23.9 |
| 2090（102） | 18.30 | 123.9 | 81.2 | 16.6 | 26.1 |
| 2100（112） | 18.30 | 129.9 | 90.7 | 10.3 | 28.9 |
| 2105（117） | 18.30 | 132.4 | 96.2 | 5.8 | 30.4 |

（注）　1．保険料月額は国民年金法第87条第3項に規定されている保険料の額（2004（平成16）年度価，賃金の伸びに基づき改定されるものであり，2009（平成21）年度における保険料
　　　　2．「積立度合」とは，前年度末積立金の当年度の支出合計に対する倍率である．
　　　　3．「21年度価格」とは，賃金上昇率により，2009（平成21）年度の価格に換算したもの
　　　　4．「出生率：中位ケース」では，2055（平成67）年度における合計特殊出生率を1.26と
　　　　5．「死亡率：中位ケース」では，2055（平成67）年度における平均寿命を，男子は
（出所）　『厚生労働白書』247-248ページ．

第 5 章 財政危機下の年金資金運用と国債管理　157

財政見通し （平成 21 年財政検証）

| 支出合計 | 基礎年金拠出金 | 収支差引残 | 年度末積立金 | 年度末積立金(21年度価格) | 積立度合[2)] | (備考) |
|---|---|---|---|---|---|---|
| 兆円 | 兆円 | 兆円 | 兆円 | 兆円 | 倍 | |
| 4.7 | 4.5 | 0.1 | 10.0 | 10.0 | 2.1 | 前提：基本ケース |
| 4.7 | 4.5 | 0.2 | 10.2 | 10.1 | 2.1 | 出生：中位ケース |
| 4.7 | 4.5 | 0.1 | 10.3 | 10.3 | 2.2 | 死亡：中位ケース |
| 4.8 | 4.6 | 0.1 | 10.4 | 10.5 | 2.1 | 経済：中位ケース |
| 5.0 | 4.8 | 0.1 | 10.5 | 10.3 | 2.1 | 長期の経済前提 |
| 5.2 | 5.0 | 0.1 | 10.7 | 10.2 | 2.0 | 物価上昇率　1.0% |
| 5.4 | 5.2 | 0.2 | 10.9 | 10.0 | 2.0 | 賃金上昇率　2.5% |
| 6.1 | 5.9 | 0.5 | 13.0 | 10.6 | 2.0 | 運用利回り　4.1% |
| 6.6 | 6.4 | 0.7 | 16.3 | 11.7 | 2.4 | マクロ経済スライド |
| 7.1 | 6.9 | 0.9 | 20.6 | 13.1 | 2.8 | 調整開始年度 |
| 8.7 | 8.5 | 0.8 | 29.9 | 14.9 | 3.4 | 　平成24(2012)年度 |
| 10.9 | 10.8 | 0.5 | 36.6 | 14.2 | 3.3 | 調整修了年度 |
| 13.0 | 12.9 | 0.3 | 40.6 | 12.3 | 3.1 | 　平成50(2038)年度 |
| 14.8 | 14.7 | −0.2 | 40.8 | 9.7 | 2.8 | |
| 16.4 | 16.2 | −0.4 | 37.8 | 7.0 | 2.3 | |
| 17.9 | 17.8 | −0.6 | 33.0 | 4.8 | 1.9 | |
| 19.7 | 19.6 | −1.0 | 25.1 | 2.8 | 1.3 | |
| 20.7 | 20.6 | −1.2 | 19.5 | 1.9 | 1.0 | |

| 兆円 | 兆円 | 兆円 | 兆円 | 兆円 | 倍 |
|---|---|---|---|---|---|
| 35.8 | 13.1 | −0.9 | 144.4 | 144.4 | 4.1 |
| 36.7 | 13.5 | −1.7 | 142.6 | 141.1 | 3.9 |
| 37.8 | 13.9 | −1.1 | 141.6 | 141.7 | 3.8 |
| 39.2 | 14.4 | −0.7 | 140.9 | 141.3 | 3.6 |
| 40.4 | 15.0 | −0.1 | 140.8 | 138.3 | 3.5 |
| 41.3 | 15.7 | 1.2 | 142.0 | 135.4 | 3.4 |
| 42.6 | 16.3 | 2.1 | 144.2 | 132.5 | 3.3 |
| 45.7 | 18.1 | 7.6 | 172.5 | 140.6 | 3.6 |
| 48.6 | 19.2 | 10.9 | 219.9 | 158.5 | 4.3 |
| 52.3 | 20.5 | 13.8 | 284.2 | 181.0 | 5.2 |
| 67.3 | 25.5 | 11.2 | 417.1 | 207.5 | 6.0 |
| 82.9 | 31.9 | 7.5 | 507.7 | 197.3 | 6.0 |
| 97.6 | 37.6 | 3.6 | 562.5 | 170.8 | 5.7 |
| 112.8 | 43.4 | −3.3 | 561.3 | 133.1 | 5.0 |
| 124.2 | 47.8 | −7.5 | 502.5 | 93.1 | 4.1 |
| 135.6 | 52.3 | −11.7 | 406.4 | 58.8 | 3.1 |
| 149.8 | 57.8 | −19.9 | 247.2 | 28.0 | 1.8 |
| 157.5 | 60.8 | −25.1 | 132.4 | 13.2 | 1.0 |

16) 年度価格）を示している．実際の保険料の額は，2004 年改正後の物の額は月額 14,660 円である．

である．
している．
83.67 年，女子は 90.34 年としている．

民年金，厚生年金それぞれの財政見通し（表5-5）は，前提となる出生，死亡，経済ケースを中位ケースとしたうえで，また物価上昇率，賃金上昇率をそれぞれ1.0％，2.5％としたうえで，さらには運用利回りを従来の3.2％から将来にわたって4.1％に予定運用利回りを引き上げ，2012年度から2038年度にかけてマクロ経済スライドという物価下落が生じた場合などに名目の給付水準をカットすることを想定したうえで，最終的な所得代替率を2038年以降50％に引き下げることを前提に設計されている．しかし，すでにして運用収入中心に，前提それ自体が大幅に狂い始めているといってよいであろう．

以上のようにみると，年金財政の悪化要因は，① 着実に進行する高齢化，② 長期不況と年金不信による国民年金の納付率の低下，③ 不況下の厚生年金保険への加入率の低下と確定給付年金へのシフトによる厚生年金保険の空洞化，④ 財政投融資制度の解体と運用規制の緩和，長期不況下での株価の低迷と低金利の継続にあると考えられる．

そこで公的年金の資金運用はどのような理念と仕組みで運用されてきたのか，またその下での運用パフォーマンスはどのようなものであったのかを検討することとしたい．

## 3．公的年金の資金運用制度の変遷と現状

年金基金は，その積立金を金融的に運用することによって運用収益を獲得し，これを年金財政における収入の重要な原資と位置づけている．また公的年金の給付水準が低位にある制度が成熟するまでの積立金の蓄積期においては重要な役割を演じる．そこで戦後わが国の公的年金の運用制度を振り返って概観し，現在の運用制度の特徴を浮き彫りにしてみよう．

(1) 財政投融資原資の論理と規制緩和
　　　——国家資金としての統一的運用から自主運用へ——

年金基金の運用は，戦後，郵便貯金や簡保資金などとともに国家資金として

統一的に管理運用された．具体的には，それは大蔵省（現．財務省）の資金運用部（現．財政融資資金）に全額預託され，財政投融資の原資として利用されてきた．

このような運用制度については，制度発足時から厚生省が「制度の管理運営の責任を持つ者が保険料拠出者にとって最も有利となるよう，安全かつ有利に運用すべき」という立場から「一貫して自主運用を主張」する一方で，大蔵省（当時）は「国の制度や信用を下に集められた公的資金は，国家資金として統一的に管理運用すべき」と主張した結果，郵便貯金や簡保資金とともに全額が大蔵省資金運用部に預託され，財政投融資の原資に充てられるとともに，一定部分が資金運用部から預託金と同じ金利で還元融資を受け，被保険者が利用できる厚生施設や社会福祉施設の整備資金として充当されてきた．

この還元融資の比率は，発足当初の15％程度から国民年金創設時（1961年）に年金福祉事業団の設置に伴って積立金増加額の25％程度に拡大され，さらに72年の預託金利の引下げに伴って，73年から還元融資枠は3分の1に拡大され，融資事業としても被保険者向けの住宅ローン供給や大規模年金保養施設の建設，整備が加えられた．

この還元融資の担い手として1961年に設立されたのが年金福祉事業団であり，これを機に預託金利が6％から6.5％に引き上げられ，還元融資の枠も積立金増加額の25％程度に拡大された．さらに1972年には預託金利が6.5％から6.2％に引き下げられるとともに，還元融資枠は3分の1に拡大され，事業としても被保険者向けの住宅資金の貸付（1998年までの累積融資戸数391万戸，24兆6,000億円）や大規模年金保養基地の建設をも対象とされた[12]．

さらに基礎年金制度が導入された1986年の年金制度改革では，厚生省の事実上の自主運用枠として，これまで年金特別会計から資金運用部に預託した資金の一部を年金福祉事業団が資金運用部から借入れ還元融資資金確保のための資金運用事業を初年度5,000億円の規模で行うことが認められ，さらに翌87年からは資金運用部の預託金利の法的規制（最低6％）が撤廃されるに伴い，年金財政基盤の強化を目的とした独自の資金運用も，資金運用額は両事業の累

積で1998年度まで25兆7,000億円に達している（図5-2の上部を参照）．

以上，財政投融資制度の下での公的年金の積立金の事実上の自主運用の流れについてみた．しかし公的年金の積立金が財政投融資の原資として使われるという場合も，単に社会資本や産業基盤の整備に利用されたばかりではない．1970年代の中盤以降になると，大量発行の赤字国債の資金運用部による引受け保有が始まるのであるから，郵貯，簡保資金との合同であるとはいえ，その部分については，事実上原資の比重相当部分は公的年金が国債の保有機関であ

図5-2　年金福祉事業団の資金運用の仕組み

年金積立金管理運用独立行政法人の資金運用の仕組み

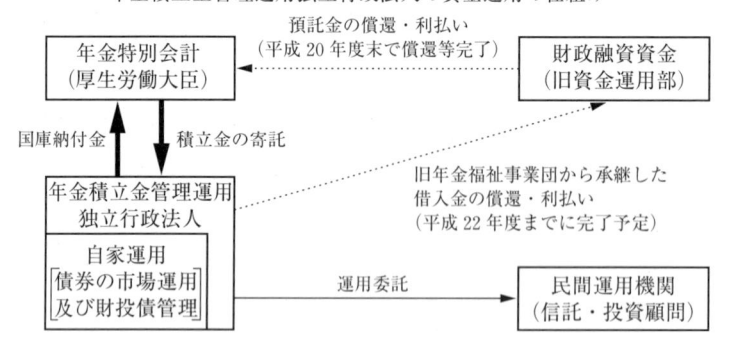

(注)　1．旧年金福祉事業団の資金運用業務は，管理運用法人（平成17年度までは旧年金資金運用基金）が承継し，承継資金運用業務として平成22年度まで実施．
　　　2．平成18年4月に旧年金資金運用基金に替わり，年金積立金管理運用独立行政法人が設立された．
(出所)　『平成22年度厚生労働白書』など．

るということにもなる[13].

(2) 年金積立金の自主運用の拡大から「全額市場運用」へ

以上のような事実上の自主運用の拡大は，1980年代のバブル経済期には株式運用を通じて運用収益を拡大し，年金財政の基盤の強化に貢献する側面もあった．しかし90年代以降の自主運用の拡大は，市場環境の悪化の下で運用成績は悪化傾向を辿ってきた．しかも運用成績の悪化と前後して，不況の長期化と民間金融機関の事業貸出の低迷という環境下で，郵貯，簡保，年金を原資とした公的金融仲介システムの硬直性とその事業領域の民間移行の要求が強まり，財政投融資改革が進められることとなった．とりわけ2002年改革では，財政投融資システムの入り口である郵貯，簡保，年金の財務省資金運用部への預託義務が廃止され，また預託先である住宅金融公庫や中小企業金融公庫などの政府系金融機関は，原則として資金運用部からの借入れ資金に依存することなく，証券化スキームを含む財投機関債などに依拠した資金調達を義務づけることによって，事実上大幅な縮小を規定した．

このような財政投融資機構の改革に対応して，年金領域では，年金資金の資金運用部への預託義務が廃止され，2001年1月をもって，厚生省と労働省の統合で厚生労働省となった政府機構の改編とあいまって，年金福祉事業団が廃止されることとなった．そして年金資金の管理運用は，年金福祉事業団分と新たな積立金はすべて年金資金運用基金に直接寄託されることとなった（図5-2の下部を参照されたい）．

もちろん既存の財政投融資関係の事業や金融市場に対する影響を考慮し，巨額の積立金を即座に全額市場運用するのではなく，資金運用部預託金の147兆円は2008年度までに徐々に返還され，また新たに発行する財投債についても当分の間，基金が一部を引き受けることとなった．

そしてさらに2004年の年金制度改正に伴って，年金資金運用基金が廃止され，新たに独立行政法人の年金積立金管理運用独立行政法人（管理運用法人）が創設され，その業務を継承した．

ここで年金資金運用基金の以降の新規受託資金は基本的に全額市場運用であるが，その運用方針は，2006年3月までは，厚生労働大臣が分散投資の考え方に基づき，国内債券68％，国内株式12％，外国債券7％，外国株式8％，短期資産5％といった長期的に維持すべき「基本ポートフォリオ」を定めて，これをガイドラインとして運用することとなっており，結果としてその半分以上は国債に運用されることになる．

　特に管理運用法人は，厚生労働大臣が指示する達成すべき運用利回りや業務運営の効率化などの業務運営に関する目標（中期目標）に基づいて，積立金の運用を行うが，このような年金積立金の運用原則は，「もっぱら被保険者のために，長期的な観点から，安全かつ効率的に行う」，「金融市場への影響に留意しつつ，安全・確実を基本としつつ，特定の運用方法に集中しないように行う」というものとなっている[14]．

　こうした運用スタンスは，管理運用法人の下で，国債管理政策とのリンクはかなり希薄化されたものといえる．すなわち年金資金運用基金の業務を継承して，管理運用法人による運用で明記されていた資産構成割合は少なくとも規定上は消滅した．また全額市場運用の方向とは，従来，資金運用部への預託を通じての間接的な形態での保有国債が直接保有に移される点は，郵貯，簡保の資金運用部預託義務の廃止と同じであるが，郵貯資金，簡保資金が少なくとも国債の保有政策について，6割以上を満期まで保有するとしている点との相違を示すものとなる[15]．

　このような全額市場運用という方針の下での国債への資金運用スタンスは，過渡的な措置とされた財投債の保有を別とすれば，郵貯，簡保よりもさらに運用を市場流動的なものを対象として明記したというべきである．しかし資金運用の基本ポートフォリオの構成では，68％が国内債券に運用するということであるから，事実上，民間社債への運用がそれほど大きくないとすれば，内外の機関投資家の運用委託を行うことを通じてであるが，資産の3分の2前後は，結果として国債への運用につながることになる[16]．

## 4．年金積立金の運用の現状と国債保有

公的年金資金を厚生労働省が全額自主運用，市場運用するようになったといっても，最大の運用対象は依然として国債である．一方現行制度や政策的な位置づけの下で，即座に資金の全額を国債に運用すべきであるという考え方を取らないとしても，100兆円を超える積立金の3分の2程度を国債に運用する以上，国債管理政策の一翼を担うということは整合的であると考えられる．そこで以下では，近年の年金積立金の動向と年金による国債運用を国債市場全体の中で位置づけるとともに，国債運用成果を眺めておこう．

### (1) 積立金の取崩しと残高の減少

そこで郵便貯金と同様に，資金の現状と資金運用の変遷を2000年代以降についてみてみよう．

すでにみたように公的年金基金の収支状況は，国民年金基金，厚生年金保険基金ともに，2004年度改革以降むしろ急速に悪化しているが，積立金残高自体は，表5-6のように，国民年金で2001年に9兆9,000億円で，厚生年金は翌2002年度末に137兆7,000億円余りでそれぞれピークを打ち，合計額では，2002年度末に147兆6,000億円余りがピークとなっている．これに対応して資金運用は，2002年度末時点で，年金福祉事業団から継承した旧自主運用枠での運用資産が38兆6,000億円，それ以外はすべて資金運用部（その後は財政融資資金）への預託金で147兆円があったが，2008年度までにすべて預託が終了し，返還されるにしたがって，資金運用法人による市場ベースでの資産運用が急拡大し，2010年末に116兆円の資金運用残高が表5-7に示される構成で運用されている．

これによれば国債には，財投債保有と市場運用を併せて，ほぼ半分程度が国債に運用されてきたと考えられる．これを国債市場からみると，これまで期待されてきた市場隔離機能は，大幅に低下したと考えられる．

表 5-6　厚生年金保険・国民年金の積立金の累積状況の推移

(単位：億円)

| 年　次 | 厚生年金保険 | 国民年金 | 合　計 |
|---|---|---|---|
| 1961（昭和 36）年度 | 5,659 | 305 | 5,964 |
| 1965 | 14,415 | 1,946 | 16,361 |
| 1970 | 44,202 | 7,271 | 51,473 |
| 1975 | 122,869 | 19,221 | 142,090 |
| 1980 | 276,838 | 26,387 | 306,225 |
| 1985 | 507,828 | 25,939 | 533,767 |
| 1989（平成元）年度 | 702,175 | 32,216 | 734,391 |
| 1990（ 2 ） | 768,605 | 36,317 | 804,922 |
| 1991（ 3 ） | 839,970 | 43,572 | 883,542 |
| 1992（ 4 ） | 911,340 | 51,275 | 962,615 |
| 1993（ 5 ） | 978,705 | 58,468 | 1,037,174 |
| 1994（ 6 ） | 1,045,318 | 63,712 | 1,109,030 |
| 1995（ 7 ） | 1,118,111 | 69,516 | 1,187,628 |
| 1996（ 8 ） | 1,184,579 | 78,493 | 1,263,072 |
| 1997（ 9 ） | 1,257,560 | 84,683 | 1,342,243 |
| 1998（ 10） | 1,308,446 | 89,619 | 1,398,065 |
| 1999（ 11） | 1,347,988 | 94,617 | 1,442,605 |
| 2000（ 12） | 1,368,804 | 98,208 | 1,467,012 |
| 2001（ 13） | 1,373,934 | 99,490 | 1,473,424 |
| 2002（ 14） | 1,377,023 | 99,108 | 1,476,132 |
| 2003（ 15） | 1,374,110 | 98,612 | 1,472,722 |
| 2004（ 16） | 1,376,619 | 96,991 | 1,493,610 |
| 2005（ 17） | 1,324,020 | 91,514 | 1,415,534 |
| 2006（ 18） | 1,300,980 | 87,660 | 1,388,640 |
| 2007（ 19） | 1,270,568 | 82,692 | 1,353,260 |
| 2008（ 20） | 1,240,188 | 76,920 | 1,317,108 |
| 2009（ 21）(予算) | 1,202,639 | 78,380 | 1,281,019 |
| 2010（ 22）(予算) | 1,135,492 | 79,464 | 1,214,956 |

(注)　1．国民年金の積立金の残高は，基礎年金勘定分を除いた額である．
　　　2．厚生年金の積立金は特別会計の積立金であり，厚生年金基金の代行部分は含まれていない．
　　　3．2001年度以降の積立金には年金資金運用基金への寄託金を含む．
　　　4．2006年度以降の積立金には年金積立金管理運用独立行政法人への寄託分を含む．
　　　5．各年度における積立金の残高には，当年度の歳入歳出差引き残を含めている．
　　　6．端数整理のため計が一部不一致である．
　　　7．2010年度は第3四半期末における時価総額である．
(出所)　『平成22年度　厚生労働白書』246ページ．

### (2) 国債市場と公的年金基金の地位低下

国債残高は，表5-8にみられるように，民主党政権となって1年半の2010年末までの間に，長期債，短期債を合わせて877兆2,000億円にまで拡大した．これに対して公的年金の国債保有額は，先にみたような積立金残高の減少に伴って減少している．一方で国債残高は急増しているのであるから公的年金の国債の保有比率を低下させるものとなる．

表5-8にみられるように，この間，ゆうちょ銀行も，かんぽ生命も国債保有額を減少させている．またこの間のリーマンショック前後の金融緩和政策の下で国債保有額を増加させたが，2010年に入っての円高，民間資金需要の低迷，そして金融緩和の中で，民間金融機関の国債保有が急増し，日本銀行は，むしろ国債保有額を急速に減少させている．

このような中で，公的部門による国債保有比率は2009年末からさらに低下して，40.3％にまで低下しているのである．2002年度末に事実上の公的部門が57％に達していたことからすれば，直近の2010年末までにじつに17％ポイントも低下しているのであるが，この間の財政投融資改革とゆうちょ銀行，かんぽ資金，および公的年金資金の資金運用部預託の廃止は，資金運用部を通じた国債保有を低下させているだけではなく，個々の機関においても，資金量の低下とあいまって，国債保有の位置づけを低下させてきたことがわかる．

### (3) 運用ポートフォリオの特性と運用結果

こうした中で公的年金基金の国債を中心とする運用特性とその成果はどのようになっているであろうか．

すでに述べたように，2004年改革で設立が決まり2006年度から年金資金運用基金を継承して資金運用を担当することになった年金資金管理運用独立行政法人（以下，管理運用法人）の資産分配政策は，それまでの資産種類の比率を明示することをやめ，年金基金運用機関の自己責任の下で，成熟度やリスク許容度を勘案して，自己の財政状態にふさわしい資産構成とすることとなった．しかし実際の運用では，管理運用法人が策定した資産構成割合（「基本ポートフォ

表 5-7　公的年金の資産種類別運用資産残高・

| 年　　　度 | | 運用資産合計 | 国　内　債　券 | |
|---|---|---|---|---|
| | | | 合　計 | 市場運用 |
| 2001（平成 13） | 運用資産残高（億円） | 386,014 | 262,811 | 143,673 |
| 2002（　　14） | | 502,143 | 348,424 | 162,269 |
| 2003（　　15） | | 703,411 | 474,814 | 252,012 |
| 2004（　　16） | | 872,278 | 608,573 | 322,115 |
| 2005（　　17） | | 1,028,714 | 665,780 | 349,242 |
| 2006（　　18） | | 1,145,278 | 737,522 | 441,997 |
| 2007（　　19） | | 1,198,868 | 855,237 | 569,443 |
| 2008（　　20） | | 1,176,286 | 869,775 | 618,887 |
| 2009（　　21）（予算） | | 1,228,425 | 829,679 | 623,923 |
| 2010（　　22）（予算） | | 1,162,720 | 796,668 | 605,140 |
| 2001（平成 13） | 運用収益（億円） | -5,874 | 2,087 | 1,397 |
| 2002（　　14） | | -24,530 | 8,079 | 6,732 |
| 2003（　　15） | | 48,916 | -1,761 | -3,452 |
| 2004（　　16） | | 26,127 | 8,699 | 6,415 |
| 2005（　　17） | | 89,619 | -2,008 | -4,832 |
| 2006（　　18） | | 39,446 | 11,743 | 8,701 |
| 2007（　　19） | | -55,178 | 20,387 | 17,165 |
| 2008（　　20） | | -93,481 | 11,889 | 8,700 |
| 2009（　　21）（予算） | | 91,850 | 15,191 | 12,279 |
| 2010（　　22）（予算） | | -84,324 | 15,447 | 13,033 |
| 2002（　　14） | 運用収益率（％） | -1.4 | 0.7 | 1.1 |
| 2003（　　15） | | 2.0 | -0.1 | -0.4 |
| 2004（　　16） | | 0.8 | 0.4 | 0.6 |
| 2005（　　17） | | 2.4 | -0.1 | -0.4 |
| 2006（　　18） | | 0.9 | 0.4 | 0.5 |
| 2007（　　19） | | -1.2 | 0.6 | 0.8 |
| 2008（　　20） | | -2.0 | 0.3 | 0.4 |
| 2009（　　21）（予算） | | 1.9 | 0.4 | 0.5 |
| 2010（　　22）（予算） | | -1.8 | 0.5 | 0.5 |
| 2001〜2009 年度通期 | | 1.36 | 1.67 | 1.40 |

(注)　1．国民年金の積立金の残高は，基礎年金勘定分を除いた額である．
　　　2．厚生年金の積立金は特別会計の積立金であり，厚生年金基金の代行部分は含まれてい
　　　3．2001 年度以降の積立金には年金資金運用基金への寄託金を含む．
　　　4．2006 年度以降の積立金には年金積立金管理運用独立行政法人への寄託分を含む．
　　　5．各年度における積立金の残高には，当年度の歳入歳出差引き残を含めている．
　　　6．端数整理のため計が一部不一致である．
　　　7．2010 年度は第 3 四半期末における時価総額である．
(出所)　厚生労働省『平成 21 年度年金積立金運用報告書』より作成．

運用収益・運用収益率の推移（各年度）

(単位：億円，%)

| 財投債 | 国内株式 | 外国債券 | 外国株式 | 短期資産 |
|---|---|---|---|---|
| 119,138 | 68,251 | 13,459 | 38,203 | 3,291 |
| 186,155 | 73,818 | 25,458 | 44,676 | 9,766 |
| 222,801 | 120,019 | 39,520 | 59,255 | 9,804 |
| 286,458 | 124,234 | 57,923 | 81,500 | 49 |
| 306,538 | 189,789 | 75,515 | 107,617 | 13 |
| 295,525 | 190,676 | 90,694 | 126,376 | 10 |
| 285,794 | 137,923 | 96,641 | 109,057 | 9 |
| 250,888 | 113,986 | 100,135 | 90,781 | 1,608 |
| 205,756 | 147,497 | 101,449 | 132,523 | 17,277 |
| 191,528 | 137,127 | 90,250 | 120,984 | 17,690 |
| 690 | −10,174 | 545 | 1,931 | −44 |
| 1,347 | −20,452 | 2,882 | −14,680 | 1 |
| 1,691 | 39,869 | −105 | 10,912 | 1 |
| 2,284 | 2,119 | 5,222 | 10,087 | 0 |
| 2,824 | 63,437 | 4,843 | 23,348 | 0 |
| 3,042 | 889 | 8,002 | 18,804 | 8 |
| 3,222 | −53,323 | −483 | −21,765 | 6 |
| 3,189 | −50,613 | −6,213 | −48,547 | 3 |
| 2,912 | 33,510 | 1,315 | 41,824 | 10 |
| 2,414 | −40,590 | −12,157 | −47,027 | 2 |
| 0.2 | −7.2 | 3.7 | −8.9 | 0.0 |
| 0.2 | 10.3 | −0.1 | 5.2 | 0.0 |
| 0.2 | 0.4 | 2.7 | 3.6 | 0.0 |
| 0.2 | 10.1 | 1.8 | 6.2 | 0.0 |
| 0.3 | 0.1 | 2.4 | 4.0 | 17.4 |
| 0.3 | −8.1 | −0.1 | −4.6 | 15.8 |
| 0.3 | −10.0 | −1.6 | −12.1 | 0.1 |
| 0.3 | 6.4 | 0.3 | 9.4 | 0.0 |
| 0.3 | −7.1 | −3.2 | −9.3 | 0.0 |
| 1.03 | −1.71 | 5.11 | 0.44 | 1.67 |

ない．

表 5-8 主要部門による国債保有比重の推移

| 各年度末 | 1990 (%) | 1994 (%) | 1998 (%) | 2002 (%) | 2006 (%) | 2009 (%) | 2009 (兆円) | 2010 (%) | 2010 (兆円) |
|---|---|---|---|---|---|---|---|---|---|
| 郵便貯金 | 3.5 | 6.0 | 8.3 | 14.2 | 20.7 | 18.9 | 155.9 | 17.0 | 149.3 |
| 簡易保険 | 0.5 | 2.8 | 5.7 | 9.1 | 8.9 | 8.2 | 67.6 | 7.8 | 68.1 |
| 財政融資資金・公的金融機関 | 31.4 | 24.5 | 24.4 | 12.2 | 3.6 | 0.3 | 2.9 | 0.8 | 6.9 |
| 中央・地方政府 | 0.7 | 1.2 | 1.0 | 0.4 | 0.1 | 1.3 | 10.5 | 2.0 | 17.6 |
| 公的年金 | 2.3 | 3.4 | 3.1 | 6.5 | 9.8 | 9.6 | 79.1 | 8.5 | 74.8 |
| 日本銀行 | 7.1 | 8.1 | 11.8 | 14.8 | 10.5 | 8.8 | 73.0 | 4.1 | 36.3 |
| 以上広義の公的部門計 | 45.5 | 46.0 | 54.3 | 57.2 | 53.6 | 47.0 | 389.0 | 40.3 | 353.0 |
| 家計 | 4.9 | 3.3 | 2.1 | 2.4 | 5.0 | 4.2 | 35.0 | 3.8 | 33.0 |
| 海外 | 2.9 | 4.3 | 8.1 | 3.4 | 6.3 | 6.2 | 51.1 | 6.4 | 56.2 |
| その他 | 46.7 | 46.4 | 35.5 | 37.0 | 35.1 | 42.5 | 351.7 | 49.5 | 435.0 |
| 合　計 | 100.0 | 100.0 | 100.0 | 100.0 | 100.0 | 100.0 | 826.8 | 100.0 | 877.2 |

(注) 1. 2009年は，暦年末データ．ただし，郵貯，かんぽは各年度末データを採用した．
2. 2010年は，9月30日現在のデータ．
(出所) 日本銀行，資金循環勘定，郵貯・かんぽディスクロージャー誌，決算資料などにより作成．

リオ」）を含む運用方針を含む中期計画に基づいて，信託銀行との信託契約（運用方法を特定しないもの），投資顧問会社での投資一任契約，および株式を除いての直接的な有価証券売買などの方法に基づいて行われる．また厚生労働大臣が管理運用法人が達成すべき運用利回りや業務運営の効率化などの業務運営に関する目標（中期目標）に基づいて指示しており，独立行政法人評価委員会（「独法評価委員会」）が管理運用法人の業務の実績について評価を行うこととなっている．また運用委員会が基本ポートフォリオに基づく運用が，ベンチマークと大きく乖離していないか監視することになっている．

　まず管理運用法人による運用資産の構成は，前掲表 5-7 に示されたとおりであるが，結果としての年金積立金全体（継承資産の損益を含む）の運用実績は，

表 5-7 の下段に示されるように，自主運用が開始された 2001 年度からの約 10 年間の累積収益額で 22 兆 9,000 億円にのぼり，通期の収益率は 1.77％となっている．

その運用資産種類別の運用成果の内訳を通期の平均収益率でみると，市場運用分は 1.67％，財投債引き受け分は 1.03％，そして財政融資資金への預託分が 1.74％となっている．市場金利連動となっているとはいえ，人為的な政策金利である財政融資資金の預託金利を除けば，結果として市場運用分の方が収益額も収益率も高い．市場運用収益の内訳をみると，通期では結果として外国債券の収益率が 5.11％と高いが，国内株式での運用収益は，2002 年の株価の底，リーマンショックなど，度重なる株価下落の影響で－1.71％となっている．結果として 2009 年度までの自主運用資産全体では 1.36％の利回りとなっている．

ただし世界的な株価下落と円高に見舞われた 2010 年度の 3 つの四半期合計では，国内外の株式，外国債券のすべてが巨額の赤字で，国内債券の運用収益を加えても，市場運用資産全体で 2008 年度に匹敵する 8 兆 4,000 億円超の損失を計上している．これは，2001 年度からの 9 年間の自主運用収益，11 兆 6,000 億円の大半を帳消しにするものである．

2009 年度までの運用結果について，独立行政法人評価委員会は，年平均 1.67％，過去 4 年間でも 0.50％と，財政再計算および財政検証上の前提を上回っているとしている[17]．しかし 2010 年度を入れると，運用結果は年金財政計算での予定運用利率の改正前の 3.2％，改正後の 4.1％を下回る水準となることが予想される．

この中で，結局，国債は，総資産の約 3 分の 2 を占める最大の運用対象として，唯一マイナスの運用結果を出すことなく，安定的な運用結果を示しているのである．

以上のような運用結果は，ベンチマークとの差も極端な形では現れていない．しかし経済，金融情勢自体が正常とはいえない状況下で，市場に翻弄され続けるのでは，公的年金もまた単なる市場プレーヤーの 1 つに過ぎないということになる．したがって資金運用機関として，単に「長期，安全，かつ効率的

な運用を行うため，……分散投資」にとどまらず，事実上の公的機関として，日本の資金循環システムにおける独自の役割を位置づけることも重要な課題の1つであると考えることができる．すでに，国債市場でも保有シェアを低下させ，安定的な消化機関になれないばかりか，年金財政の状況いかんによっては，逆に国債市況を悪化させかねない要因となる可能性もある中で，むしろ国債管理政策との間の整合性をも維持しながら，また日本の長期金利の急上昇の阻止を最優先課題としながら，経済，金融状態の正常化に向かってのシナリオ作りが求められているといえよう．

## 5．国債市場隔離と年金国債の導入の意義

年金基金の資金運用の長期的な特性を考慮しつつ，また国債管理政策のみならず，現在の日本の資金循環システムを維持する特性との関連で検討しなければならない1つの論点は，諸外国でも長期にわたって維持されてきた，年金基金の資金運用対象として国債を明確に位置づけるという点である．いま1つは，年金資金の運用対象として，国債の商品特性そのものに独自の工夫を加える可能性である．

そこで以下では，すでに述べた対外バランスの維持，およびそれと表裏の関係にある外需，内需両面でのバランスある成長戦略の明確化，それに対応した年金財政を高齢者雇用を軸として再建するシナリオを前提として，国債管理政策に関して，市場隔離政策の意義を明確にした政策スタンスの明確化への転換の可能性と年金国債の導入による改善を試論的に述べてみたい．

(1) 市場隔離政策の正当な位置づけ

まずわが国の国債管理政策は，1970年代までの市場隔離政策から国債の大量発行に伴う金融の自由化の流れの中で，市場化政策として特徴づけられ，また位置づけられてきた．その下では国債は，基本的には市中において市場原理に基づいて消化され，引き受けられるべきであり，人為的な金利規制や非市場

ルートの活用は，否定されるべきものとして捉えられてきた．またこのような市場化は，累積国債の金融市場に対する悪影響を回避すると同時に，国債の多様化を通じた市場の効率化，国債管理政策や金融政策の有効性も高めるものとして推奨されてきた[18]．

実際，国債種類の多様化の推進は，一方で国債取引の指標銘柄への集中による金融市場における利回り形成の歪みを是正し，市場の効率性を高めるものとして主張され，他方では国債市場の参加者の多様化を通じて，奥行きと間口を拡大することによって，直接には国債の満期構成の調節を通じた国債管理政策の有効性を高めると同時に，金融政策の波及効果を高めるものとして推進されてきた[19]．

しかしながら国債管理政策は，単に国債の満期構成を調整することにとどまらず，一体，誰にどのような形で国債を消化し，保有させるのかといった国債消化政策や保有構成政策をも含むことは，すでに自明のこととなっているように思われる．そして現実の国債保有構造の変化をみると，特に1990年代以降は，国債発行額の増加の中で，むしろ公的部門による国債保有額が，全国債残高のほぼ半分近くを占めるという「操作」，「調整」が行われてきたことが事実としてみて取れるのである[20]．

ここで年金積立金運用報告書などでも常に引き合いに出されるのがアメリカの公的年金基金（老齢・遺族・障害保険制度，OASDI）で，その資産残高は，2010年9月末で2.6兆ドルに達している．

アメリカの連邦老齢遺族年金基金（OASDI）を含む社会保障基金は，連邦政府の財政制度としては，国民の財産を預かるいくつかの信託基金（Trust Funds）勘定として位置づけられ，わが国の一般会計に相当する連邦基金（Federal Fund）と区別されて，いわゆる統合予算（unified Budget）収支からも除外されている．この信託基金勘定の残高，4.5兆ドル（90円換算で400兆円）の全額が非市場性の連邦政府債で運用され，連邦政府債残高13兆5,300億ドル弱のうちの33.3％に達しているのであるが，そのうちのほぼ半分の2.6兆ドルがOASDIの保有分である[21]．しかもOASDIの資金運用を担当する運営理事

には，財務長官も職務上の理事として運営に関与しているのである．

こうしたアメリカの政府勘定による巨額の国債保有は，巨額の国債が累積した第2次世界大戦直後にあって，一方でインフレ高進下で，「ニア・マネー」となる市場性国債の絶対額を劇的に減少させると同時に，他方では財務省の国債借換時における連邦準備の国債価格を目標とした買いオペ政策をやめるという財務省と連邦準備との間の1951年「アコード」を可能にした政策の一環をなしていた．その政策とは，連邦財政の中で信託基金勘定で積み立てられていた公的年金基金などに連邦政府債を特別発行（special issues）の形ではめ込む政策であり，それは，その後も一貫して国債残高の一定部分を市場から隔離する政策の出発点となったのである（表5-9）．

戦後アメリカの国債管理政策については，当然のことながら「アコード」以降，市場性国債をめぐる財務省と連邦準備の政策に焦点が当てられてきた[22]が，非市場債についてはあまり光が当てられてこなかった．しかしながらアメリカで連邦政府債が市場債と非市場債とに明確に分けられ，非市場債が政府債務残高のかなりの部分を占め続けてきたこと，そしてその位置づけについては，歴代の政権の下で『予算書』においても，繰り返し明記されてきたことでもある[23]．

すなわち今日，アメリカの連邦政府が管理するOASDIなどの信託基金勘定による国債保有の比重が30〜40％に達するという事実は，政府金融機関や公的年金基金などの信託基金勘定を利用した国債の市場隔離政策であるといってよいであろう[24]．

縦割り行政と呼ばれるように，日本の行政運営では，省庁間の「独立性」，「分立性」が強く，それらの間の調整については，理念や政策目的を明示することなく，「阿吽の呼吸で」省庁間の利害調整が行われ，また政権党との間でも同様の利害調整が行われてきた歴史があるように思われる．

しかしながら，機関投資家としてみても巨大な国債保有機関である公的年金基金が，その運用資金の長期的な性格に鑑みても，国債保有機関として最も適合性を有しているのはいうまでもない．ところが公的年金，基礎年金の給付原

第5章 財政危機下の年金資金運用と国債管理　173

表5-9　アメリカの連邦政府債残高・連邦政府関連保有・市場債・FRB保有の推移

(100万ドル) (%)

| 年度末 | 連邦政府債総額 | 政府関連保有 | 市場債 合計 | 市場債 FRB保有 | 市場債 その他 | 連邦政府債総額 | 政府関連保有 | 市場債 合計 | 市場債 FRB保有 | 市場債 その他 |
|---|---|---|---|---|---|---|---|---|---|---|
| 1940 | 50,696 | 7,924 | 42,772 | 2,458 | 40,314 | 100.0 | 15.6 | 84.4 | 4.8 | 79.5 |
| 1945 | 260,123 | 24,941 | 235,182 | 21,792 | 213,390 | 100.0 | 9.6 | 90.4 | 8.4 | 82.0 |
| 1950 | 256,853 | 37,830 | 219,023 | 18,331 | 200,692 | 100.0 | 14.7 | 85.3 | 7.1 | 78.1 |
| 1960 | 290,525 | 53,686 | 236,840 | 26,523 | 210,317 | 100.0 | 18.5 | 81.5 | 9.1 | 72.4 |
| 1970 | 380,921 | 97,723 | 283,198 | 57,714 | 225,484 | 100.0 | 25.7 | 74.3 | 15.2 | 59.2 |
| 1980 | 909,041 | 197,118 | 711,923 | 120,846 | 591,077 | 100.0 | 21.7 | 78.3 | 13.3 | 65.0 |
| 1990 | 3,206,290 | 794,733 | 2,411,558 | 234,410 | 2,177,147 | 100.0 | 24.8 | 75.2 | 7.3 | 67.9 |
| 2000 | 5,628,700 | 2,218,896 | 3,409,804 | 511,413 | 2,898,391 | 100.0 | 39.4 | 60.6 | 9.1 | 51.5 |
| 2005 | 7,905,300 | 3,313,088 | 4,592,212 | 736,360 | 3,855,852 | 100.0 | 41.9 | 58.1 | 9.3 | 48.8 |
| 2006 | 8,451,350 | 3,622,378 | 4,828,972 | 768,924 | 4,060,048 | 100.0 | 42.9 | 57.1 | 9.1 | 48.0 |
| 2007 | 8,950,744 | 3,915,615 | 5,035,129 | 779,632 | 4,255,497 | 100.0 | 43.7 | 56.3 | 8.7 | 47.5 |
| 2008 | 9,986,082 | 4,183,032 | 5,803,050 | 491,127 | 5,311,923 | 100.0 | 41.9 | 58.1 | 4.9 | 53.2 |
| 2009 | 11,875,851 | 4,331,144 | 7,544,707 | 769,160 | 6,775,547 | 100.0 | 36.5 | 63.5 | 6.5 | 57.1 |
| 2010 | 13,528,807 | 4,509,867 | 9,018,941 | 811,669 | 8,207,272 | 100.0 | 33.3 | 66.7 | 6.0 | 60.7 |
| 2011* | 15,476,243 | 4,619,793 | 10,856,450 | N/A | N/A | 100.0 | 29.9 | 70.1 | N/A | N/A |

(資料) US. OMB, *Historical Tables, Budget of the US. Government* より作成。

資の半分が国庫によって支給されることが明記されている一方で,資金運用原則については,公的年金資金の資金運用部への預託義務が廃止された以降は,財投債の引受けについて「経過措置」という表現でのみ満期保有が規定される一方で,その「もっぱら被保険者の利益のために」とだけ位置づけられており,その社会的な役割に全く触れない現状は,奇妙なことでもある.

そしてまた,年金資金の市場運用の対象として,たまたま「安全資産」としての国債が選択されているという位置づけが,逆に常に時価評価を義務づけることにもなり,「将来の年金給付の原資が,金利＝価格変動の生じうる市場債を大量に保有することの危うさ」として指摘される根拠にもなっているのである.

とすれば,ことはむしろ,企業年金は別としても,公的年金による国債への資金運用について,少なくとも満期保有を明記することによって,国債の市場隔離機能を明記することにも合理性があることを示しているように思われるのである[25].

(2) 年金国債の可能性

以上のような公的年金による市場隔離政策を前提に,発行国債の種類として年金国債の導入を検討することにしたい.年金国債は,年金基金の運用対象として最も適しており,既発国債をそれに借り換えることによって,償還年限の長期化を計ると同時に財政負担をも軽減し,また長期運用型の投資家に対しても通常の普通国債に比べて利回りが高いという特徴を持つといわれる.

年金国債に関するわが国の先行研究は,イギリスの国債管理政策に造詣の深い日本証券経済研究所の須藤時仁の論文にほぼ限定されるが[26],この国債は,須藤氏によれば,償還期限の長期化と財政負担軽減というメリットと,投資家にとっての相対的高利回りというメリットとを,同時に生かすことができるとされている.なぜ財政負担の軽減＝発行主体のコスト抑制と投資家の利回り(リターン)向上という二律背反的なことが可能になるのか.須藤氏のイギリス・モデルに依拠して検討してみよう.

1) 年金国債のイギリス・モデル

まず年金国債の通常の利付国債と比べた特徴をみると，図5-3に示されるように，元本が毎期償還され，名目ベースでの元利支払い（キャッシュフロー）が一定になる形式のものとなっている．投資家にとってのキャッシュフロー特性は，元利金等返済方式の住宅ローンのそれと同じ，定期償還条項付き債券ということになるのであるが，そのことによって当初利子の利回りが高く，またそれに応じて，超長期の国債の発行が可能になるということになる．一方，投資家からみると，年金支払いの頻度は，住宅ローンのように毎月でも設定でるので，年金給付のモデルに合わせた発行国債の設計も可能となるというものであ

図5-3 年金国債の特徴

① 一般的特徴
  ・ DMOが提案した年金国債
      当該国債の発行から償還までの全期間に亘り，名目ベース（物価連動型の場合には実質ベース）において全てのキャッシュフローが一定となる（超長期）国債（図表略）
  ・ 基本的仕様（別図・略）
② 固定利付債との比較
  （ⅰ）財政負担
    （a）年金国債の方が利付国債よりも財政負担が軽く，その程度は年限Tが長いほど大きくなる
    （b）利付国債と比べた年金国債の財政負担軽減率
        年限　T＝50，クーポン・レート　Y＝0.01　⇒　15.3％軽減
        年限　T＝50，クーポン・レート　Y＝0.05　⇒　21.4％軽減
  （ⅱ）デュレーション（パー・ボンドを想定）
    （a）一般的に，年金国債のほうが利付国債よりデュレーションが短く，毎年のデュレーションの減少は大きい
    （b）利付国債と比べた年金国債のデュレーションとその年間変化
        年限　T＝50，クーポン・レート　Y＝0.05のとき
                  デュレーション（D）
        利付国債　　　37.530
        年金国債　　　31.750

（出所）須藤時仁，前掲講演記録の一部を抜粋．

る.

より具体的に須藤氏が紹介しているイギリスの案でみると,年2回の元利返済方式で50年満期の年金国債を,同一の年限とクーポンレートの利付国債と比べると,クーポンレートが1％の場合には,年金国債の総財政負担の方が15.3％軽減され,クーポンレート5％では年金国債の方が21.4％軽減される試算となっている.

また額面発行を想定したデュレーションについても,年限50年,クーポンレート5％の場合で,利付国債37.5年に比べて,年金国債31.8年というように,年金国債の方が短く,また毎年の変化率も利付国債で0.18年,年金国債で0.32年減少するというように,年金国債にメリットが認められているのである.

2） 年金国債の有効性と問題点

このようにみると,発行体である政府からみたメリットは,第1に,定期的な元本償還条項が付いているという意味で,減債基金と同様の債務圧縮効果があり,第2には,同年限,同利回りの利付国債に比べて総償還負担が軽いこと,さらに第3には利付国債に比べてデュレーションが短いために,金利リスクも回避できることになる.

また投資家からみても,第1に毎期の元本償還に伴う信用リスクが軽減されること,第2には,満期に元本が一括償還されないかわりに,毎期の受取額が利付国債に比べて大きくなり(年限50年,クーポンレート5％の場合の年金国債の名目受取額は,利付国債に比べて10％程度大きい),確定利付債で,定期分配型投資信託投資家を選好する投資家にとっては適合的な債券であるともいえる.また第3には,デュレーションが相対的に短く,減少速度も大きいことは,インフレリスク,金利変動リスクへのヘッジ効果も併せ持つということになるのである.

以上のようなメリットがある一方で,最大の問題点は,流動性が低い可能性が高いということである.2004年にイギリスで導入が見送られた理由もここにあるが,流動性がないと発行した年金国債をベンチマーク債にすることがで

きないので，発行金利に流動性プレミアムがつき，むしろ発行コストの上昇につながる可能性が問題となったのである．

　イギリスの場合，人口の高齢化に伴って年金基金や保険会社から超長期国債への需要が強まる中で，超長期50年債の発行方式の1つとして，市場型の年金国債が想定された．市場型では，当然，市場金利での発行，流動性の確保といった要請に基づく種々の条件整備が必要となる．

　これに対して日本の場合には，すでに述べたように公的年金資金の少なくとも一定部分を非市場的なレベルで，市場隔離的に運用する際に，年金国債を選択することが考えられる．そのことによって，年金国債の最大の弱点である低流動性という特質を利用して，むしろ満期保有を前提として保有することが選択しうることになる．

　2011年度の国債発行予定額は，借換債の102兆円を含めて162兆円に達し，国債管理政策の主な施策として30年・40年満期の超長期債の発行総額が各5.6兆円，1.6兆円ずつ予定されている．しかし現在の国債の償還制度それ自体が，建設国債をはじめとして60年償還方式となっており，これもまた国債残高の累増の重要な要因の1つともなっているのである．その意味で10年国債の満期時6分の1ずつの償還，残りの部分の借り換えという事態は，事実上の巧妙な「永久国債」の道を歩んでいることを示すものでもある．しかしながらこうした償還・借換政策には，長期金利の上昇リスクという重大なリスクが伴うことになる．だとすれば，すでに計画されている超長期債の中に，年金国債を加えることも考えられる．その場合，そのような規模で，そのような内容のものが相応しいのか，またそれによってどのような効果がでるのか，また問題点は何か．なお詳細に検討せねばならない点は多いが，大いに検討に値する対象であると考えられる．

## 6．むすび

　以上，本章では，国民年金と厚生年金保険を中心に公的年金財政の収支悪化

と年金積立金の取崩しの現状について検討するとともに，その資金運用政策の変遷を俯瞰した．特に2000年代に入っての資金運用部への預託義務の廃止と財政投融資の原資としての位置づけをやめたことを契機に，国債保有も財投債を除いて，基本を全額市場運用とした結果，国債管理政策の一翼を担うという性格づけが全く失われてしまったという問題点を指摘した．

しかし全額市場運用が決まった2001年度以降の運用結果をみても，度重なる世界的な規模での経済・金融危機という環境下で，むしろ国内株式の運用成果は赤字となっており，結果として運用総資産のうち6割以上は国債に向けられていることも明らかである．そうだとすれば公的年金による国債運用は，現在のような市場運用というよりも非市場債として保有することも十分ありうることであり，事実アメリカでも他ならぬ年金基金が非市場性国債を満期保有を基本に保有しており，事実上総国債残高の30～40％が市場隔離的な国債管理政策に基づいて遂行されていることが示された．また以上のような市場隔離的な国債管理政策に最も適合的な国債の1つは，年金国債であると考えられるということを試論的に述べた．

こうして年金資金の運用問題は，年金制度全体の問題の一部に過ぎないし，また国債管理政策における年金国債の導入もまた国の財政制度全体の一部に過ぎず，年金国債に自動償還制度も，年金国債それ自体の借換ということになれば，必ずしも国の財政規律の回復に貢献するとはいえない．

しかし公的年金による国債運用問題は，まずは，将来における年金給付に貢献する原資の1つとして，制度的に国民の貯蓄性資金をいかに運用するかという問題であるが，それにとどまらず，その運用対象は諸外国にも類例をみない水準に累積した国債を対象としており，しかも年金基金がゆうちょ銀行やかんぽ生命と並ぶ巨大な国債保有機関として国債の市場隔離機能の一角を構成していることから，国債管理政策の一環として，さらには国の資金循環バランスの維持政策の一環として捉える視点がますます重要になっていると考えられる．筆者は，先に2000年代の公社化，民営化の下でのゆうちょ資金の国債運用のあり方について論じた．そこでは，ゆうちょ銀行の資金運用において，国債管

理政策の一翼を担うことが認められるにしても，公社化，民営化過程においては，その資金源泉の性格からみて，中期債，短期債保有に過度にシフトしている嫌いがあり，その金融仲介機関の特性からして，より長期債にシフトした運用を行うべきことを主張した．そしてそのことは，結局は，ゆうちょ資金の運用収益を増加させるとともに，国債の市場隔離機能を高めることになることを指摘した[27]．

2000年代に入っての郵政事業の公社化，分割民営化の下で，「逆郵貯シフト」や「かんぽ生命の業務縮小」が進み，その中で公的年金に対する国債保有には大きな期待がかけられた．しかしその公的年金も財政悪化に伴って国債の引受，保有能力を急激に低下させている．

ゆうちょ銀行が「民営化」後も国債運用を中心とし，短期債に過度にシフトしているにもかかわらず，それなりに黒字を維持しているのは，超低金利状態の下での預金コストの劇的な低下によるところが大きい．これに対して公的年金資金の国債運用を考える場合，その原資がゆうちょ銀行以上に長期的な性格を有しているがゆえに，長期的な資金運用を基本的な運用政策とすることは当然である．同時にそれは，年金財政の一環を担い，最終的には年金受給原資としても貢献することにもなると考えられる．

すでに触れたとおり，今日の財政危機の下で喫緊の課題となっているのは，内外の金融バランスを維持しながら，かく乱要因をできるだけ小さくしながら，日本経済の再生策を推進することにある．そのひとつの柱である公的年金の運用政策の方向は，国債の市場隔離政策をむしろ強めること，年金国債の導入を検討することであると考えられる．

1) 「積立金6.4兆円取崩し」，『日本経済新聞』，2011年4月24日付．昨年末（2010年末）の公的年金の積立金残高116兆円という金額は，わずか5年前の2005年度末の残高150兆円から22％以上もの目減りとなっている．
2) また今次の東日本大震災からの復興ついては，小出しの財政支出やその原資を賄うための増税や公務員給与の1割削減といった経済をシュリンクさせる政策ではなく，あくまでもデフレ的な経済収縮を大きく逆転させる復興政策が必要であり，そ

のための原資としては，「例外中の例外」として，時期を限定した震災復興債とその国債の日銀引き受け」も検討されねばならないのかもしれない．ここでは，累積国債問題を転換させる国債発行政策の1つとして年金国債を取り上げ，その財政負担軽減効果と年金基金による年金保有の利回り上の効果を検討することとしたい．

3) US Office of Management and Budget, *Analytical Perspectives, Budget of the US Government, FY 2012,* pp. 68-70. 須藤時仁「〔講演〕国債管理政策と年金基金の導入について」，財団法人日本証券経済研究所『証券レビュー』，第46巻第9号，2006年9月，54ページ．

4) 日本銀行『資金循環勘定』，ゆうちょ銀行『ディスクロージャー誌』，かんぽ生命『ディスクロージャー誌』による．

5) 西澤俊雄「リバースモーゲージに関する一考察」，中央大学大学院2007年度修士論文，2008年3月．

6) 年金制度改革に関する諸議論の代表格に，鈴木亘『社会保障の不都合な真実』，日本経済新聞社，4章，年金数理計算の問題に踏み込んだ詳細な議論として盛山和夫『年金問題の正しい考え方』，中公新書，2007年6月などがある．

7) 40年加入の第1号保険者を掲出．『平成22年版　厚生労働白書』，238ページ．

8) 畠中亨「財政指標で見る基礎年金」，『中央大学経済研究所年報』，第37号，2006年10月．

9) 『日本経済新聞』5月9日付記事．2010年度の国民年金の納付率は，2月末までの累計で58.2%にとどまり，過去最低の更新は確実となっている．また低所得を理由に保険料の納付を免除されている人も増えており，第1号被保険者のうち全額免除者は2月末で28.3%に達しており，免除者も分母に入れた実質納付率は，2006年度に50%を割ってから下がり続け，2009年度は43.4%まで低下し，「負担の空洞化」が進んでいる．

10) 厚生年金の保険料負担は，平成29年以降はさらに18.30%にまで引き上げられることになっている．厚生労働白書，240ページ．

11) 河村健吉「年金改革をどう見るか」，『経済』，No.201，32-33ページ．

12) 吉原健二『わが国の公的年金制度―その生い立ちと歩み―』，中央法規，2004年，188-195ページを参照．

13) 龍昇吉『現代日本の財政投融資』，東洋経済新報社，「前掲拙稿」3-3　財政投融資の一般会計依存を参照されたい．

14) 管理運用法人の資金運用では，厚生労働大臣が任命し，有識者からなる運用委員会が，管理運用法人の理事長が策定した中期計画の審議や資金運用状況を監視する他，厚生労働省の評価委員会が，管理運用法人の業務実績に関する評価を行い，役員などの人事，報酬に反映させることとなっている．管理運用法人ホームページを参照．

15) 拙稿「郵貯資金による国債運用のあり方を考える―「民業圧迫」・「国債塩漬け機関化」論を超えて―」，中央大学経済研究所年報，第41号（2010），92ページを参照されたい．
16) そしてこうした運用スタンス基本は，国債が少なくとも信用リスクがない安全資産の1つとみる一方，1990年代末以来の超低金利の継続の中で，資金運用利回りの急低下を招き，また既発債券のキャピタルゲインの一時的な発生によって，若干の埋め合わせをするという運用結果に落ち着くと考えられる．また景気回復や金利水準の正常化の下でむしろ予想されるキャピタルロスの発生の前に，評価損を回避するとすれば，結局，逆鞘を享受しながら満期保有政策に移行せざるをえないという側面も有していると考えられる．
17) 「平成21年度財政検証」による運用利回りなどの前提は，平成27年度以前について，実質的な運用利回りを1.42％としている．厚生労働省『平成21年度　年金積立金運用報告書』，3，26ページ．
18) 中島将隆『現代日本の国債管理政策』，東洋経済新報社，渡瀬義男「国債累増をめぐる諸問題」，国立国会図書館調査および立法考査局『レファレンス』，2009年6月号．
19) 財務省，各種国債管理レポートを参照．
20) 渡瀬義男，前掲論文，18ページ．
21) US. Officce of Management and Budget (OMB), *op.cit.*, pp. 62-64.
22) 戦後アメリカの国債管理政策については，中島将隆，前掲書の他，井田啓二『国債管理の経済学』，池島正則『戦後アメリカの国債管理政策』を参照されたい．
23) US. OMB, *op.cit.*, pp. 62-64.
24) US. OMB, *Historical Tables*, pp. 139-140.
25) 秋山義則「アメリカ州・地方公務員年金の資産運用と企業ガバナンス」（渋谷博史・首藤恵・井村進哉編『アメリカ型企業ガバナンス』東京大学出版会，2002年5月，第3章所収）は，年金基金のガバナンスという観点から，アメリカの公務員年金の資産運用がCalPERSなどの大規模基金を中心に株式の保有比率が高く，投資先に対し積極的に経営内容に発言（voice）し，一種の「社会的投資」的側面を有する動きとなる一方で，州政府のこの種の活動に牽制の動きもあることをも指摘している．また三和由美子「アメリカ機関投資家の対外株式投資と企業ガバナンス」（同書，第4章所収）も，1990年代以降のアメリカの機関投資家のヨーロッパを中心とする株式投資のグローバルな拡張の中で，企業アカウンタビリティを要求するアメリカ型の「株主民主主義」の普及がみてとれるとしている．
26) 須藤時仁，前掲講演記録を参照されたい．
27) 前掲拙稿を参照されたい．

## 第6章 金融政策と所得分配との関係について

### 1. はじめに

　まず，簡単なシミュレーションを行うことにしよう．

　わが国の3カ月以上6カ月未満の定期預金金利は，1995年以来の日本銀行による低金利政策の結果，1996年以降，1％を割り込んでいる．この間の平均金利は0.3％である．他方，同じ期間の家計金融資産の年平均額は，1,400兆円であった．いま，個人金融資産の50％が預金で保有されているとし，この間の定期預金金利が3％であったと仮定しよう．そうすると，家計は，日本銀行による低金利政策の結果，毎年，18.9兆円にも達する金利収入を喪失していた計算になる．

　これは，馬鹿にできない金額である．というのは，消費税1％分の収入は2.5兆円であるから，国民は，消費税率に換算すると，年々，7.5％分にも相当する金利収入を逸失していたことになるからである．1997年に，当時の橋本龍太郎首相が，消費税を3％から5％に引き上げた——くわえて，特別減税の廃止と医療費の改悪——だけで，たちまち景気が悪化し，1998年度の実質GDPがマイナスを記録したことを考えれば，これがいかに重要な内容を含んでいるかを，おおよそ推定することができるであろう．

　このようにいえば，この期間には消費者物価指数（全国，除く生鮮食品）がほぼマイナスになっていたのであるから，個人金融資産中の預金の購買力がそれだけ増加し，したがって，それが金利収入の目減りを補ったはずであるとの反論が寄せられるにちがいない．しかし，日本銀行調査統計局『金融統計月報』2011年1月号に当たってみると，2005年平均を100とした消費者物価指数は，

1996年度の100.7から2009年度の100.0へ，年平均にしてわずかに0.05％の下落率を記録しているに過ぎない．これが喧伝されるところのデフレの実態である．

　日本銀行政策委員会・金融政策決定会合は，2010年10月5日に，「包括的な金融緩和政策」の実施を決定し，その一環として，「『中長期的な物価安定の理解』に基づく時間軸の明確化」を謳いつつ，「日本銀行は，『中長期的な物価安定の理解』に基づき，物価の安定が展開できる情勢になるまで，実質ゼロ金利政策を継続していく」，旨を発表した．ここで，「中長期的な物価安定の理解」とは，2006年3月9日の量的緩和政策の解除時に，「新たな金融政策の枠組みの導入」という声明文の中で示されたものであり，その後，ほぼ1年ごとに点検が繰り返され，現在は，「消費者物価指数の前年比で2％以下のプラスの領域にあり，委員の大勢は1％程度を中心に考えている」，とされている．つまり，消費者物価指数が前年比で1％程度を安定的に上回ることが展望できる情勢になったと判断されるまで，実質ゼロ金利政策を継続していくというわけであるから，少なくとも今後2～3年はそれが維持されるものと考えてよいであろう．他方，おりしも，政府は，2011年6月末を目処に，税制および社会保障制度の一体改革にかんする成案を得ることを公約として発表している．そして，その中では，消費税の5％から10％程度への引上げが提示されることはほぼまちがいのない情勢にある．

　問題をこのように整理するならば，日本経済がデフレや不況から脱却し，物価安定の下での持続的成長経路に復帰することを目標にして遂行される日本銀行の金融政策じたいが，国民の所得分配関係に大きな影響を及ぼし，場合によっては，デフレや不況を深刻化し長期化させかねない側面を有しているという事実に，想いが至るであろう．

　いったい，日本銀行は，金融政策を運営するにあたって，所得分配問題をどのように位置づけるべきであろうか．日本銀行は，自らの政策が所得分配に与える影響にも配慮しつつ，金融政策を遂行するべきであろうか．あるいは，所得分配問題への対応はひとえに政府の責任であると割り切り，日本銀行は，金

融政策の遂行にあたって，この問題を考慮外におくべきであろうか．
　本章は，金融政策と所得分配の関係という，これまではあまり論じられることのなかったテーマに，試論的にチャレンジすることを課題とするものである．

## 2．篠塚審議委員と福井総裁の見解

　日本銀行の政策委員会メンバーの間で，金融政策と所得政策という問題が，全く認識されていなかったかといえば，必ずしもそういうわけではない．
　たとえば，篠塚英子審議委員（当時）は，2000年6月の日本金融学会春季大会（於中央大学）における講演「日本経済と日本銀行」の中で，以下のように指摘する．

　「私は，かねてより，ゼロ金利政策に関する副作用の一つとして，所得分配面の歪みを指摘してきました．一般的な経済理論では，『金融政策の目標は「物価の安定」であり，その結果，所得分配面に何がしかの影響を与えている可能性までは否定しないが，その是正は金融政策ではなく財政など所得再分配政策の役割である』とされているように思います．私も，こうした考え方は理解していますが，それでもなお，従来から金融政策が所得分配面にも影響を与えているという視点があまりにも軽んぜられてきたのではないか，という思いを拭えません．
　日本銀行では，超低金利政策が家計に与える影響について，① 超低金利政策は，家計の金利収入を低下させる一方，企業収益の改善を起点として，雇用・所得環境にプラスに効果を及ぼしている．そして，② 家計の可処分所得のうち，金利等から得られる所得は5％程度であるのに対して，雇用者所得は約8割を占めている．したがって，③ 差し引きすれば，超低金利政策のプラスの効果は家計にも及んでいる，と説明しています」．
　「しかし……，このところ，わが国気鋭の労働経済学者の間で『所得格差

論争』が盛んに行われているように，わが国の家計を概ね平均的に観察していれば事足りるという従来のアプローチに対する反省も起こり，分配問題に対する関心が一段と高まっているように思います．また，最近では，労働経済学のミクロ的な視点から，『ゼロ金利政策は，結果として，利得を得る者と損失を被る者との間における所得分配の問題に深く関わる』という見方も示されています．私の本来の専門分野は労働経済学ですので，こうした見方には共鳴を覚えます」．

なお，この講演は，「国民と悩みを共有できる中央銀行を目指して」というメッセージをその結びとしている．

これに対して，福井俊彦総裁（当時）は，2006年1月20日の記者会見の席上，ある記者からの質問，すなわち，「格差社会と言われる中で所得格差が広がっているかどうか，……実際に所得格差が広がっているとすると，以前にも言及されていたかと思うが，バブル崩壊後にゼロ金利を続けることにより，利子所得が減り所得移転が行われ，その結果利子所得者の所得がかなり減り，企業部門に所得が移転している状況が実際にあった．その観点で，今後金融政策を見ていく場合，配当所得が増える一方，利子所得が相変わらずゼロ近辺となっているが，こうした所得の不均衡という問題をどうとらえるか，また金融政策を所得分配政策にリンクさせることが良いのかどうか，見解を伺いたい」，というそれに答えつつ，次のように指摘する．

「今おっしゃったように所得の配分をどう調整するかという所得分配政策的な考え方は，金融政策の中には今後とも入らない．私は今まで時々この場でも，預金金利について，もしかしたら不当なディストーション（歪み）があるかもしれないということを申し上げた．繰り返し申し上げているが，量的緩和政策という金利機能を歪める政策を異例の措置としてとってきている．つまり，正常に形成されるイールド・カーブに対して，オーバーナイト金利だけでなくもう少し期間の長いイールドの部分についてまで，量の圧迫

あるいはコミットメントの圧迫によって押し下げており，このことは，もしそれがなかりせば形成されるであろうイールド・カーブよりも押し下げているかもしれない．少なくとも，こういった部分は量的緩和政策の枠組み修正後はなくなる．金利水準をどこにセットするかという問題は別にして，どの水準にセットされていようと，イールド・カーブはマーケットの中で資源配分がより適正に行われるよう形成される．従ってその意味では，賃金，配当，利子所得というものは，マーケット・メカニズムのふるいにかけられバランスのとれた姿がいつも実現していくであろう．またそれにより，企業が収益を上げた場合にいくつかの正常なルートで個人部門への所得還元がきちんと行われ，個人消費が喚起され，また企業にとって次の投資機会が見えてくるという好循環を呼ぶ．

　日本銀行の金融政策は，あくまでも市場機能を通じて経済の循環メカニズムを正しく作動させることに主眼がある．それ以上に，各部門毎の所得分配が社会のあり方から見て適当かどうか，別の角度からの判断があり得るが，これは正に所得分配政策であり，国の政策である．民主主義のプロセスの中で，どういう所得の再配分を市場メカニズム以外で政策的に施していく必要があるかは，別の問題として正当に議論されていかなければならないと思う．市場を通ずる経済運営と，それを外から調整するメカニズムは峻別して考えていかなければならないと思っている」．

　みられるように，ここでは，日本銀行政策委員会のメンバーの間でも，一方では，篠塚審議委員の，「従来から金融政策が所得分配面に影響を与えているという視点があまりにも軽んぜられてきた」，「『ゼロ金利政策は，結果として，利益を得る者と損失を被る者との間における所得分配の問題に深く関わる』」，という見解と，他方では，福井総裁の，「所得の配分をどう調整するかという所得分配政策的な考え方は，金融政策の中には今後とも入らない」，「日本銀行の金融政策は，あくまでも市場機能を通じて経済の循環メカニズムを正しく作動させることに主眼がある．それ以上に，各部門毎の所得配分が社会のあり方

から見て適当かどうか，別の角度からの判断があり得るが，これは正に所得分配政策であり，国の政策である」，という見解とが，鋭く相互に対立していることが知られるであろう．そして，福井総裁の見解が篠塚審議委員の見解をも念頭におきながら発せられたことは，疑いを容れる余地がない．

## 3.『貨幣改革論』におけるケインズの分析

周知のように，ケインズは，1923年の『貨幣改革論』のなかで，管理通貨制度下における金融政策のあり方についての分析を行っている．

ケインズは，まず，「貨幣価値の変化が社会に及ぼす影響」(第1章)という問題を取り上げ，以下のような結論を導き出す．

「したがって，物価騰貴も物価下落も同様にそれぞれ固有の短所をもつことが分かる．前者の原因をなすインフレーションは，特に投資家階級にとって不公平であるので，貯蓄にとって好ましからざる影響をもつ．物価下落の原因となるデフレーションは，損失回避のため企業者の生産制限を導き，労働と企業にとって貧困化を意味する．したがって，雇用にとっては災厄となる．この反面もまた，もちろん正しい．すなわち，デフレーションは借手にとって不公平であり，また，インフレーションは産業動向を過度に刺激する．だが，これらの結果は，上に強調された点に比べればそれほど顕著ではない．というのは，貸手がインフレーション下で自らを保護するのに比べて，借手がデフレーションから自らを守るのは容易であるし，また，労働者が過度の好況から自らを守るのは，不況期の過小雇用から自らを守るのに比べれば容易だからである．

かくて，インフレーションは不当であり，デフレーションは不得策である．ドイツのような極端なインフレーションを除けば，2つのうちでは，おそらくデフレーションのほうが悪い．なぜなら，貧困化した社会では，金利生活者を失望させるよりも，失業を生ずるほうが悪いからである．しかし，

両方の悪を比較する必要はない．両方とも悪であり，忌避されるべきだとするほうが意見の同調を得やすいのである．今日の個人主義的資本主義は，まさに，それが貯蓄を個々の投資家にゆだね，生産を個々の雇用者にゆだねるために，安定的な価値計算尺度を要するのであり，もしそれがないと能率的でありえず，またおそらく存続不可能であろう」[1]．

ここでは，さしあたり，「安定的な価値計算尺度」の必要性（「価値基準の管理」の必要性）が，「貨幣価値の変化が生産に及ぼす影響」という観点からばかりではなく，「貨幣価値の変化が投資家階級（金利生活者），企業家階級（雇用者），労働者階級の三者の分配に及ぼす影響」という観点からも考察されていること，また，中央当局による「価値基準の管理」に際しては，インフレーションもデフレーションも，両方とも悪であり，忌避の対象とすべきであるとされていること，これらの点に留意するべきであろう．

ケインズは，つづいて，「貨幣政策の諸目標」（第4章）として，① 平価切下げか，デフレーションか，② 物価の安定か，為替の安定か，③ 金本位制に復帰するべきか否か，という例の有名な3つの問題を掲げ，それぞれに対して，次のように回答する．

①について——「通貨の下落が長く続いて社会が新価値に対して適用している場合には，デフレーションは，インフレーションよりも弊害が大きいことになる．両者とも，『不公平』であり，適切な期待を裏切るものである．だが，インフレーションは国債の負担を軽減し，企業を刺激するなど，若干のとりえもあるが，デフレーションから得るものは何もない」[2]，「われわれの主な結論である．通貨の長期にわたる激しい下落をこうむった国にあって正しい政策は，平価の切下げを行って，現状で商業や賃金が適応している水準の近傍に貨幣価値を固定させるべきだという論述」[3]．

②について——「これまでのわれわれの結論は，国内物価水準の安定と外国為替の安定が両立しない場合には，一般的に国内物価水準の安定を最優先させるべきだという点にあった」[4]．

③について——「事実上，金本位制はすでに未開社会の遺物と化している．われわれすべては，イングランド銀行総裁を始めとして，事業と物価と雇用の安定の維持に主たる関心を持つのであって，選択を強いられた場合，これらを犠牲にしてまで，かつての1オンスにつき3ポンド17シリング10ペンス2分の1でなければならぬという言い古されたドグマに従いそうもない．旧い昔の本位制度の擁護者たちは，それが今や時代の精神と要求からいかに遠いものであるかをみないのである．規制された紙幣本位制は，気づかぬうちに，はいり込んでいる．それは現存している」5)，「不換紙幣と銀行信用を有する現代世界においては，好むと好まざるとにかかわらず，『管理』通貨は不可避である」6)．

　われわれは，ここから，「物価の安定の維持」が，「雇用の安定の維持」とならんで，中央銀行の政策目標となりうるのは，金本位制下ではなく，管理通貨制度下にほかならないという事情を，十分に理解することができるであろう．

　それでは，はたして，中央銀行は，「物価の安定の維持」を図るために必要な手段と能力を有していると考えてよいのであろうか．ケインズは，この点を肯定的に捉え，第3章の中で，「貨幣および外国為替の理論」を，以下のように展開する．

　「この理論〔貨幣数量説——引用者〕は基礎的なものである．それが事実に適合するものであることには問題がない」7)．この理論は，貨幣それ自体は，その交換価値に由来する効用，すなわち，それにより購入しうるものの効用から発する以外の効用をもたないという事実から出発している．「国民は消費単位 $k$ を購入しうる購買力をもつ貨幣量を所有しようとするものと仮定しよう．政府紙幣，その他の現金量 $n$ が流通しており，各消費単位の価格を $p$ とする（すなわち，$p$ は生計費指数である）．すると，……$n = pk$ となる．これが有名な貨幣数量説である．$k$ が一定であるかぎり，$n$ と $p$ はともに上下する．つまり，紙幣量の多少に比例して物価水準も騰落する」8)．

　ここまでは，購買力に対する国民の要求はすべて現金で満たされ，また他方，この要求が現金需要の唯一の源泉であると仮定した．こうして，実業界を含む国民は，同一目的のために銀行預金や当座貸越しを持ち，一方，銀行は同

じ理由で現金準備をもたなければならないという点を省略したのであった．だが，この点を含めるために理論を拡張することは容易である．

いま，実業界を含む国民が $k$ 消費単位相当を現金で，$k'$ 消費単位相当を当座勘定で保有し，また，銀行は国民に対する潜在的債務（$k'$）の $r$ だけの割合を現金で保有するものと仮定する．そうすると，次の式が得られるであろう．

$$n = p(k + rk')$$

ここで，$k$ と $k'$ の割合は，国民の銀行利用のあり方に依存し，$k$ と $k'$ の絶対量は，一部分は社会の富によって，一部分は習慣によって決まり，また，$r$ の値は，銀行の準備政策に依存する．そして，それらが不変である限り，現金の数量（$n$）と物価水準（$p$）との間には，やはり，正比例の関係が成立するであろう．

ここまでは異論の余地がない．しかし，実際の経験によれば，$n$ の変化は，$k$，$k'$ および $r$ に影響を及ぼしがちである．

他方，インフレーションとか，デフレーションとかの用語は，論者によって意味が異なるが，$n$ の増大・減少を現金のインフレーションないしデフレーション，$r$ の減少・増大を信用のインフレーションないしデフレーションと呼ぶのが便利であろう．また，「信用循環」（好況と不況の交代）の特性は，好況期には $n$ と $r$ の変化に無関係に $k$ と $k'$ が減少し，不況期には増大することにあり，$k$ と $k'$ の動きは，それぞれ，「実質残高」（購買力で測った国民の手持ち残高ないし銀行残高）の減少・増大を示すのであるから，この現象を実質残高のデフレーションないしインフレーションと呼ぶことができる．

この議論のポイントは，物価水準は神秘的なものではなく，若干の確実な，分析可能な影響力によって支配されているという点である．これらの変数のうちの2つ，$n$ と $r$ は中央銀行当局の直接管理の下にある（または，あるべきである）．第3の $k$ と $k'$ は直接に管理することは不可能であり，国民と実業界の心理状態に依存する．長期的にも循環的にも変動を起こさないように物価を安定させるためには，ある程度まで $k$ と $k'$ とを安定させることが必要であり，そ

れがうまくいかない場合，あるいは，実行不可能な場合には，$k$ と $k'$ の動きを相殺するように $n$ と $r$ を動かすことが必要になる．$k$ と $k'$，特に $k'$ を安定させる通常のやり方は割引率を用いる方法である．しかし，割引率じたいが，常に十分に強力な手段であるか否かは疑問である．したがって，安定を実現しようとするならば，時に応じて $n$ と $r$ を変更する必要がある．要するに，中央銀行の第1の義務は，$n$ と $r$ を十分な管理下におくことでなければならない[9]．

以上が，『貨幣改革論』の中でケインズが展開している，いわゆる修正貨幣数量説を基礎にした金融政策の原理の内容である．

## 4．インフレーションおよびデフレーションと所得分配の歪み

日本銀行法の第2条は，「日本銀行は，通貨及び金融の調節〔金融政策〕を行うに当たっては，物価の安定を図ることを通じて国民経済の健全な発展に資することをもって，その理念とする」，と規定している．

ここで，注目されるべきは，そして，なぜか，篠塚審議委員も福井総裁も触れていないが，「物価の安定を図ることを通じた国民経済の健全な発展」とされる場合には，すでに，その中に，所得分配の歪みの排除という問題が含まれているということである．速水優総裁（当時）は，この側面について，2000年3月21日の内外情勢調査会における講演「『物価の安定』と金融政策」において，以下のように言及する．

　「『物価の安定』が大切なのは，それが，あらゆる経済活動や国民生活の基盤になるものだからです．
　市場経済は，企業や家計が，個々の財やサービスの価格を手がかりにして，消費や投資などの意思決定を行っていく仕組みです．一国で取引されるさまざまな財・サービスの価格を，全体として捉えたものが『物価』であり，個々の価格にとっていわば『物差し』となるものです．物価が安定しているということは，この『物差し』が動かないということです．そうすれ

ば，消費者の好みの変化や技術革新の進展が，個々の価格変動に効率的に織り込まれますので，相対価格の変化をシグナルとして，企業は進むべき方向性をつかみやすくなります．マクロ経済的な観点から見れば，不断に変化していく経済環境に応じて，労働や資本といった経済資源の円滑な再配分や，人々のニーズに応じた技術革新が行われやすくなり，中長期的にみて健全な経済成長が確保されるわけです．

　逆に，物価が大きく変動して『物差し』の役割を果たさなくなりますと，個々の価格のシグナル機能が低下しますので，成長産業への労働や資本の移転が進みにくくなるなど，資源配分に非効率が生じます．さらに，物価が不安定である経済は，景気の動きも不安定なものになりやすいので，将来の企業収益や家計所得について見通しが立てにくくなり，この面でも健全な投資活動などが阻害されます．このように，『物価の安定』が損なわれると，中長期的な経済成長率も低下してしまいます．

　また，物価の変動には，所得分配に歪みをもたらすという重大な悪影響もあります．例えば，預金のように名目金額が固定されている金融資産を持っている人は，インフレが生じると資産の元本自体が目減りをしてしまい，損失を被ります．逆に債務を負っている人は，実質的な債務の軽減という恩恵を受けることになりますので，両者の間に不公平が生じます．一方，デフレになれば，債務の負担が増大し，逆の不公平が生じることになります」．

　このうち，「物価の変動には，所得分配に歪みをもたらすという悪影響もあります」，という箇所が留意されるべきであろう．
　さらに，2000年10月に発表された，日本銀行「『物価の安定』についての考え方」もまた，速水総裁と同様の見地にたっている．
　「『物価の安定』についての考え方」は，「『物価の安定』の意義」と題された章を，「インフレとデフレの経験」，ならびに，「『物価の安定』が求められる理由」という2つの節に分けたうえで，まず，前者にかんして，次のような説明を与える．

「『物価の安定』はなぜ必要か．その基本的な理由は，『物価の安定』が国民生活の安定にとって重要であると同時に，経済の持続的な発展を確保するための不可欠の前提条件であることに求められる．

『物価の安定』が重要であることは，今日では世界的にほぼ共通した理解になっているが，過去半世紀の間に，この点に関する経済理論上の考え方は大きく変化した．

すなわち，第一次，第二次世界大戦後における，いくつかの『ハイパー・インフレ（きわめて高率の物価上昇)』の経験から，大インフレは直ちに国民生活に破壊的な影響を及ぼすとの認識が，概ね共有された．その一方で，1920年代後半から1930年代の世界的な恐慌などの経験は，デフレに対する警戒感を強め，こうした事態にどう対処すればよいかとの観点から，新しい経済理論の発達を促した．

こうした中で，1970年代前半頃までは，『インフレと経済成長とはトレード・オフの関係にあり，ハイパー・インフレは望ましくないとしても，経済成長率を高めるため，若干のインフレは許容される』といった考え方が支配的な時期が続いた．また，主要国の実際の経済政策運営をみても，こうした考え方に立った裁量的な財政・金融政策運営が目立っていた．

しかし，その後多くの先進国で，インフレが次第に高進するとともに，経済成長率が低下し失業率が高まるという事態を経験するに至った．これは，インフレ期待が経済主体の行動に織り込まれるようになる結果，中長期的にみればインフレは経済活動を刺激する効果を持たず，むしろ，後述するようなインフレの弊害が表面化したことを反映している．また，1990年代に入ってからは，世界的なインフレ率の低下やバブル崩壊の経験を背景に，デフレが経済を脅かすリスクが改めて認識された．このような物価の変動に関するさまざまな経験を経て，インフレと経済成長との間には中長期的にはトレード・オフの関係は存在しないことが理解され，さらに一歩進んで，インフレでもデフレでもなく，『物価の安定』が経済の持続的な成長にとって不可欠の前提条件であるという考え方が一般的になってきた」．

つづいて，後者にかんして，次のような説明を与える．

「このように，今日では，『物価の安定』は国民生活の安定にとって重要であると同時に，持続的な経済成長を確保するための不可欠の前提条件であると考えられている．その具体的な理由としては以下の3点が挙げられる．
① 相対価格のシグナル機能の発揮
　一般物価が安定している場合には，個々の財やサービスの価格の変化がそのまま相対価格の変化を意味することになる．そのような状況の下では，家計や企業をはじめさまざまな経済主体にとっては，自らの意思決定にとって不可欠の情報である相対価格の変化を正確に認識することが容易になる．この結果，合理的な意思決定を通じて資源の配分が最も効率的に行われることになる．逆に，一般物価の安定が損われ，インフレやデフレが生じると，家計や企業は，個々の価格の変化が消費者のニーズの変化など，特定の財・サービスに固有の条件の変化を反映したものか，それとも一般物価という『尺度』自体の歪みによるものかを判断することが難しくなってしまう．この結果，経済全体としての資源配分が損なわれ，潜在的な成長力を最大限に発揮することができなくなる．
② 将来の経済計算を行う際の不確実性の低下
　家計や企業といった経済主体は，先行きを見通した上で，生産や投資，消費や貯蓄の計画を立てたり，販売価格や賃金などを決めていかなければならない．インフレやデフレが生じると，将来の物価に関する不確実性が大きくなるため，経済主体は将来に向けて合理的な経済計算を行っていくことが難しくなる．また，不確実性の対価としての『プレミアム』が要求されるようになる結果，長期金利はその分上昇し，投資活動が抑制される．このような不確実性のプレミアムが広範に要求されるようになると，経済の潜在的な成長力は低下する．
③ 所得分配への意図しない影響の回避
　預金のように元本や金利が名目金額で固定されている金融資産を保有する

場合，予期しないインフレが生じると，資産の元本や受取り金利が目減りしてしまい，債権者は損失を被ることになる．逆に名目金額で固定されている金融債務を有する場合，予期しないインフレが生じると，債務の実質価値が軽減されることになり，債務者は利益を享受することになる．同様の事態は賃金をはじめ名目金額で契約が結ばれている場合にも生じる．一方，予期しないデフレが生じると，インフレ下で起こる事態とは逆方向の影響が生じる．

もちろん，すべての契約が物価変動率に連動する形で結ばれている場合は，物価変動の影響から遮断され得るが，すべての取引をそうした契約の対象とすることは難しい．この結果，物価の変動によって所得分配にも予期しない影響が生じる．そうした状況が続くと，市場経済や社会的公正に対する国民の信頼が低下し，中長期的には経済成長にも悪影響が及ぶことが懸念される」．

このうち，いうまでもなく，「所得分配への意図しない影響の回避」，という項目が留意されるべきである．

要するに，「『物価の安定』を概念的に示すとすれば，それは，国民からみて『インフレでもデフレでもない状態』であると考えられる．これを言い換えると，『家計や企業等のさまざまな経済主体が，物価の変動に煩わされることなく，消費や投資などの経済活動にかかる意思決定を行うことができる状況』と表現できる」，というのが，日本銀行「『物価の安定』についての考え方」における結論である．

そして，2006 年 3 月以来，日本銀行によって発表され続けている「中長期的な物価安定の理解」の内容も，この「『物価の安定』についての考え方」の方向に沿うものであることは，あえて付言するまでもないであろう．

くわえて，白川方明総裁も，『現代の金融政策』の中で，「物価の安定はなぜ必要か？」と問いかけつつ，標準的な経済理論に基づきながら，① 資源配分機能の向上，② 将来の物価変動に関する不確実性の低下，③ 物価変動に伴う

税制・会計の歪みの縮小，④物価変動に伴う資産や所得の再分配の回避，という4つの理由を掲げ，そのうえで，「これらの理由は突き詰めていくと，効率性〔①～③〕と公平性〔④〕という2つの基準に帰着する」[10]，と整理している．

つまり，筆者がいわんとするところは，次の点に帰着する．「物価の安定」という金融政策の理念の中に，すでに，一般的には，「所得分配への意図しない影響の回避」という問題が包摂されているのだ．ただ，第二次世界大戦後，とりわけ1970年代央以降のわが国における金融政策の枠組みの中では，そこで主たる課題となったのは，デフレーションではなく，インフレーションの克服という側面であったため，ゼロ金利政策に伴ういわば特殊的なもうひとつの所得分配という問題が表面に浮上する余地は存在しなかった．というのは，インフレーションの克服の主たる手段は，ゼロ金利政策の採用ではなく，金利の引き上げであったからである．ところが，バブルの崩壊を原因として，1990年代に入り，日本銀行が，インフレーションではなく，デフレーションの克服を目指すに至る中で，同行は，公式および非公式な形でのゼロ金利政策を，世界に先駆けてしかも長期にわたって採用することになった．そこに表面化してきたのが，ゼロ金利金利に伴う副作用という意味での新たな所得分配面での歪みにほかならない．いってみれば，インフレーション・デフレーションに付随する一般的な所得分配という問題の中に，いわゆる入れ子細工のような構造で，ゼロ金利政策に伴う特殊的なもうひとつの所得分配の問題が潜んでいたというわけである．そして，篠塚審議委員が，後者の問題の所在にいちはやく気づき，対処の必要性を提起したのに対して，福井総裁が，問題の所在そのものを完全には拒否しないまでも，対処の必要性を否定したというのが，おそらく，ことの真相にほかならない．

## 5．「デフレ」に対する日本銀行の取組み

こうして，キーワードは，デフレーションということになるであろう．

意外と思われるかもしれないが，日本銀行が日本経済は「デフレ」の状態にあるとの認識を示したのは，ようやく，2009 年 12 月 1 日の臨時政策委員会・金融政策決定会合の場においてであった．同日に発表された「金融緩和について」の中の，「日本銀行は，日本経済がデフレから脱却し，物価安定のもとでの持続的成長経路に復帰することが極めて重要な課題であると認識している」，という表現がそれである．日本銀行が，それまで，「デフレ」という言葉の使用に自制的・禁欲的であったのは，たとえば，2009 年 11 月 19 ～ 20 日開催分の政策委員会・金融政策決定会合議事要旨が述べるように，「『デフレ』という言葉が使用される場合には，財・サービス価格の持続的な下落，厳しい景気の状況，資産価格の下落など，様々な定義で用いられており，論者によって異なるため，日本銀行が『デフレ』という言葉を使用する時は，細心の注意を払う必要がある」，ためであった．まして，1990 年代末以降のわが国における「財・サービス価格の持続的な下落」の原因を，日本銀行の金融政策に求めるわけにはいかない．というのは，日本銀行は，1992 年 2 月に採用された「ゼロ金利政策」以来，金融機関に対して，それこそジャブジャブともいえるほどのベースマネーすなわち日銀当座預金を供給し続けてきたからである．要するに，日本銀行としては，デフレの「原因」を，貨幣的原因に帰せられることほど，不本意な問題はないといえよう．

ここから，「物価の持続的な下落，つまりデフレと呼ばれる現象の根本的な原因は，経済全体の供給能力に比べて需要が弱いこと」(2009 年 12 月 24 日の日本経済団体連合会評議員会における白川総裁の講演「2009 年の日本経済：回顧と展望」)にあるというのが，日本銀行の代表的な見解とされることになった．

ただ，「マクロ的な需給バランスの悪化」に「デフレ」の原因を帰するにしても，その解決の方向は，理論的には，供給面（企業家サイド）への働きかけと，需要面（労働者・貯蓄者サイド）への働きかけという，2 つの方向が考慮されうるはずである．ところが，この間，日本銀行が一貫して追及してきたのは，前者の方向，すなわち，企業収益の改善をまず優先するという方向以外の何ものでもなかった．その具体化が，「ゼロ金利政策」(1992 年 2 月～ 2000 年 8

月），「量的緩和政策」（2001年3月〜2006年3月）および「包括的な金融緩和政策」（2010年10月〜現在）だというわけである．じっさい，「量的緩和政策」は，結果的にゼロ金利状態を生み出したし，また，「包括的な金融緩和政策」では，「無担保コールレート（オーバーナイト物）を，0〜0.1％程度で推移するよう促す」ことが明言されている．それでは，需要面はといえば，この点に関しては，たんに，期待をこめて，企業収益の改善は，いずれは，雇用・所得環境の改善に波及するにちがいないと言及されるにとどまった．その典型が，さきにみた篠塚発言や福井発言に登場する，「超低金利政策は，家計の金利収入を低下させる一方，企業収益の改善を起点として，雇用・所得環境にプラスに効果を及ぼしている」，「企業が収益を上げた場合にいくつかの正常なルートで個人部門への所得還元がきちんと行われ，個人消費が喚起され，また企業にとって次の投資機会が見えてくるという好循環を呼ぶ」，という視点にほかならない．こうした視点は，当時，「ダム論」——後には，「トリクルダウン理論」——と称されたものであり，ダムに水が溜まれば（企業収益が改善すれば），いずれはダムから水があふれ出し，川下にも水が行きわたる（雇用・所得環境にプラスの効果を及ぼす），という経路をイメージしたものである．しかし，企業収益の改善にもかかわらず，経営者による雇用・給与面でのリストラへの厳しい姿勢を受けて，「ダム論」の意図したところが，今日に至るもなお，ついに実現されていないという事実は，国民がまさに身をもって実感させられたことがらにほかならない．

　篠塚審議委員がゼロ金利政策にかんする副作用の1つとしての所得分配面の歪みを指摘した背景には，このような需要面の活力の欠如と「デフレ」の長期化に対する密かないらだちという側面があったということは，おそらく，否定しがたい事実であろう（同委員の本来の専門分野は労働経済学である）．すなわち，「ダム論」が有効性を発揮しないばかりか，日本銀行のゼロ金利政策が，皮肉にも，直接に国民の消費能力を削減することにつながり，したがって，日本経済の不況からの脱却を困難にする結果につながっている，と．

　さて，所得の再分配というわけであるから，一方で，逸失利息を被る被害者

がいたとすれば，他方で，それを懐に取り込んだ利得者がいたはずである．超低金利政策の利得者として，企業および巨額の財政赤字に悩む政府の名前を挙げることには，大方の異論はないであろう．ところが，その中に市中銀行を含めて，銀行はそうして得た利益を不良債権の償却に充当したと主張する論者も少なくない．しかし，筆者は，そうした考え方に与することはできない．というのは，銀行にかんしていえば，なるほど預金金利が低下したが，同時に貸出金利も低下したので，現実にはこの期間の預貸利鞘はむしろ縮小していたからである．銀行収益の改善は，不良債権処理コストの減少，手数料収入の増加，リストラの推進による経費の削減などに基づくものである．それはともかく，国民の逸失利息を懐に取り込んだ企業および政府は，リストラの継続ならびに財政赤字の重圧という名目の下に，雇用・所得環境の改善という形でも，社会保障政策の拡充という形でも，終始それを国民に還元することがなかったという点は，十分に注目されるに値するであろう．

ちなみに，日本銀行は，最近では，「デフレ」の「直接の原因」と「より根源的な原因」とを区別して説明するようになっている．たとえば，2011年2月7日の日本外国特派員協会における白川総裁の講演「日本経済の復活に向けて」の中の，以下のような論述がそれに相当する．

「『1930年代のデフレなど，よく引き合いに出されるデフレの事例に比べれば緩やかなものだとはいえ，なぜ，日本のデフレは長期に亘って続いているのか』という……質問について考えてみます．物価が下落する直接の原因は，マクロ的な需給バランスの悪化です．この点，最近の物価下落については，リーマン破綻をきっかけとする世界的な需要の落ち込みの影響が大きいと考えています．しかし，90年代末以降における緩やかながらも長期に亘るデフレ傾向は，短期・循環的な要因だけでは説明できません．より根源的な原因は，日本経済の成長力の趨勢的な低下傾向にあると判断しています．成長率が長期に亘って低下する状況の下では，人々の所得増加期待は低下し，企業や家計の支出活動が抑制されてしまうため，物価下落圧力が続きま

す」．

　ここから，2010年6月15日の日本銀行政策委員会・金融政策決定会合は，「デフレ」の「より根源的な原因」――これもまた，貨幣的要因に基づくものではない――に対処することを目指して，「成長基盤強化を支援するための資金供給の概要」，ならびに，「成長基盤強化に向けた取り組み方針の要件」を公表するに至った．その骨子は，① 各対象金融機関（共通担保オペの対象先のうち希望する先）は，成長基盤強化に向けた取り組み方針を策定し，「成長基盤強化に向けた取り組み方針の要件」を満たすことにつき日本銀行の確認を受ける，② 共通担保を担保とする貸し付け，③ 貸付期間は原則1年とし，3回まで借り換えを可能とする（最長4年），④ 貸付利率は0.1％，⑤ 貸付総額の残高上限は3兆円，対象金融機関毎の貸付残高の上限は1,500億円，⑥ 貸付受付期限は2012年3月末，などを内容としている．なお，対象金融機関の融資・投資対象事業の具体例として，① 研究開発，② 起業，③ 事業再編，④ アジア諸国等における投資・事業展開，⑤ 大学・研究機関における科学・技術研究，などの18項目が挙げられ，くわえて，「上記以外の資金使途であっても成長基盤強化に資するものは対象とすることができる」，とされている．つまり，この側面からも，当面，低金利政策の長期化が予想されるというわけである．ちなみに，この施策の評価にかんしては，さしあたり，拙稿「最近の日銀の金融政策を憂う――民主主義社会の中央銀行のあり方――」（『経済』2011年1月号）の参照を指示しておきたい．


## 6．むすび

　筆者は，かつて，新日本銀行法施行後の10年間における日本銀行の金融政策を回顧しつつ，以下の教訓を導き出したことがある．

　「物価の安定という理念が大前提になるにせよ，それを実現するための手

段としての金利操作が必然的に所得の再分配という側面をともなうものである以上，日本銀行は，金融政策を実施するにあたって，企業・銀行・政府サイドへの影響に目配りするだけではなく，国民サイドへの影響にも十分な目配りを行うべきである」[11]．

本稿における結語も，比較的穏健なものである．
第1に，金融政策の理念を，「物価の安定」以外のそれ，たとえば，「所得分配の公正」に求めることには，やはり，無理がある．
第2に，それにもかかわらず，日本銀行による超低金利政策の推進が，国民に多額の逸失利息という損失をもたらし，それが利得として企業および政府の懐に取り込まれたことは，けだし，否定しがたい事実である．日本銀行政策委員会メンバーは，「所得分配政策は，国の政策である」というかたちで，これを突き放すのではなく，むしろ，その逆に，国民のこうした痛みを正面から受け止めるべきである．そうしてこそ，初めて，日本銀行は，「国民と悩みを共有できる中央銀行」（篠塚）にまで進化を遂げることができるであろう．
第3に，「ダム論」ないし「トリクルダウン理論」の意図したところが，今日に至るまでついに実現されることがなかった以上，日本銀行は，「デフレ」と不況の克服を名目とした超低金利政策の功罪を，供給面ばかりではなく，消費面をも含めて，総合的な観点から再点検し，その結果を，国民を含む各界に広く公表するべきである．


1) J. M. ケインズ『貨幣改革論』(中内恒夫訳)，『ケインズ全集』，第4巻，東洋経済新報社，1978年，36-37ページ．
2) 同上，126ページ．
3) 同，127ページ．
4) 同，136ページ．
5) 同，142ページ．
6) 同，141ページ．
7) 同，61ページ．

8) 同，63 ページ．
9) 同，63-70 ページ，参照．
10) 白川方明『現代の金融政策―理論と実際―』，日本経済新聞出版社，2008 年，39ページ．
11) 拙著『金融危機下の日銀の金融政策』，中央大学出版部，2010 年，150 ページ．

# 第7章　高齢化時代における外国人労働者政策の課題
## ——移民と出稼ぎ労働者——

## 1. はじめに

　近年の少子化傾向に歯止めがかかる様子はなくわが国の人口は急速に高齢化することが予想されている．特に今後20～30年間における年齢構成の変化は著しく，生産年齢人口は2030年までに約1,700万人減少するものと見込まれ，厳しい人手不足時代が到来するといわれている．全体的な労働力需給だけでなく，介護など特定分野ではより深刻な人手不足に見舞われるともいわれている．こうした中で，日本人の働き手が減るから積極的に（いわゆる単純労働者をも含めた）外国人労働者の導入を進めるべしといった意見も声高に主張されるようになっている．一方で，外国人労働者の受入れは犯罪の増加などさまざまな社会的・経済的問題を引き起こすので望ましいものではないとする議論も根強く主張されている．わが国において外国人労働者問題が台頭してから四半世紀が経過しているにもかかわらず依然として議論が錯綜している．議論が錯綜する理由の1つは，一口に「外国人労働者」といっても議論する人によって異なる範疇の人々が対象になっていることだと考えられる．たとえば，「専門的技術的労働者」と「いわゆる単純労働者」とでは日本経済に与えるインパクトが違うし，また後で詳述するように，日本に定住しようとして来日する「移民」と日本で2～3年働いてその後は本国に帰国しようとする「出稼ぎ労働者」とではさまざまな面で日本に及ぼす影響が異なりうるのである．しかし，これまでの議論の多くはこれら範疇の異なる人々を一括して「外国人労働者」としてきたため，議論がかみ合わなかった感が否めない．

そこで，本章では特に，日本に定住し，いわば日本人となるために来日する「移民」と短期的就労を目的とする「出稼ぎ労働者」との違いに焦点を当ててその経済的インパクトの違いを理論的に分析するとともに，ますます高齢化していく日本においてどのような外国人労働者政策が望ましいのかを考察する．

## 2．少子高齢化と外国人労働者——問題の背景

### (1) 急速に進む少子高齢化

理論的分析に入る前に，まず，問題の背景を簡単に振り返っておこう．図7-1は第2次大戦以降の出生率および出生数の長期的推移をみたものである．第2次大戦直後は，毎年約270万人の出生数であったものが，1950年代に急速に減少し160～170万人となった．その後，第2次ベビーブームで200万人を超えた期間もあるが，1970年代以降ほぼ一貫して減少しており，2008年には109万人まで下がってピーク時の3分の1となっている．合計特殊出生率を

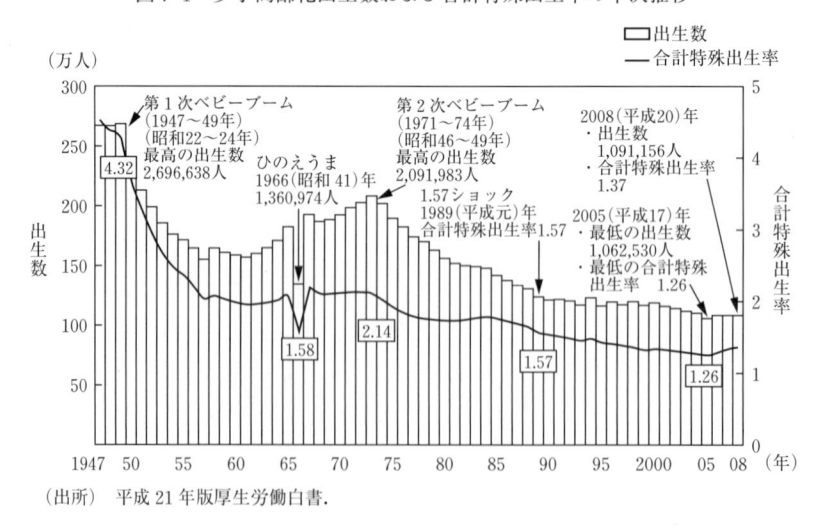

図7-1 少子高齢化出生数および合計特殊出生率の年次推移

(出所) 平成21年版厚生労働白書．

みても1950年代までは1人の女性が一生の間に産む子どもの数は約4人であったが，1950年代の終わり頃に2人に下がり，2008年には1.37人となっており，人口を維持するのに必要な出生率（2.08程度といわれている）を大きく下回っている．

こうした少子化を背景に，わが国の人口は急速に減少し，高齢化が進むことが予想されている．図7-2はわが国の人口を3つの年齢階層（年少人口，生産年齢人口，高齢人口）にわけて予測したものである．これをみてわかるように，わが国の65歳以上人口は，2005年には2,600万人だったものが25年後の2030年には1,100万人も増加して3,700万人になると予想されている．一方生産年齢人口の方は同期間に8,400万人から6,700万人へと1,700万人も減少することが予想されている．この結果，1人の働き手が養わなければならない高齢者の数は，0.3人から0.57人へと倍増する．このように日本人の働き手が減るから外国人労働者を受け入れるべしとする議論が声高に叫ばれるようになってきているわけである．

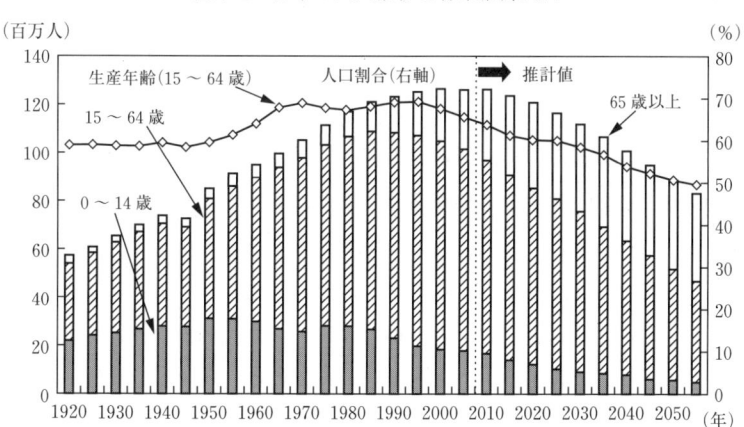

図7-2 日本の人口推移と将来推計人口

（備考）　2005年までは総務省統計局「国勢調査」．2010年以降は国立社会保障・人口問題研究所「日本の将来推計人口（平成18年12月推計）」により作成．
（出所）　内閣府「http://www5.cao.go.jp/j-j/wp/wp-je07/07f21010.html」．

(2) 外国人労働者受入れに関する議論

わが国で外国人労働者問題が台頭してきたのは1980年代後半で，それ以来四半世紀にわたって活発な議論がなされてきた．しかし，依然としてさまざまな議論が錯綜しておりコンセンサスには程遠い状況にある．

議論が錯綜している理由の1つは，議論をしている人が同じ土俵にいない，換言すれば対象の異なる議論を行っているからだと考えられる．この点を図示したのが図7-3である．

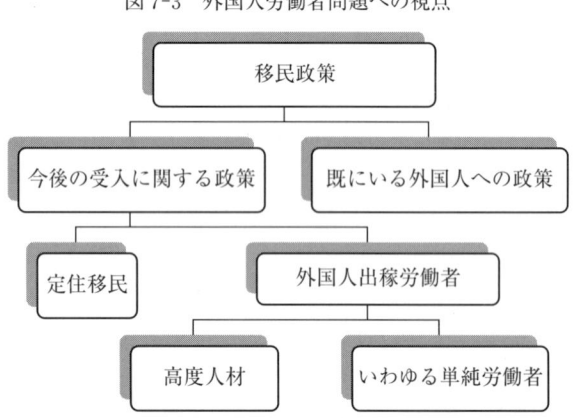

図7-3 外国人労働者問題への視点

```
                    移民政策
                   /        \
      今後の受入に関する政策    既にいる外国人への政策
         /        \
      定住移民    外国人出稼労働者
                  /        \
              高度人材    いわゆる単純労働者
```

図にみられるように，移民問題・外国人労働者問題を議論する際には少なくとも3つのことを峻別する必要がある．第1に，外国人を将来受け入れるべきかどうかという議論と今日本にいる外国人の方々をどう扱うかという議論とは全く別の問題である．受入れに反対だからといって今いる人を粗末に扱っていいということにはならないし，かといって，今いる人のケアが必要だから自動的に将来受け入れるべきだということにもならない．つまり，将来の政策と今いる人に対する対策は分けて考えなければいけないのであるが，これまでの議論ではそれが峻別されてこなかったようである．第2に，定住移民の受入れと出稼ぎ労働者の受入れも峻別しなければならない．つまり，後述のように，日

本人として定住する人々の受入れと2～3年の出稼ぎ労働者としての受入れとではわが国の経済社会に対するインパクトが大きく異なるのである．第3に，高度人材の受入れといわゆる単純労働者の受入れとはインパクトが異なってくるのでこの点も分けて考える必要があろう．

こうしたことは自明のことであるにもかかわらず，これまでの議論ではともすれば混同される傾向にあった．以下では，この3つの視点のうち第2の移民と出稼ぎ労働者との違いに焦点を当て，その経済的インパクトをやや厳密なフレームワークで検討する．

## 3．わが国における外国人労働者の受入れの現状──「移民」か「出稼ぎ労働者」か

### (1) わが国における外国人労働者の現状

表7-1は就労する外国人の数についての厚生労働省の推計結果をまとめたものである．なお，後述のように，2008年のリーマンショックに端を発する国際金融危機以降それまで定住志向が強いといわれていた日系人出稼ぎ労働者の大量流出が起こったので，表7-1にはそれまでの比較的安定した状況である2007年のデータを示してある．これをみてわかるように，一口に外国人労働

表7-1 わが国の外国人労働者（2007年）

| カテゴリー | 人数 |
| --- | --- |
| 合法的な専門的・技術労働者 | 約19万人 |
| 日系人出稼ぎ労働者 | 約28万人 |
| 留学生など | 約8万人 |
| 技能実習生 | 約5万人 |
| 非合法な単純労働者 | 約15万人＋α |
| 合　計 | 約75万人＋α |

（出所）法務省入管統計．

者といってもいろいろなグループが存在するが，わが国では外国人労働者の大多数は出稼ぎ的外国人労働者のようである．

　まず，外国人労働者は日本の法律を遵守する形で入国し働いている合法的外国人労働者と，観光などと入国目的を偽って入国し不法に働いている非合法的外国人労働者とに分けることができる．

　合法的外国人労働者の第1のグループは，教授，芸術，研究などのいわゆる専門的技術的労働者でその総数は1990年の入管法の改正以降着実に増え続けて2007年には約19万人となっている．第2のグループは，かつて海外（多くはブラジルなどのラテンアメリカ）に移住した日本人の2世，3世などが1991年の入管法改正によって，定住者ビザにより3年間の滞在を認められ，この間は自由に就労できる（いわゆる単純労働的業務にも従事できる）ようになったことから急増し始めた日系人等で，その数は2007年には27万人となっている．合法的な外国人労働者の第3のグループはいわゆる学生アルバイト（資格外活動）である．資格外活動の許可を受けた場合には，日本の大学などで学ぶ留学生については週28時間まで，日本語学校などで学ぶ就学生の場合には1日4時間までアルバイトをすることが認められている（留学生の場合には夏休みなどには1日8時間まで働くことが認められる）．こうした学生アルバイトの総数は2007年には約8万人となっている．さらに，技能実習生，ワーキングホリデーなどで就労していると考えられる外国人の数が約5万人にのぼる．これらを合計すると，わが国における合法的な外国人労働者の数は約60万人となる．

　こうした合法的な外国人労働者に加えてかなりの数の非合法的外国人労働者が存在している．法務省によればビザ有効期限が切れても日本国内にとどまっている不法残留者数は約15万人となっており，この数を加えると外国人労働者数は約75万人ということになりわが国の労働力人口（6,669万人）の1％強に当たる．さらに，資格外就労者などを加えるとわが国における外国人労働者数はさらに多くなるものと厚生労働省は推定している．

(2) 国際金融危機と日系人労働者

表7-1にみたように，わが国における外国人労働者の中で一番人数が多いのが日系人労働者で2007年にはその数は27万人となっている．この日系人等に対する定住者ビザの有効期限は最大3年となっているが，更新や帰国後の再申請もほぼ無制限に認められている．さらに，定住者として長期間日本に在住した日系人に対しては比較的容易に永住ビザが与えられており，永住者となる者も増えていた．

それでは，こうした日系人労働者は日本に定住しいわば日本人になろうとする「移民」とみなすことができるであろうか？　現実には少なくとも次の2つの理由により依然として「出稼ぎ労働者」の性格が強いと考えられる．

① 本国送金が多額であり，長期的な軸足は依然として出身国にあること．
② 災害や不況などにより大規模な帰国がみられること．

まず，第1に，日系人労働者の本国送金のデータをみてみよう．日本労働研究機構は1998年に調査を行い，わが国にいる日系人労働者の本国送金額は1カ月当たり1,849ドルであるとしている．これは出身国ブラジルの平均月収(1,806ドル)をも上回るものである．同様に国際機関の1つである米州開発銀行は，2005年に調査を行い，日系人労働者の本国送金は年額8,700ドル(当時の為替レートで換算すると約100万円)としている．このようにわが国の外国人労働者の中では比較的定住志向が強いとされる日系人労働者についても，本国にいる家族・親族の扶養のため，あるいは帰国後の生活に備えるため，多額の本国送金を行っている．つまり長期的な生活の軸足は日本ではなく本国にあるわけである．

次に，日系人労働者は本当に定住傾向を示しているか否かをみてみよう．一般的にいって外国人労働者は災害や不況によって大量に帰国する傾向が強いようである．マスコミ報道によれば，2011年3月の東日本大震災および福島原発事故により大量の外国人労働者が日本を離れたといわれている[1]．また，

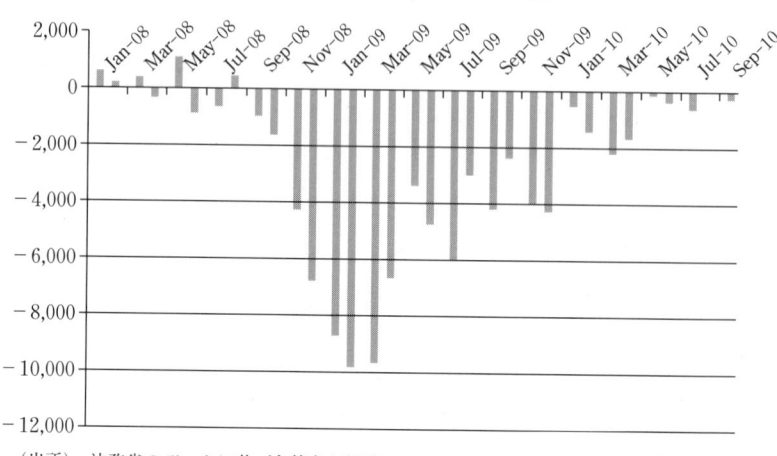

図 7-4　日系人労働者の純流出数

（出所）法務省のデータに基づき筆者が推計．

2008年秋のリーマンショックに端を発する国際金融危機において，大量の日系人労働者が帰国している．この日系人労働者帰国の規模を把握するため，筆者は法務省の出入国管理統計のデータを用いてその人数を推計してみた．その結果をまとめたのが図7-4である．

　図をみてわかるように，2008年9月までは日系人労働者の流入数と流出数はほぼ等しく，したがって純流出数はゼロに近かった．しかし，こうした安定的傾向はその後一変し，激しい帰国ラッシュが生じた．特に2009年の1月から3月にかけては毎月1万人近くの純流出がみられた．約2年後の2010年夏にはこの大量帰国は終息したが，その間に日系人労働者の純流出数は約9万人に上っている．表7-1にみたように2007年の日系人労働者数は約27万人であるから，国際金融危機によって約3分の1の日系人労働者が日本を去ったことになる．

　こうした状況をみると，わが国の外国人労働者はその大半が，本国での生活のための資金を稼ぐために日本に一時的に働きにきている「出稼ぎ労働者」であると性格づけることができよう．次節ではやや厳密なモデルによって，受入

れ国の経済的インパクトが「出稼ぎ労働者」と「移民」とでどのように異なるかを検討してみよう．

## 4．外国人労働者受入れのインパクト——移民と出稼ぎ労働者

### (1) モデルの概要

本節での分析に用いられる厳密な経済モデルは，わが国における外国人労働者問題の現状をよりよく捉えるため，従来の国際的生産要素移動理論とはやや異なる3つの特徴（可変的生産要素価格，非貿易財，貿易制限）を持っている（詳しくはGoto（1998）を参照）．

本章のモデルでは，消費者は次の効用関数で特徴づけられる．

$$U = C_1^{\alpha} C_2^{\beta} C_3^{\gamma}, \qquad \alpha + \beta + \gamma = 1 \tag{1}$$

ここで，$C_1$, $C_2$, $C_3$ は，輸出可能財（財1），輸入可能財（財2），非貿易財（財3）の消費量を表しており，Uは社会的効用のレベルである．消費者は，(2)の予算制約に従い，(1)の効用関数を最大化するように行動するものとする．

$$P_1 C_1 + (1+t) C_2 + P_3 C_3 = Y \tag{2}$$

ここで，$P_1$ は輸出可能財の価格を，$P_3$ は非貿易財の価格を表しており，Yは国民所得である．輸入可能財の国際価格は1にセットされており，tは貿易制限による輸入可能財の国内価格のマークアップ率を表している．モデルが非常に複雑になるのを避けるため，貿易財の国際価格は所与のものと仮定する．つまり，いわゆる「小国の仮定」をおくわけである．上記の効用最大化問題を解くことにより，3財それぞれについての需要関数を得ることができる．

$$C_1 = \alpha Y/P_1 \tag{3}$$
$$C_2 = \beta Y/(1+t) \tag{4}$$

$$C_3 = \gamma \, Y/P_3 \tag{5}$$

一方，3つの財の生産は次のコブ・ダグラス型の生産関数によって特徴づけられる．

$$Q_1 = K_1^{a} l_1^{1-a} \tag{6}$$
$$Q_2 = K_2^{b} l_2^{1-b} \tag{7}$$
$$Q_3 = K_3^{c} l_3^{1-c} \tag{8}$$

ここで，$Q_i$, $l_i$, $K_i$ は，i財生産部門における生産量，労働投入量，資本投入量を表している．ここで，$K_i$ はモデルにとっての外生変数，つまり上に述べたように，各生産部門における資本はそこに固定されており，外国人労働者の受入れによって変化しないと仮定されていることに注意されたい．また，モデルでは，a＞b＞cを仮定する．つまり，この国は，自動車などの資本集約財を輸出して，繊維衣服製品などの労働集約財を輸入しており，サービス業などの非貿易財は最も労働集約的であると仮定するわけである．わが国の現状では，a＝0.4242，b＝0.3785，c＝0.2234 であるものと推定される．

式 (6) から (8) の生産関数を前提として，i 財生産部門の生産者は次の利潤関数を最大化するように行動する．

$$\pi_i = P_i Q_i - (r_i K_i + w l_i) \tag{9}$$

ここで，$\pi_i$ は利潤を，$r_i$ は資本の利子率を，w は賃金率を表している．この利潤最大化問題を解くことにより，次のような均衡条件が得られる．

$$a K_1^{a-1} l_1^{1-a} P_1 = r_1 \tag{10}$$
$$(1-a) K_1^{a} l_1^{-a} P_1 = w \tag{11}$$
$$b K_2^{b-1} l_2^{1-b} (1+t) = r_1 \tag{12}$$
$$(1-b) K_2^{b} l_2^{-b} (1+t) = w \tag{13}$$
$$c K_3^{c-1} l_3^{1-c} P_3 = r_3 \tag{14}$$

$$(1-c)K_3^c l_3^{-c} P_3 = w \tag{15}$$

式 (10) から (15) は，均衡状態においては，生産要素の価格はその限界価値生産性に等しいということを意味している．

モデルでは国内労働者の数は一定，つまり賃金と余暇のトレードオフはないものと仮定する．したがって，均衡状態においては，3つの生産部門の労働投入量の合計は国内労働者の数 ($L$) と受け入れた外国人労働者の数 ($L_f$) の和に等しくなり，式 (16) の関係が成立する．

$$l_1 + l_2 + l_3 = L + L_f \tag{16}$$

非貿易財については，輸出や輸入はないから，式 (17) のように国内消費量と国内生産量とが等しくなる．

$$C_3 = Q_3 \tag{17}$$

次に国民所得であるが，まず，外国人労働者がその所得を国外に持ち出す「出稼ぎ労働者」の場合についてみてみよう．モデルにおいては輸入品に課せられた関税は一括払いの形で消費者に還元されるものと仮定されており，また，均衡状態においては利潤は存在しないから，国民所得（GDP ではなく GNP であり，したがって，受け入れた外国人労働者に支払われる賃金は含まない）は，式 (18) のように国内生産要素に対する支払いと消費者に還元される関税収入とによって構成される．

$$r_1 K_1 + r_2 K_2 + r_3 K_3 + wL + t(C_2 - Q_2) = Y \tag{18}$$

式の代入により (18) は (19) のように変形することができる．

$$P_1 Q_1 + (1+t)Q_2 + P_3 Q_3 - WL_f + t(C_2 - Q_2) = Y \tag{19}$$

日本での所得を国外に持ち出すことなく日本で消費する「移民」の場合には国民所得は (20) のようになることに注意されたい．

$$r_1K_1 + r_2K_2 + r_3K_3 + w(L+L_f) + t(C_2 - Q_2) = Y \tag{20}$$

(2) 外国人労働者受入れの経済的インパクト――出稼ぎ労働者と移民

以上でモデルは完結し，外国人労働者受入れの経済的メカニズムを知るため若干の理論的分析を行う．受入れ国の厚生水準に対する効果を分析するに当たって，まず，式(1)の効用関数は，式(3)，(4)，(5)を代入することによって式(21)のように変形できることに注目されたい．

$$U = (\alpha/P_1)\ (\beta/(1+t))\ \gamma Y/P_3 \tag{21}$$

式(21)の両辺の自然対数をとり，これを $L_f$ で微分することによって式(22)を得ることができる．

$$(\ln U)' = (\ln Y)' - \gamma (\ln P_3)' \tag{22}$$

ある変数にダッシュ（′）をつけたものは，この変数を $L_f$ で微分したものを表している．以下でも同様な簡略表記を用いることにする．式(22)から次の式(23)を得ることができる．

$$(\ln U)' = Y'/Y - \gamma P_3'/P_3 \tag{23}$$

ここで，式(23)は，外国人労働者の受入れが受入れ国の厚生に及ぼす効果は，受入れ国の国民所得の変化に基づく効果と受入れ国における非貿易財の価格の変化に基づく効果とに分解できるということを表しているのに留意されたい．

式(23)に均衡条件式を代入してやや複雑な変形を繰り返すことによって，基本方程式(24)を得ることができるが，これは，外国人労働者受入れの効果が4つの要素に分解できることを表している．

$$(\ln U)'Y = B(-L_f w') \cdots\cdots\cdots 効果1 \tag{24}$$

$$+B(-tQ_2') \cdots\cdots\cdots 効果2$$
$$+B(Q_3P_3') \cdots\cdots\cdots 効果3$$
$$-(C_3P_3') \cdots\cdots\cdots 効果4$$

ここで $B(1+t)/(1+t-\beta t)$, $B>0$ に注意．

なお，最初の3つの効果は所得の変化を通じての効果である．

1） 出稼ぎ労働者受入れの効果1——賃金低下効果（プラス）

w'が負であることを厳密に証明することができるから，効果1は受入れ国に対するプラス効果である．外国人労働者の受入れは，賃金率の低下を通じて受入れ国の厚生にプラスの効果を与えるわけである．この外国人労働者をより安く雇うことができることに基づくプラスの効果は，労働経済学者によってしばしば指摘されていたにもかかわらず，2×2モデルに基づく従来の国際的生産要素移動理論によっては無視されていた．さらに，このプラスの賃金低下効果の程度は，他の事情が一定であれば，外国人労働者の受入れが大規模になればなるほど大きくなるということに注目されたい．

2） 出稼ぎ労働者受入れの効果2——貿易制限効果（宇沢効果）（マイナス）

$Q_2'$ が正，つまり，外国人労働者の受入れによって国内での労働集約財の生産が増加するということを厳密に証明することができるから，効果2は受入れ国の厚生にとってのマイナスの影響を表している．この効果は，輸入制限の存在に起因しており，Uzawa (1969) によって指摘され，Brecher and Diaz-Alejandro (1977) によって厳密に分析されたものである．この効果2のメカニズムを直観的な形で述べれば次のようになる．つまり，輸入可能財の国際価格は1にセットしてあっても，その国内価格は貿易制限によってこれより高い $(1+t)$ であり，したがってこの場合には受け入れた外国人労働者の限界価値生産性は $(1+t)dQ_2/dl_2$ であって，国際価格で評価した（真の）限界価値生産性 $dQ_2/dl_2$ よりも大きくなっている．外国人労働者に対して支払われる賃金は（国内での賃金差別が存在しないことが仮定されているので）国内価格で評価された労働の限界価値生産性に等しくなるため，いってみれば外国人労働者に対する

$tQ_2'$ の超過支払いとなり,この超過支払いが受入れ国の国民所得を減少させ厚生を低下させることになるわけである.さらに,このマイナスの貿易制限効果は,他の事情が一定であれば,tが小さくなればなるほど(つまり貿易が自由化されていけばいくほど)小さくなるということに注目されたい.t=0つまり,自由貿易という極端な場合には効果2は消滅するわけである.

3) 出稼ぎ労働者受入れの効果3:非貿易財所得効果(マイナス)

現実的なパラメータ値の範囲内では $P_3'$ が負であることを厳密な形で証明することができるので,効果3(非貿易財所得効果)は負の効果である.国民所得は3つの財の生産額 $(P_1Q_1+(1+t)Q_2+P_3Q_3)$ に関税収入を加え,これから外国人労働者に対する賃金支払い分を減じたものであるから,外国人労働者受入れによる非貿易財価格の低下は,非貿易財生産部門で働く国内労働者の所得減少という形を通じて国民所得にマイナスの影響を与え,厚生全体にもマイナスになるというわけである.いうまでもなく,非貿易財生産部門の存在を考慮しない従来の国際的生産要素移動理論の下ではこの非貿易財所得効果は無視されることになる.

4) 出稼ぎ労働者受入れの効果4——非貿易財価格効果(プラス)

$P_3'$ は負であるから,効果4(非貿易財価格効果)は受入れ国の厚生に対してプラスになるものである.ある意味では,効果4は効果3を別の観点からみたものに過ぎない.つまり,外国人労働者の受入れによって非貿易財の価格が低下することは,消費者にとっては同額の所得でもより多くの消費ができることになるから好ましいことである.上に述べたように,外国人労働者を受け入れることによって,受入れ国の国民は,たとえば安価なメイドサービスや道路清掃を享受できるわけである.しかし,効果3と効果4を合わせたネットでの非貿易財効果は受入れ国にとってマイナスであることに留意されたい.このことの証明は非常に簡単である.つまり式(5)と式(24)から次の式(25)が得られる.

$$効果3 + 効果4 = (B/Y)(Q_3P_3') - C_3P_3'$$

$$= \gamma P_3(B-1)P_3' \tag{25}$$

$B>1$, $P_3'<0$ であるから, ネットでの非貿易財効果がマイナスであるのは明らかである. つまり, 外国人労働者の受入れによって非貿易財の価格が低下した場合には, 受入れ国の消費者が安価なメイドサービスや道路清掃を享受できる反面, これはメイドや道路清掃人などをして働いている受入れ国民の所得を減少させることになるわけである. そして, マイナスの効果 3 の方がプラスの効果 4 よりも大きく, ネットでの非貿易財効果がマイナスとなるわけである.

5)「移民」受入れの厚生効果（プラス）

上記のように長期的な生活の軸足が本国にある「出稼ぎ労働者」受入れは受入れ国たる日本に対しプラス・マイナスさまざまな効果を与え, 全体としての経済厚生に及ぼす効果がどうなるかは一概にはいえない. 特に, さまざまな関税障壁・非関税障壁が少なくないという現状にかんがみると宇沢効果が強く働き受入れがマイナスとなる可能性が強いものと思われる.

これに対し, 日本に定住し日本での所得を日本で消費する「移民」の受入れはわが国の経済厚生にどのようなインパクトを与えるのであろうか. 上述のように,「移民」受入れの場合には, 国民所得は式 (18) ではなく式 (20) で表すことができる.

$$r_1K_1 + r_2K_2 + r_3K_3 + wL + t(C_2 - Q_2) = Y \tag{18}$$
$$r_1K_1 + r_2K_2 + r_3K_3 + w(L+L_f) + t(C_2 - Q_2) = Y \tag{20}$$

つまり, 移民受入れの場合, わが国の国民所得は出稼ぎ労働者受入れに比べて $wL_f$ ほど大きくなる.

このような移民受入れの場合, (26) を厳密な形で証明することができる.

$$\partial U/\partial L_f > 0 \tag{26}$$

つまり, 少なくとも純経済学的な観点からみれば, 少子高齢化に伴って予想される労働力需給ギャップに対処する方策として外国人労働者を受け入れる場

合には，一時的な出稼ぎ労働者として受け入れるよりも，いわば日本人になってもらうための「移民」として受け入れる方が望ましいといえるわけである．もちろんこうしたシンプルなモデルでの分析結果を性急に現実に当てはめようとすることは危険を伴うので今後の研究の蓄積が待たれるところである．しかし，わが国において外国から日本人になるための人々を受け入れるというコンセンサスが得られているかどうかははなはだ疑問であり，少子高齢化時代における労働力不足に対処するため大量の「移民」を受け入れることは容易ではあるまい．

## 5．むすび

以上，わが国における少子高齢化と外国人労働者問題を概観した後，一般均衡論に基づくモデルを用いて，外国人労働者受入れの経済的インパクトが「移民」と「出稼ぎ労働者」とでどのように異なるかを検討してきた．その結果は，外国人労働者を日本人と同様なものとして受け入れ，その所得が日本で消費される「移民」の受入れはプラスになるものの，いわゆる「出稼ぎ労働者」の受入れはマイナスになりやすいというものであった．つまり，受け入れた外国人労働者が永住し，外国人労働者の効用が日本人の効用関数の中に同質なものとして組み込まれる場合には確かにプラスになる．しかし，現実をみるとわが国の外国人労働者は，日系人労働者も含めて出稼ぎ労働的性格を強く有しているようである．また，受け入れた外国人を日本人と全く同一視するというコンセンサスはまだできていないようにみえる．

最後に，人手不足を克服する手段は外国人労働者受入れに限定されるものではなくさまざまな代替策があるということも忘れてはならない．

代替策の第1は労働生産性の向上である．日本経済全体での生産性を向上させるためには，投資や創意工夫を通じて事業所レベルでの単位生産性（unit efficiency）を引き上げるだけでなく，低生産性部門を縮小と高生産部門の拡大を通じた配分生産性（allocation efficiency）を引き上げることが重要である．

第2の代替策は，いうまでもなく女性，高齢者，若年者等の国内労働者の活用である．

　特に，人口の半分を占める女性の職場進出は重要で，このためには ① 子育て支援，② 真の再チャレンジの確保，③ 古い役割分担意識の打破，などが必要である．

　第3の代替策は外国人労働力の間接的活用である．つまり，直接的な外国人労働者受入れ（ヒトの移動）の代わりにモノの移動（貿易自由化）やカネの移動（海外直接投資）によって間接的に外国の労働力を活用することができるわけである．

1) 本章執筆の2011年3月末の時点では具体的な数字はまだ得られていないが何万人のオーダーだと報道されている．

## 参 考 文 献

後藤純一「少子高齢化時代における外国人労働者問題」，伊藤元重編『国際環境の変化と日本経済』，慶應義塾大学出版会，2009年

日本労働研究機構研究所『日系ブラジル人の日本での就労に関するアンケート調査』，1998年

Brecher, R. and C. F. Diaz-Alejandro, "Tariffs, Foreign Capital, and Immiserizing Growth" *Journal of International Economics*, Vol. 7, 1977, pp. 317-322

Goto, J., "The Impact of Migrant Workers on the Japanese Economy : Trickle vs. Flood" *Japan and the World Economy*, Vol. 10, 1998, pp. 63-83

Inter-American Development Bank (2006), *Remittances from Japan to Latin America ~ Study of Latin American immigrants living and working in Japan*, 2006

Uzawa, H, "Shihon Jiyuka to Kokumin Keizai (Liberalization of Foreign Investments and the National Economy)" *Ekonomisuto*, Vol. 23, 1969, pp. 106-122

# 第8章　消費者観点の損害保険と保険法

## 1. はじめに

　少子・高齢化社会はさまざまな問題をうむ．われわれは，これから老後の不安を抱えながら生活しなければならないが，日常・社会生活において起きるかもしれない事故を除去する手段の1つに保険の活用がある．

　高齢者であると若年者であるとを問わず，われわれは日々の暮らしにおいてはさまざまな危険にさらされており，ドイツのBeckは現代社会をリスク（危険）社会と称しているくらいである[1]．リスクに対する備えには，自らリスクを保有（retention）すること，あえて回避（avoidance）すること，減少（reduction）させること，そして何らかの方法で移転や転嫁（transfer）させることなどが考えられる．このうちリスクの移転手段の1つが保険である．

　保険加入者は，保険の種類を問わなければ全国民である．無論，さらされているリスクの性質に応じて，加入する保険の種類も異なるが，必ず何らかの保険に加入し，または実際に保険のお世話になっているはずである．

　保険は「万が一の備え」として購入するものである．損害保険でいえば，「万が一の出来事」である自動車事故や火災事故などは起こるかどうかわからない[2]．したがって，よく耳にする「掛け捨て」という言葉は，事故に遭わなかった保険加入者の多くにとって，結果的にそういうニュアンスで感じてしまうのは至極当然であろう．

　生命保険では「掛け捨て」という用語の使用を避けるようにしているが，損害保険では積立型の保険を除いて，保険事故が発生しなければ，日々のリスクを保険会社（保険者）は負担しているものの，支払った保険料は戻ってこない

（無駄払いではない——後述）．保険の専門家は保険料の対価が日々の生活上のリスク負担や潜在的保険金支払可能性にあると説いたとしても，消費者がこれを素直に理解できるかはなかなか難しいことである．実際に保険を掛けているにもかかわらず，長期にわたって，または一生涯なんの事故に遭うこともなければ——実際には望ましいことではあるが——，「掛け捨て」感を一層強く感じるかもしれない．事故に遭遇しない限り，または災害が発生しない限り，損害保険に対する関心は，それほど深いものではないであろうが，事が起きてから「確か保険に入っていたはず」という程度の認識で，いざ保険を利用しようとした場合，その保険による損害てん補が不十分であるとか，肝心の損害てん補を得られないという場合もありうる．それゆえ，損害保険を購入した以上，消費者保護が整備されているからと安易に思わず，いかなる事故を対象としてどの程度の損害てん補がなされるかという知識を最低限習得することが望ましい．

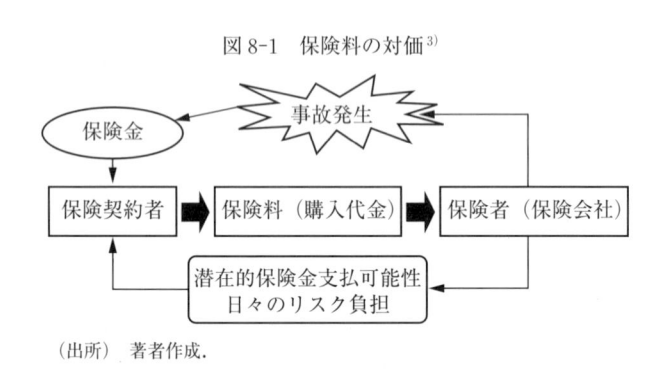

図 8-1　保険料の対価[3]

（出所）　著者作成．

店頭に並んでいる商品のように，積極的に保険を買いたいという消費者は少ないかもしれないが，ITによる情報検索ツールが日常的になった今，保険商品の比較サイトを通じて，かなり保険に対する意識や関心が高まっていることも事実であり，保険もネットで簡単に購入できる時代になっている．メディアでも毎日のように保険商品が宣伝されている．

保険は「高い買い物」である．買わずに済むならばよいが，買わざるをえない商品である．購入する側としては，「とりあえず加入」であっても，ニーズに見合う保険を購入することが賢い選択であるが，実際のところそのような状況にあるとは必ずしもいい難い．

そこで，本章は，消費者観点から家計向け損害保険商品の１つである自動車保険の昨今の動向と消費者保護強化の目的を掲げて制定された保険法における損害保険にかかわる事項について概観する．

## 2．損害保険商品

### (1) 商品特性

周知のとおり，損害保険商品は，家屋，自動車，家電のような有形商品ではなく，無形商品である．前者は購入すれば，その効用を体感するなどして，購入の良し悪しを判断することができよう．保険についてはそうはいかない．一般消費者が損害保険を購入する理由は，生活を送る中で遭遇するさまざまなリスクに対して備えるためであるが，食欲や物欲のように「これが欲しい」という動機で購入する人は少ないはずである．しかし，保険は買わざるをえない商品である．自動車を購入すれば，任意保険は別としても，自動車損害賠償責任保険は法律上強制加入であるし，家やマンションを手に入れたらほとんどの人が火災保険に加入するであろう．したがって，損害保険は生命保険などと同様，生活に密着したいわば生活必需品ともいえる．ただし，カーマニアの車に対するこだわりが，同時に自動車保険に対するこだわりに通ずるとは限らない．本来，自動車保険では人身損害の方を重視してしかるべきであろうが，車好きにとっては車両損害の方が切実であるかもしれない．もっともこれが車両保険を充実しようというインセンティブに直結するか否かは微妙である．いずれにせよ，保険の購入動機は万が一に備え，不安を和らげる目的で自分や家族のために「安心を買う」という点で異論はなかろうが，「いかなる事故」のために「どの程度の安心を買うか」については，当然のことながら人それぞれで

ある.

　竹井・柴田 (2010) では，損害保険と一般の有形商品との相違を4つの項目に分けて考察している．非常に参考になると思われるので，若干の私見を加えて紹介したい.

　1)「商品の外形」

　損害保険商品は目にみえない・手に取れない商品で，商品の内容がイメージしにくく，わかりにくい．他方，有形商品は目にみえる・手に取れる商品で，商品の内容（機能）がイメージしやすく，わかりやすいという．しかし，仮に火災のみ担保のようなきわめて単純な保険であれば，無形商品であってもわかりやすいし，有形であってもデザインが複雑な商品であれば，一見しただけでは機能をイメージするには時間を要するかもしれない．もっとも，保険を購入して保険証券を手元に保持して，これが購入した保険の証であると仮に認識しているとしても，これがどのような商品特性を持っているのかをイメージできるか，または十分に理解できるかはやはり難しいといえよう．無形商品である保険の可視化は課題でもあり，難所でもある.

　2)「商品に求める内容（ニーズ）」

　将来起こるかもしれない経済的損失に備えたいというニーズはあるものの，商品購入者が，必ずしも細かなニーズまで明確に自己認識しているとは限らない．自分が具体的にどのようなリスクに備えたいのかを自己認識したうえで，そのリスク（事故）が補償されるのかを確認して加入する必要がある．これに対して有形商品は，個々の商品ごとに，商品購入者のニーズは概ね明確になっている．たとえば，テレビの場合にはテレビの持つ基本的機能が商品選択の最低ラインで，画面の大小，デザイン性，画像の良し悪しが次の判断材料になるという.

　今日，保険も，テレビもほぼ生活必需品（中にはテレビは持たないという者も当然いることも想定されるであろう）の部類に属するが，問題は積極的購入か消極的購入かである．事故がなければ結果的に「掛け捨て」になってしまう損害保険は，「とりあえず加入しておこう」と考えて購入——消極的購入——する傾

向が多いと思われる．すなわち，起きてほしくない出来事のために買うので，欲しくて買うという積極的購入動機がわきにくい．たとえば，自動車保険を購入したから事故を起こしても安心だと思って，いざドライブへ出かける者はいないであろう．さらに，保険会社が補償充実（多機能）型商品を販売し，売れ行き好調であるとしても，その商品内容を十分理解して購入しているかは疑わしい．毎年更新の商品であっても，1年間そのまま保存し，更新時にようやくチェックリストなどで自分の購入した保険について振り返る機会を得るが，何もなければ前年度と同一条件で契約更新する者が多いのではなかろうか．保険の場合には，買うという判断基準がどこにあるのか探るのはなかなか難しい．他方，テレビについていえば，多機能性，画像鮮明度，薄型など，個々人が抱くニーズが異なるにせよ，商品購入の判断基準はそれなりに明確であるといえる．さらに，電化製品であれば，価格サイトなどを駆使してどこで安く売っているのかを検索することもできるが，保険の場合にこのような購買行動は考えられうるとしても，そう多くはないであろう．

　保険会社のシステムや創意工夫された販売体制などが十分に整備されつつある状況の中で，契約者が面倒であっても自分がさらされているリスクを可能な限り的確に把握し，それに見合った損害保険を保険会社または代理店側の十分な説明を受けてから，契約者自身もできる限り自己学習したうえで，真の意味で積極的に損害保険商品を購入していく姿勢が大切であり，重要でもある．

　3）「商品の特徴」

　これは商品の特徴というよりも効用という表現の方が適切かもしれない．損害保険商品の場合には，事故に遭って保険金を受け取って初めて商品価値を実感できるという．しかし，大部分の人が保険金を受け取らないので，価値を実感できる人は限定される．また，商品の選択を誤ると損害てん補を受けられないおそれもあり，取り返しのつかない結果をもたらす．もちろん，保険会社が商品の説明を十分したうえで，契約者側がそれを踏まえて保険契約をし，事故発生時に契約で定めた保険金支払い条件に該当しなければ，契約者自身の責任が問われてしかるべきであるが，適切に商品選択をし，事故発生時に保険金が

支払われる条件を満たしているにもかかわらず「不払い」となれば，この保険（会社で）は2度と買わないということを招きかねない．そのため，損害保険商品の効用として，事故発生時のサービス対応や日頃の保険メンテナンスともいうべきホスピタリティも重要視されよう[4]．

有形商品の場合には，購入後すぐに商品価値を実感でき，この実感はほぼすべての人が得られるという．そして商品選択を誤ったとしても損失は限定的であることが多く，買い替えも可能である．実際，有形であってもデザインが複雑な機能を備えた商品であれば，その機能をフルに発揮させるには時間を要するかもしれないし，長く保有することでその商品価値を実感し続けることもありうる．いずれにせよ，保険商品に対する「商品価値」がネガティブな出来事の発生によって実感できるというのは，テレビを積極的に購入することで得られるポジティブな出来事の実感とは異なるから，甚大な損害を被って保険金を得たから商品価値が実感できる——保険金を得られないよりは当然よいと思われる——かどうかは事故の性質と個々人の持つ心理的感覚に左右されるであろう．

4)「その他」

最後に，損害保険商品の場合には，商品知識にかかわる情報格差が大きいこと（損害保険会社の方が情報豊富），告知・通知義務にかかわる情報格差が大きいこと（保険契約者等の方が情報豊富），少額の保険料で多額の保険金を得られるため，モラルリスクをはらんでおり，モラルリスクの排除が必要であることを挙げている．これに対して有形用品の場合，販売者は，商品知識について豊富な情報を持っており，保険契約とは異なり，購入者の方が情報を持っている状況はないという．

現在，損害保険会社各社ならびに各種業界団体は，英知を結集して保険商品のわかりやすさの向上に鋭意努力しており，さまざまな点で改善が施されている．家計分野の損害保険商品については，消費者視点があくまでも重要であることを肝に命ずる必要がある．

(2) 昨今の損害保険商品の動向——自動車保険の例

損害保険の主力販売商品は自動車保険と火災保険であるが，ここでは一般消費者にとっても特に身近と感じられる自動車保険商品に絞ってその動向をみてみよう．

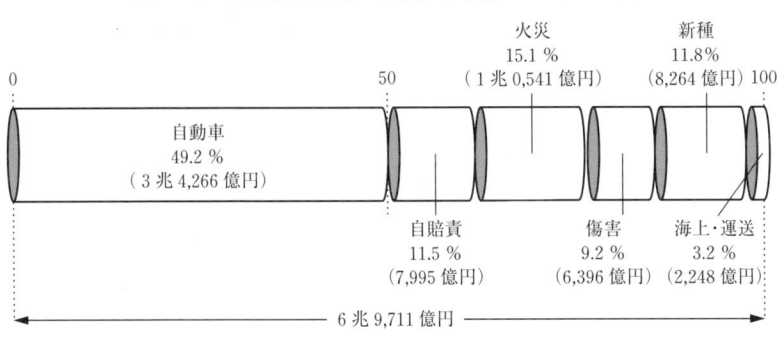

図 8-2　正味収入保険料の保険種目別構成比（2010 年）

- 自動車 49.2 %（3 兆 4,266 億円）
- 自賠責 11.5 %（7,995 億円）
- 火災 15.1 %（1 兆 0,541 億円）
- 傷害 9.2 %（6,396 億円）
- 新種 11.8%（8,264 億円）
- 海上・運送 3.2 %（2,248 億円）

合計 6 兆 9,711 億円

（出所）『ファクトブック 2010　日本の損害保険』72 ページ．

　自動車保険は損害保険全体の保険料収入の実に 5 割近くを占める基幹種目である．自動車保険はかつて高度経済成長期におけるモータリゼーションに呼応して，そのシェアを右肩上がりに伸ばしていった．さらに保険自由化以降，外資の参入によるリスク細分型自動車保険や，1998 年には東京海上（現：東京海上日動）が先陣をきって開発した「人身傷害補償保険」の登場により，自動車保険は保険者サイドからみれば充実したラインアップ構成になった[5]．
　しかし，自動車保険は新車販売台数などと連動して動くため，エコカーに代表される低価格自動車の普及[6]や若者の自動車離れなどがあいまって低調に推移しているのが現状である．車が売れない＝自動車保険も売れないという構図は保険会社にとっては悩ましい問題であろう．特に 2008 年に自賠責保険の保険料収入が大幅に下落して以来，伸び悩み状態が続いており，同様のことは任意自動車についてもいえる[7]．また，自動車の原材料価格の高騰は自動車の修

理費値上げという状況を招きうるため，保険料収入の減少とは逆に保険金支払額の増加に結びつくおそれもある．

その他，昨今の高齢者の事故率増加[8]に伴い，損害保険料率算出機構が，保険料の目安となる参考純率について，事故率が高い高齢ドライバーの区分を初めて設定したが，これを受けて各社とも高齢者の自動車保険料の引き上げに踏み切ったことも懸念材料である．

ここで自動車保険に関して注目に値するきわめて興味深い調査があるので紹介しよう．名古屋市において独自の自動車整備工場向けコンサルティングを中心に行うAOS総合研究所（代表 西脇実氏）が，整備工場に車検や点検で訪れた顧客約1万人を対象として2009年に実施した「自動車保険意識調査」である．

まず「自動車保険を契約するうえでいちばん気になることは」という質問に対して，「事故初動」と回答した人がじつに40％を占め，「どのようなときに保険会社または代理店を変えようと思うか」との問いに対する「事故対応が悪い場合」との回答42％にほぼ等しい．その他，契約するうえで気になる要因は，「補償内容」(33％)，「保険料」(24％)，「回答なし」( 3 ％)，保険会社または代理店の変更要因は，「保険料が高いと思ったら」(21％)，「接客マナーが悪い場合」(17％)，「知識情報不足の場合」(13％)，「そのほか，回答なし」( 7 ％)となっている．しかし，興味深いのは「現在の自動車保険を契約した主な理由は」(すなわち実際の契約要因)との質問に対して，「代理店との付き合い」と回答した人が27％と最多であったことである．

この調査によると，契約するうえで一番気になることは「事故初動」で，保険会社や保険代理店の変更理由も「事故対応の悪さ」であることは 4 割を占めており，消費者が損害サービスを重視している傾向がうかがえる．他方，「自動車保険契約時に気になること」(事故初動)と「実際に契約する際に重要視すること」(代理店との付き合い)では大きなギャップがあることが明らかになっている．すなわち，自動車保険商品と損害保険代理店に関する「認知，関心を高める段階」と自動車保険を契約する「欲求，行動段階」において，顧客の期

待とニーズが必ずしも一致しない結果を示している.

　自動車保険における損害サービスの内容は，消費者にとって契約締結時にはみえにくいものであるが，保険会社代理店はその内容や保険金の支払い手続きなどを十分に説明し，事故発生時には迅速に対応するということを確約し，サービスの内容を可視化させることがきわめて重要である．このようなことを踏まえて，顧客満足を達成すれば，保険会社にとって生涯顧客になる可能性もあるが，逆に期待したサービスの提供をしなければ，すぐに顧客離れを招くことにもなりかねない．契約時から保険金支払いまでの損害サービスの可視化はまさに損害保険会社にとって伸び悩み状態の自動車保険収入を今後維持するための生命線となろう．

　自動車保険マーケットをみると，最近では，低迷する自動車保険の中で唯一気を吐いているのが，電話やネットで気軽に通販可能なダイレクト系損保[9]といわれており，消費者の保険リテラシーの高まりを受けてモバイル系損保もマーケットに参入してきている．また，自動車保険や火災保険などの損保と生命保険を一体化した生損保一体型保険も発売されている．文字どおり，生活にまつわるリスクのトータルケア商品である．今後，こういった新たな販売商品の潮流が，停滞長引く自動車保険市場に旋風を巻き起こすかどうか，その動向が注目される．

## 3．保険法における損害保険

### (1)　不払い問題と損害保険

　保険商品は多くの人にとって役立つ商品であることは間違いない．しかし，保険料を支払って，損害保険商品を購入したにもかかわらず，事故発生によって対価である保険金が支払われなければ，加入者にとってはまさに期待を裏切られたのと同じである．このような事態が不幸にも現実にメディアを賑わし，保険会社による保険金不払い問題という形で露見したことは記憶にあたらしい[10]．

2005年に不適切な不払いに端を発した保険会社による支払い漏れ問題は，保険業界が抱える内在的問題を露呈し，以後，保険会社は対応に追われることになる．保険会社は，金融ビッグバン以後，ダイナミックな変貌を遂げていくことになるが，自由化の推進という門戸開放が皮肉にも，特に生保では根強い「いかに多く売るか」という「販売至上主義」や「利益至上主義」の弊害の抜本的改革の必要性を問うことになった．そして，「護送船団行政」という恩恵から競争原理が働く保険制度への脱却という変化の中で，金融庁のメスが入ったのである[11]．

　1996年の金融ビッグバンは，保険制度の3本柱として，① 規制緩和・自由化の推進，② 保険業の健全性の維持，③ 公正な事業運営の確保を掲げた．規制緩和・自由化の促進は，公益性を損なわないよう消費者ニーズに即した商品開発と，それに伴う競争という方向で実施されるのが理想的である．保険自由化および横並びの保険料率の撤廃により，各社各様の損害保険商品が市場に投入され，さまざまな商品が会社独自の目新しい名称で販売され，さらに外国保険会社の参入も相次ぎ，商品構成は多様となり，損害保険会社各社がしのぎを削ることとなった．

　しかし，変化の速度が想定外に早く，陳列棚に商品が並びきれないほど多数な様相になれば，消費者の理解はもとより，保険会社サイドも対応しきれない事態を招くことになる．他社とは違う充実した商品ラインアップは，選択肢の大幅な増加という響きのよい側面をもたらすが，貯金して電気店に出向き，デザインや機能性，好きなブランドなどを動機として購入する液晶テレビとは違い，判断基準が明確でなければ「どの保険商品をとりあえず買えばいいのか」という迷いも抱かせることになる．現在では，ネットで保険商品の比較情報を簡単に検索することができるが，保険に強い関心を持ってつぶさに読まない限り，商品のメリットとデメリットを判断することは容易ならない．損害保険商品が補償充実型になれば，内容も複雑化することにつながりかねず，契約者自身が学習しなければならない事項は当然増加する．さらに最悪なことは保険会社が開発する商品のスピードに，従業員自体の支払い実務のノウハウが十分に

追いつかないような事態が発生してしまうことである．

　保険会社の消費者のためにより良い商品開発をというポリシーが，過度な競争原理や変化の速さのためにかえって弊害を招く結果に至ったことも保険金支払い漏れの一因であることは上で述べたとおりであり，金融庁も「支払い漏れ」の原因について，部門間の連携不足，支払い部門における保険約款の理解不足，保険金不払いに関するチェック体制の不備などを指摘している．

　不払い問題以降，損害保険各社ならびに関係団体は，消費者の信頼回復に向け，コンプライアンス委員会の改組や「『消費者の声』諮問会議」などの設置により，顧客との接点強化に取り組んでいる．さらに2008年には「金融分野における裁判外紛争の苦情・紛争解決支援制度（金融ADR）の整備に係る今後の課題について」がまとめられたのを機に，翌年に指定紛争解決機関制度が創設され，利用者利便向上および利用者保護の強化が図られ，今後重要な役割を果たすことが期待されている．他方，不払い問題は保険法案作成のプロセスにおいて少なからぬ影響を与えたといっても過言ではない．

(2)　新保険法の基本コンセプト

　冒頭で述べたとおり，損害保険はわれわれの生活に深く根づいている．また，時代の移り変わりに生活様式や企業環境などの変化は，新しいリスクの出現を伴い，同時に新しい損害保険商品開発のインセンティブともなりうる．そして保険は，経済制度である保険制度と法律制度である保険契約とが表裏一体の関係をなす形式で成立する．保険契約は，保険者と保険契約者を契約当事者として，保険制度を権利義務の制度として再構成するための法律形式と捉えられ，それゆえ保険契約については，これらを規律する保険法がきわめて重要となる．

1）　新保険法の要点

　周知のとおり，わが国においてこれまで「保険法」という名称の法律はなく，1899（明治32）年の商法典の中で保険契約に関する規定が存在するのみであった．商法の施行以降，1911年に一部改正が施されたとはいっても，実質

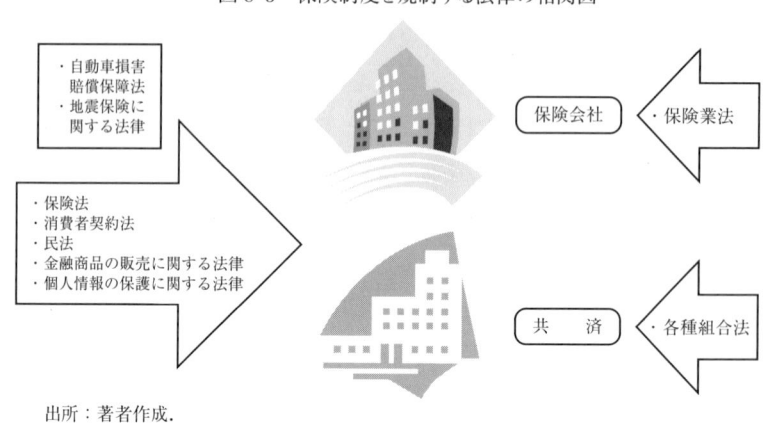

図 8-3 保険制度を規制する法律の相関図

出所：著者作成．

的な改正はなされていなかった[12]．この間，制定当時にはなかった自動車保険，医療・傷害保険，責任保険など新たな保険種目や共済なども登場し，それらについては規律がなく，また一般的なルールについても時代にそぐわない部分もあったため，現代社会にマッチしたスタンダードな規律を設ける必要性が生じた．

国会提出の保険法案の提出理由は次のとおりである．すなわち「社会情勢の変化にかんがみ，保険契約に関する法制について，共済契約をその適用の対象に含めることとするほか，保険契約締結に際しての告知，保険給付の履行期等に関する保険契約者の保護に資するための規定を整備し，傷害疾病保険に関する規定の新設等を行うとともに，国民に理解しやすい法制とするためこれを現代用語の表記によるものとする必要がある．これがこの法律案を提出する理由である．」と．そして新保険法は，2006（平成 18）年 9 月 6 日に当時の鳩山法務大臣諮問（第 78 号／保険法の見直しに関する諮問）を受けて，同年 11 月 1 日から 2008（平成 20）年 1 月 16 日まで，24 回にわたる法制審議会保険法部会での検討を経て，2008 年 5 月 30 日に成立，同年 6 月 6 日に公布，そして 2010（平成 22）年 4 月 1 日に施行された[13]．

新保険法の基本コンセプトは「保険契約者——被保険者および責任保険における被害者を含む——の利益の確保ならびに保護の強化」である．新保険法の誕生は，保険実務に関するコペルニクス的変化ではなく，現代社会にマッチした保険契約に関する基本ルールの集約というべきであろう．

損害保険にかかわる保険法の主なポイントは下記のとおりである．

　a．規定対象範囲の拡大→共済契約への適用・傷害疾病保険契約の新設

今日，共済は保険契約と同様に広く普及している．生協や農協などの各種協同組合による共済契約は，保険類似の契約ではあったものの旧商法の「保険」の規定の対象外であった．しかし，実質的に同様の内容を持つ契約であるにもかかわらず，ルールが存在しないということになれば，契約者保護や利用者利便の側面からも不具合が生じるおそれがある．消費者側も，契約相手が保険会社または農協や生協という違いの程度での認識で，商品としては同じものを購入している感覚であろう．そこで，共済についても保険契約と同等の契約内容を有するものは保険法の適用対象とすることとなった（2条1号）．

また，旧商法では，生命保険と損害保険——保険業法上の第1分野と第2分野の保険——に関する規定しかなかった．しかし，契約者のニーズの比重が，伝統的な商品である終身保険や養老保険から医療保険やがん保険——生損保の性質を合わせ持つ保険（保険業法上の第3分野）——にシフトしたことにかんがみ，傷害疾病保険契約の規定が新設された[14]．

　b．保険契約者等の保護についての規定整備

保険法は，商法の規定よりも保険契約者等（保険契約者・被保険者・保険金受取人）[15]の保護を強化した規定内容となっている．保険契約者などと保険者とは，情報格差があり，交渉力に関して必ずしも対等関係にはないからである．具体的に示せば次のとおりである．

① 商法では危険に関する重要な事実や事項について，保険契約者が判断したうえで自発的に告知すべきこととし，正しく告知しなかった場合には，告知義務違反とされていた．

しかし，保険契約者が一般消費者であれば，何が危険に関する重要な事

実や事項なのかを判断することは難しいため，保険者サイドでそれを判断し告知を求める方が合理的ある．それゆえ，保険法では，告知事項について「保険者が告知を求めた事実について応答すること」に限定された．すなわち，「自発的申告義務」から「質問応答義務」へ変更されたわけである．また，商法では保険契約者だけを告知すべき者としていたが，危険に関する重要な事実の有無やその内容については被保険者も知る立場にあるため，保険法では被保険者にも告知を求めることと変更されている（4条，28条1項，29条1項—片面的強行規定）．

② 商法には保険金の支払時期（すなわち保険給付の履行期）に関する規定は設けられていなかった．保険法では支払期限につき，期限の定めのある場合，期限の定めのない場合，保険契約者等の調査妨害などがあった場合の規律がそれぞれ新設されている．

　一般的な約款では，保険金の支払時期についての条項が設けられており，これが適用されることになる[16]．しかし，約款で定めた期限については原則有効とするものの，保険法では，支払期限が保険金の支払いに当たって確認が必要な事項[17]に照らして相当な期間を超えるときは，その相当な期間を超過する時から保険者は遅滞の責任を負うと規定された（21条1項—片面的強行規定）．支払時期の定めがないことは稀なケースと想定されるが，この場合には，民法412条3項により，保険者は保険給付の請求を受けた日の翌日から遅滞の責任を負うべきことを前提としたうえで，「保険事故およびてん補損害額の確認をするために必要な期間」が経過するまでは，遅滞の責任を負わないこととし，かかる「必要な期間」には，免責事由に関する調査や確認のための期間は含まれない（21条2項—任意規定）．保険者が保険金支払いのために必要事項を確認するための調査期間中，保険者は履行遅滞の責任を負わないことが認められている．実際，保険事故等に関する情報は，保険契約者サイドが有していることが多いので，保険法では，保険契約者または被保険者が正当な理由なく調査を妨害し，またはこれに応じなかった場合には，その遅延した期間につき保険者は遅滞の

責任を負わないこととしている（21条3項—片面的強行規定）[18]．

c．片面的強行規定の新設

保険契約は，契約当事者の合意により成立するものであるが，実際の契約締結にあたっては，各種保険約款によるのが通例となっている．しかし，そうであるとしても，約款の規定内容は保険法の規律に服さなければならない．保険法の規定を，約款の保険に対する効力という点で考えた場合には，以下の3つのタイプに分類することができる．

① 絶対的強行規定——保険法の規定が約款の規定に常に優先する（保険法と異なる約款は無効とされる）．

② 片面的強行規定——約款の規定が保険法の規定と比較して保険契約者側に不利な規定であれば，保険法の規定が約款の規定に優先し，約款の規定は無効である．反対に約款の規定が保険契約者側にとって有利な規定であれば約款の規定が優先され，約款は有効である．

③ 任意規定——約款の規定が合理的であれば，約款の規定が保険法の規定に優先する．反対に約款の規定が合理的でなければ，保険法の規定が優先する．

保険法は，「強行規定」に関しては民法や消費者契約法などに従うこととしたため特に規定していない．しかし，当事者の一方である保険契約者側に対しては条文より有利な定めをしてもよいが，反対に不利なものは無効とする「片面的強行規定」が条文に明記されることとなった[19]．また「任意規定」と異なる約款の規定は，原則的に効力が認められるものの，消費者契約において消費者の利益を一方的に阻害する規定である場合には，消費者契約法10条[20]に従い無効となる．つまり，保険契約者側に有利な条項は良いが，保険者側は約款などで契約者に不利な条項を設けてはならないこととなった．

上記以外の事項としては，責任保険契約において被害者の優先権を確保することを目的とした「先取特権」（担保権の一種で，先取特権を行使することで，他の被保険者の債権者に優先して被保険者（加害者）の保険給付請求権から被害の回復（債

権回収）を図ることが可能）の付与（22条1項——絶対的強行規定），昨今問題となっているモラルリスクに対応するために，重大事由による解除に関する規定の新設（30条）などが挙げられる．

その他，商法ではカタカナと文語体で表記されていた規定が，保険法では，一般消費者の理解向上を図るため，ひらがなと口語体表記に改められている．

以上，簡単に保険法のポイントを纏めてみた．すでに実務では，損害保険各社が家計分野の保険商品を対象に，保険法に対応した約款改定や商品の販売の取組みを実施しており，保険法の改正を機に消費者目線を一層重視した創意工夫と業務改善が進行中である．

2） 損害保険特有の事項——超過保険・重複保険についてのルールの柔軟化

a．超 過 保 険

旧商法631条は「保険金額カ保険契約ノ目的ノ価額ニ超過シタルトキハ其<u>超過シタル部分ニ付テハ保険契約ハ無効トス</u>」（下線部筆者）とし，利得禁止原則[21]の観点などから，保険価額を超過する部分の契約を一律無効と規定していた．また，保険を利用した不法な賭博の横行は防止すべき，および被保険利益の存在を前提としない契約は無効であると唱えられていたため，超過部分については被保険利益の不存在や賭博行為への悪用を未然に防止するため無効とする必要があると認識されていた．しかし，不当な利得の防止などの趣旨から超過部分を一律無効とするまでの必要のないことや，契約締結後に保険価額が変動することはありうるので，保険価額の上昇を見込んで保険価額を上回る保険金額を保険契約締結時に設定することも許容すべきであるという指摘がなされ，実務と法規定との乖離が大きかった．

かつて保険による賭博の横行していた時代とは異なり，一般消費者を対象とした家計分野の保険において，「悪意・重過失」により過大な保険金目当てに超過保険をかけるケースは想定しにくい．そして，損害保険契約における保険金の支払いが実損てん補（損害額限度）に基づきなされる以上，利得禁止の観点から保険者側が超過保険の効力を否定させる必要性は認められない（野村，

2008)ので,このような硬直的な規律は望ましくない.

　保険法9条は「損害保険契約の締結の時において保険金額が保険の目的物の価額(以下この章において「保険価額」という.)を超えていたことにつき保険契約者及び被保険者が善意でかつ重大な過失がなかったときは,保険契約者は,その超過部分について,当該損害保険契約を取り消すことができる.ただし,保険価額について約定した一定の価額(以下この章において「約定保険価額」という.)があるときは,この限りでない」と規定し,超過部分も有効であることを前提とし[22],保険契約者および被保険者がそのことにつき善意で重大な過失[23]がない場合には,保険規約者はその超過部分の損害保険契約を取り消すことができるという規律になった.この規定は片面的強行規定であるから家計分野の火災保険などにおいては,保険契約者および被保険者に不利な約定は無効とされる.なお,「善意でかつ重大な過失がなかったこと」を要件としているのは,保険契約者に何ら制約なく取消権を認めれば,「将来のインフレに備えて超過保険を締結しておき,現に価額が上昇しなければ保険料の返還を請求するという機会主義的な行動につながる」ことを危惧したためである.それゆえ,保険契約者側の保険料の「無駄払い」をいかにして調整するかというのが制度設計の基本であり,ここでいう保険料の「無駄払い」とは,保険者側からの危険負担という対価を得るために役立たなかったもの,もしくは,将来的にみて保険契約者が役立たないと考えることを意味し,危険負担を得ながらも危険(保険事故)が発生しなかったために保険給付につながらなかったもの――いわゆる「掛け捨て」られた保険料――を含まないとされる(野村,2008).

　保険料節約を踏まえて契約する一部保険の場合と異なり,保険契約者が将来的な保険価額上昇を見込んで,過不足のない保険を掛けるためには,契約締結時に保険者側が適切な助言をできるようにする環境整備が不可欠である.しかし,おりしも保険法改正に向けての法制審議会が開催されている最中,火災保険の保険料過払い(取りすぎ)問題が発覚した.火災保険の保険料は所在地や構造・用途などによって料率が異なるが,過払い問題の1つがこの構造判定に関係していた.この過払い問題で超過保険の保険料問題がクローズアップされ

たのである．

このような事態を踏まえ，保険法10条は「損害保険契約の締結後に保険価額が著しく減少したときは，保険契約者は，保険者に対し，将来に向かって，保険金額又は約定保険価額については減少後の保険価額に至るまでの減額を，保険料についてはその減額後の保険金額に対応する保険料に至るまでの減額をそれぞれ請求することができる」と規定し，前記9条は過去分の保険料に関する返還請求，本条は将来分の保険料減額請求という制度が整った．なお，超過保険による不当利得については，損害のてん補を損害額限度とすれば防止することができ，モラルハザードについては公序良俗違反を理由として保険契約の全部を無効とすることができ，超過部分の有無，およびその程度は不当利得を目的としているか否かを推量する要素として考慮すべきと考えられている．

b．重複保険

「重複（超過）保険」とは同一の保険の目的物について被保険者，保険事故，保険期間を共通にする複数の損害保険契約が存在し，その保険金額の合計額が保険価額を超える場合をいう．鴻（2002）によれば，数個の各別の保険契約が存在すること，その数個の契約は同一の目的物に対する同一の被保険者の同一の被保険利益に関すること，数個の契約が保険事故を同じくすること，数個の契約が保険期間を同じくすること，数個の契約の保険金額の合計額が保険価額を超過することが重複保険の具体的要件である．

重複保険において問題となるのは被保険者に対して各保険者がてん補すべき損害額である．商法は，数個の契約が同時に締結された場合（同時重複保険）（商法632条）と数個の契約がそれぞれ別の時点で締結された場合（異時重複保険）（商法633条）に分類して規律を設け，同時重複保険については保険金按分主義を採用した．例を挙げて説明しよう．

建物の価額 = 2,000万円　　　A保険者の保険金額 = 1,200万円
火災による損害額 = 1,200万円　B保険者の保険金額 = 800万円
　（一部保険の比例てん補原則を前提）　C保険者の保険金額 = 600万円

表 8-1

|  | 保険金額按分主義(比例按分主義) | 独立責任額按分主義(従来約款) |
|---|---|---|
| A保険者 | 600万（1,200×1,200÷2,400） | 600万（1,200×720÷1,440） |
| B保険者 | 400万（1,200×800÷2,400） | 400万（1,200×480÷1,440） |
| C保険者 | 200万（1,200×400÷2,400） | 200万（1,200×240÷1,440） |

　損害保険契約である以上，被保険者が損害発生時に受け取るべき損害てん補の額は，保険価額，保険金額，損害額のうち最も低い額である．A，B，C保険者の全部または一部が損害てん補を行い，その合計額が1,200万円となれば，被保険者はこの金額を超えて損害のてん補を受けることはできない．

　商法や従来約款の考え方によると，被保険者が各保険者に対して請求できる金額は按分後の金額にとどまるため，被保険者は，各保険者が負担している独立責任額の全額を請求することはできない．したがって，すべての保険者に請求することによって初めて損害額の全額がてん補されることになるので，手間がかかり利便性を欠くことになる．

　このような点を踏まえ，保険法20条は同時・異時を問わず，独立責任額連帯主義という調整手段を採用した．すなわち「損害保険契約によりてん補すべき損害について他の損害保険契約がこれをてん補することとなっている場合においても，保険者は，てん補損害額の全額（前条に規定する場合にあっては，同条の規定により行うべき保険給付の額の全額）について，保険給付を行う義務を負う．
2　二以上の損害保険契約の各保険者が行うべき保険給付の額の合計額がてん補損害額（各損害保険契約に基づいて算定したてん補損害額が異なるときは，そのうち最も高い額．以下この項において同じ．）を超える場合において，保険者の1人が自己の負担部分（他の損害保険契約がないとする場合における各保険者が行うべき保険給付の額のその合計額に対する割合をてん補損害額に乗じて得た額をいう．以下この項において同じ．）を超えて保険給付を行い，これにより共同の免責を得たときは，当該保険者は，自己の負担部分を超える部分に限り，他の保険者に対し，各自の負担部分について求償権を有する」[24]という規律を新たに設けた．

上述の例で考えると各保険者の損害てん補額は次のように示される．

表 8-2

|  | 独立責任額連帯主義（保険法） |
|---|---|
| A 保険者 | 720 万円（1,200×0.6） |
| B 保険者 | 480 万円（1,200×0.4） |
| C 保険者 | 240 万円（1,200×0.2） |

　保険法 20 条によれば，被保険者は損害額の全額がてん補されるまで，各保険者に対して各自の負担する独立責任額を請求することができる．上述の例でいえば，被保険者がまず A に対して 720 万円請求し，続いて B に対して 480 万円請求すると，損害はすべててん補されることになる点で利便性が高い．A の按分後の独立責任額は 600 万円，B の按分後の独立責任額は 400 万円であるので，A は C に対して 120 万円，B は C に 80 万円求償可能となり，各保険者は一種の連帯債務を負っているようになる．

　仮に一部の保険者が破綻したような場合には，保険金額按分主義や独立責任額按分主義を採ると，予定されていた損害てん補が得られないリスクに被保険者がさらされることになるが，独立責任額連帯主義では，そのリスクは内部的に求償する保険者が負うことになる．

　なお，20 条は片面的強行規定ではないので，今後約款においても独立責任額連帯主義を採用する動きに向かうかに注目したい．

## 4．むすび

　新しい保険法の誕生による保険会社の対応は，保険約款や保険商品の「わかりやすさ向上」を促進させる要因となったのは間違いない．かつての「護送船団方式」による恩恵を受けていた時代とは異なり，「不払い問題」で根づいた保険不信は根深く，失墜した信頼を取り戻すために，損害保険会社各社は顧客

との接点を見つめなおし，常に顧客目線での商品設計および商品提供と，それにかかわる誠実なサービスを行うことが必須課題である．ITの普及とともに保険契約について「Web約款」や「Web証券」が登場し，ペーパレスの時代になっているのは事実であるが，機械上で契約が成立するとはいえ，あくまでも保険は「助け合い精神」の下，「人と人の絆」のうえに成り立っていることを利便性追求のあまり忘れてはならない．

かつて，福沢諭吉は「保険は1人の災難を大勢が分かち，わずかの金を捨てて大難を逃れる制度」といい，ドイツの保険学者 Alfred Manes は，「万人は1人のために，1人は万人のために」という言葉をもって保険制度の真髄を説いている．また，木村栄一博士が，インシュランス〔損保版〕第4420号において「助け合いと掛け捨てと」というタイトルで寄稿されておられるが，今回の未曾有の大震災による「列島の沈没」を食い止めるために，保険はどういう役割を果たすことができるのかという問題を提起され，保険の根幹でもある「助け合い」の精神に立ち返る必要があると強く認識させられた．

保険制度は助け合いの精神から発展してきた．われわれは保険会社に保険料を払い，事故発生の際に経済的損害をてん補してもらうという救いを求め，保険会社は保険料を多数の者から受け取り，それによって収益拡大の機会を得て成長が可能となる．保険会社はただ消費者が保険商品を購入してくれればよいという発想の下，やみくもに保険料を得ようとする表層的な消費者視点ではなく，消費者の必要とする保険を適切に紹介し，納得のいく説明をし，そして消費者が抱えるリスクに応じた保険を提供するということで，「とりあえず保険に加入しようという」消費者の保険購入のインセンティブ構造を今後変えていくことが急務である．インセンティブの構造を変えることで，消費者の保険に対するマインドも変化し，保険会社がこのことに真摯に取り組めば，必ずやみえざる企業価値の向上が達成されることにもつながろう．

損害保険会社の展開するビジネスモデルが，消費者の積極的な保険商品に対する関心を向上させることを願いつつ，各種関係団体と一丸となって少子高齢化社会を踏まえた商品開発をタイムリーに行い，また保険会社の社会的役割の

重要性を保険会社が十分自覚し，保険本来の目的である「助け合い精神」の下に公正な競争原理が働くことが望ましい姿である．さらに今後，3メガ体制を主軸とした損害保険業界全体がよりよい「ものづくり」的な発想によって，保険不払い問題で根づいた保険会社への不信を払拭し，消費者がポジティブな関心を継続的に抱く企業への変貌を遂げていくことを願ってやまない．

1) リスク（危険）は，多様な意味を持つが，一般消費者には「望ましくないことが起こる可能性」（すなわち損害発生の可能性）という説明がわかりやすい．
2) 周知のとおり，人の死亡は確実である．しかし，いつ（when）死ぬか，すなわち死亡時期はわからない．それゆえ，人の死亡は生命保険における偶然事故となりうるわけである．
3) 保険契約者＝被保険者（自己のためにする保険）と保険契約者≠被保険者（他人のためにする保険）の場合があることに注意されたい．後述する保険法では，保険契約者は保険契約の当事者のうち，保険料を支払う義務を負う者（2条4号），損害保険契約における被保険者は，損害保険契約によりてん補されることとされる損害を受ける者（2条4号イ）と定められている．
4) 保険事業におけるホスピタリティの重要性を説くものについては，林（2008）を参照．
5) 自由化直後のドラスティックな変化の中で，消費者は，リスクに応じた外資系の安い自動車保険と補償充実型の比較的高い国内損保の自動車保険という感覚を当初抱いていたように思われる．
6) 一般的に，小型車＝保険料が安いという構図が成り立つ．
7) 現在，自動車保険がすぐに好転するとは考えにくく，各社統合効果による経営改革が急務となっている．国内の損害保険市場は，ここ10年間の合従連衡がようやく落ち着き，国内においては3大「メガ損保」体制が中心となっている．
8) 交通事故死者数による割合が最も多いのが65歳以上の高齢者であるのに対し，16～24歳の若者の割合は過去10年間減少傾向にある．
9) 自動車保険全体に占める比率は10％に迫る勢いで成長が期待できると同時に，競争の激化も予想される．
10) 安井信夫博士は，不払い問題の原因の1つに，保険本来の目的が蔑にされているところにあるように思うと述べられたうえで，保険本来の目的を消費者に教育するのは，保険会社の役目で，小損害を担保するために大損害を免責とするのはなく，大損害を担保するために小損害を免責とすることが，保険の目的に適い，保険料の節約になることを，消費者に教育することは，保険会社の務めであると思うと述べ

ておられる（インシュランス〔損保版〕第4232号）．
11) 詳しくは，金融庁の調査報告（金融庁（2005）『損害保険会社の付随的な保険金の支払漏れに係る調査結果について』，（2006）『付随的な保険金の支払漏れに係る調査結果について』，（2007）『損害保険会社の第三分野商品に係る保険金の不払い事案の調査結果について』）を参照．
12) この理由は，各種保険約款とその解釈について司法の判断が，法律に代わるルールとして発展し，法規定を修正・補充して今日に至ってきたためといわれている．
13) 位置づけとしては民法の特別法である．
14) 傷害疾病損害保険契約は，損害保険契約のうち，保険者が人の傷害や疾病によって生ずることのある損害をてん補する契約をいい（保険法2条7号），独立の契約類型でなく，損害保険契約の特則として位置づけられる．
15) 損害保険においては，保険金受取人という用語を用いず，被保険者が保険金を受け取る立場にある．
16) 最判，平成9年3月25日，民集，51巻3号，1565ページ参照．
17) ここでいう確認が必要な事項とは，「保険事故，てん補損害額，保険者が免責される事由その他の保険給付を行うために確認をすることが損害保険契約上必要とされる事項」とされている．
18) ここでいう保険者側の調査妨害に関する立証責任は保険者が負うこととなる．
19) この規定が用いられている代表的な法規として，賃借人に不利な特約を無効とする旨定める「借地借家法」がある．
20) 「民法，商法その他の法律の公の秩序に関しない規定の適用による場合に比し，消費者の権利を制限し，又は消費者の義務を加重する消費者契約の条項であって，民法第1条第2項に規定する基本原則に反して消費者の利益を一方的に害するものは，無効とする」．
21) 近時，利得禁止原則は「狭義の利得禁止原則」（被保険者に生じた損害のてん補のみ認容）と「広義の利得禁止原則」（公益に反する著しい利得を防止しようとする賭博禁止の要請）に分類する見解が有力である（野村，2007参照）．
22) 超過部分が無効とならない理由は，保険給付において狭義の利得禁止原則が働くことにより，被保険者に生じた損害を超える保険給付がなされることがないことを前提としているからである（東京海上日動，2010参照）．
23) ここでいう「重大な過失」がいかなる程度の過失であるかについては必ずしも明確ではないが，故意に近い著しい注意の欠如状態に限定されるものと考えられている（最判，昭和32年7月9日，民集，11巻7号，1203ページ参照）．
24) 前条すなわち，19条（一部保険）は「保険金額が保険価額（約定保険価額があるときは，当該約定保険価額）に満たないときは，保険者が行うべき保険給付の額は，当該保険金額の当該保険価額に対する割合をてん補損害額に乗じて得た額とす

る」と規定している．

## 参 考 文 献

浅湫聖志「保険契約法の改正について―実務面への影響を中心に―」,『損害保険研究』, 70巻1号, 2008年

井口富夫『現代保険業研究の新展開』, NTT出版, 2008年

上松公孝『新保険法（損害保険・傷害疾病保険）逐条改正ポイント解説』, 保険毎日新聞社, 2008年

大串淳子・日本生命保険生命保険研究会編『解説　保険法』, 弘文堂, 2008年

大谷孝一編『保険論』, 成文堂, 2007年

鴻常夫『保険法の諸問題』, 有斐閣, 2002年

落合誠一・山下典孝編『別冊金融・商事判例　新しい保険法の理論と実務』, 経済法令研究会, 2008年

桜井建夫・坂勇一郎・丹野美絵子・洞澤美佳『保険法ハンドブック　消費者のための保険法解説』, 日本評論社, 2009年

損害保険料率算出機構『自動車保険の概況　平成22年度（平成21年度データ）』

竹井直樹・柴田文明「保険約款と保険商品のわかりやすさの向上について―最近の損害保険業界の取り組みと各損害保険会社の商品改定から考察する―」,『損害保険研究』, 72巻2号, 2010年

田村祐一郎・高尾厚・岡田太志『保険制度の新潮流』, 千倉書房, 2008年

近見正彦・吉澤卓哉・高尾厚・甘利公人・久保英也『新・保険学』, 有斐閣, 2006年

東京海上日動火災保険株式会社編『損害保険の法務と実務』, 金融財政事情研究会, 2010年

東洋経済新報社『週刊東洋経済臨時増刊　生保・損保特集2009年版　2010年版』

野村修也「損害保険契約に特有な規律」,『商事法務』, 1808号, 2007年

―――「損害保険契約特有の事項」,『ジュリスト』, 1364号, 2008年

萩本修編『一問一答　保険法』, 商事法務, 2009年

林裕「保険事業におけるホスピタリティと顧客戦略」, 石田成則編『保険事業のイノベーション　商品開発・事業展開と経営革新』, 慶応義塾大学出版会, 2008年

山下友信『保険法』, 有斐閣, 2005年

―――「新しい保険法」,『ジュリスト』, 1364号, 2008年

第 9 章　カナダにおける保険料のリベート規制

1．はじめに

　高齢化社会が到来して，保険会社においては年金保険，医療保険などに焦点が当たってきている．これらのうち，ことに年金保険は，年金保険以外の多くの生命保険，損害保険と異なり，貯蓄性がきわめて高いという特徴を持ち，他の金融機関が提供する金融商品との競争も激しい．しかるに，わが国では，他の金融機関では禁止されていない特別利益の提供が禁止されており，その点では，消費者に十分なサービスを提供できず，他の金融機関との競争に劣後するおそれがあるという両面を持つ．そこで，本章では，このように高齢化社会において重要な意味を持つ，わが国における特別利益の提供禁止規制のあり方を考える前提として，カナダにおける保険料のリベート規制についての検討を行う．

　カナダでは，20世紀初頭から保険料のリベートが禁止されて以来，すべての州で禁止されてきた．しかし，近年になって一部の州が保険料のリベートを全面的ないし部分的に容認する方向に転ずるなど，さまざまな変化が現れてきている．

　カナダには，保険に関する規制が多数存在する．連邦の保険会社法（Insurance Companies Act, S.C. 1991, c. 47）と州・準州[1]の保険法（Insurance Act）またはそれに準ずる法律などである．保険法に代えてもしくは保険法に加えて，保険法に準ずる法律を定めている例としては，保険法に代えて保険会社法（Insurance Companies Act）を定めているニューファンドランド・ラブラドール州，保険の募集などについては，保険法とは別に金融機関法（Financial Institutions Act）を

定めているブリティッシュ・コロンビア州などがある（以下，保険法またはそれに準ずる法律を合わせて「保険法」と呼ぶ）．

連邦の保険会社法は，カナダで事業を行っている外国保険事業者およびカナダ会社法に基づいて設立された保険者について規制を行っている．ただし，州・準州の保険法が規制する範囲は，除かれる．これに対して，州・準州の保険法は，連邦の保険会社法が規制する保険者以外の保険者についての規制を行っている．ただし，例外として，州・準州の保険法は，州・準州で事業を行うすべての保険者（カナダ保険会社法で規制される保険者を含む）に関する保険契約，保険募集などの規制を行っている．また，オンタリオ州は，保険法におけるリベート規制とは別に，登録保険ブローカー法（Registered Insurance Brokers Act, R.S.O. 1990, c. R. 19）の規則がブローカーがリベートを行うことを違反行為とし，その場合の罰金について定めている．

正確にいえば，これらの法律以外にもいくつかの州に保険に関する法律がある．たとえば，ブリティッシュ・コロンビア州の場合，保険法および金融機関法以外に，次のような保険に関連する法律が存在する．

- 保険（キャプティブ会社）法（Insurance (Captive Company) Act, R.S.B.C. 1996, c. 227）
- 保険（海上）法（Insurance (Marine) Act, R.S.B.C. 1996, c. 230）
- 保険（自動車）法（Insurance (Vehicle) Act, R.S.B.C. 1996, c. 231）
- 作物保険法（Insurance for Crops Act, R.S.B.C. 1996, c. 229）
- 保険公社法（Insurance Corporation Act, R.S.B.C. 1996, c. 228）

保険（キャプティブ会社）法は，キャプティブ保険会社に対する規制を定めたものであり，保険（海上）法，保険（自動車）法および作物保険法は，各々，海上保険，自動車保険および作物保険について定めたものである．また，保険公社法は，ブリティッシュ・コロンビア州で自動車保険を唯一専業で引き受けているブリティッシュ・コロンビア州保険公社（Insurance Corporation of British Columbia）に関する法律である．他の州にもこうした事例は存在する．しかし，これらの法律には，保険料のリベートに関する規制は，存在していない．

なお，連邦法と州法がこのような棲み分けになる以前には，連邦政府が保険料のリベートを規制していた時代もある．当時，連邦法にも保険料のリベートに関する規制が存在していた[2]ことがある．

## 2．各州のリベート規制

カナダでは，10の州および3つの準州のうち8つの州および3つの準州が保険料のリベートを禁止している．これに対して，2つの州が全面的または一定の限度までの保険料のリベートを許容している．

### (1) リベートを禁止する州

サスカチュワン州，マニトバ州，オンタリオ州，ケベック州，ニューブランズウィック州，ノバスコシア州，プリンス・エドワード・アイランド州，ニューファンドランド・ラブラドール州，ユーコン準州，ノースウェスト準州，ヌナブト準州が保険料のリベートを禁止している．

#### 1）規制の内容

リベート規制には，リベートを直接的に禁止するものおよび不公正または詐欺的な行為または慣行として禁止するものがある．

##### a．リベートを直接的に禁止する州・準州

このタイプの規制は，典型的には次のようなものである．

　　すべての保険者およびその役員，従業員またはエージェントは，契約によって定められた保険料の全部もしくは一部についてのすべてのリベート，または保険料のリベートに類似したものとして意図されたすべての心付けもしくは価値のある物を，すべての保険契約者もしくは保険を申し込んでいる者に対して，直接もしくは間接に，支払い，割り引きもしくは与える，または支払い，割り引きもしくは与えることを申し出もしくは同意してはならない（マニトバ州保険法（Insurance Act, C.C.S.M. c. I40）第378条(4))．

これと同様な規制は，以下の各州・準州の保険法にある。

ニューブランズウィック州保険法 (Insurance Act, R.S.N.B. 1973, c. I-12) 第368条(5)，ノバスコシア州保険法 (Insurance Act, R.S.N.S. 1989, c. 231) s. 40，プリンス・エドワード・アイランド州保険法 (Insurance Act, R.S.P.E.I. 1988, c. I-4) 第377条(1)，ニューファンドランド・ラブラドール州保険会社法 (Insurance Companies Act, R.S.N.L. 1990, c. I-10) 第96条(1)，ユーコン準州保険法 (Insurance Act, R.S.Y. 2002, c. 119) 第244条(2)，ノースウェスト準州保険法 (Insurance Act, R.S.N.W.T. 1988, c. I-4) 第231条(2)，ヌナブト準州保険法 (Insurance Act, R.S.N.W.T. (Nu.) 1988, c. I-4) 第231条(2)。

なお，後述のアトランティック・カナダ保険ハーモナイゼーション・タスク・フォース (The Atlantic Canada Insurance Harmonization Task Force) が2003年に作成したアトランティック・カナダ・ハーモナイズド保険モデル法（最終草案）(HARMONIZED MODEL INSURANCE ACT for Atlantic Canada (FINAL DRAFT)) もこのタイプの規制を有している (HARMONIZED MODEL INSURANCE ACT for Atlantic Canada (FINAL DRAFT) 第7.53条(4))。

アトランティック・カナダに含まれる4州を中心に，周辺のその他の州もこのモデル法（草案）に則ったため，このように類似の規制が多くなっているものと考えられる。

なお，これらの規制は，全米保険監督官協会 (National Association of Insurance Commissioners, NAIC) のリベート禁止に関するモデル法 (880-1 Unfair Trade Practices Act) 第4条とほとんど変わらないことが注目される。

また，サスカチュワン州とケベック州も，概ね同様の内容の規制を有している。ただ，サスカチュワン州は，保険法上には規制がなく，サスカチュワン州保険協会の会則で規制されている (Insurance Council of Saskatchewan, Life Insurance Council Bylaws 第8条，Genaral Insurance Council Bylaws 第8条)。このため，その対象となる者は，免許を受け，教育された保険エージェントおよびブローカーに限られており，保険会社などは対象となっていない[3]。これに対して，ケベック州では，保険会社のみがリベート規制の対象とされている（ケベ

ック州保険法（An Act respecting insurance, R.S.Q. c. A-32）第406.2条）．ただし，間接的にリベートが行われることを認めることも規制されているので，保険会社がエージェントなどによって保険料のリベートが行われることを認識していた場合も含まれるものと考えられる．

さらに，オンタリオ州は，保険法の規制とは別に，登録保険ブローカー法一般規則（General, R.R.O. 1990, Reg. 991）がブローカーによる保険料のリベートを違反行為とし，その場合罰金の上限について定めている．違反行為の内容は，マニトバ州などの規制に類似している（オンタリオ州登録ブローカー法一般規則第15条(1)4）．また，罰金の上限は，ブローカーが個人でない場合には2万5,000ドル，個人の場合には5,000ドルとされている（オンタリオ州登録ブローカー法一般規則第22条）．なお，当該規則には，ブローカーがリベートを行うことを禁ずる規制は存在しないが，これは，後述のとおり，オンタリオ州保険法がリベートを禁止しているためであると考えられる．

また，ケベック州には次の2つの保険に関連するリベートを禁止する規制が存在する．1つは，ファイナンシャル・プランナーによるリベートを禁止するファイナンシャル・プランナー規則（Regulation respecting financial planners, R.Q. c. I-15.1, r. 4）第98条で，もう1つは，企業，商事組合（firm），独立代理人（independent representative）などによる保険料のリベートを有責とする金融商品サービス販売法（An Act respecting the distribution of financial products and services, R.S.Q. c. D-9.2）第469.3.条である．なお，これらの法律，規則には，リベートの定義は定められていない．

b．不公正または詐欺的な行為または慣行として禁止する州

現行のオンタリオ州保険法（Insurance Act, R.S.O. 1990, c. I-8）は，不公正または詐欺的な行為または慣行（unfair or deceptive act or practice）として保険料のリベートを禁止している．具体的には，すべての者は，不公正または詐欺的な行為または慣行に携わってはならない（オンタリオ州保険法第439条）とされ，不公正または詐欺的な行為または慣行は，不公正または詐欺的な行為または慣行として定められた行為のすべての履行または履行の不成就であるとされる（オ

ンタリオ州保険法第438条）。また，保険者によって，保険者の役員，従業員もしくはエージェントによって，または，ブローカーによって行われる次の行為も 不公正または詐欺的な行為または慣行とされる（オンタリオ州不公正または詐欺的な行為または慣行規則 (Unfair or Deceptive Acts or Practices, O. Reg. 7/00) 第2条）。

ⅰ．オンタリオ州で生命，人または財産についての保険契約者もしくは保険を申し込んでいる者に対して，保険料のすべてまたは一部を，直接もしくは間接に，支払い，割り引き，または与える，または，支払い，割り引き，または与えることを申し出，もしくは同意した場合。

ⅱ．オンタリオ州で生命，人または財産についての保険契約者もしくは保険を申し込んでいる者に対して，保険料のリベートに類似したものとして意図されたすべての対価もしくは価値のある物を，直接もしくは間接に，支払い，割り引き，または与える，または，支払い，割り引き，または与えることを申し出，もしくは同意した場合。

さらに，オンタリオ州不公正または詐欺的な行為または慣行規則は，ささやかな贈り物 (inducements) も不公正または詐欺的な行為または慣行としている（オンタリオ州不公正または詐欺的な行為または慣行規則第1条第7号）。このように，オンタリオ州においては，保険料のリベートは，不公正または詐欺的な行為または慣行として定義されていることを除けば，この内容は，マニトバ州保険法などの規制と実質的に変わらないことがわかる。

このように，オンタリオ州不公正または詐欺的な行為または慣行規則は，差別の一環として保険料のリベートを捉えており，リベート禁止の根拠が差別禁止にあることをうかがわせる。なお，リベートとささやかな贈り物以外の保険にかかわる差別は，次のように定義されている（オンタリオ州不公正または詐欺的な行為または慣行規則第1条第2号，第3号)[4]。

・ 同一の危険分類 (class) に属し，同一の平均余命を有する個々人間における，保険料の支払額もしくは返還額または生命保険もしくは年金契約に課された保険料率または当該契約もしくは当該契約の契約条件に基づいて

支払われるべき配当もしくはその他の給付金に関するすべての不公正な差別．
・すべての保険料率または保険料率表における，同一の地域的危険分類（classification）内の本質的に同一である実体的危険（physical hazards）のオンタリオ州におけるリスク間のすべての不公正な差別．

なお，現行の規制になる以前のオンタリオ州のリベート規制は，不公正または詐欺的な行為または慣行として禁止されるものではなく，マニトバ州などの現在の規制とほとんど変わらないものであった[5]．

なお，オンタリオ州登録保険ブローカー協会（Registered Insurance Brokers of Ontario, RIBO）の市場規律ガイドラインによれば，「保険の購入に関連してエア・マイルを付与することは，ブローカーにとって許容できる．ボーナス・ポイント・プランは，ささやかな贈り物とみなされるおそれがあり，承認を得るために照会をしなければならない．」[6]とされている．この点に関しては，実際に新契約と更新契約の顧客に対して一律のエア・マイルを付与したINGカナダの事例[7]もある．法令上は，新契約と更新契約の顧客に対し，一律のエア・マイルを付与しているに過ぎないため，上記のオンタリオ州 不公正または詐欺的な行為または慣行規則第1条第2号および第3号のいずれにも該当せず，問題がないという解釈と考えられる．

オンタリオ登録保険ブローカー協会の市場規律ガイドラインは，景品（giveaways）については，名目的な価値（100ドル未満）のもので，かつ保険の購入と抱き合わせでない限りにおいて容認しうるというのが，RIBOの見解であるとしている．具体的に，保険契約の満了日を聞き出すため，かつ／または保険の見積もりの依頼を得る機会を得るためのささやかな贈り物は，保険商品の購入を条件としたものでない限り，受け容れることができる，としている[8]．

このように，保険料のリベートを禁止している州・準州の規制の内容は，部分的に異なる面はあるものの，ほとんど実質的には変わらないことがわかる．

2）規制の根拠となる考え方

保険料のリベート禁止の根拠となる考え方には，大きく分けて不公正な差別

を禁止するためのものと生命保険における問題の回避のためのものなどがある．

　a．不公正な差別の禁止

保険料のリベートを行うことは，契約者間の不公正な差別に当たるため禁止されるべきであるとするもので，以下のような主張がなされてきた．

　①　保険料のリベートは，価格競争の結果，標準の保険料を支払った保険契約者との間に，不公正な差別を生じさせる．一部の保険契約者だけにリベーティングがなされると，個々の契約に不可欠なサービスに結びつけられた費用が，他の保険契約者に転嫁されることになる[9]．

　②　保険料のリベートは，「同一の危険分類に属し，同一の平均余命を有する個々人間における不公正な差別」であるということができる[10]．

　③　コミッションの支払いにおける保険数理的な一貫性の確保に対する企業の努力を所与のものとすれば，当委員会は，コミッションのリベーティングが不公正な差別を構成するという見解に賛成することができる[11]．

これらの考え方は，アメリカにおける反リベート法の根拠となる考え方と重複するものである[12]．

　b．生命保険におけるリベートに関する問題の回避

さらに，生命保険における特殊事情を主張する考え方も存在した．こうした考え方は，20世紀初頭の連邦規制の時代から存在していた．

　①　エージェントは，平均して自己の得た報酬の50％あるいはそれ以上を，リベートの支払いによって，実現することができない[13]．

　②　エージェントのコミッションが減ることが問題である．ことに生命保険の場合には問題である[14]．

　③　生命保険の販売におけるエージェントの生産性に対するインセンティブを低下させる[15]．

　④　生命保険の場合，初年度保険料よりも初年度にエージェントに支払われる手数料が多いため，エージェントは，初年度に支払われる手数料を用いて，当該契約の初年度保険料を支払うことによって，エージェントは，保

険契約の申込者が無償で保険契約を締結できるとして勧誘する慣行が，リベートの供与と最も一般的に結びつく．この問題は体系的であり，損をするのは，フロントエンド・ロードのコミッション体系を有し，このようなスキームを可能にしている保険会社である[16]．

しかし，多くの規制者や保険者は，初年度のコミッションが初年度保険料を超えることのない平準保険手数料制度を導入し，存続することによって，こうした状況に対する機会を排除してきたという指摘[17]もある．

c．そ の 他

これに対して，金融サービス会社の倒産を防止するために，保険料のリベートを禁止すべきであるという主張がある．具体的には，「従来のブリティッシュ・コロンビア州の金融機関法は，倒産に対する規制の手段として，リベーティングを禁止していた」[18]とするものである．つまり，最終的に倒産に結びつき，消費者の困難をもたらすドラスティックな価格引き下げ戦争から金融サービス会社を守るためであるとされていた．

また，同一のビジネスで競争をしている規模の異なる保険者および仲介者間の同一の競争条件を維持するためのものであり，競争は，リスク・プライシングに基づくものであるという考え方もある[19]．さらに，消費者が保険料のリベートの供与をもとに不適切な購入の判断を行うことを防ぐためともいわれている[20]．

(2) リベートを認める州

これに対して，リベートを全面的に認めるのがアルバータ州であり，一定の限度内に限って認めるのがブリティッシュ・コロンビア州である．

1) アルバータ州

アルバータ州にはかつて保険料のリベートを禁止する規制が存在したが，2001年の保険法改正で削除され，全面的に保険料のリベートが認められることとなった．これは，州政府が，保険エージェントが自分の得るコミッションの一部を顧客にリベートすることを妨げることについて何らの理由も見いだせ

なかったこと[21]およびリベートは革新と競争を阻害するため[22]に行われたものであると考えられたことである．ここに至るまでにカナダ保険・金融アドバイザー協会（The Canadian Association of Insurance and Financial Advisors, CAIFA）などが強硬に反対をしたが，州政府に押し切られている[23]．

2) ブリティッシュ・コロンビア州

2004年3月31日金融機関法が改正され，リベートが一部許容された．それまでは，マニトバ州などの規制と実質的に変わるところのない内容の保険料のリベート禁止規制を有していた（ブリティッシュ・コロンビア州金融機関法第79条(1)）[24]．

2004年3月31日に改正された後の規制[25]の前半のリベートの定義の部分は，これまでと変わらず，マニトバ州などの規制と同様である．ただ，これまで

> 保険契約者またはブリティッシュ・コロンビア州にある生命，人もしくは財産に関する保険を申し込んでいる者に対して，保険料のリベートまたはその他のギフト，景品もしくはささやかな贈り物の性格を持つことを意図した

としていたが，単に

> 保険料のリベートであることを意図した

となり，後述の保険の販売に携わる者から異論のあったささやかな贈り物を除くことを明確にした．さらに，保険料のリベートが別に定められた金額または割合未満の場合を除くとなり，この法律を受けて，保険料のリベートは，当該保険料の25％未満でなければならないとされた（金融商品のマーケティング規則（MARKETING OF FINANCIAL PRODUCTS REGULATION）第2条）．つまり，保険料の25％未満のリベートは許容されたのである．

この改正が行われた際の議論を整理すると，次のようになる．

a．賛　成　論

① 販売促進活動は，他の産業と保険とに何ら差異はないのが現状であるし，あるべきである．当該条文（保険料のリベートを禁止する条文）の削除は，消費者にとってより安い保険のコストを実現させる可能性が高い[26]．

② リベートの供与は，消費者保護問題ではない．当審議会は，リベートの供与に関する消費者の苦情を受けたことはない．受けたことのある苦情は，他の免許者からのものと競争に関するものであった．当該条文は，消費者に対してたとえあったとしてもほんのわずかな便益と保護を与えるに過ぎず，競争制限に成功するに過ぎない[27]．

③ アルバータ州が2001年に保険料のリベート禁止規制を削除していたこと．これは，記述されたものとしては見あたらなかったが，当然の理由として考えられる．

b．反　対　論

① リベーティングの導入（リベーティングを認めること）は，当ビジネスに携わる者の一部が，顧客にキャッシュ・バックの約束をすることによって，既存の契約を乗り換える気にさせることを勢いづかせると，カナダ独立金融ブローカー協会（Independent Financial Brokers of Canada, IFBC）は，示唆する．これは，結果的に乗換募集の慣行になってしまう[28]．

② 価格競争を促進する試みは，本質的に不適切である保険料の返還よりむしろ顧客が支払うべき保険料に焦点を当てるべきである．顧客がリベートに焦点を当てることを助長することによって，保険契約を選択するというより重要な点があいまいになるおそれがある[29]．

③ もし認められると，保険料のリベートの供与は，独立ブローカーがブリティッシュ・コロンビア州の田舎やへんぴな地域にサービスを提供し続ける能力に，重大な影響を与える可能性がある．保険料のリベートの供与は，生命保険の割引きをする多数の募集人を，当該事業から撤退させるところまで追い込む可能性がある[30]．

④ 従来の金融機関法は，倒産に対する規制の手段として，リベーティングを禁止していた（つまり，最終的に倒産に結びつき，消費者の困難をもたらすドラスティックな価格引き下げ戦争から金融サービス会社を守るため）[31]．これは，エージェントが保険料のリベートを行い，保険契約の販売に伴うコミッションの支払いを受けたにもかかわらず，当該契約が実質的に継続しなかっ

たり，失効したりする．このことが，保険会社の潜在的なソルベンシー問題にかかわってくるという意味であろう[32]．

⑤ ある種の生命保険契約の販売に当たって支払われるコミッションは，顧客から支払われる保険料よりも大きいことがある．（中略）これは，保険会社からは認められない慣行であり，不適切な行為とみなされる[33]．

c．その他の意見

また，保険の販売に携わる者からは，リベートの定義が不明確であるという問題指摘がなされていた．

① 当該条文は，生命保険の購入に関する一切のささやかな贈り物を認めていない．カナダ独立金融ブローカー協会は，当該条文から「またはその他のギフト，景品またはささやかな贈り物」とする表現を削除することを提案する．ペン，時計，煙報知器などを贈ることは，当該条文の趣旨に反することはないと，私たちは理解している[34]．

② リベートの定義が曖昧なことも問題である．少額のリベートは認められるべきである[35]．このため，われわれは，リベートの供与に該当するか否かの基準を，コミッションの10％または保険料の2％で，最大25ドルとすることを主張した[36]．

このように，賛否両論があった中，最終的に現在のような規制に落ち着いた．これは，基本的には賛成論に立ったが，前述した生命保険に関する問題点に配慮して，リベートの額に上限を設け，併せてブローカーの主張していたリベートの定義を明確にしたものと考えられる．これは，リベートに保険料額の25％という上限を設けたが，損害保険の販売手数料の大きさを考えると，実質的に損害保険に対して全く考慮していないと考えられることから，生命保険に関する問題点について配慮したと考えたものである．

(3) 保険法のハーモナイゼーション

1）カナダ保険監督官会議

カナダ保険監督官会議（Canadian Council of Insurance Regulators, CCIR）は，

2002年5月に，規制環境を合理化し，ハーモナイズすることを促進することについて，保険業界からの特別な提案を依頼するために，合理化・ハーモナイゼーション委員会を設置した．この委員会の下に，マーケット・コンダクトおよびその他の問題についてのワーキング・グループが作られ，ここで，ささやかな贈り物，保険料のリベートおよび抱き合わせ販売に関する問題（ISSUES RELATED TO INDUCEMENTS, REBATING AND TIED SELLING)[37]が作成され，公表された[38]．

CCIRからは，以下のような提案があった．

業界の提案として，保険料のリベート禁止規制を廃止する．その根拠として次のことがいわれていた[39]．

① 販売に携わる者がより自由に業務を遂行することが認められる必要がある．

② 価格と景品やポイント・プログラムのように消費者に何らの不利益も与えないような付加的な利益の両面で競争することが，一般的には小売業者のありふれた慣行である．

③ 保険者とエージェントにとって，マーケティング計画における自由度の拡大と（違法なリベートが行われていないかという）適法性のモニタリングの費用を削減できる．

さらに，提案のオプションとして，次の5つも併記した[40]．

① 消費者が保険料の見積りを依頼したり，商品についてさらに学んだりする気にさせることを意図したインセンティブは，禁止しない．

② 保険料のリベートの禁止を続けるが，ささやかな贈り物に関連する禁止は緩和する．

③ インセンティブの最大額を定めるとともに，保険料のリベートとささやかな贈り物の禁止を緩和する．

④ ささやかな贈り物に対する禁止規制を削除するが，インセンティブの正味価値とその保険料に対する影響を開示することを求める．

⑤ 煙感知器，防犯器具などのようなリスク管理のためのものとみなされる

インセンティブを認める．

これらの内容を各種の業界団体に示したところ，以下のようなさまざまな反応があった．

a．賛　成　論

カナダ直販保険会社協会（The Canadian Association of Direct Response Insurers, CADRI），カナダ保険金融機関協会（Canadian Association of Financial Institutions in Insurance, CAFII）およびカナダ損害保険協会（Insurance Bureau of Canada, IBC）[41]が賛成の意見を表明した．このうち，カナダ保険金融機関協会は，会員にカナダ直販保険会社協会の会員と重複する者が多く，直販保険会社が中心になっている．このように，賛成したのは，直販保険会社と損害保険会社の業界団体である．

なお，述べられた主要な意見は，次のとおりである．

① 直販保険会社として，CADRIの会員は，伝統的な保険会社以上に，販売上の改善策や伝統的な販売方法に対して競争的に挑戦することについて創造的になることがありそうに思われる[42]．

② 消費者は，適切な購入の意思決定をするための販売上のささやかな贈り物について，十分通じていると，われわれは信じている[43]．

③ 消費者は，会社に価格と販売促進策に基づく競争をさせることによって生ずる利益を享受する機会を与えられるべきであると，われわれは信じている[44]．

④ 販売に携わる者がより自由に業務を遂行することが認められるよう，禁止規制は削除すべきである[45]．

⑤ 保険料のリベート禁止の削除は，顧客自身，その家族および彼らの所有物を守るための重要な財務上の意思決定をする顧客に報いることに適応させるよう調整する販売促進活動の量を増加させるよう，導くであろう．拡大された販売促進活動は，保険商品とその便益についての全般的な認知を高めるであろう．さらに，業界と消費者を建設的な方向に向かわせるであろう[46]．

⑥ IBC は，保険料のリベートとささやかな贈り物の禁止については，そのような販売促進活動は，業界内では生命保険の現実であり，現実であるはずであることから，削除されるべきと推奨する．事実，当該規制の廃止は，消費者にとってより低い保険のコストを実現するであろう[47]．

b. 反　対　論

これに対して，カナダ生命保険・健康保険協会（Canadian Life and Health Insurance Association Inc., CLHIA），カナダ保険相互会社協会（Canadian Association of Mutual Insurance Companies, CAMIC），オンタリオ保険相互会社協会（Ontario Mutual Insurance Association, OMIA），カナダ金融アドバイザー協会（The Financial Advisors Association of Canada, Advocis），カナダ保険ブローカー協会（The Insurance Brokers Association of Canada, IBAC），独立金融ブローカー協会（Indipendent Financial Brokers, IFB）およびオンタリオ登録保険ブローカー協会が反対した．

カナダ生命保険・健康保険協会は，カナダの生命保険会社および健康保険会社の業界団体であり，カナダ金融アドバイザー協会は，生命保険会社が主体の団体であり，これまでの生命保険におけるリベートの弊害の主張を考えると理解しやすい．

一方，カナダの相互会社は，ごく一部の相互会社を除くと，そのほとんどが農家相互会社（farm mutuals）と呼ばれるきわめて小規模の損害保険会社である[48]．その多くは，オンタリオ州にあり，同時にオンタリオ保険相互会社協会を構成している．また，カナダ保険相互会社協会は，相互会社として設立された損害保険会社の業界団体であり[49]，農家相互会社以外の損害保険会社は少ない．これらの農家相互会社は，販売チャネルとしてエージェントとブローカーを使っており，ブローカーの販売占率は明らかではないものの，エージェントの数が少なく，ブローカーを主たる販売チャネルとしている会社が相当数あることが想定される．このため，ブローカーの反対意見を尊重して，これらの団体も反対しているのではないかと，筆者は考えている[50]．

これに対して，カナダ保険ブローカー協会および独立金融ブローカー協会は，ブローカーの業界団体である．オンタリオ登録保険ブローカー協会は，ブ

ローカーの自主規制団体である．個々のブローカーが強硬に反対していることから，こうした業界団体などが反対に回るのは，容易に理解できる．主な反対意見は，次のとおりであった．

① 不公正な競争が促進され，消費者利益が損なわれる

- 消費者が最初安いにもかかわらず，長期にわたって支払うことができない保険料で契約を購入するかもしれないということがリスクである．生命保険に関する購入の意思決定は，消費者が望み，保険料を支払うことができるものに基づくべきである．この意思決定は，実体のない，短期の貯蓄によって影響を受けるべきではない[51]．

- 特に，そのような慣行は，ブローカーのサービスの価値を含む商品の特性ではなく，むしろささやかな贈り物またはリベートの提供に基づく購入の意思決定を奨励し，消費者利益を害するであろう[52]．

- ささやかな贈り物と保険料のリベートを認めると，事実上競争は低下し，消費者の選択の幅は狭まり，公衆に対するサービスは低下し，保険料は増加しよう[53]．

- われわれは，この慣行は市場における公正な競争を崩壊させると信じている．加えて，大規模なブローカーがオンタリオのビジネスを買うことができるというのと同様な議論が，保険料のリベートにも当てはまる．それは，公正な競争を歪め，消費者にとって最善の利益にはならない[54]．

- われわれは，保険料のリベートの導入が，キャッシュ・バックを約束することによって既契約の乗換えを奨励するかもしれないことについて不安に思っている．われわれは，また，当該禁止が乱用，誤解，消費者の苦情および詐欺に対する門戸を開くかもしれないということについて，懸念している[55]．

- われわれは，当該規制が維持されることは，消費者と保険ブローカーにとって利益であると信じている[56]．

② 小規模な独立エージェントが不利になる

- 少なくとも，小規模な独立エージェントが不利になるおそれがある[57]．
- 保険料のリベートとインセンティブは，最も財源のある者だけが勝つということが保証された，とことん行き着くところまでの競争を作り出すであろう[58]．
- 多くの中小規模の会社は，保険ブローカレッジの不当に大きな分け前を国中で与えて，このような慣行，ことに保険料のリベートを奨励することによって，マーケットで生き残ることが困難になるであろう[59]．
- 消費者保護だけ目標にするのではなく，業界イメージを悪化させることのないよう業界内のすべてのプレーヤーを保護することも目標にすべきである[60]．

③ ささやかな贈り物などに限定すれば構わない

- 消費者が保険料の見積りを依頼したり，商品についてさらに学んだりする気にさせることを意図したささやかな贈り物にかかわる禁止を緩和することに賛成する．しかし，ささやかな贈り物は，一切の保険商品の購入と抱き合わせるべきでない[61]．
- ささやかな贈り物は，もし認められるとしたら，明確に上限を設けるべきである．上限は，当該金融商品の価値の少しの割合に厳格に限定すべきである[62]．
- 保険料のリベートとささやかな贈り物規制を廃止した場合の影響は次のとおりである[63]．
    a．互いに競争している募集人は，マーケット・シェアを獲得するために，ささやかな贈り物と保険料のリベートを用いた革新的な手法を開発する．
    b．募集人間の金融商品の真の価格を比較しようとするとき，消費者はさらに混乱する．
    c．監督官にとっては，解決すべきさらなる問題がある．
    d．よい公衆のイメージをすでに維持してきた業界に対して，さらに

悪い宣伝になる．
・　保険料のリベートにかかわる規制を変更することを意図した一切の提案に反対であるが，リスク管理ツール（煙感知器，防犯器具など）の景品または割引価格で販売することを認めるための規則改正については，保険商品の購入に続き，リスク管理ツールが購入された保険商品によって担保される損害を減少させると証明されているということであれば反対しない[64]．

2）　アトランティック・カナダ保険ハーモナイゼーション・タスク・フォース

前述のとおり，アトランティック・カナダ保険ハーモナイゼーション・タスク・フォース（The Atlantic Canada Insurance Harmonization Task Force）が作成したアトランティック・カナダ・ハーモナイズド保険モデル法（最終草案）（HARMONIZED MODEL INSURANCE ACT for Atlantic Canada (FINAL DRAFT)）というモデル法（最終草案）が存在する．

このモデル法（最終草案）は，アトランティック州首相会議（The Council of Atlantic Premiers）によって2003年に設けられたアトランティック・カナダ保険ハーモナイゼーション・タスク・フォースによって作成されたものである．タスク・フォースの目的は，公営自動車保険，民営自動車保険およびその他の保険についてのアトランティック・カナダのモデル法を作成することにあった[65]．このモデル法（最終草案）は，これらの保険のうち，その他の保険のためのものである．なお，アトランティック・カナダは，プリンス・エドワード・アイランド州，ニューブランズウィック州，ノバスコシア州，ニューファンドランド・ラブラドール州の4州を指す[66]．このモデル法（最終草案）は，前述のとおり，マニトバ州などの規制に近似している[67]．なお，同モデル法の検討途中で出されたフェーズ2レポートでは，逆に現行のオンタリオ州保険法第438条およびオンタリオ州不公正または詐欺的な行為または慣行規則第2条とほとんど変わらないものになっていた[68]．

この検討については，さまざまな意見があった．保険料のリベート禁止規制

を廃止すべきとしたのは，直販保険会社であった．
- 直販保険会社は，特にこのマーケティング手法に利害関係を有しており，ささやかな贈り物が他の者との違いを際立たせる数少ない方法の1つである（カナダ・ダイレクトの副社長 Colin Brown）[69]．
- 保険業界は他の業界がやっているような，購入に対するささやかな贈り物を与えないことによって消費者にサービスをしていない（カナダ・ダイレクトの副社長 Colin Brown など）[70]．

これに対して，保険料のリベート禁止規制の廃止については，ブローカーなどからは強硬な反対意見があった．
- 各州のブローカー協会を含め，まださまざまな者がささやかな贈り物に対して強硬に反対している．彼らの関心の中心は，ささやかな贈り物を認めることが保険市場における小規模なプレーヤーのソルベンシー問題にかかわる可能性が高いということである[71]．

しかし，次のような認識もなされていた．
- 旅行ポイントと消費者に名目的な価値を与えるものの出現とともに，ささやかな贈り物が競争にどのような影響を与えるのかという質問は，不明確になってきている．多くの州は，保険募集に伴って与えられる旅行ポイントを規制にかかわらず許容している[72]．

さらに，
- アトランティック諸州は先例（アルバータ州の保険料のリベート禁止規制の廃止）にならう方向に傾いている[73]．
- アトランティック諸州は，ささやかな贈り物に対して同様なスタンスを採る方向に傾いているという．ハーモナイズド保険法は，今年（2000年）後半に最終版が完成すると期待しているが，アルバータ州の規制を借りてきている（ニューファンドランド保険監督官兼 CCIR 議長 Winston Morris）[74]．
- われわれは，消費者の視点からわれわれのすべての規制を考察している．もし，消費者が便益を享受できるのであれば，ささやかな贈り物が何かということが明確に開示されている限りは，何の不都合があるのか（ニ

ューファンドランド保険監督官兼 CCIR 議長 Winston Morris))[75]．

このように，途中経過においては，保険料のリベート禁止規制は廃止される方向で検討がなされた模様であるが，最終的には従来どおり維持された．なお，このモデル法（最終草案）は，原稿執筆段階（2011年1月）においても依然草案のままである．

(4) その他の保険料のリベート規制

上記のような保険料のリベート規制とは別に，自動車事故保険などにおいて保険料のリベートを許容する規制がある．

たとえば，サスカチュワン州の自動車事故保険法（Automobile Accident Insurance Act, R.S.S. 1978, c. A-35）第81条(1) および自動車事故保険（一般）規則（Automobile Accident Insurance (General) Regulations, 2002, R.R.S. c. A-35 Reg. 4）に保険料のリベートの規定を有するが，これは，グリーン自動車リベート（green vehicle rebates）という政策的な保険料の返還（たとえば，低燃費自動車を購入した者に対する保険料の返還）に関するものである．

年によってプログラムの内容は若干変わるが，2010プログラムの適格な期間は，2009年1月1日から2009年12月31日である（自動車事故保険（一般）規則9.36(1)）．保険者は，適格な期間に対する適格自動車に対して保険者が発行した適格所有者証に記載されている適格保険契約者に対し，グリーン自動車リベートを支払わなければならない（自動車事故保険（一般）規則第9.36条(2)）．ここで，適格自動車とは，2006年以降モデルのいわゆるハイブリッド車などをいう（自動車事故保険（一般）規則第9.31条(e), Appendix D）．グリーン自動車リベートは，2010年5月31日までに支払われなくてはならない（自動車事故保険（一般）規則第9.36条(3)）．リベートの額は，保険料の20%である（自動車事故保険（一般）規則第9.36条(4)）．つまり，地球温暖化対策をこのような形で行っているものであり，本章で議論している一般的な保険料のリベートとは関係がない．

また，アルバータ州の農業金融サービス法（Agriculture Financial Services Act）

にもリベートを許容する規制が定められている．農業金融サービス法は，農業金融サービス公社（Agriculture Financial Services Corporation）に関する規制で，当該公社は，農家に対する貸付け，作物保険の引受けなどを行っている．このリベートも上記のグリーン自動車リベート同様，政策的なものである．

このような規制は，これら以外にも見受けられる．しかし，これらの規制は，保険料のリベートに関する規制とは異なり，何らかの政策的な目的を持って保険料の一部をリベートないし返還するものであり，本稿の検討の対象としている保険料のリベートとは別のものであると考えられる．

## 3．人権法における差別禁止規制

ここで，不公正な差別禁止に関連して，一般的な差別を禁じているカナダにおける人権法の規制を概観しておく．さらに，保険料のリベートを全面的または部分的に認めているアルバータ州とブリティッシュ・コロンビア州の人権法の規制にも触れる．

### (1) 一般的な規制

カナダには，連邦の人権法と各州・準州の人権法（類似した名称の法律を含む）が存在する．連邦の人権法は，連邦の機関および連邦規制下の機関に適用され，各州・準州の人権法は，それ以外の機関に適用される．人権法の規制は，保険にも及ぶ．最も典型的であると考えられるオンタリオ州人権法（Human Rights Code, R.S.O. 1990, c. H. 19）は，次のように定める．

すなわち，法的な責任能力を有するすべての個人は，人種，家柄，出生地，肌の色，民族，国籍，宗教，性別，性的な嗜好，年齢，結婚の状況，家族内における相互関係（family status）または障害による差別がなく，同一の条件で契約を締結する権利を有する（オンタリオ州人権法第3条）．なお，ここでいう契約に保険契約は含まれる[76]とされている．

これに対して，保険についての例外が設けられている．具体的には，自動

車，生命，傷害疾病，障害保険または保険者と雇用者以外の団体または個人との間に締結された団体保険契約が，合理的かつ信義誠実な根拠に基づいて，年齢，性別，結婚の状況，家族内における相互関係または障害によって区別，差別，除外または特恵的な待遇をすることは，上記にいう差別には該当しない（オンタリオ州人権法第22条）とするものである．

(2) ブリティッシュ・コロンビア州の規制

ブリティッシュ・コロンビア州の人権法（Human Rights Code, R.S.B.C. 1996, c. 210）の規制は，次のようになっている．

すなわち，法的な責任能力を有する個人は，信義誠実かつ合理的な正当化事由なしに，その者もしくはその者の属している階級（class）の人種，肌の色，家柄，出生地，宗教，結婚の状況，家族内における相互関係，身体的もしくは精神的な障害，性別，性的な嗜好または年齢を理由に，

① 法的な責任能力を有する個人もしくはその者の属している階級に対して，すべての慣習的に公衆に対して提供されている宿泊設備，サービスもしくは設備の拒絶

② 法的な責任能力を有する個人もしくはその者の属している階級に対して，すべての慣習的に公衆に対して提供されている宿泊設備，サービスもしくは設備に関する差別

をしてはならない（ブリティッシュ・コロンビア州人権法第8条(1)）．

さらに，保険についての例外も定められている．すなわち，法的な責任能力を有する個人が行う次の差別は，本条に定める違法行為には該当しない（ブリティッシュ・コロンビア州人権法第8条(2)）．

① 当該差別が公衆の良識の維持に関連する場合もしくは生命・健康保険の契約に基づく保険料もしくは給付金の決定に関連する場合における性別による差別，または

② 当該差別が生命・健康保険の契約に基づく保険料もしくは給付金の決定に関連する場合における身体的もしくは精神的な障害もしくは年齢による

差別

この場合,「保険のスキームは,健全な財務上の理由および/または保険保護を拒絶する客観的で科学的な証左を有していなければならない」[77]とされている.

### (3) アルバータ州の規制

アルバータ州の人権法(Alberta Human Rights Act, R.S.A. 2000, c. A-25.5)の規制は,次のようになっている.

すべての法的な責任能力のある個人は,その者もしくはその者の属している階級の人種,宗教的信条,肌の色,ジェンダー,身体的障害,精神的障害,家柄,出生地,結婚の状況,所得源,家族内における相互関係もしくは性的な嗜好を理由に,

① 法的な責任能力を有する個人もしくはその者の属している階級に対して,すべての習慣的に公衆に対して提供されているすべての商品,サービス,宿泊設備もしくは設備に関する拒絶

② 法的な責任能力を有する個人もしくはその者の属している階級に対して,すべての習慣的に公衆に対して提供されている商品,サービス,宿泊設備もしくは設備に関する差別

をしてはならない(アルバータ州人権法第4条).

ただし,本法に違背したといわれた個人が,当該行為がおかれた状況の中で合理的かつ正当であることを示した場合には,本法に対する違背は生じなかったものとみなされるとする例外が認められている.

ここでいうサービスには,保険が含まれる[78].また,当条文によって保護される差別の事例としては,次の2つが挙げられている[79].

・ ジェンダー,家族内における相互関係に基づく住宅保険の謝絶
・ 同性のカップルに対する配偶者保険保護の謝絶

逆に当条文によって保護されない(差別が認められる)事例として,次の2つが挙げられている[80].

- 年齢に基づく保険の謝絶
- 危険査定に基づく異なった保険料率

(4) 人権法における差別禁止規制と保険料のリベート禁止規制

　このように，保険料のリベートを全面的または部分的に認めているブリティッシュ・コロンビア州とアルバータ州の人権法も，基本的には保険料のリベートを認めない州であるオンタリオ州の人権法と変わらない内容になっている．このため，人権法上の差別と保険法上の不公正な差別は，異なる概念であることがわかる．人権法上は，あくまで性別（アルバータ州はジェンダー），年齢などによる区別を原則として差別と認識している．これに対して，保険法上は，性別，年齢，障害の程度によって定められた（人権法上適法な）区別に基づく保険料に，リベートなどによって差異を設けることが不公正な差別であるといっているに過ぎない．

　州・準州の保険法における保険料のリベートの禁止は，人権法上差別に該当しない保険料のリベートを行うと，すべての場合で差別が生ずると考えていることになる．これに対して，人権法上差別に該当しない保険料について，人権法上差別に該当しない保険料のリベートを行うのであれば，人権法上は問題にならないと考えられる．たとえば，年末のセールなので保険料を割り引くという行為は，人権法上差別に該当しないであろう．

　このように，人権法上の差別の概念は，保険法上の差別の概念と異なる．人権法では，もともと年齢，性別，結婚の状況，家族内における相互関係または障害によって区別，差別，除外または特恵的な待遇をすることは，差別に該当するが，保険の場合には，一定の要件を充たすことを条件に，差別とはみなさないとしているに過ぎない．さらに，アルバータ州とブリティッシュ・コロンビア州の人権法が同様の規制を有するにもかかわらず，両州の保険法，金融機関法が保険料のリベートを全面的または部分的に禁止していないことからも，人権法の差別禁止と保険法の差別禁止は異なる概念であることがわかる．

## 4．カナダにおける保険料のリベート規制の根拠についての評価

前述のとおり，保険料のリベートを禁止すべきとする意見の根拠は，主として，不公正な差別禁止，生命保険におけるリベートにかかわる問題の回避，公正な競争の阻害および小規模な独立エージェントが不利になることにある．以下，各々の点について，筆者の意見を述べたい．

### (1) 不公正な差別禁止について

不公正な差別に当たり，禁止されるべきとされているが，これに関して次のような疑問が生ずる[81]．

#### 1) 不明確な不公正な差別の禁止の理由

第1点は，「同一の危険分類に属し，同一の平均余命を有する個々人間における，保険料の支払額もしくは返還額または生命保険もしくは年金契約に課された保険料率または当該契約もしくは当該契約の契約条件に基づいて支払われるべき配当もしくはその他の給付金」または「すべての保険料率または保険料率表における，同一の地域的危険分類内の本質的に同一である実体的危険のオンタリオ州におけるリスク間」（オンタリオ州不公正または詐欺的な行為または慣行規則第1条第2号，第3号）に関して，なぜ不公正な差別が禁止されているのかについて触れられているものが見あたらず，その理由が明らかでないということである．つまり，同一の危険分類に属し，同一の事故率を有する者の間の不公正な差別禁止が禁じられているわけであるが，なぜこのことが禁じられなければならないのかということについて，明確な疑問がある．

唯一ありえる論理は，危険団体[82]を維持するために不公正な差別は禁止されるべきであるというものであろう．危険団体の存在が認められている日本であれば，危険団体を維持するために保険契約者平等取扱原則が存在し，その結果，こうした差別が禁止されるという論理はありえよう（もちろん，筆者はこの見解には与しないが）[83]．実際に，わが国の特別利益提供禁止規制（保険業法第300条第1項第5号）の最大の根拠は，後述のとおりこうした趣旨によっている．

これに対して，カナダにおいては，連邦の保険会社法，各州・準州の保険法ばかりでなく，保険にかかる論文・書籍には，直接的に危険団体あるいは危険団体に類似するものに触れたものは見あたらないようである．ただ，M. G. ベアーとJ. A. レンドールは，保険の本質は，プーリングによるリスクの分散にある[84)]としている．プーリングは，リスクをプールして，分散するものであり，危険団体の存在を暗示していると解することができる．

また，保険会社のアクチュアリーは，カナダ資産負債法 (Canadian asset liability method, CALM) に従って，保険契約準備金を計算しなければならない (*Standards of Practice-Practice-Specific Standards for Insurers*, SOP 2320.01)[85)]とされている．CALM は，従来の責任準備金の積立方式とは異なり，決定論的シナリオ法または確率論的シナリオ法に基づくものであり，特定のシナリオに基づく CALM による保険契約準備金の額は，当該シナリオの最後の負債のキャッシュ・フローによってゼロになると見込まれる貸借対照表作成日における対応する資産の額に等しくなければならない (SOP 2320.02) とされている．このため，表面的には危険団体の存在を前提にしていないようにも思われる．しかし，現行の CALM と実質的に変わることのない当初の CALM では，一定の要件を充たせば，契約保険料式 (Policy Premium Method, PPM) 保険料積立金は，CALM に従ったことになる[86)]とされていた．確かに，CALM による保険料積立金は，一般的な保険料積立金の計算方法とは異なり，予定利率が一律に定められることはなく，シナリオによって定められたり，予定死亡率も幅がある．具体的には，金利の仮定のシナリオは，次のものを含んていなけれはならない (SOP 2320.08)．

- 基本シナリオ
- 決定論的な手法に基づく各々の指定シナリオ
- 確率論的な手法に基づく各々の指定シナリオを包含する範囲
- 保険者のおかれた状況からして適切と認められるその他のシナリオ

さらに，死亡率についての最良推定は，被齢，性別，喫煙習慣，健康およびライフ・スタイル，契約の経過期間，保険のプランおよび支払われた給付金，当

該保険者の引受けに関する慣習（再保険者へ任意再保険を出再するか否かの慣習など），保険金額の大きさおよび当該保険者の販売システムおよび販売慣行に依存し，さらに，すべての逆選択の効果を含めなければならない（SOP 2350.05）とされている．実際に用いられる死亡率については，個々の保険会社の経験死亡率と多数の保険会社の経験をまとめた死亡率などが想定されている[87]．ただ，個々の会社の経験死亡率をそのまま使わず，データの信頼性を向上させるために，個々の保険会社の経験死亡率に多数の保険会社の経験をまとめた死亡率を加味し，個々の保険会社の経験死亡率の信頼性を向上させることが推奨されている[88]．さらに，逆偏差に対するマージン（a margin for adverse deviation）の加算も行われている．しかし，逆偏差に対するマージンの部分を除いた部分は，予定利率が金利の仮定のシナリオによって決まると考えれば，基本的には一般的な営業保険料積立金の計算方法と大きく変わるものではないことがわかる．

このため，「生命保険会社の責任準備金についての規制が危険団体概念に基づいているか否かを検証するには，死亡率の分散が小さく，広義の収支相等の原則が働くことを前提にしているか否かを確認すればよいことになる」[89]ことから，CALMの契約保険料式保険料積立金も，危険団体を黙示的に前提においているということができる．

このように，カナダにおいても黙示的には，危険団体が存在すると解することはできるので，この危険団体内では保険契約者は平等に取り扱われなければならないという考え方がありえるかもしれない．

しかし，たとえ危険団体が存在すると解し，危険団体内では保険契約者は平等に取り扱われなければならないと考えたとしても，この論理には次のような理由から説得力がないと考えられる[90]．

まず，明示的にそうした議論がみあたらない以上，そのような論理を部外者の想像だけで採用することは難しい．また，たとえ，採用したとしても，危険団体概念は，保険リスクとそれ以外のリスクの間における規制および保険会社内のリスク管理などに差を生ぜしめるおそれが高いことが大きな問題である．

実際にカナダの CALM の内容をみても，黙示的に危険団体が存在すると想定されるだけに，金利リスクについては，シナリオによるにもかかわらず，他のリスクは，最良推定に逆偏差に対するマージンを加算するようになっている[91]．このため，保険会社の実際の経営行動において，規制を守る範囲内で，本来的なリスク管理に反した行動が採られる可能性は否定できない．この結果，実際の資産運用などに歪みが生じうるばかりでなく，保険会社のソルベンシーに大きな影響を与えうる．実際に，2000 年前後に日本の生命保険会社の破綻が相次いでいるが，保険リスクの実現が原因であるということはなく，逆ざやの増加，株式含み益の減少，不良債権の増加，取締役による不正融資，詐欺およびリスクの高い資産運用の失敗が複合して実現したことが原因となっている[92]．

さらに，日本では，危険団体が，保険業法の規制を通して保険契約者保護にもさまざまな問題を投げかけてきた．たとえば，現行の保険業法でも，保険会社の破綻前における契約条件の変更規制（1995 年保険業法第 240 条の 2 ～ 13）は，こうした危険団体を維持することを保険契約者保護よりも優先した規制と考えられる[93]．この結果，保険会社の破綻した際よりも，破綻前のこうした規制の方が，保険契約者は有利であるといった論理が出てきているが，契約条件が変更されないことが，保険契約者保護の観点からすれば当然のことであり，問題である．

このように，危険団体という概念自体，きわめて大きな問題を含むものであり，筆者は新たな概念に置き換える必要があると考えている[94]．

さらに，保険と同様の機能を有する保証やクレジット・デリバティブにおいても，実際上危険団体が存在する場合がありえる[95]．しかし，これらについて契約者間の平等待遇を求められることはないし，そのリベートも禁じられていない．

このように，危険団体の存在が黙示的にでも認められないとしたら，なぜ不公正な差別が禁止されるのかについての論理的な根拠はみあたらないことになる．このように，保険料のリベート禁止の根拠として不公正な差別を挙げるこ

とには，問題があるといわざるをえない．

　2）　保険料のリベートが不公正な差別であるとする理由の不明確さ

　第2点は，たとえ不公正な差別という論理を認めたとしても，保険料のリベートがなぜこうした不公正な差別に当たるのか明確ではないということである．言い換えれば，不公正な差別禁止の対象となる保険料は，営業保険料なのか，危険保険料なのか明らかではないということである．上述のオンタリオ州不公正または詐欺的な行為または慣行規則第1条第2号，第3号の表現や上述のM. G. ベアーとJ. A. レンドールの保険の本質はプーリングにあるとする考え方からすると，差別禁止の対象となるべき保険料は，危険保険料部分についてのものと解することができる．この場合，当然にして付加保険料部分についての割引きは，何ら問題がないことになる．たとえば，自発的に加入したいといって接触してきた顧客など，エージェントやブローカーにとって，手間がかからずに保険に加入してくれた顧客に対して手数料の一部を割り引くということは，この論理からしたら当然認められてしかるべきであろう．また，保険会社がリベートをせず，エージェントやブローカーがリベートをしている限りにおいては，他の保険契約者にリベートの支払いが転嫁されることはない．その意味では，ブリティッシュ・コロンビア州は，おおざっぱに言って付加保険料部分についてだけ認めているとも解することができる．しかし，実際の各州・準州の規制は，付加保険料だけを割り引くことを認めていないことから，営業保険料に対してかかっており，論理的には矛盾を含んでいるといわざるをえない[96]．

　3）　適法なリベートの存在

　第3点は，一般的には保険料のリベートを禁止しているにもかかわらず，リベートないしそれに準じたものが適法であるとされている事例が存在することである．たとえば，グリーン自動車リベートのようなリベート，旅行ポイントあるいはエア・マイルのようなささやかな贈り物や景品が認められているということである．

　グリーン自動車リベートのような政策的な目的のリベートであれば，不公正

な差別に当たらないとする考え方も，論理としてはありえるように思われる．しかし，不公正な差別の意義が「同一の危険分類に属し，同一の平均余命を有する個々人間における，保険料の支払額もしくは返還額または生命保険もしくは年金契約に課された保険料率または当該契約もしくは当該契約の契約条件に基づいて支払われるべき配当もしくはその他の給付金」，または「すべての保険料率または保険料率表における，同一の地域的危険分類内の本質的に同一である実体的危険のオンタリオ州におけるリスク間」（オンタリオ州不公正または詐欺的な行為または慣行規則第1条第2号，第3号）における差別であるとする限りにおいて，目的のいかんを問わず，不公正な差別に当たるとするべきであろう．また，少額であれば差別に当たらないということも，論理的に問題があると考えられる．このため，これらは，このような形の差別を認めたことに等しいといえる．

さらに，ささやかな贈り物などに限定すれば構わないとするブローカーの意見の存在や旅行ポイントの容認など，少額であれば構わない，というよりも積極的に販売のツールとして使いたいという姿勢がみられることも同様である．

4） 不公正と認識されていない差別

第4点は，消費者が不公正な差別だと認識していないにもかかわらず，なぜ保険法が不公正な差別であるとする必要があるのかという問題である．実際，アルバータ州とブリティッシュ・コロンビア州の消費者は，保険料のリベートが不公正な差別であると苦情を訴えていないという実態にある模様である[97]．消費者が不公正な差別であると認識していないものを，あえて不公正な差別であるといわなければならない理由は何か，明らかではない．

5） 保証およびクレジット・デリバティブにおける平等

第5点は，保険と実質的に同様な手法を用いていることがありえる保証およびクレジット・デリバティブ[98]においては，こうした契約者間の平等が求められていないということである．保険と同様に危険団体を用いている場合がありえるにもかかわらず，契約者間の平等が必要とされていないことは，保険において保険契約者間の平等が必要であるという論理に対して，明確な異論を提示

しているといえよう．

　これら考え方や状況は，保険料のリベート禁止を不公正な差別禁止に求める考え方の根拠を明確に揺るがすものともいえる．

(2)　生命保険における問題の回避

　生命保険の場合，エージェントが報酬の相当部分をリベートとして支払わざるをえないという問題については，前述のとおり，カナダでは，20世紀初頭，保険料のリベートが認められていた時代には，このような現状であり，そのことが保険料のリベートを規制する重要な根拠になった．しかし，アルバータ州とブリティッシュ・コロンビア州では，アルバータ州で全面的に保険料のリベートが解禁されてから3年後にブリティッシュ・コロンビア州が一部解禁をしているが，その際にもそうした議論はなかったし，その後もみられないようであり，そうしたことは必ずしもないのではないかと思われる．

　生命保険の場合，生命保険会社のソルベンシーに影響を及ぼすという問題は，一見生命保険会社にとって大きな問題であるかのようにみえる．しかし，多くの規制者や保険者は，初年度のコミッションが初年度保険料を超えることのない平準保険手数料制度を導入し，存続することによって，こうした状況に対する機会を排除してきたという指摘[99]もある．また，支払い済みのコミッションを契約が一定の期間内に失効した場合には戻入するという制度を導入することも考えられる．実際，日本の生命保険会社では，リベートの問題と関係なく，こうした問題へのさまざまな対処を行っている．また，もともと，フロント・エンド・ロードのコミッションの支払いを単純に行えば，リベートの有無とかかわらずにこうした問題は生じうるものである．

　このように考えると，この問題は，リベートによって生じたものではなく，生命保険会社の経営上の問題であることがわかる．

### (3) 不公正な競争の促進

　保険料のリベートは，保険商品の特性ではなく，リベートの提供に基づく購入の意思決定を奨励し，消費者利益を害するというような議論は，消費者が合理的な意思決定ができない，つまり賢くないということが前提になっているもいうことができる。ということは，逆に，ブローカーが，本来的には消費者の側に立って，消費者のために行動すべき者であるにもかかわらず，消費者が適切な判断をすることができるように助言しないということが前提になっているといえる。さらに，こればかりか，保険料のリベートを認めると，事実上競争は低下し，消費者の選択の幅は狭まり，公衆に対するサービスは低下し，保険料は増加するというような，競争の本質を理解していない，あるいは理解したくないという面もうかがわれる。

　しかし，保険以外の商品のことを考えると，当初リベートが支払われるものは決して少なくない。また，それらの中には，ウェブ上で，当初のリベートも含めて損得を考えるような資料が提供されているものがあることを考えると，きわめて違和感がある。たとえば，インターネットのプロバイダーの選択に当たって，当初支払われるリベートを考慮して，1年間ないし2年間の毎月支払うべき料金の比較をしてみせている価格コムのウェブ・サイト[100]などもある。

### (4) 独立エージェントが不利になること

　これは，自分たちのコミッションの取り分が減少し，最悪の場合には破綻に至るということであり，これが独立エージェントやブローカーの本音であろう。確かにありうる状況である。ただし，一般の産業はみなこうした競争をしているのであり，なぜ保険のブローカレッジだけがこうした競争をしなくていいのかは，必ずしも明らかではない。また，実際には，アルバータ州でもブリティッシュ・コロンビア州でもそうした競争が行われ，破綻したブローカーがいるというような話は全くないようである。というよりも，実態としてほとんどあるいは全く保険料のリベートは行われていない模様である[101]。

### (5) 賛成意見

　リベートには強硬に反対しているブローカーも，ささやかな贈り物などについては不可欠であると考えており，その意味では，前述のとおりリベート禁止に関する論理の一貫性を欠く大きな原因の1つになっている．また，前述のINGカナダの件は，こうした場合に限って保険料のリベートが認められればと思うブローカーがいても不思議はない．

　このように，カナダにおける保険料のリベートに関する規制は，完全にリベートを認める州から，まったく認めない州までさまざまである．さらに，リベート禁止の根拠については，論理的にみて説得力のあるものではなく，実際上ブローカーの強硬な反対が大きく影響しているようにも思われる．今後の動きが注目される．

## 5．むすび——日本における特別利益提供禁止規制へ示唆するもの

　わが国では，1948年に保険募集の取締に関する法律が制定されて以来，特別利益の提供が禁止されてきた（保険募集の取締に関する法律第16条第1項第4号，1995年保険業法第300条第1項第5号）．その根拠は，主として次のように考えられてきた．

　　 i．特別利益を提供することは，保険契約者平等待遇原則に反するばかりでなく，不公正な競争を誘発するおそれがあること[102]

　　ⅱ．保険募集におけるフェア・プレイの確保のため[103]

このうち，保険契約者平等待遇原則に反するばかりでなく，不公正な競争を誘発するおそれがあることとするものが多数説であると考えられる．研究のテーマとしては関心を呼ぶものであり，近年でも特別利益提供に関する論文は，少なからず見受けられる[104]．そうした中には，アメリカの事例を引きながらさまざまな検討を行い，「募集人が取得する手数料からのリベートを禁止する根拠としては説得力がより一層乏しい」[105]などとして，「単純に「保険契約者

の公平」や「差別的取扱の禁止」という根拠を挙げるだけでは，リベート規制を正当化することは困難である」[106]という結論を導き出している事例もある．

　筆者は，危険団体には前述のような問題点があり，危険団体に代えて，資産負債最適配分概念という新たな概念を提案し，保険契約者平等待遇原則については，否定されるべきであると考えた．

　具体的には，保険の引受けは，保険料の収入に対して死差益，費差益を生み出すものであり，貸借対照表上は負債でありながら，資産と同様に期待収益率を有し，それが変動するというリスクを有している．その意味では，通常の金融リスクと変わるところはない．このように考えると，保険の引受けも含めて金融リスクの管理方法を適用することができると考えられる．金融リスク管理の基本的な考え方にあっては，一般的に分散投資によるリスクの制御，感応度の調節が重要であるとされる．実際に，わが国の生命保険会社にあっても，資産運用にかかるリスクの管理には，こうした基本的な考え方に基づく各種の手法が用いられてきた．新しい概念の下では，保険リスクだけに限らず，他のさまざまなリスクも管理できることが望ましいので，このうち分散投資の手法によることが考えられる．具体的には，資産と負債を合わせてマーコビッツの2パラメータ・アプローチを適用すれば，資産だけでなく負債も含めて，期待収益率をある水準で維持しながら，リスクを減少させたり，リスクをある水準で維持しながら，期待収益率を高めたりするなどの対応が可能になる[107]．こうした新しい考え方を資産負債最適配分概念と呼び，新たな保険監督法および保険学の基礎となる概念として位置づけることとする[108]．

　資産負債最適配分概念においては，前述のとおり，危険団体が存在するということは，死差益の分散が小さくなるという効果しか持たないため，危険団体の存在を不可欠のものとすることはできない．このため，必然的に，保険契約者平等待遇原則も否定されることになる[109]．

　このように，少なくとも，日本，アメリカ，カナダともに，現在の特別利益提供禁止規制も，リベート禁止規制も，その一部が解禁されているだけで，全体としてみると，解禁されているのはごく一部でしかない．しかし，これまで

みてきたとおり3カ国とも禁止の根拠に説得力はない．その意味では，日本の特別利益提供禁止規制についても，そのあり方の検討を行う時期に来ているといえよう．

その場合，カナダについても，保険料のリベートが解禁されているこれら2州の実態，その影響については，十分な調査が必要である．もちろん，カナダとアメリカばかりでなく，これら以外の国についての調査も求められる．

筆者のこの研究が，わが国における特別利益提供禁止規制のあり方を検討するうえで少しでも貢献できれば，望外の幸せである[110]．


1) カナダには，10の州（province）と3つの準州（territory）がある．州や準州といっても，アメリカの州とは相当その実態が異なることに留意する必要がある．2010年4月1日現在の人口でみると，最大の州はオンタリオ州で，1,316.8万人であるが，最小の州はプリンス・エドワード・アイランド州で，14.2万人しかいない．また，準州はさらに少なく，最大のノースウェスト準州で4.4万人，最小のヌナブト準州で3.3万人しかいない．また，アトランティック・カナダに含まれる他の諸州も，ノバスコシア州が94万人，ニューブランズウィック州が75.1万人，ニューファンドランド・ラブラドール州が51.1万人しかいない．また，保険法の立法からみて特徴的な諸州は，相対的に人口が多い．ケベック州は788.6万人，ブリティッシュ・コロンビア州は451.1万人，アルバータ州は372.5万人である（Statistics Canada, *Quarterly demographic estimates*, http://www.statcan.gc.ca/daily-quotidien/100628/t100628a2-eng.htm, 2011年1月24日アクセス）．このような状況を鑑みると，人口の少ない州や準州が，ことに保険法のような法律についてどこまで十分な立法能力を有しているかという点については，疑問が残る．こうしたこともあって後述のアトランティック・カナダ保険ハーモナイゼーション・タスク・フォース（The Atlantic Canada Insurance Harmonization Task Force）のような組織が必要になったりするのであろう．
2) たとえば，刑法に保険料のリベート禁止規制が定められていた時代がある．それは，1917年に刑法508D条として制定された．その後508条となり，1954年に削除された（Harvey, A. B., *Tremeear's Annotated Criminal Code Canada*, 5th ed, Toronto, Carswell, 1944, p. 587, Popple, A. E., *Snow's Criminal Code of Canada*, 6th ed, Troronto, Carswell, 1955, p. ciii）．内容的には，保険における不公正な差別を禁止する規制の一環として保険料のリベート禁止規制であった．
3) 保険会社などを対象にしていないことについて，規制当局は，リベートを許容す

るか禁止するかについての政策的な判断がなされた結果ではない。保険法は大変古い法律で、その一部が特別な規制上の問題に対処するために改正されてきたに過ぎない。保険法が現代化される際には、リベート規制も考慮されるだろう、としている（Hall, J. M. (Superintendent of Insurance, Financial Institutions and Real Estate and Registrar of Credit Unions Saskatchewan Financial Services Commission) から筆者宛の e-mail による（2010年11月23日付））。
4) この規制と同様な内容の規制は、ニューブランズウィック州保険法第369.1条、ユーコン準州保険法第249条、ノースウェスト準州保険法第239条、ヌナブト準州保険法第239条にも存在する。
5) 原文は以下のとおりである。

356(2) No insurer, and no officer, employee or agent thereof, and no broker, shall directly or indirectly make or attempt to make an agreement as to the premium to be paid for a policy other than as set forth in the policy, or pay, allow or give, or offer or agree to pay, allow or give, a rebate of the whole or part of the premium stipulated by the policy, or any other consideration or thing of value intended to be in the nature of a rebate of premium, to any person insured or applying for insurance in respect of life, person or property in Ontario, and an insurer or other person who contravenes this subsection is guilty of an offence.

6) REGISTERED INSURANCE BROKERS OF ONTARIO, *GUIDELINES ON MARKETING PRACTICES*, 2006.
7) Harris, Deal or No Deal—Inducements and rebates to purchase insurance have been variously described as a "plague on the industry" and creative marketing tools. Which are they?—, *Canadian Underwriter*, Apr 2007 (http://www.canadianunderwriter.ca/issues/story.aspx?aid=1000212196&type=Print%20Archives, 2011年2月1日アクセス)。
8) REGISTERED INSURANCE BROKERS OF ONTARIO, op. cit.
9) Ontario Legislative Assembly, *The insurance industry_fourth report on life insurance*, 1980, pp. 382-383.
10) Ibid.
11) Ibid.
12) たとえば、JERRY II, ROBERT H. AND REGINALD L. ROBINSON "SYMPOSIUM: CURRENT ISSUES IN INSURANCE LAW: ARTICLE: Statutory Prohibitions on the Negotiation of Insurance Agent Commissions: Substantive Due Process Review Under State Constitutions" *Ohio State Law Journal*, Vol. 51, Number 4, 1990, pp. 779-780. こうした考え方を日本に紹介したものとしては、甘利公人（「保険料の割引禁止—アメリカ合衆国の反リベート法との関連において—」『熊本大学法学部創立十

周年記念「法学と政治学の諸相」』, 成文堂, 1989 年, 248 ページ), 榊素寛 (「保険料のリベート規制の根拠に関する批判的考察 (その 1) ―保険料の割引・割戻し・特別利益提供の禁止は必要か? ―」, 『損害保険研究』, 第 67 巻第 4 号, 2006 年 2 月, 46 ページ) がある.

13) Royal Commission on Life Insurance, *Report of the Royal Commission on Life Insurance [and Supplementary return]*, Ottawa, 1907, p. 178.
14) Bishop, A. L., "Governmental Regulation of Insurance in Canada" *The American Political Science Review*, Vol. 6, No. 2, May 1912, pp. 187-188.
15) Ontario Legislative Assembly, op. cit., pp. 382-383.
16) Norwood, D. and J. P. Weir, *Norwood on Life Insurance in Canada*, Scarborough, Carswell, 1993, p. 45.
17) Ibid.
18) Lancelyn, T., "Rebating —Takes a step backward—" *The BC Broker*, February 2005, pp. 12, 24.
19) Canadian Council of Insurance Regulators (CCIR) Streamlining and Harmonization Committee Working Group on Market Conduct and Other Issues, *ISSUES RELATED TO INDUCEMENTS, REBATING AND TIED SELLING*, 2004, p. 3.
20) Ibid.
21) Hagan, A. (Deputy Superintendent of Insurance, Alberta Finance and Enterprise) から筆者宛の e-mail による (2010 年 12 月 3 日付)).
22) Rickard, Andrew, "Alberta Removes Prohibition Against Rebating of Insurance Premium" *The GlobeAdvisor*, 2001 (http://www.globeadvisor.com/cch/cfine/47-1.html#ad. 2011 年 1 月 21 日アクセス).
23) Rickard, Andrew, op. cit.
24) 原文は以下のとおりである.

A person, in relation to the sale of insurance, must not, directly or indirectly, pay or allow, or offer or agree to pay or allow, a rebate of premium or part of it or other consideration or thing of value intended to be in the nature of a rebate of premium or other gift, promotion or inducement to a person insured or applying for insurance in respect of life, person or property in British Columbia.
25) 原文は以下のとおりである.

A person, in relation to the sale of insurance, must not, directly or indirectly, pay or allow, or offer or agree to pay or allow, a rebate of premium or part of it or other consideration or thing of value intended to be a rebate of premium, unless the rebate of premium is less than a prescribed amount or percentage.
26) Insurance Bureau of Canada, *A response to the Financial Institutions and their*

*Agents Regulatory Review - Initial Discussion Paper*, Vol. I, 2002, pp. 6-7.
27) INSURANCE COUNCIL OF BRITISH COLUMBIA'S, *SUBMISSION TO FINANCIAL INSTITUTIONS AND THEIR AGENTS REVIEW OF BRITISH COLUMBIA'S REGULATORY LEGISLATION*, 2002, p. 5.
28) Independent Financial Brokers of Canada, *The comments and suggestions on Financial Institutions and Their Agents - Review of BCs Regulatory Legislation*, 2002.
29) Ibid.
30) Ibid.
31) Lancelyn, T., "Rebating —Takes a step backward—" *The BC Broker*, Feburuary 2005, pp. 12, 24.
32) Harris, C., "Deal or No Deal" *Canadian Underwriter*, April 2007 (http://www.canadianunderwriter.ca/issues/story.aspx?aid=1000212196&type=Print%20Archives, 2011年2月1日アクセス).
33) INSURANCE COUNCIL OF BRITISH COLUMBIA'S, op. cit., p. 5.
34) Independent Financial Brokers of Canada, op. cit.
35) Lancelyn, T., op. cit., pp. 12, 24.
36) Ibid.
37) Canadian Council of Insurance Regulators (CCIR), op. cit.
38) Ibid., p. 2.
39) Ibid., p. 4.
40) Ibid.
41) Insurance Bureau of Canada は，日本語に直訳するとカナダ保険協会となるが，カナダ人の家，自動車およびビジネスについて保険をする保険会社の業界団体であり，一般的にカナダ損害保険協会と訳されているため，それに倣った．
42) Lincoln, David (President, The Canadian Association of Direct Response Insurers) から Maria Policelli (Policy Manager, Canadian Council of Insurance Regulators) 宛の書状 (Canadian Council of Insurance Regulators, *Stakeholder responses to CCIR consultation on Issues related to Inducements, Rebating and Tied Selling*, 2004) による．
43) Lincoln, David, op. cit. による．なお，その後も同様な意見はみられていた (Harris, C., op. cit.)．
44) Lincoln, David, op. cit. による．
45) Zimmerman, Oscar (President, Canadian Association of Financial Institutions in Insurance) から Maria Policelli (Policy Manager, Canadian Council of Insurance Regulators) 宛の書状 (Canadian Council of Insurance Regulators, *Stakeholder responses to CCIR consultation on Issues related to Inducements, Rebating and Tied Selling*, op. cit.) による．

第 9 章　カナダにおける保険料のリベート規制　285

46)　Zimmerman, Oscar, op. cit. による.
47)　Voll, Jane (Vice President, Policy Development & Chief Economist, Insurance Bureau of Canada) から Maria Policelli (Policy Manager, Canadian Council of Insurance Regulators) 宛の書状 (Canadian Council of Insurance Regulators, *Stakeholder responses to CCIR consultation on Issues related to Inducements, Rebating and Tied Selling*, op. cit.) による.
48)　Ontario Mutual Insurance Association, *Grassroots* (http://www.omia.com/grassroots.html, 2011 年 1 月 18 日アクセス).
49)　Canadian Association of Mutual Insurance Companies, *Who we are?* (http://www.camic.ca/en/whoarewe/index.html, 2011 年 1 月 18 日アクセス).
50)　この点に関して，筆者は，問い合わせのメールを送ったが，無視されてしまった．このことからすると，少なくとも表立って明確な意見を述べたくないという姿勢が見え隠れしており，筆者の想像の正しさを物語っているのではないか．
51)　Goldthorpe, Peter B. (Director, Marketplace Regulation Issues, Canadian Association of Mutual Insurance Companies) から Maria Policelli (Policy Manager, Canadian Council of Insurance Regulators) 宛の書状 (Canadian Council of Insurance Regulators, *Stakeholder responses to CCIR consultation on Issues related to Inducements, Rebating and Tied Selling*, op. cit.) による.
52)　Orr, Ken (President, The Insurance Brokers Association of Canada) から Maria Policelli (Policy Manager, Canadian Council of Insurance Regulators) 宛の書状 (Canadian Council of Insurance Regulators, *Stakeholder responses to CCIR consultation on Issues related to Inducements, Rebating and Tied Selling*, op. cit.) による.
53)　Orr, Ken, op. cit. による.
54)　Jeffrey A. Bear (Chief Executive Officer, Registered Insurance Brokers of Ontario) 宛の書状 (Canadian Council of Insurance Regulators, *Stakeholder responses to CCIR consultation on Issues related to Inducements, Rebating and Tied Selling*, op. cit.) による.
55)　Whaley, John (Executive Director, Independent Financial Brokers of Canada) から Maria Policelli (Policy Manager, Canadian Council of Insurance Regulators) 宛の書状 (Canadian Council of Insurance Regulators, *Stakeholder responses to CCIR consultation on Issues related to Inducements, Rebating and Tied Selling*, op. cit.) による.
56)　Orr, Ken, op. cit. による.
57)　Goldthorpe, Peter B., op. cit. による.
58)　Orr, Ken, op. cit. による.
59)　Orr, Ken, op. cit. による.
60)　Johnson, Glen (Ontario Mutual Insurance Association) から Maria Policelli (Policy

Manager, Canadian Council of Insurance Regulators) 宛の書状 (Canadian Council of Insurance Regulators, *Stakeholder responses to CCIR consultation on Issues related to Inducements, Rebating and Tied Selling*, 2004) による．

61) Lafrenière, Normand (President, Canadian Association of Mutual Insurance Companies) から Maria Policelli (Policy Manager, Canadian Council of Insurance Regulators) 宛の書状 (Canadian Council of Insurance Regulators, *Stakeholder responses to CCIR consultation on Issues related to Inducements, Rebating and Tied Selling*, op. cit.) による．

62) Johnson, Glen, op. cit. による．

63) Johnson, Glen, op. cit. による．

64) Lafrenière, Normand, op. cit. による．

65) Atlantic Canada Insurance Harmonization Task Force, *Report to the Atlantic Premiers*, Vol. 1 : Executive Summary, 2003, p. 1.

66) *Memorandum of Understanding on Atlantic Canada Cooperation*, 2000.

67) 当モデル法（草案）の保険料のリベート禁止にかかわる規制の原文は，以下のとおりである．

7.53(4) No insurer and no officer, employee or agent thereof, and no broker, shall, directly or indirectly, make or attempt to make any agreement as to the premium to be paid for a policy other than as set forth in the policy, or pay, allow to give, or offer or agree to pay, allow or give, any rebate of the whole or part of the premium stipulated by the policy, or any other consideration or thing of value, to any person insured or applying for insurance in respect of life, person or property in the Province.

68) Weir, J. P., *Atlantic Insurance Legislation Harmonization Project : phase 2 report*, 1999, 7.66, 7.67. 規制案の原文は，以下のとおりである．

7.66 "unfair or deceptive acts or practices" includes,

(b) any unfair discrimination between individuals of the same class and of the same expectation of life, in the amount or payment or return of premiums, or rates charged by it for contracts of life insurance or annuity contracts, or in the dividends or other benefits payable thereon or in the terms and conditions thereof,

(c) any unfair discrimination in any rate or schedule of rates between risks in the Province of essentially the same physical hazards in the same territorial classification,

(g) any payment, allowance or gift, or any offer to pay, allow or give, directly or indirectly, any money or thing of value as an inducement to any prospective insured to insure.

7.67 No person shall engage in any unfair or deceptive act or practice or any act or

practice deemed by the Superintendent, as such or as contrary to the promotion and maintenance of proper insurance marketing conduct and consumer protection.
69) Spencer, V., Sales Inducements : Let's make a deal, *Canadian Underwriter*, 2000 (http://www.canadianunderwriter.ca/issues/story.aspx?aid=1000144052&type=Print%20Archives, 2011年1月18日アクセス).
70) Spencer, V., op. cit.
71) Ibid.
72) Ibid.
73) Ibid.
74) Ibid.
75) Ibid.
76) Policy and Education Branch, ONTARIO HUMAN RIGHTS COMMISSION, *Human Rights Issues in Insurance DISCUSSION PAPER*, 1999, p. 6.
77) The B.C. Human Rights Coalition, *Overview of Human Rights Law* (http://www.bchrcoalition.org/files/lawoverview.html（2011年1月23日アクセス）).
78) Alberta Human Rights Commission, *Human rights in providing goods, services, accommodation or facilities* (http://www.albertahumanrights.ab.ca/services.asp（2011年1月23日アクセス）).
79) Alberta Human Rights Commission, *Insurance : What you need to know* (http://www.albertahumanrights.ab.ca/services/insurance/what_to_know.asp（2011年1月23日アクセス）).
80) Alberta Human Rights Commission, *Insurance : What you need to know.*
81) 不公正な差別禁止については，榊が前掲論文（50-56ページ）において，詳細な検討を行い，筆者の論理とは異なった論理で，各々の根拠のないことを示している．
82) かつて，危険団体は保険団体と呼ばれていた．しかし，この団体は，危険を集積することによって，その分散を極力減少させようとするものであり，保険団体と呼ぶより，危険団体と呼ぶことが適切であると考えられることから，本章では，危険団体と呼ぶこととする．
83) 田中耕太郎博士は，保険契約について詳細な検討を行い，法律上保険団体の成立を認めた（田中耕太郎「保険の社会性と団体性（二・完）」『法学協会雑誌』第50巻第10号，1908年，127-131ページ）．そして，保険契約者は保険団体を構成し，収支相等の原則が成立することによって，保険事故が起こった場合に，保険金を受取ることができる．この場合，保険契約者は，給付反対給付均等の原則によって，同一の危険を有するものでなければならず，保険料も同額でなければならないとして，いわゆる保険契約者平等待遇原則の必要性を主張した（前掲田中耕太郎「保険

の社会性と団体性（二・完）」113-115 ページ）．また，筆者がこの田中博士の意見に与しない理由については，宇野典明「危険団体概念の見直しと保険業法の諸規制—契約条件の遡及変更にかかる規制のあり方を中心として—」（『文研論集』，第 162 号，2008 年 3 月，1-68 ページ）に詳しい．

84) Baer, M. G. and J. A. Rendall, *Case on the Canadian Law of Insurance* Sixth Edition, Carswell, Scarborough, 2000, pp. 5-6. 同様な考え方をしているものとして，Francis, D. H., *Life Insurance: The Cause of Economic Prosperity*, Xlibiris, Bloomington, 2009, p. 81 がある．

85) CALM に基づく責任準備金規制については，宇野典明「危険団体概念の見直しと保険業法の諸規制—生命保険会社における責任準備金規制のあり方について—」，『文研論集』，第 163 号，2008 年 6 月，18-33 ページを参照のこと．

86) Canadian Institute of Actuaries, *STANDARDS OF PRACTICE FOR THE VALUATION OF POLICY LIABILITIES OF LIFE INSURERS* (FINAL), 2001, 6.4.1.

87) Canadian Institute of Actuaries, *EXPECTED MORTALITY: FULLY UNDERWRITTEN CANADIAN INDIVIDUAL LIFE INSURANCE POLISIES*, 2002, pp. 7-8.

88) Ibid., pp. 15-21.

89) 宇野典明「危険団体概念の見直しと保険業法の諸規制—生命保険会社における責任準備金規制のあり方について—」『文研論集』第 163 号，2008 年 6 月，15 ページ．

90) 日本では，危険団体の存在が，カナダよりもはるかに大きな影響をさまざまな範囲のものに対して与えている．たとえば，保険契約者保護に与えた影響については，宇野典明「危険団体概念の見直しと保険業法の諸規制—契約条件の遡及変更にかかる規制のあり方を中心として—」（『文研論集』，第 162 号，2008 年 3 月，1-68 ページ）を参照のこと．

91) 宇野典明，同上，18-32 ページ．

92) 宇野典明「生命保険企業をめぐる環境の変化と生命保険企業の対応」，田村祐一郎編『保険の産業分水嶺』，千倉書房，2002 年 9 月，75-76 ページ．

93) 保険会社の破綻前における契約条件の変更規制については，宇野典明「危険団体概念の見直しと保険業法の諸規制—契約条件の遡及変更にかかる規制のあり方を中心として—」，53-66 ページを参照のこと．

94) 宇野典明「危険団体概念の見直しと保険業法の諸規制—契約条件の遡及変更にかかる規制のあり方を中心として—」，15-21 ページ．宇野典明「大数の法則と収支相等の原則の現代的な意義について—生命保険の場合を中心として—」，『商学論纂』，第 46 巻第 3 号，2005 年 3 月，195-236 ページ．

95) 宇野典明「金融機関における与信行為について—与信行為にかかる規制のあり方を検討するための基礎的考察—」，『文研論集』，第 134 号，2001 年 3 月，145-149

ページ．

96) 反リベート法がフロリダ州憲法のデュー・プロセス条項に反するか否かについてのフロリダ州最高裁判所の判決（DADE COUNTY CONSUMER ADVOCATE'S OFFICE, Appellant, v. DEPARTMENT OF INSURANCE and BILL GUNTER, in his official capacity as Insurance Commissioner, Appellees）も，保険の販売によって得たエージェントの報酬の一部をリベートする自由と保険者の将来における健全性の間に何ら関係を見いだすことはできない．また，エージェントによって個々の危険分類のメンバーに対して支払われるリベートの額が変動するにもかかわらず，ある保険数理的な危険分類の中で一定の額で留保される純保険料に差別があることを識別することはできないとしている．このことも，同様の考え方を根拠にしているものと考えられる．この点についての詳細な検討は，甘利（前掲論文，256-261ページ），榊（前掲論文，40-46ページ）で行われている．

97) INSURANCE COUNCIL OF BRITISH COLUMBIA'S, op. cit., p. 5.

98) 宇野典明「大数の法則と収支相等の原則の現代的な意義について─生命保険の場合を中心として─」，211ページを参照のこと．

99) Norwood, D. and J. P. Weir, op. cit., p. 45.

100) 価格コムウェブページ（http://kakaku.com/bb/）．

101) 少なくとも損害保険を主として取り扱っているブローカーにヒアリングをした範囲では，リベートをする余地はないので，全くしていないということであった．また，ブリティッシュ・コロンビア州在住のカナダ人にヒアリングした範囲では，金融機関法の保険料のリベートに関する規制について知っている者は，誰もいなかった．

102) 生命保険実務講座刊行会編，米谷隆三『生命保険実務講座 第四巻 法律編』，有斐閣，1958年，352ページ，東京海上火災保険株式会社編，田辺博通，安倍基雄『新損害保険実務講座 第一巻 損害保険法』，有斐閣，1966年，183ページなど．また，特別利益の提供を禁止することは，保険契約者間の公平性を維持し，不公正な競争を誘発しないために必要であることとし，あえて保険契約者平等待遇原則を維持するためとまではいわない考え方もある（溝淵照信「保険契約における平等の原則」（『保険学雑誌』，第388号，1954年12月，56ページ）など）．

103) 川口幸夫「募集取締法の特別利益（一）」，『生命保険経営』，第30巻第4号，1962年7月，43-44ページなど．

104) 甘利 前掲論文，榊 前掲論文，榊素寛「保険料のリベート規制の根拠に関する批判的考察（その2-完）─保険料の割引・割戻し・特別利益提供の禁止は必要か？─」，『損害保険研究』，第68巻第1号，2006年5月，177-204ページ，潘阿憲「特別利益の提供に関する法規制」，『保険学雑誌』，587号，2004年12月，23-46ページ，胡健芳「保険業における募集制度の適正化(3)」，『上智法学論集』，第48巻第

3・4号，2005年6月，123-204ページ．
105)　榊 前掲論文，53ページ．
106)　同上，50-56ページ．
107)　宇野典明「危険団体概念の見直しと保険業法の諸規制—契約条件の遡及変更にかかる規制のあり方を中心として—」，15-16ページ．
108)　同上，17ページ．
109)　同上，52ページ．
110)　当論文は，勤務先である中央大学商学部の在外研究制度の一環で，カナダにあるブリティッシュ・コロンビア大学ロースクール・アジア法学研究センター訪問研究員として行った研究の成果の一部である．関係各位には謝して御礼申し上げたい．ありがとうございました．

## 参 考 文 献

甘利公人「保険料の割引禁止—アメリカ合衆国の反リベート法との関連において—」，『熊本大学法学部創立十周年記念「法学と政治学の諸相」』，成文堂，1989年

宇野典明「危険団体概念の見直しと保険業法の諸規制—契約条件の遡及変更にかかる規制のあり方を中心として—」，『文研論集』，第162号，2008年3月

―――「危険団体概念の見直しと保険業法の諸規制—生命保険会社における責任準備金規制のあり方について—」，『文研論集』，第163号，2008年6月

―――「大数の法則と収支相等の原則の現代的な意義について—生命保険の場合を中心として—」，『商学論纂』，第46巻第3号，2005年3月

―――「生命保険企業をめぐる環境の変化と生命保険企業の対応」，田村祐一郎編『保険の産業分水嶺』，千倉書房，2002年9月

―――「金融機関における与信行為について—与信行為にかかる規制のあり方を検討するための基礎的考察—」，『文研論集』，第134号，2001年3月

価格コムウェブページ（http://kakaku.com/bb/）

川口幸夫「募集取締法の特別利益（一）」『生命保険経営』，第30巻第4号，1962年7月

胡健芳「保険業における募集制度の適正化(3)」，『上智法学論集』，第48巻第3・4号，2005年6月

榊素寛「保険料のリベート規制の根拠に関する批判的考察（その1）—保険料の割引・割戻し・特別利益提供の禁止は必要か？—」，『損害保険研究』，第67巻第4号，2006年2月

―――「保険料のリベート規制の根拠に関する批判的考察（その2-完）—保険料の割引・割戻し・特別利益提供の禁止は必要か？—」，『損害保険研究』，第68巻第1号，2006年5月

生命保険実務講座刊行会編，米谷隆三『生命保険実務講座 第四巻 法律編』，有斐閣，1958 年

田中耕太郎「保険の社会性と団体性（二・完）」，『法学協会雑誌』，第 50 巻第 10 号，1908 年

東京海上火災保険株式会社編，田辺博通，安倍基雄『新損害保険実務講座 第一巻 損害保険法』，有斐閣，1966 年

潘阿憲「特別利益の提供に関する法規制」，『保険学雑誌』，587 号，2004 年 12 月

Alberta Human Rights Commission, *Human rights in providing goods, services, accommodation or facilities* (http://www.albertahumanrights.ab.ca/services.asp (2011 年 1 月 23 日アクセス))

Alberta Human Rights Commission, *Insurance : What you need to know*

―――, *Insurance : What you need to know* (http://www.albertahumanrights.ab.ca/services/insurance/what_to_know.asp (2011 年 1 月 23 日アクセス))

Atlantic Canada Insurance Harmonization Task Force, *Report to the Atlantic Premiers*, Vol. 1 : Executive Summary, 2003

Baer, M. G. and J. A. Rendall, *Case on the Canadian Law of Insurance* Sixth Edition, Carswell, Scarborough, 2000

Bishop, A. L., "Governmental Regulation of Insurance in Canada", *The American Political Science Review*, Vol. 6, No. 2, May, 1912, pp. 187-188

Canadian Association of Mutual Insurance Companies, Who we are? (http://www.camic.ca/en/whoarewe/index.html, 2011 年 1 月 18 日アクセス)

Canadian Council of Insurance Regulators (CCIR) Streamlining and Harmonization Committee Working Group on Market Conduct and Other Issues, *ISSUES RELATED TO INDUCEMENTS, REBATING AND TIED SELLING*, 2004

Canadian Institute of Actuaries, *EXPECTED MORTALITY : FULLY UNDERWRITTEN CANADIAN INDIVIDUAL LIFE INSURANCE POLISIES*, 2002

―――, *EXPECTED MORTALITY : FULLY UNDERWRITTEN CANADIAN INDIVIDUAL LIFE INSURANCE POLISIES*

―――, *STANDARDS OF PRACTICE FOR THE VALUATION OF POLICY LIABILITIES OF LIFE INSURERS* (FINAL), 2001

DADE COUNTY CONSUMER ADVOCATE'S OFFICE, Appellant, v. DEPARTMENT OF INSURANCE and BILL GUNTER, in his official capacity as Insurance Commissioner, Appellees

Francis, D. H., *Life Insurance : The Cause of Economic Prosperity*, Xlibiris, Bloomington, 2009

Goldthorpe, Peter B. (Director, Marketplace Regulation Issues, Canadian Association of

Mutual Insurance Companies) から Maria Policelli (Policy Manager, Canadian Council of Insurance Regulators) 宛の書状 (Canadian Council of Insurance Regulators, *Stakeholder responses to CCIR consultation on Issues related to Inducements, Rebating and Tied Selling*, 2004)

Hagan, A. (Deputy Superintendent of Insurance, Alberta Finance and Enterprise) から筆者宛の e-mail, 2010

Hall, J. M. (Superintendent of Insurance, Financial Institutions and Real Estate and Registrar of Credit Unions Saskatchewan Financial Services Commission) から筆者宛の e-mail, 2010

Harris, C., "Deal or No Deal" *Canadian Underwriter*, April 2007 (http://www.canadianunderwriter.ca/issues/story.aspx?aid=1000212196&type=Print%20Archives. 2011年2月1日アクセス)

Independent Financial Brokers of Canada, *The comments and suggestions on Financial Institutions and Their Agents - Review of BCs Regulatory Legislation*, 2002

Insurance Bureau of Canada, *A response to the Financial Institutions and their Agents Regulatory Review - Initial Discussion Paper*, Vol. I, 2002

INSURANCE COUNCIL OF BRITISH COLUMBIA'S, *SUBMISSION TO FINANCIAL INSTITUTIONS AND THEIR AGENTS REVIEW OF BRITISH COLUMBIA'S REGULATORY LEGISLATION*, 2002

Jeffrey A. Bear (Chief Executive Officer, Registered Insurance Brokers of Ontario) 宛の書状 (Canadian Council of Insurance Regulators, *Stakeholder responses to CCIR consultation on Issues related to Inducements, Rebating and Tied Selling*, 2004)

JERRY II, ROBERT H. AND REGINALD L. ROBINSON "SYMPOSIUM : CURRENT ISSUES IN INSURANCE LAW : ARTICLE : Statutory Prohibitions on the Negotiation of Insurance Agent Commissions : Substantive Due Process Review Under State Constitutions" *Ohio State Law Journal*, Vol. 51, Number 4, 1990

Johnson, Glen (Ontario Mutual Insurance Association) から Maria Policelli (Policy Manager, Canadian Council of Insurance Regulators) 宛の書状 (Canadian Council of Insurance Regulators, *Stakeholder responses to CCIR consultation on Issues related to Inducements, Rebating and Tied Selling*, 2004)

Lancelyn, T., "Rebating —Takes a step backward—" *The BC Broker*, Feburuary, 2005

Lafrenière, Normand (President, Canadian Association of Mutual Insurance Companies) から Maria Policelli (Policy Manager, Canadian Council of Insurance Regulators) 宛の書状 (Canadian Council of Insurance Regulators, *Stakeholder responses to CCIR consultation on Issues related to Inducements, Rebating and Tied Selling*, 2004)

Lincoln, David (President, The Canadian Association of Direct Response Insurers) から

Maria Policelli (Policy Manager, Canadian Council of Insurance Regulators) 宛の書状 (Canadian Council of Insurance Regulators, *Stakeholder responses to CCIR consultation on Issues related to Inducements, Rebating and Tied Selling*, 2004)

*Memorandum of Understanding on Atlantic Canada Cooperation*, 2000

Norwood, D. and J. P. Weir, *Norwood on Life Insurance in Canada*, Scarborough, Carswell, 1993

Ontario Legislative Assembly, *The insurance industry_fourth report on life insurance*, 1980

Orr, Ken (President, The Insurance Brokers Association of Canada) から Maria Policelli (Policy Manager, Canadian Council of Insurance Regulators) 宛の書状 (Canadian Council of Insurance Regulators, *Stakeholder responses to CCIR consultation on Issues related to Inducements, Rebating and Tied Selling*, 2004)

Policy and Education Branch, ONTARIO HUMAN RIGHTS COMMISSION, *Human Rights Issues in Insurance DISCUSSION PAPER*, 1999

REGISTERED INSURANCE BROKERS OF ONTARIO, *GUIDELINES ON MARKETING PRACTICES*, 2006

Voll, Jane (Vice President, Policy Development & Chief Economist, Insurance Bureau of Canada) から Maria Policelli (Policy Manager, Canadian Council of Insurance Regulators) 宛の書状 (Canadian Council of Insurance Regulators, *Stakeholder responses to CCIR consultation on Issues related to Inducements, Rebating and Tied Selling*, 2004)

Weir, J. P., *Atlantic Insurance Legislation Harmonization Project : phase 2 report*, 1999

Whaley, John (Executive Director, Independent Financial Brokers of Canada) から Maria Policelli (Policy Manager, Canadian Council of Insurance Regulators) 宛の書状 (Canadian Council of Insurance Regulators, *Stakeholder responses to CCIR consultation on Issues related to Inducements, Rebating and Tied Selling*, 2004)

Zimmerman, Oscar (President, Canadian Association of Financial Institutions in Insurance) から Maria Policelli (Policy Manager, Canadian Council of Insurance Regulators) 宛の書状 (Canadian Council of Insurance Regulators, *Stakeholder responses to CCIR consultation on Issues related to Inducements, Rebating and Tied Selling*, 2004)

Ontario Mutual Insurance Association, Grassroots（http://www.omia.com/grassroots.html, 2011 年 1 月 18 日アクセス）

Rickard, Andrew, "Alberta Removes Prohibition Against Rebating of Insurance Premium" *The GlobeAdvisor*, 2001（http://www.globeadvisor.com/cch/cfine/47-1.html#ad, 2011 年 1 月 21 日アクセス

Royal Commission on Life Insurance, *Report of the Royal Commission on Life Insurance [and Supplementary return]*, Ottawa, 1907

Spencer, V., "Sales Inducements : Let's make a deal", *Canadian Underwriter*, 2000（http://www.canadianunderwriter.ca/issues/story.aspx?aid=1000144052&type=Print%20Archives, 2011 年 1 月 18 日アクセス）

The B.C. Human Rights Coalition, *Overview of Human Rights Law*（http://www.bchrcoalition.org/files/lawoverview.html（2011 年 1 月 23 日アクセス））

# 第10章　中国の１人っ子政策と金融システムの市場化

## 1．はじめに

　世界最大の人口，世界４位の面積を持つ中国が2010年，国内総生産（GDP）で，世界第２位となった．いつ米国を抜くのかどうか．そうした性急な問いの前には，資源確保，環境問題，戸籍制度による都市と農村の二元性[1]などの課題とともに，１人っ子政策という計画出産政策の結果，高齢化社会や成熟社会の到来が迫りつつある．上海市，北京市の１人当たりの名目GDP（2009年）はすでに１万ドルを超えており，マレーシアを上回り，韓国や台湾など高所得国（high income）の水準に迫ろうとしている一方，多くの省は下位中所得国（lower middle income）の水準にとどまり，最低位の貴州省（1,509ドル）はフィリピンやモンゴルを下回っている．ただし，人民元の増価度合いによっては，国際比較上の経済水準も切りあがる可能性がある．

　中国は，改革開放政策直後に，１人っ子政策を採用し，１人っ子の第１世代は30歳代に突入してきた．中国の消費やマーケティングの視点から，1980年代生まれは，80年后（パーリンホー）として注目されている[2]．1980年の人口に占める60歳以上人口は7.4％に過ぎなかった．彼，彼女たちは幼少期，小皇帝と呼ばれ，４人の祖父母，２人の両親で，６人の寵愛を受けることが可能だった（421家庭）．しかし，80年后世代が50歳に入る2030年には，60歳以上人口比は23.4％と，４人に１人になる．日本の2000年代前半の水準だ．

　国内では，確実に高齢化社会が迫る中，社会福祉システムも整備途上で，家計部門に資金が蓄積されている．421構造は今後，80年后世代にとっては，寵愛から高齢化社会の負担がのしかかってくるのだろうか．

一方，外貨準備高世界一，中国国内市場の株式時価総額や売買代金が世界2位[3]など，規模や規模の成長性に目を奪われると，中国の金融構造や金融システムの現状を見失うリスクがある．

同時に，中国の金融システムについて，海外からは，「「国有企業の資金調達の場」として設立された色彩が強く，市場の健全性の面では数々の問題をかかえてきた」[4]，「手続きが複雑かつ不明瞭な状態におかれてきた」[5]，「中国の規制の特徴はある程度の融通を黙認すること」[6]との指摘がある．社会主義市場経済を標榜し，投資主導で高い成長率を遂げた中国にとって，金融システムの市場化は遅れた分野といえるだろう．

欧州で生まれた経済学や証券市場は，米国経済の成長とともに米国で体系化が進み，世界的に影響力を持つようになった．中国は，米国の4倍の人口を抱えるほど大きな経済圏である．中国が，米国で体系化された経済学どおり，変動相場制や内外の自由な資金移動など金融開放を進めていくのか．

中国は，改革開放から30年，上海証券取引所開設から20年，そして世界貿易機関（WTO）に加盟して10年以上が経過した．米国より巨大な人口を持つ中国が，日本以上の長期にわたり，高度成長を続ける中，金利の市場化のほか，WTO加盟後，外資系銀行の参入など市場化の促進が期待されたものの，世界金融危機への強力な政府主導対応は，金融自由化を鈍化させたかにみえる．

現代中国を論じるうえで，農村と都市のような二元構造ではなく，より多様な階層区分[7]の指摘や，経済史でも年代区分が詳細になる傾向がみられ，異なるディシプリンから，多様な分析が行われている．

本章は，中国の高齢化社会や金融システムの変遷について，先行文献や統計を用いながら，概観することを主たる目的とする．

2節では，1人っ子政策に焦点をあて高齢化社会について，3節では金融システムの変遷について，世界最大の株式新規公開（IPO）による資金調達となった2010年7月の中国農業銀行の株式公開まで含めて金融機関の変遷や拡大するマネーサプライなどの統計を整理する．

## 2. 高齢化社会に直面する中国

### (1) 改革開放と1人っ子政策

　高齢化は金融面では，ライフサイクルとの関係で，家計部門に貯蓄が蓄積される要因として広く知られている．

　改革開放以降，高齢化社会を促進したキーワードとしては，1人っ子政策という家族計画がある．さらに，改革開放前の新中国は，そもそも核家族社会であったとの指摘もある．

　中国法律学者の湛中楽[8]によると，家族計画の枠組みは，1978年憲法の第53条3項で「国は計画出産を提唱し推進する」と規定された．この規定が，計画出産の形式的法治化にとって推進機能を果たしたという．計画出産が基本的政策として確立された後，1982年憲法は2カ所[9]で，計画出産に関連する内容を規定した．

　憲法上の規定は，計画出産を法の枠組みに入れたもので，詳細な関連法規が整備されたわけではない．1978年憲法から2年後の1980年，広東省計画出産条例が計画出産事項を専門的・系統的に規定した最初の地方法規としている．

　また1987年の湖北省計画出産条例第28条は，「計画を超えて出産があった組織は，当該年度に先進組織の評価を受けることができない．幹部および従業員が子ども1人を計画外出産するごとに，その所属機関，団体または企業・事業組織に対して罰金500元を課すとともに，組織の指導者の責任を追及するとされた．

　2002年に，全国法の「人口および計画出産法」が採択された．計画出産について，それ以前の政策（たとえば出産指標，出産間隔，計画出産医療衛生優遇措置および奨励制度など）が，「人口および計画出産法」の法体系の中に吸収された．湛は，これにより，「かなりの程度において政策から法律への形式的転換が実現された」と説明している．

　家族計画や計画出産の法制度整備の変遷をみると，全国統一的な会社法，証券関連法，物権法などが整備されない中，1990年，上海証券取引所が設置[10]

されたように，中国では特定地域の試行を許容し，全国に段階的に広げる中国の経済制度，経済法の整備にも共通する．

さらに，社会学者の鈴木未来は，1人っ子政策以前から，核家族化が進む環境があったことを指摘している．鈴木によると，改革開放以前から特に都市部においては，住宅供給も「単位」[11]による割り当て制であったため，職業の違いによって親と子が別居することが多く，核家族世帯がつくられやすい条件があった．改革開放以降は，割り当て以外の住居に住むことも可能になり，親世代と子世代の別居に拍車がかかった．また農村部においては，改革開放後の都市部への人口移動が多世代家族の減少を導くことになり，子世代は夫婦と子どもの核家族世帯を，そして親世代は子どもが成人していなくなった夫婦世帯[12]を構成するようになり，それぞれが別の場所で家族生活を過ごすという機会が増加した．この傾向は世帯規模の縮小にも現れている．このような変化により，「家族における扶養が減少してきている」という見方を紹介している．子世代の多くは自らの住居を準備できるようになるまでの仮の宿として同居しているのであり，親世代の扶養のためではないという意識の下に取られる行動と捉えている．

1人っ子世代政策以前から，核家族化が進行していたという指摘は，高齢化社会が近づく中，中国においても伝統的な家庭内扶助の限界を想起する．社会福祉や年金制度は，全国一律の制度にまでは整備されていない．この状態では，低所得者層や農村部などでは，貯蓄志向が引き続き，強い要因となりうる．

(2) 国連による人口推計

中国の高齢化社会の動向を2008年に公表された国連人口統計局の人口推計（中位推計）を用いて概観する（図10-1）．中国における65歳以上人口比は2010年で8.2%と推計された．G20の中で12位に当たる．2020年には11.7%と2桁台になる．順位は12位で変わらないものの，米国では1970年代後半，日本では1980年代後半に経験した高齢化社会の水準に入る．15歳未満が19.9%，

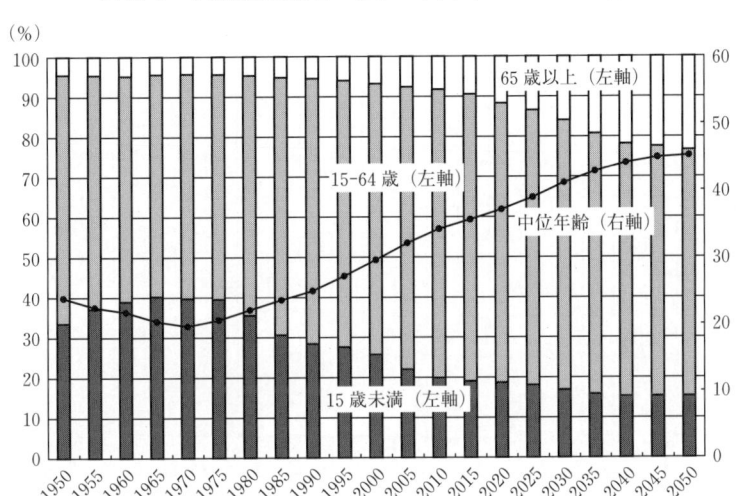

図 10-1　年齢別構成割合の推移：中国（1950 ～ 2050 年）

（出所）Population Division of the Department of Economic and Social Affairs of the United Nations Secretariat, World Population Prospects : The 2008 Revision, http://esa.un.org/unpp, （アクセス日：2011 年 1 月 15 日）．

15 ～ 64 歳の人口は 71.9％を占めると予想された．

　2030 年になると，1 人っ子政策の第 1 世代が 50 歳になる．このときの 65 歳以上人口の割合は，15.9％，G20 における順位はアルゼンチンを抜き 11 位となる．日本でいえば，1990 年代後半の割合に相当する．2040 年では 21.8％で，8 位で米国より高齢化が進む．中国年金改革の背景には，まず急速に進んでいる人口高齢化がある．現在の中国の高齢化率は先進諸国と比べると，決して高くはないが，高齢者数の規模が大きく，高齢化の速度がきわめて速い．65 歳以上の高齢者の割合は 1990 年に 5.6％であったが，2000 年に 6.8％に上昇し，2030 年には 15.8％，2050 年には 23.3％に達すると予測される．

　また，人口の中位年齢は 1 人っ子世代が 50 歳になる 2030 年では，41.1 歳と予想されている．日本 52.2 歳，韓国 47.6 歳よりは若いものの，インド 31.7 歳や米国の 39.5 歳よりは高齢化にある可能性がわかる（図 10-2 ～図 10-5）．

　中国の国家統計局が 2011 年 4 月 28 日，第 6 次全国人口普査の概要を発表し

300

図 10-2　年齢別構成割合の推移：インド（1950 〜 2050 年）

(出所)　図 10-1 と同じ．

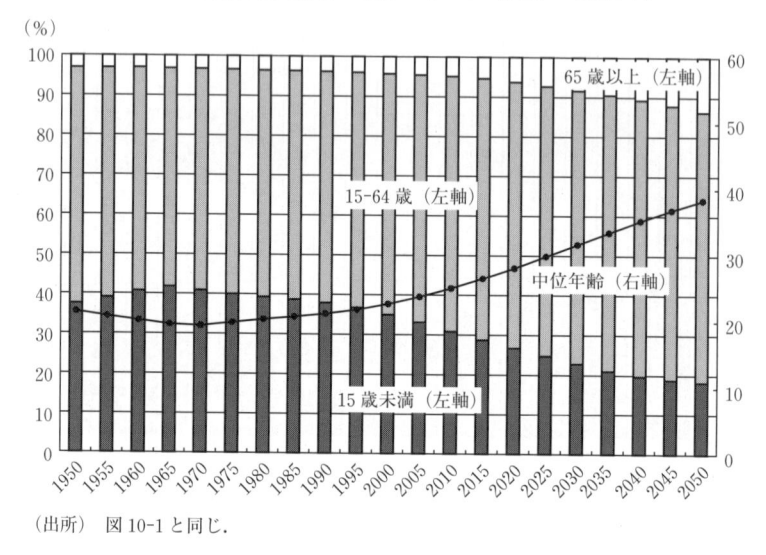

図 10-3　年齢別構成割合の推移：日本（1950 〜 2050 年）

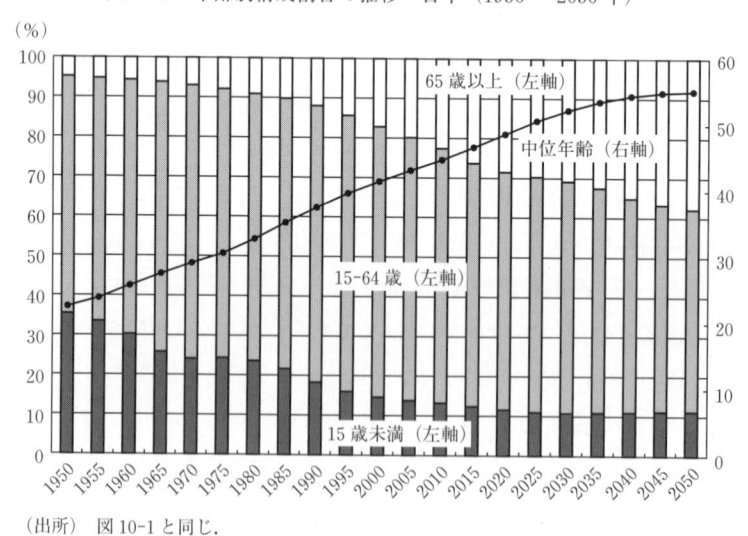

(出所)　図 10-1 と同じ．

第10章 中国の１人っ子政策と金融システムの市場化　301

図 10-4　年齢別構成割合の推移：韓国（1950 〜 2050 年）

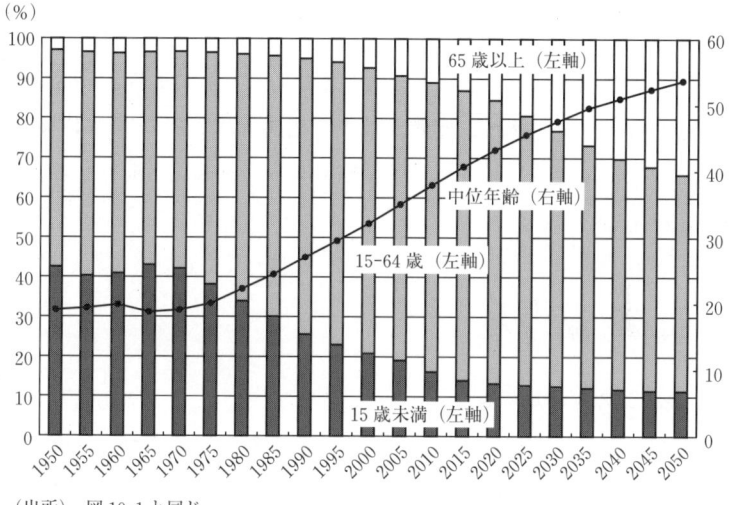

65 歳以上（左軸）
中位年齢（右軸）
15-64 歳（左軸）
15 歳未満（左軸）

（出所）　図 10-1 と同じ.

図 10-5　年齢別構成割合の推移：米国（1950 〜 2050 年）

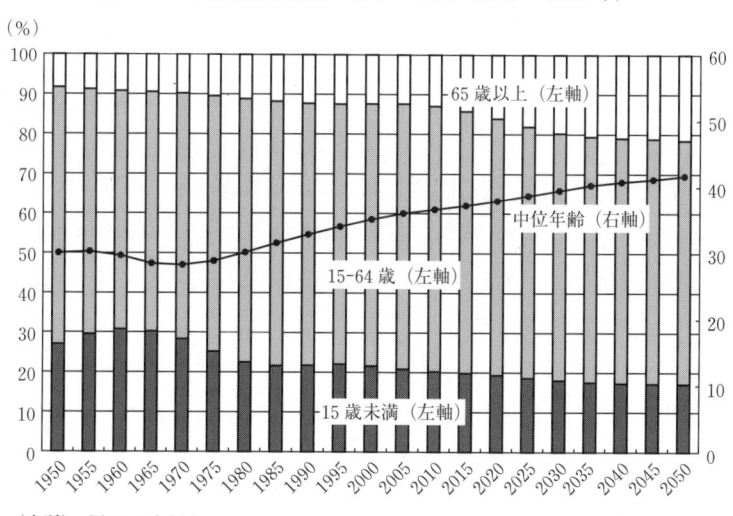

65 歳以上（左軸）
中位年齢（右軸）
15-64 歳（左軸）
15 歳未満（左軸）

（出所）　図 10-1 と同じ.

た[13]．第6次全国人口普査は，2010年11月1日を調査日とする国勢調査である．総人口は，13億7,053万6,875人，過去10年で5.8％増加し，年平均増加率は0.57％となった．

2010年の国勢調査は年齢構成も公表している．それによると，65歳以上人口は1億1,883万1,709人で，年齢が調査で把握された全国の人口[14]に対して8.9％となった．国連人口統計局の中位推計より，高齢化が進行していることを示している．

## 3．中国の金融システム[15]

### (1) 金融システムの変遷[16]

1949年の中華人民共和国建国後，民間商業銀行は廃止され，外資系銀行も撤退し，国債発行も1958年が最後となった．その後，ソ連流のモノバンクとして存在していた中国人民銀行体制は，中国では「大一統」と呼ばれていた[17]．于永達は，計画経済統制段階として1949年から1983年までを位置づけ，「金融機関は，財政部門の単なる現金出納係」と表現している[18]．その後1984年までに，中国人民銀行と財政部から特定の業務分野を継承する形で，中国人民建設銀行（現在の中国建設銀行），中国銀行，中国工商銀行が設立された．4行は国家専業銀行と称され，主たる業務分野が定められた．

今日，改革・開放政策の採用から30年以上が経過した．金融システムの市場メカニズム導入は1990年代前半から，本格化してきた．1993年の中国共産党第14期3中全会において，「社会主義市場経済化に関する決定」が採択された．同中全会では，金融システムに市場メカニズムを導入する方針が含まれた．さらに，1992年の中国共産党第14期全国代表大会で中央政治局常務委員に抜擢された朱鎔基が1993年から，副首相と中国人民銀行の行長を兼務することになった[19]．中央銀行の中国人民銀行の独立性強化，中国工商銀行，中国建設銀行，中国銀行，中国農業銀行から，政策融資が分離され，外国為替管理レートの一本化，金融関連法制の整備などである．

消費者物価指数（都市部）は1980年代後半の高インフレ期（1988年，20.7%，1989年，16.3%）を上回る水準（1993年，16.1%，1994年，25.0%，1995年16.8%）を記録した．市場メカニズムを導入した金融システムが未整備の中，中国は改革・開放後の大きな景気循環にさらされたことになる．

　なお，4行のシェアは1993年末時点で，預金残高ベースで69%，貸出残高ベースで76%となっていた[20]．

　この間，通貨・金融危機がアジア諸国やロシア，ブラジルなどを襲ったものの，資本取引を厳しく管理していた中国への影響は限定的だった．

　しかし，国有商業銀行の不良債権問題は1990年代半ばから顕現化し，貸出債権の25%台に上ると公表されてきた．アジア金融危機が深刻化した1997年11月，中国で第1回全国金融工作会議が開催された．アジア通貨・金融危機や日本の金融不安を受け，中国政府は金融システムの安定性など金融改革の重大性を意識することにより，不良債権処理を本格化していく．

　銀行は，規制金利下で一定の利ざやを保証されていた一方で，中央・地方政府が関与するプロジェクトへの貸し手として位置づけられた．しかしアジア通貨危機による成長の鈍化もあり，1990年代後半に不良債権が拡大した．中国政府は不良債権問題を解決するため，1999年，4つの国有銀行を対象にそれぞれの資産管理会社を設立させ，不良債権を銀行本体から切り離した．

　一方，金融市場の自由化が1990年代後半，始まった．1996年6月にコールレート，1997年8月に銀行間債券市場における中国国家開発銀行の金融債発行レート，1999年10月に同債券市場における国債発行レートなどである．さらに，中国人民銀行は2000年9月21日から，外貨建ての預金・貸出金の金利決定を銀行に委ねられることにした．預金金利の場合300万ドル以上の大口預金に限られるものの，金利自由化が解禁された．2004年1月1日より，銀行貸出金利の変動幅が，中国人民銀行が設定した基準貸出金利のマイナス10%からプラス170%まで認められることになったほか，同年10月29日には貸出金利の上限も撤廃された．

## (2) 2010年に完了した4大銀行の株式公開

2001年12月にWTO加盟した中国は，5年以内に銀行市場を完全に対外開放することを約束しており，国内銀行は外国銀行との競争に備える必要があった．2002年2月には，第2回全国金融工作会議を開催し，銀行改革の方針を確認．翌2003年4月には銀行業監督管理委員会も設立された．同年10月に開催された中国共産党第16期第3回中央全体会議は，国有商業銀行を株式会社化する方針を承認し，銀行改革が加速する．

中国農業銀行が，2010年7月15日に上海，そして7月16日に香港で上場された．IPOによる資金調達規模は，221億ドルにのぼり，それまで世界最高の中国工商銀行（220億ドル）を上回った．店舗数は中国最大で2万店を超え，総資産は8兆8,826億人民元と，中国工商銀行，中国建設銀行に次ぐ3位となっている（表10-1）．

中国農業銀行のIPOは国有企業改革，金融改革のシンボルでもあり，農村開発とも関係が深い．1990年代の江沢民政権と2000年代の胡錦濤政権の優先政策が交差するプロジェクトである．欧州の信用不安など，市場環境は決して良くなかったものの，中国農業銀行のIPOで4大国有商業銀行のIPOが完了

表10-1 中国5大国有商業銀行の概要

(単位：件，億元，%)

|  | 国内店舗 | 総資産 金額 | 総資産 シェア | 融資額 金額 | 融資額 シェア | 預金額 金額 | 預金額 シェア |
|---|---|---|---|---|---|---|---|
| 中国農業銀行 | 23,624 | 88,826 | 21.0 | 41,382 | 19.3 | 74,976 | 21.8 |
| 中国工商銀行 | 16,232 | 117,851 | 27.8 | 57,286 | 26.7 | 97,713 | 28.5 |
| 中国建設銀行 | 13,384 | 96,234 | 22.7 | 48,198 | 22.5 | 80,013 | 23.3 |
| 中国銀行 | 9,988 | 87,519 | 20.7 | 49,104 | 22.9 | 66,850 | 19.5 |
| 交通銀行 | 2,761 | 33,091 | 7.8 | 18,393 | 8.6 | 23,721 | 6.9 |
| 5行合計 | 65,989 | 423,521 | 100.0 | 214,363 | 100.0 | 343,273 | 100.0 |

(注) 2009年12月末現在．
(出所) 中国農業銀行A株の目論見書，2010年より作成．

した.

　中国農業銀行の前史は，1955年に農業銀行が国家専業銀行として設立されたが，1957年には閉鎖され，中国人民銀行内に新設された農村金融管理局が農村金融業務を統括することになった．その後は，大躍進運動（1958～60年）や文化大革命（1966～76年）などの影響で中国経済が大きく変動する中，中国農業銀行は1963年に復興された後，1968年には再び中国人民銀行に吸収されるなど，体制が安定しない状況が続いた．1950年代中頃には，国家銀行を補完する金融機関として，農村信用社の設立が奨励されたが，その管理形態（経営管理や監督のあり方）も頻繁に変更されていた．

　1978年，経済改革・開放政策は農村で先行し，当初は目覚ましい成果を上げた．農産物の政府買付価格引き上げ，農村自由市場の復活，家庭営農請負制の導入，郷鎮企業の規制緩和などの措置は，農村の活力を引き出し，経済回復に大きく貢献した．金融面では，農業向け資金の管理および農村信用社の指導を担う機関として，1979年に農業銀行が復活した．

　2000年前後から，中国政府は「三農問題（農業，農村，農民の問題）」の解決に本腰を入れて取り組み始め，胡錦濤総書記，温家宝首相の指導体制は，「調和のとれた社会（和諧社会）の実現」と「社会主義新農村の建設」を目標に掲げ，農業税の廃止や戸籍制度の緩和をはじめとする制度改革に着手した．そうした流れの中で，農村金融制度改革に対する政府の取組みも強化され，財政や中央銀行によるまとまった資金支援も実施されるようになった．農村金融制度の改革が急務であった．

　中国の金融制度改革は，他分野の改革に比べ，市場メカニズムの導入が遅れていた．計画経済時代の財政による資金分配機能の多くを失った政府は，銀行に対する行政的なコントロールを通じて，国有企業改革に必要な資金を捻出することを優先し，「金融の市場化（自由化）」にはきわめて慎重なスタンスで臨んでいたからである．

　株式会社化が先行した中国建設銀行，中国銀行，中国工商銀行は2005年末で，不良債権比率が5％を下回っていたが，中国農業銀行は26.17％だった.

同行の不良債権比率は 2009 年末には 2.91％まで低下した．ただし，東北地区では 4.68％，西部地区では 4.31％となっている．

(3) 4 大銀行の株主構造

次に，公開されている各行の目論見書を用いて，国有商業銀行の IPO において，香港 H 株と上海 A 株の配分，主要株主など株式構造を確認しておきたい．

IPO 第 1 号の中国建設銀行は 2005 年 10 月 27 日，香港で取引を開始した（A株上場は，2007 年 9 月 25 日）．中国銀行は 2006 年 6 月 1 日に香港，約 1 カ月後の同年 7 月 5 日に上海で取引を開始する．中国工商銀行は 2006 年 10 月 27 日，初めて香港と上海で同時に上場を果たした．

中国建設銀行が A 株上場した時点で，2,336 億株の発行済み株式のうち，96.1％が香港 H 株，3.9％が上海 A 株だった．政府系ファンドの中央匯金投資有限責任公司（以下「匯金公司」）が 59.1％（香港 H 株）で筆頭株主だ．H 株で公募分は 11.3％である．

また，中国銀行は A 株上場した時点で，2,538 億株の発行済み株式のうち，29.9％が香港 H 株，70.1％が上海 A 株と，上海が主要な市場となった．匯金公司が 67.5％（上海 A 株）と筆頭株主で，H 株で公募分は 11.1％だった．さらに，中国工商銀行は同時上場の時点で，3,340 億株の発行済み株式のうち，24.9％が香港 H 株，75.1％が上海 A 株と，上海が主要な市場となった．匯金公司と財政部が 35.3％（上海 A 株）で筆頭株主だ．H 株での公募分は 12.2％である．A 株目論見書（グリーンシュー条項行使前の株数）によると，中国農業銀行 b は同時上場の時点で，3,176 億株の発行済み株式のうち，8.41％が香港 H 株，91.59％が上海 A 株と，上海が主要な市場となる見込みだ．公募株数は香港 H 株が 8.0％，上海 A 株が 7.0％としている．主要株主として，匯金公司が 40.93％（上海 A 株），財政部が 40.20％（上海 A 株），全国社会保障基金理事会が 3.87％（うち A 株 3.46％）が保有する．

中国農業銀行の場合，A 株のウエイトがこれまでの 3 行より高い．4 大銀行

が上場を重ねるごとにA株のウエイトが高まっている．A株重視，つまり資金調達の場所として，香港より上海市場を重視したことになる[21]．

また，IPOが先行した3行は上場前の比較的早い段階で，外国の戦略投資家を選定できた．中国建設銀行はバンク・オブ・アメリカ，中国銀行はロイヤルバンク・オブ・スコットランド，中国工商銀行はゴールドマンサックスだった．しかし2008年末から2009年前半にかけて，一部外国戦略投資家が保有する株式の一部ないし全部売却で，提携によるノウハウの吸収を期待した中国サイドでは，戦略投資家を疑問視する向きもあった．キャピタルゲイン狙いとの批判が，中国国内では生じた．外国戦略投資家の株式売却は，保有制限期間（3年程度）を経過しており，契約違反ではない．株式売却の背景には，世界金融危機で，戦略投資家は，資産の見直しを迫られたという要因も無視できないのではないだろうと考えられる．

なお，ロイターの報道によると，中国農業銀行はオランダのラボバンクや，英スタンダード・チャータード銀行と提携している[22]．

(4) マネーサプライを中心とする統計整理

マクロ[23]，金融市場の統計[24]を整理し，中国の金融構造の特徴を確認したい．

図10-6は，1990年から2010年までの中国，日本におけるマネーサプライM2[25]のGDP比（マーシャルのk）を示している．マネーサプライが対GDPと比較してみても巨大であることが，中国の金融構造の特徴の1つである．

1990年以降，マネーサプライM2のGDP比はほぼ一貫して上昇トレンドにある[26]．マネーサプライは1990年が0.82，1995年には，名目GDPに拮抗し，1996年に初めて上回った．その後，2003年までこの比率は上昇を続けてきた．2004年のGDP値が上方修正されており，2004年で減少にも少なからず影響を与えた可能性がある[27]．その後，M2のGDP比は2010年には，1.82まで上昇した．

図10-7は，中国のマネーサプライのGDP比（1990年～2010年）と，高度成

図 10-6 マネーサプライの対 GDP 比の推移：日中（1990-2010 年）

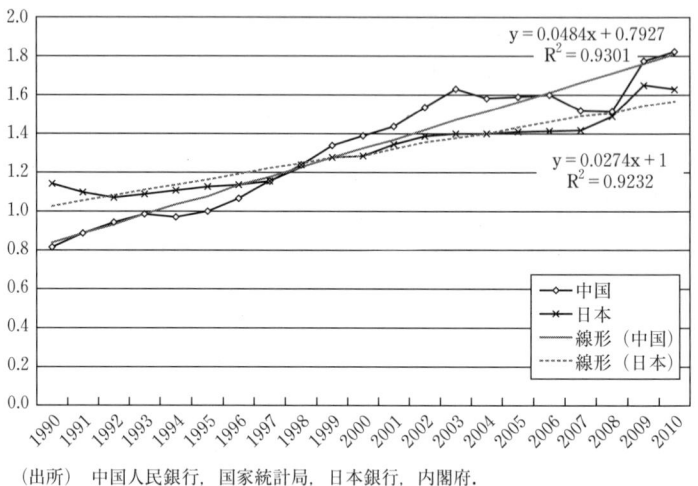

$y = 0.0484x + 0.7927$
$R^2 = 0.9301$

$y = 0.0274x + 1$
$R^2 = 0.9232$

中国
日本
線形（中国）
線形（日本）

（出所）　中国人民銀行，国家統計局，日本銀行，内閣府．

図 10-7 マネーサプライの対 GDP 比の推移：
中国（1990-2010年）日本（1955-1975年）

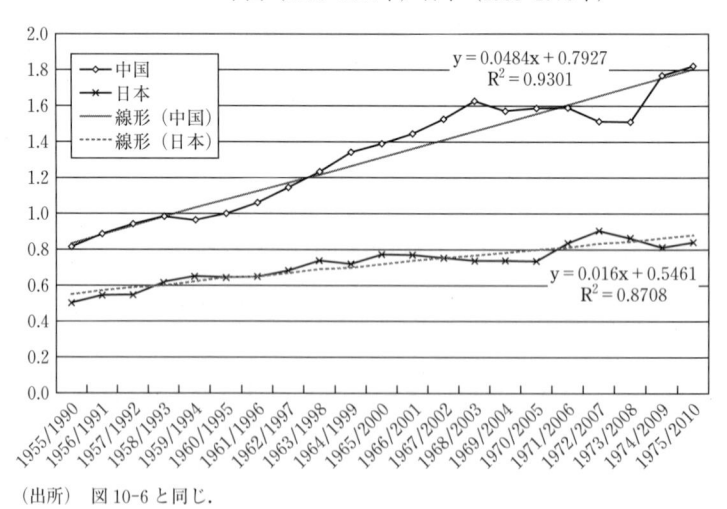

中国
日本
線形（中国）
線形（日本）

$y = 0.0484x + 0.7927$
$R^2 = 0.9301$

$y = 0.016x + 0.5461$
$R^2 = 0.8708$

（出所）　図 10-6 と同じ．

長を経験した日本の戦後（1990年〜2010年）の推移を比較したものだ．中国の過去20年は，日本の戦後の20年の推移よりも高い水準で推移している（図10-6）．1955年は0.52で，0.8台になったのは，1971年である．統計の捕捉，マネーサプライ分類の違いなどから，中国と日本を単純には比較できないものの，中国でいえば，1990年の水準である．マネーサプライが名目GDPを上回るのは，1986年になってからである．高齢化社会に突入した時期と符合する．

M2の伸び率は概ね名目成長率を大きく上回ってきた．1998年から2010年まで，年間の伸び率は平均17.4%[28]で，名目成長率の13.4%を上回っている．2009年のM2の伸び率はこの期間最高の27.6%となっている．

M2の上昇から，経済取引で，現金通貨への依存度が，相対的に高い可能性，貯蓄率の高さなどの影響を示唆している．

次に，中国人民銀行が公表する融資残高とGDP比を確認したい．この比率は，1997年の0.95から上昇し，2003年で1.17となっている．2007年，0.99，2008年，0.97と1を割り込んだものの，2010年には1.20まで上昇した．2007年，2008年の物価上昇率が高く，中国人民銀行は，2007年1月から2008年6月まで，預金準備率を合計15回[29]引き上げた．大手銀行の預金準備率が当時過去最高の17.5%になるなど金融引締政策が実施された．預金準備率は預金保険の役割も含まれ，金利が付くものの，高い預金準備率は，銀行経営の自主性をそぐリスクを抱えている．ただし，世界金融危機対策で，その後，4兆元の大型景気対策とともに，金融緩和政策が政府主導で指示された．2008年11月1日には，銀行の総量規制も撤廃され貸出増加が奨励された．国務院は2009年5月27日の「固定資産資本項目に関する資本金比率に関する通知」で，空港，港湾などのプロジェクトの自己資本比率を35%から30%へ，鉄道，道路などのプロジェクトでは，35%から25%へそれぞれ引き下げた．この制度は1996年，最低資本金を定めることで，インフラや設備投資プロジェクトが，銀行ローンへ過度に依存することや，不良債権の増加を抑制するために導入された．2004年には，鉄鋼，セメント，電解アルミ，不動産開発の比率が高められていた．

世界金融危機対応の金融緩和政策によって，2009年の新規融資は過去最高の9兆6,000億元となり，融資残高は前年比で31.7％も増加させた．中国人民銀行は2009年後半以降，再び窓口指導を強化し，貸出の伸びを抑える政策に転じた．2010年1月から，預金準備率を再び引き上げるなど金融引締を本格化させている．

## 4．むすび

中国社会では，人的ネットワークが強固であると考えられがちである．しかし，2節では，1人っ子政策の導入とそれ以前の時代でも，核家族が進んでいたという見解を紹介した．また，国連人口統計局の中位推計を活用して，1人っ子世代が50歳になる2030年には，インドや米国より高齢化が進んでいることを示した．中国の国家統計局による2010年11月1日を調査日とする国勢調査では，65歳以上人口は，年齢が調査で把握された全国の人口に対して8.9％となり，国連人口統計局の中位推計より，高齢化が進行していることを確認した．高齢化の進展が経済成長の鈍化につながる可能性を注視していかなければならない．

3節では，改革開放後，中国人民銀行によるモノバンク体制（大一統）が崩れ，そこから現在の4大国有商業銀行が分化したという変遷を踏まえ，さらに4大国有商業銀行の株式公開が，2005年10月の中国建設銀行から2010年7月の中国農業銀行まで実施されたことを報告した．4大国有商業銀行ではIPO後も，財政部や匯金公司のように政府機関が主たる株主になっていることも示した．この政府主体の株主構造で，どこまでコーポレート・ガバナンスが機能していくのか，疑問が残る．さらに，マネーサプライの名目GDP比がきわめて高く，2010年では1.82まで拡大し，国内で資金の有効活用が必要となろう．

中国人民銀行は，日本の内閣に当たる国務院の一部で，国務院から独立した立場にはなっていない．中国政府は，株式公開で民営化された4大国有商業銀行に対して，中国人民銀行や中国銀行監督管理委員会を通じて，監督・監視や

行政指導されるだけではなく，主要株主として利害関係者として関与する余地を残していることになる．それは，世界金融危機後の金融緩和，そして金融引き締めで，金利メカニズムによる物価対策や資金の吸収などの政策目的に対して，決して十分とはいえないことを示した．世界金融危機対応の金融政策は，窓口規制や預金準備率などを重視し，結果的には，中国の金融市場化の進展を抑制する方向に作用したと，筆者は懸念している．

ノルエル・ルービニ[30]は，中国の貯蓄性向は，香港やシンガポール，台湾と比べて高いわけではないとしたうえで，「中国の様々な政策は，政治的に弱い立場にある家計部門から政治力の強い企業部門へと，膨大な所得を移転させてきた」と指摘し，人民元の切り上げの加速，金利自由化，賃金引上げが必要だとした．

また，白井さゆり[31]は，欧米経済の低迷状態が続いていることから，「中国への資本流入が活発化し，資本規制の抜け穴を探す行為が横行する」可能性を指摘し，中国は金融政策の自由度（独立した金融政策）を確保するためにも，「いずれは対ドル安定化政策を放棄することになる」と予測する．

経済学的に，市場化の促進が正しいとしても，中国が改革すべき政策は，資本規制，人民元の切り上げ，金利の市場化など経済政策にとどまらない．たとえば，戸籍制度は，人の自由な移動を規制している．戸籍によって，年金や社会福祉などが異なり，社会が制度的にデバイドされている．また，一般的に，通貨や金利の市場化を進めた国は，情報開示制度も整備され，経済メディアの重要性が認識され，普及している．

中国は，高齢化社会の到来が確実に近づいているだけに，市場メカニズムのさらなる導入のためには，社会サービスも含めた総合的な政策実施が急務となるだろう．

1) 中国では，戸籍によって，居住地だけではなく，進学，職業選択，享受できる年金や社会福祉など幅広い社会サービスが区別される．都市戸籍と農村戸籍の違いのほか，どの地域の戸籍かによっても，社会サービスが異なりうる．首都北京市に

は，大学や政府関係，国有企業などの拠点が集積している．大学進学や就職では，北京市の戸籍保有者がその他の地域の戸籍より有利になる．戸籍の変更は緩和の方向にあるものの，大学進学が戸籍変更の大きな機会となっている．北京市など沿岸部の都市戸籍取得は，本人や家族にとって，地方戸籍の子女の大学受験のインセンティブにもなる．

2) 日本語文献では，松浦良高『新・中国若者マーケット』，弘文堂，2008年がある．

3) 世界証券取引所連合によると，2009年末時点で，上海証券取引所と深圳証券取引所の株式時価総額の合計は3兆5,732億ドル．一方，ニューヨーク証券取引所は11兆8,378億ドル，東京証券取引所は3兆3,061億ドル，ナスダックは3兆2,395億ドル．2009年通年の売買代金は中国の2取引所の合計が7兆8,357億ドルで，ナスダック（26兆3,518億ドル），ニューヨーク証券取引所（15兆8,582億ドル）にはおよばないものの，東京証券取引所（3兆9,898億ドル）を上回った．株式時価総額，売買代金とも，外国株を含まない国内株ベース．なお，香港の株式時価総額は，売買代金は1兆4,990億ドル．

4) 岡嵜久美子「国際金融市場への影響」，小島麗逸・堀井信浩編『巨大化する中国経済と世界』，アジア経済研究所，2007年，33ページ．

5) 経済協力開発機構（OECD）編，門田清訳『中国クロスボーダーM&A―OECD投資政策レヴュー：中国―』，明石書店，2008年，93ページ．

6) 『週刊エコノミスト』，2011年4月5日号，21ページ．

7) 李強著，鈴木未来訳「中国社会における階層構造の新しい変化」，『立命館産業社会論集』，第38巻第1号，2002年，25-43ページ．李は前掲論文で，政治的階層と経済的階層，また，社会中心集団，社会周辺集団，さらに，特権受益者集団，一般受益者集団，相対的利益喪失集団，社会下層集団の階層分類を紹介している．

8) 湛中楽著，國谷知史訳「中国計画出産制度の変革と法治の導入」，『法政理論』，第43巻第1号，2010年，66-101ページ．

9) 第25条が「国は計画出産を推進し，人口増加を経済および社会の発展計画に適応させる」と定め，次に，第49条2項が「夫婦双方は計画出産を実行する義務を負う」と定めた．

10) 拙稿「中国株式市場の海外投資家自由化」，『東アジア研究』，2003年，53-64ページ．

11) 中国では，政府，企業，学校，病院，軍などすべての組織体が「単位」と呼ばれる．日本でいえば，所属先，勤務先や職場を意味する．賈強，「変革期における中国の社会福祉」，『文教大学国際学部紀要』，第15巻1号，2004年，134ページによると，社会主義時代に「単位」が，包括的な機能を持っていたため，「小社会」とよばれ，この性質を持つ社会システムは「単位社会」と呼ばれる．

12) 鈴木未来「改革開放以降の中国における家族問題」，『立命館産業社会論集』，第

35 巻第 2 号，1999 年，77-93 ページは，〈空巣〉夫婦世帯や〈空巣〉家族と表現している．
13) 中華人民共和国国家統計局「2010 年第六次全国人口普査主要数据公報（第 1 号）」，2011 年 4 月 28 日，http://www.stats.gov.cn/tjfx/jdfx/t20110428_402722253.htm（アクセス日：2011 年 4 月 28 日）．戸籍ではなく居住ベースの人口が把握される．
14) 前掲の国家統計局の発表資料によると，総人口と年齢区分が把握されている人口の差は，3,081 万 2,023 人．
15) 前掲論文の拙稿 2003 年のほか，拙稿「中国の債券市場形成と流動性改革」，『東アジア研究』，第 44 号，2006 年，95-106 ページ，拙稿「中国株 次の「上海発株安」は本当に怖いのか」，『エコノミスト』，第 85 巻第 35 号，毎日新聞社，2007 年 7 月 3 日，87-89 ページ，拙稿「リアル BRICs 新興市場の政治経済学（36・最終回）欧米的資本主義の「たな卸し」と中国的資本主義の理解」，『投資信託事情』，第 52 巻第 4 号，投資信託事情調査会，2009 年 4 月，7-9 ページを参照，拙稿「中国・アジア証券市場」第 6 回総資産 8 兆元の農業銀行 IPO―四大銀行の株式会社化―」，『華南ビジネスレポート』，110 号，みずほコーポレート銀行香港支店中国アセアン・リサーチアドバイザリー課，2010 年を一部引用や加筆修正している部分がある．
16) なお，証券業務は，1980 年代後半，国債や株式の店頭取引の時代を経て，上海証券取引所，深圳証券取引所が開設される．1992 年 10 月，華夏証券，南方証券，国泰証券の全国的な証券会社 3 社が中国工商銀行，中国農業銀行，中国建設銀行の関係会社として設立された．福光寛「中国証券監督管理委員会「中国市場発展報告簡要回顧」について」，『成城・経済研究』，第 189 号，2010 年，94 ページ．
17) 中国の金融システムの変遷についての日本語文献は，張紀濤「中国の金融改革と国有銀行のリストラ」，『城西大学経済経営紀要』，2000 年，65-95 ページや，大西義久『円と人民元』，中央公論新社，2003 年などがある．
18) 于永達「中国のマネーサプライコントロールの改革」，『經濟論叢』，第 160 巻 5-6 号，1997 年，29 ページ．
19) 張の前掲論文 68 ページは，「特殊な人事配置」と表現している．
20) 前掲論文の拙稿，2010 年．
21) 中国国有企業の IPO には，証券取引所の審査の前に，中国証券監督管理委員会のほか，国有資産監督管理委員会，所管官庁などの許諾が必要である．
22) ロイター「〔情報 BOX〕中国農業銀行の IPO への投資が見込まれる戦略投資家」，2010 年 6 月 22 日，http://jp.reuters.com/article/ipoNews/idJPnTK872419920100622（アクセス日：2011 年 4 月 17 日）
23) 小島「高度成長のメカニズム」，小島・堀井 前掲書 3 ページによると，中国の国

家統計局はマクロ経済指標として，MPS（Material Product System：物的国内生産）を採用し，1984 年から SNA（System of National Accounts：国民経済計算）に切り替えることを決め，GDP 体系を 1953 年まで遡って推計し，1997 年に公表された．

24) 国家統計局サイト http://www.stats.gov.cn や各年中国統計年鑑，国家統計局国民経済総合統計司『新中国六十年統計資料匯編』，中国統計出版社，2010 年を参照．

25) 中国のマネーサプライは M0，M1，M2 で，M0 は流通している現金，M1（狭義の貨幣供給量）は，M0 ＋企業・事業単位の当座預金＋農村預金，M2（広義の貨幣供給量）は，M ＋企業・事業単位の定期預金＋貯蓄性預金＋その他の預金．

26) 1990 年から 2010 年までの期間（21 年間）で，M2 の名目 GDP 比が前年を下回ったのは，1994 年，2004 年，2006 ～ 2008 年の 5 回である．

27) 中国の国家統計局は 2005 年 12 月 20 日，2004 年 GDP を 16.8％上方修正した．米国のマネーサプライ M2 の対 GDP 比は 1997 年から 2004 年まで，40％台の後半から 50％台半ばで推移している．

28) マネーサプライ M2 の前年比伸び率の政府目標は，2007 年が 16％，2009 年と 2010 年が 17％．ただし，2011 年 1 月 19 日の上海証券報によると，中国人民銀行の馬徳倫・副総裁は，第 12 次 5 カ年計画が終了する 2015 年末時点のマネーサプライ M2 などの目標を設定しない方針を明らかにしている．

29) 中国人民銀行サイト http://www.pbc.gov.cn/publish/zhengcehuobisi/610/index.html（アクセス日：2011 年 4 月 17 日）．

30) ノリエル・ルービニ「中国，歪んだ成長がはらむリスク」，『日経ビジネス』，第 1558 号，104-105 ページ．

31) 白井さゆり「世界経済危機とグローバル・インバランス―国際経済秩序へのインプリケーション―：SFC ディスカッションペーパー」，2009 年，36 ページ．http://gakkai.sfc.keio.ac.jp/dp_pdf/09-08.pdf（アクセス日：2011 年 4 月 17 日）

# 第11章　韓国の少子・高齢化と金融システムの課題

## 1．はじめに

　韓国経済は1997年のアジア通貨危機後にＶ字回復を成し遂げ，世界有数の電気・電子，造船，自動車などの輸出国に成長してきた．韓米FTA，韓EUFTAを締結し，一層の輸出競争力をつけつつある現状である．こうした成長の背景には，アジア通貨危機時にIMFのコンディショナリティーを受け入れたことを契機に国内規制緩和と外資の積極的な導入，対外輸出戦略の構築などグローバル化への対応を政府，民間の共通意識の下に進めてきたからである．このような韓国経済は，すでに日本を超えたシンガポール，香港と同様，1人当たり国民所得の上昇で日本に追いつき追い越す可能性は今後10年を考えた場合，あながち空論とはいえない．しかし，東アジア諸国のこうしたグローバル化の下での積極的な対外戦略にもかかわらず，先頭を走っている日本以上に少子・高齢化のスピードが速く，また，これに対する社会保障制度は日本に比べて導入期間の日が浅いことから来る問題点が多く存在する．シンガポールは他の東アジア諸国とは異なる経済合理的な社会保障制度を運営し，こうした課題からは逃れているが，少子化・高齢化の問題に直面していることに変わりはない．
　本章は韓国の少子・高齢化が金融システムに及ぼす影響を検討し，韓国経済のさらなる発展の方向を探ることが目的である．
　以下，2節では少子・高齢化の現状を概観し，3節では，家計の貯蓄・投資行動を概観する．まず朝鮮動乱後の「団塊」の世代の金融投資の特徴を述べ，次いで家計の貯蓄・投資行動を分析する．4節では，韓国の少子・高齢化に対

応した社会保障制度と金融システムの課題を検討することとする．5節は要約と結論である．

## 2．少子・高齢化の現状

### (1) 人口構成・高齢化の現状

韓国の人口構成の変化はその急速な工業化過程と同様急速な変化を遂げている．以下にその特徴をまとめよう[1]．

まず，出産力の持続的な低下が続いていることである．1970年に4.53人であった女性の合計特殊出生率（女性1人が生涯に産む子供の数の推計値）は，1983年に2.08人，2003年に1.19人となり，現在も同様な水準が続いている．70年代初頭に100万余人であった新生児が2003年には49万3,000人にまで減少している．

こうした1970年代以来の出生率の持続的な低下の結果，生産可能人口が2016年にピークを打ち，その後低下してゆくことが予測されている．2005年に3,467万1,000人（総人口の71.8％）から2016年には3,649万6,000人（同73.2％）をピークとして漸次減少し，2020年に3,583万8,000人（同71.7％），そして2050年には2,275万5,000人（53.7％）に減少する．15～24歳の若い年齢層は2005年に全体生産可能人口の19.9％を占めているが，出産率減少で幼年人口流入が減少し，2020年に15.5％，2050年には14.2％に低下すると予測されている．働き盛りである25～49歳年齢層は2005年に全体生産可能人口の59.6％を占めているのが2007年に59.4％をピークに減少し，2020年に51.3％，2050年には45.2％に減少する．他方，50～64歳年齢層は2005年の20.5％から，2020年の33.2％，2050年には40.5％まで増加すると予測されている．こうした生産年齢人口の比率の低下と高年齢化が生じ，経済活動に影響を与えると予想されるが，社会全体からみても2000年に65歳以上の老齢人口が人口の7％を占める高齢化社会，2018年には14％を超え高齢社会になると予測されている．この高齢化速度は多くの先進国より早く，たとえば日本が7％から

14％になるのに24年かかったのに対し18年であり，日本が14％から20％になるのに12年かかったが，韓国は8年であって，先進国中最もスピードの早い日本をも超えている（ちなみに英国はそれぞれ47年と50年，ドイツ40年と37年である）．2005年に生産可能人口7.9人当たり1人の65歳以上の老人を扶養するのが，30年には2.7人で1人扶養する割合となる（韓国統計庁『世界と韓国の人口現況』2005年）．こうした急速な高齢化の進展は，韓国経済の成長力を低下させる要因となることは十分考えられるであろう．

(2) 少子化の現状

東アジア諸国は工業化過程でキャッチアップが急速であったために，伝統的な東洋的社会から西洋的な社会への転換も急速であった．それを端的に表しているのが，出生率の急速な低下である．欧米諸国の生活習慣が急速に広まった結果，女性の高学歴化，晩婚化などが進展し，韓国でも少子化が進み，世界で1，2位を台湾と争う低出生率になっている．東アジアでなぜ急速に少子化が進んだのかは，女性の高学歴化とともに東洋的家父長型社会から西洋型男女平等の社会的概念へ変化している一方，女性の労働参加条件や保育所・育児に関する社会的常識とそれらの社会的整備が追いついていないからである．実際に女性の労働参加条件はOECD諸国の中で韓国や日本は最も遅れている国となっている．表11-1は韓国の男女学歴別経済活動参加率の推移を表している．男性に比べ，女性の中学，高校，大学卒の参加率の水準は押し並べて低いが，80年比では，男性は参加率が傾向的に低下しているのに対して，女性は小学校卒を除き，すべてにわたって増加している．大卒女性（25〜64歳）の労働参加率はOECD平均82.6％に比べ，低く，しかもOECD諸国中最低水準となっている．また大卒男性とは24.5％の格差があり，この格差も最大となっている．

こうした女性の労働参加率が低い原因には，男女の賃金格差が大きいこと，労働時間が長いこと，保育所などの施設未整備などが挙げられる．まず，男女の賃金格差については，2008年に男性平均賃金の約66.5％に過ぎず，95年の

表 11-1　学歴別男女経済活動参加率推移

(単位：％)

| 年 | 小卒以下 | 中卒 | 高卒 | 大卒以上 | 短大卒 | 4年生大卒以上 |
| --- | --- | --- | --- | --- | --- | --- |
| 女　性 ||||||||
| 1980 | 46.2 | 33.0 | 43.1 | 46.6 | ― | ― |
| 1985 | 45.9 | 32.8 | 42.1 | 50.6 | ― | ― |
| 1990 | 50.4 | 38.2 | 47.5 | 57.2 | 66.2 | 53.1 |
| 1995 | 47.1 | 40.7 | 50.2 | 60.0 | 63.6 | 57.9 |
| 1997 | 47.1 | 41.5 | 52.0 | 63.9 | 67.9 | 61.0 |
| 1998 | 43.9 | 39.5 | 48.5 | 59.8 | 65.3 | 56.8 |
| 2000 | 44.6 | 42.2 | 49.5 | 60.7 | 64.6 | 58.1 |
| 2005 | 38.8 | 40.8 | 53.2 | 62.9 | 67.3 | 60.2 |
| 2008 | 37.5 | 37.6 | 52.9 | 63.9 | 67.0 | 62.0 |
| 男　性 ||||||||
| 1980 | 78.0 | 64.3 | 81.1 | 95.1 | ― | ― |
| 1985 | 71.5 | 59.1 | 77.1 | 92.8 | ― | ― |
| 1990 | 70.6 | 56.6 | 80.0 | 93.2 | 93.5 | 93.2 |
| 1997 | 65.4 | 57.0 | 81.3 | 92.7 | 94.7 | 92.0 |
| 1998 | 63.9 | 53.0 | 79.7 | 91.2 | 93.1 | 90.7 |
| 2000 | 62.2 | 53.7 | 78.4 | 88.6 | 91.1 | 87.8 |
| 2005 | 57.0 | 51.3 | 77.2 | 89.3 | 90.5 | 88.9 |
| 2008 | 55.4 | 46.5 | 75.8 | 88.4 | 91.1 | 87.4 |

(出所)　キム・テホン他（2009）『女性労働力関連経済政策の効果分析と課題』．

59.9％, 00年の64.8％, そして05年には66.2％と漸次改善しているが, 08年の格差33.5％は図11-1からも明らかなようにOECD諸国中最も高く, 第2位のドイツの22.1％と比べても高く, OECD平均の17.6％の約2倍の格差となっている. 最も格差のない国はベルギーで格差7.0％となっている. ちなみに日本は図11-1にはないが, 06年で比較すると33.0％の格差があり, 同年38％の韓国に次ぐOECD諸国中格差の大きい国となっている.

　韓国における男女賃金格差が相対的に大きい理由は, 出産・育児期の経歴断絶が密接に関連している. 年齢別の賃金格差をみると（図11-2）, 男性の賃金

第 11 章　韓国の少子・高齢化と金融システムの課題　319

図 11-1　主要先進国の男女賃金格差

(単位：％)

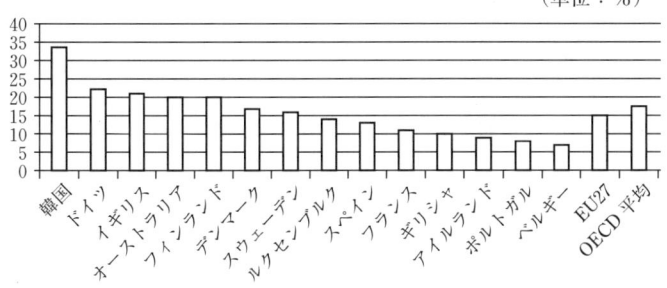

(出所)　キム・テホン他 (2009)『女性労働力関連経済政策の効果分析と課題』．

図 11-2　年齢別男女平均賃金水準変化推移

(単位：千ウォン)

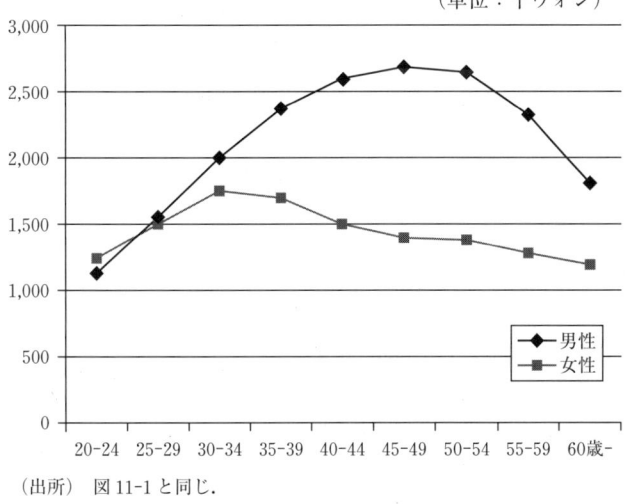

(出所)　図 11-1 と同じ．

水準は年齢の増加とともに持続的に上昇した後，退職し始める 50 歳以後から賃金水準が下落し始める．これに対して年齢別女性賃金水準をみると，20 歳以後から賃金水準が増加するが，出産・育児期である 30 〜 34 歳を起点に賃金水準が下落し始める．こうした傾向は相当数の女性が出産・育児によって退職

し，育児期以後の復職は新規労働力，あるいは再就業の形態となるからである．

職種別に年齢別賃金水準をみると，高位役職員と管理職の女性は男性と似た水準の賃金を得て増加してゆくが，50歳後半を起点に下落趨勢に入る．すなわち，25～29歳の高位役職員と管理職の女性の賃金水準は高まってゆくが50代初の賃金格差は男性の79.1%となり，格差は少ない．つまり，経歴断絶のために大きな格差が生じているといえる．販売職については男性の賃金も低く，女性の年齢による増加も小さく格差が少ない（84.3%）．また雇用形態をみると，女性非正規職は正規職に比べ，09年で63.5%と低い．また，男性非正規職に対しても65.5%と格差が激しい．これらの格差はすべての学歴別比較でもほぼ同じ結果になっている．特に大卒女性正規職に対して，大卒女性非正規職は64.1%に過ぎず，同様に短大卒の場合81.2%，高卒の場合73.2%に比して格差が激しい．

韓国の女性労働時間は07年の年間2,316時間でOECD加盟国の中で最長となっている．ちなみに日本は08年に1,772時間であって，OECD平均1,766時間に近い．先進国では週当たり労働時間は35～39時間，40～44時間の両時間分布が最も多いが，韓国では54時間以上働く勤労者が最も多く，次いで45～53時間働く勤労者となっている．スウェーデンでは女性勤労者は45%が40時間以上働き，週50時間働く人は1%に過ぎない．英国も30%が週40時間以上働いて，50時間以上は7%に過ぎない．これらに対して韓国は76%が週40時間以上となっており，54時間以上働く人が27%にも及ぶ．ちなみに日本は40～49時間働く女性が全体の38%，50～59時間が9%，60時間以上4%となっている．こうした韓国の長時間労働は経歴断絶，労働生産性低下を招来する結果となっている．

韓国は98年に法定勤労時間を週48時間から44時間に，03年に40時間へと短縮してきた．08年には20人以上のすべての事業所に適用し，支援制度も実施してきた．03年に弾力的勤務制も導入したが，11.6%が実施しているに過ぎず，日本の52.9%に比べてもきわめて低い．女性の長時間労働が生産性，出

産率，家族関係などに悪影響を及ぼしているのが現状である．

　女性の生涯にわたる経済活動参加曲線は出産・育児による経歴断絶により，M字型曲線を描いているが，これはOECD諸国中，韓国と日本だけにみられるものである．

　租税と社会保険が女性労働と育児に与える影響はどうか？　まず個人所得税と社会保険料率の水準はOECD諸国平均に比べて最も低く，税制と社会保障負担率のワークインセンティブは高いといえる．たとえば，家計の平均所得に対する所得税は図11-3の如くOECD平均より低いルクセンブルク，日本よりも，さらに低い．一方，社会保険料率はOECD諸国平均が8.9％，EU諸国15カ国平均9.8％であるのに対し，6.8％であり，低いが差は小さい．家計平均賃金に対する保育費の国際比較をみると，韓国は10.3％であり，韓国より低い国として，スウェーデン4.5％，フィンランド7.6％など北欧諸国があるが，スイ

図11-3　主要国子女数別共稼ぎ夫婦の平均所得税率

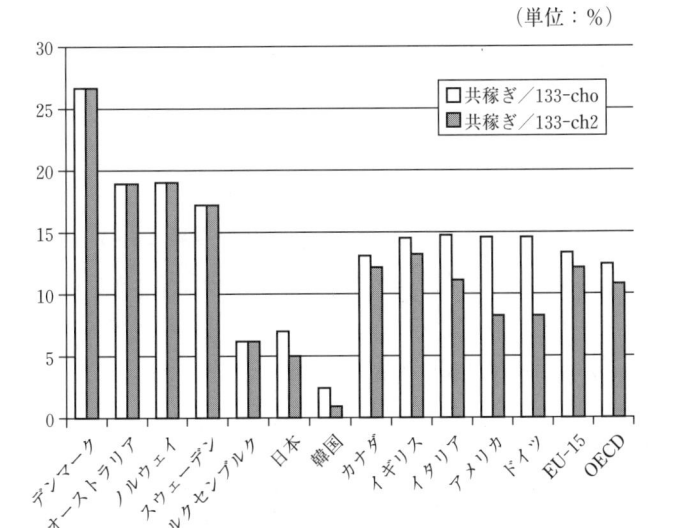

（単位：％）

（注）　133-cho：家計所得の平均賃金の133％で，子女数が零．ch2は子女数が2人．
（出所）　図11-1と同じ．

ス33.8%，フランス25.1%，英国24.7%，日本19.4%など国による差異が大きい．多くの国が保育費は年齢によって策定され，また家計の所得によって負担が異なるようになっている．

以上，韓国の女性市場参加条件と育児に関する負担をみてきたが，租税，社会保障負担，保育費では韓国は国際比較基準からみて，それほどの負担とはなっていない．特に，共稼ぎ世帯に対しては税制上有利に設計されており，ワークインセンティブが与えられている．しかし，家計平均所得水準に対しての平均所得が150～180%水準である家計に対して，保育費負担が相対的に高くなることなどに対する所得段階別の支援制度の改善，所得段階にかかわらず支援所得上限の引き上げなどの課題が指摘されている．

韓国の低出産率は，男女賃金格差，経歴断絶などが主因であり，日本と同様の社会的要因が背景にある．労働時間の短縮化の一方，生産性向上を図り，女性就業者に対する職場保育所の拡大，労働日・時間の弾力化などが未婚・未出産女性への支援措置となり，仕事と出産・育児の両立が促進されるといえよう．

## 3．韓国家計の貯蓄・投資行動

### (1) 朝鮮動乱後出生団塊世代の金融投資

前節で述べたように韓国においても少子・高齢化が視界に入ってきているが，高齢化の代表的世代は日米などより遅れて，朝鮮動乱後(1953年)に出生したベビーブーマー世代(以下団塊世代)である．日本同様彼らが退職時期を迎えつつあることから，韓国における彼らの貯蓄・投資行動がいかなるものかを分析する[2]．

韓国における家計の貯蓄・投資行動における最も顕著な特徴は金融資産よりも実物資産，すなわち住宅の保有がこれまで最大の役割を果たしてきたことである．こうした傾向が団塊世代以前と比べてどのような差異があるのか．「高齢者パネル調査」によりデータの継続性に基づき作成されたのが図11-4であ

図 11-4　現在居住する住宅所有形態：団塊世代とそれ以前世代の比較

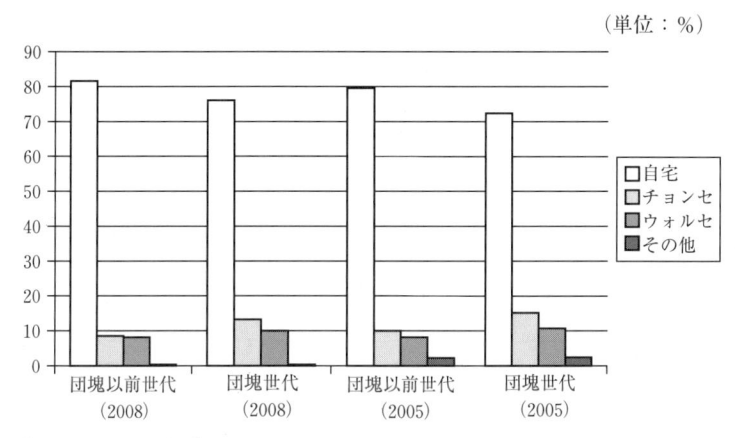

（単位：％）

（出所）　バン・ハナム他『韓国ベビーブーマー世代の勤労生涯研究』．

るが，この結果をみると，まず 2005 年に比べ，団塊以前世代と団塊世代ともに自己所有住宅に住んでいる比率が高まっている．すなわち，2005 年にそれぞれ 79.5％ と 72.0％ であったのが，82.0％ と 76.2％ と高まっている．韓国特有の分譲価格の 50 ～ 70％ 以上に及ぶチョンセ（敷金）とウォルセ（月額家賃）を利用している割合がわずかに減っている．次に居住している住宅以外に所有している住宅の所有者の割合は図 11-5 に示され，所有比率がどちらも増加している．これは年齢の増加に従い，増加しているがこれまでの世代と同様，不動産選好に変わりがないことを表しているといえよう．しかしながら，以上の結果は団塊世代より，それ以前の世代の不動産選好が団塊世代より強いことも同時に表していると思われる．では金融資産に関してはどのような状況であろうか．

　図 11-6 によれば，両世代とも金融資産保有の約半分を現金と一般預金で保有している（団塊世代 45.6％，それ以前の世代 42％）．しかし，次いで大きい保有資産は団塊世代では，貯蓄性保険であるが（17.9％），団塊以前世代は，団塊世代の半分のシェア（9.3％）しか保有していない．3 番目に大きいシェアはどち

図 11-5　現在居住する住宅以外の不動産保有比率：
団塊世代とそれ以前の世代の比較

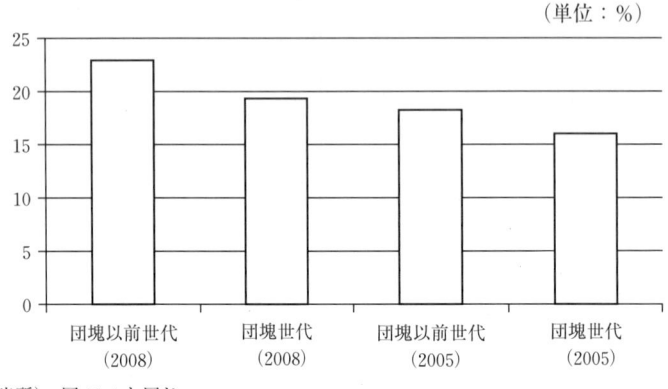

（単位：%）

| 世代 | 比率 |
|---|---|
| 団塊以前世代（2008） | 23 |
| 団塊世代（2008） | 19 |
| 団塊以前世代（2005） | 18 |
| 団塊世代（2005） | 16 |

（出所）　図 11-4 と同じ．

図 11-6　金融資産の項目別保有比率：
団塊世代とそれ以前の世代の比較

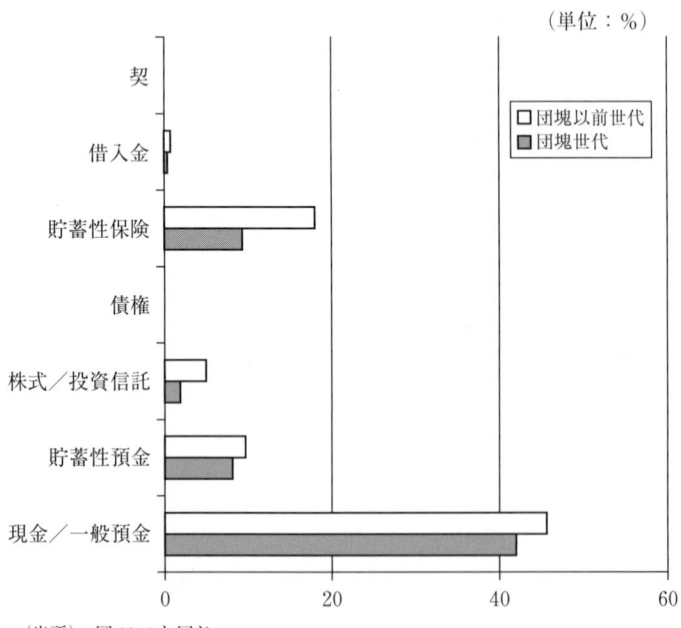

（単位：%）

| 項目 | 団塊以前世代 | 団塊世代 |
|---|---|---|
| 契 | – | – |
| 借入金 | – | – |
| 貯蓄性保険 | 18 | 9 |
| 債権 | – | – |
| 株式／投資信託 | 5 | 2 |
| 貯蓄性預金 | 10 | 8 |
| 現金／一般預金 | 46 | 42 |

（出所）　図 11-4 と同じ．

らも貯蓄性預金であるが，わずかに団塊世代のシェアが高い（それぞれ 9.7% と 8.1%）．

この顕著な差異をみせている貯蓄性保険の内訳は，まず定期保険に加入していない団塊以前世代は 50.0% であるのに対し，団塊世代は 61.2%，1 つに加入はそれぞれ 37.8% と 26.6% となっている．終身保険については加入せずが，以前世代で 60.2%，団塊世代は 44.6% で，1 つに加入は以前世代で 37.8%，団塊世代は 51.8%，年金保険については以前世代 73.5%，団塊世代 74.8%，1 つに加入は前者が 26.5%，後者が 20.9% である．以上から団塊世代の終身保険加入が以前世代との違いの主因であることがわかる．

団塊世代がそれ以前の世代より不動産保有選好の若干の低下をみせ金融資産保有が高まっており，また終身保険加入へより関心を持っていることなどの特徴が明らかとなった．しかし，先進国の状況と比べると，急速に老齢化社会に近づく過程にあるが，まだ，それほど現実感が反映されておらず，旧来からの不動産保有による老後への対策という伝統的価値観から抜けきっていないことが読み取れる．

以上韓国の団塊世代の資産保有選好の形態を概観した．不動産保有選好が基本的であるが，終身保険など退職後への関心も，それ以前の世代よりも関心が高くなっていることが明らかとなった．次に節を改めて，家計全体の金融調査結果を述べ，家計の投資行動を確認しよう．

### (2) 家計の貯蓄・投資行動

家計の貯蓄・投資行動を米国，日本と比較した調査をみると[3]，韓国家計の特徴は，① 日本と同様，金融資産の中では，現金・預金の比重が高い．すなわち，日本 54.9%，韓国 45.4% である（2009 年 9 月末．以下同様）．これに対し，米国で最も高いのは金融投資商品（株式・債券・ファンド（ミューチャルファンド・投資信託））の 53.3% となっている．韓国は日本に比べて金融投資商品のシェアが高い（それぞれ韓国 29.8%，日本 13.5%）．② 韓国の現金・預金のシェアは高いが傾向的には漸減傾向にある．すなわち，約 10 年前の 2002 年にはそのシ

ェアは54.3％であり，2007年に42.6％まで下がったが若干上昇した．これに対して金融投資商品は2002年には22.5％であったのが2007年の33.5％まで上昇し，2008年に27.2％に下がったが29.8％まで高まった．2007年はサブプライム崩落発生の前の好景気のピーク時であったことを反映し，株式，ファンドのリスク資産投資が進んでいたといえよう．③ 金融投資の目的は米国・日本の金融商品投資は長期的な老後の生活準備であるのに対し，韓国ではまとまった資金作りであると株式投資者の69％，ファンド投資者の58.8％が回答している．老後の準備とした株式投資者は14.4％，ファンド投資者は16.2％に過ぎない．これに対し，米国では老後の準備のためが金融投資の主要な目的となっている（76％の回答）．日本の場合も配当・利子所得を得ることが目的であるとの回答が54.1％を占め，長期資産運用と老後資金準備がそれぞれ50％と34.7％を占めている．韓国の家計の投資行動が資産運用を主眼としているのに対し，米国・日本では老後の生活準備のための長期的投資行動となっている．日本と比べてみても，韓国の株式保有期間が1カ月以上3カ月未満の保有が32.6％を占め，1年以上保有が16.4％に過ぎないのに対し，日本は1年以上保有が87.5％も占め，さらに10年以上保有の比率も30.3％に及ぶ．また，投資対象について韓国は1～2本のファンドに集中しているが（約77％），米国は多数のファンドに投資している．たとえば米国では5本以上のファンドに投資している場合が49.0％を占めている．こうしたファンド投資は韓国の場合銀行（67.3％）を，日本は証券会社（49.8％），銀行（41.9％）米国は退職年金チャネル（68％）を通じる場合が多い．

　以上から韓国の貯蓄・投資行動は現金・預金比重が高く金融投資商品比重が低い．また老後の生活の準備のための投資というよりは短期的な資金作りを目的とした投資が主眼となっている．またファンドの投資対象も限られた商品に集中しているという特徴が明らかとなった．これは団塊世代の投資行動と合わせて考えると，住宅などの不動産投資がより重要な投資対象となっており，金融商品，特に長期的な投資対象としてのファンド投資となっていないことがみられる．

## 4. 社会保障制度と金融システムの課題

　少子・高齢化の急速な進展が韓国においてもみられることを2節で検討してきた．少子化・高齢化は生産年齢人口の減少の一方，扶養人口（66歳以上）の増加をもたらすわけであるから，貯蓄の減少と消費の増加の一方，投資の減少をもたらす．したがって，生産・所得の減少になる．こうした人口動態の社会・経済への影響を軽減する努力を韓国政府も行ってきたが，生産年齢人口のピークを迎えた後の経済成長率の低下は阻止できないであろう．また高齢化に備える貯蓄と消費の異時点間のスムージングは金融システムの役割であるが，金融商品の開発などで対応できているとはいえない．本節では，韓国の社会保障制度のうち，年金制度を中心に概観し，少子・高齢化時代の金融システムの課題を検討する．

### (1) 社会保障制度の現状

　韓国の年金体制も日本と同様，1988年に導入された1階部分の国民年金と2005年に導入された2階部分の退職年金（日本の企業年金），そして3階部分として個人が任意に加入する民間の個人年金とからなる．年金制度と並んで重要な国民健康保険制度が1989年より皆保険として成立し，2000年より現行制度が発足した[4]．この健康保険も少子・高齢化の進展により，2010年の1.3兆ウォンの赤字額が，現行制度のままでは2015年には4.8兆ウォン，2020年には15.9兆ウォン，2030年には47.7兆ウォンに膨らむと推計されている[5]．

　この他，失業保険，労災保険，老人長期療養保険，老齢基礎年金（無拠出），生活保護などの社会保障制度が存在している．80年代まで，社会福祉支出は予算総額の8％に過ぎなかったのが2000年代に入って高まり続け，2011年の予算では予算総額の約28％，約86兆ウォンまで高まってきている．地方予算の福祉支出を合わせると100兆ウォンを超える．しかし，2010年にOECD諸国平均がGDP対比20.6％であるのに対し，韓国では8.9％であり，しかもこの中には社会保険基金と国民住宅基金の約50兆ウォンが含まれていることか

ら純粋の福祉支出は OECD 諸国平均に比べ相当低いといえる[6]．

　高齢化に備えた国民年金と退職年金の現状はどうなっているのか．韓国は 2047 年に国民年金が枯渇するとの予測から 2007 年に所得代替率を引き下げる改革を行った．一方，国民年金の運用主体である国民年金公団の投資運用先を拡大するなど将来への対処も行いつつある．

　国民年金制度は 1988 年 1 月から施行され，10 人以上の事業所の賃金勤労者に限定されていたが，1992 年 1 月には 5 人以上の事業所までに適用対象が拡大され，1995 年から農漁村地域，そして，1999 年には 18 歳以上 60 歳以下のすべての国民に拡大された．この結果，1988 年に経済活動人口に占める総加入者数の比率が 25.6％であったのが，1999 年に 75.1％まで高まり，2008 年まで 72.1％を最低として，75％台をほぼ維持している．2008 年の加入者総数は 18,335,409 人となっている[7]．

　国民年金の給付金は，年金と一時金に区分され，年金には老齢年金，障害年金，遺族年金があり，一時金には返還一時金，死亡一時金がある．韓国の国民年金給付の主要特徴としては，① 国民年金は年金給付額の実質価値を保障している．加入者の長期的な老後所得保障のための年金給付価値を維持するため，毎年物価上昇率を反映して年金給付額を調整する（たとえば 2007 年 2.2％，2008 年 2.5％など）．② 国民年金給付額公式には所得比例部分と均等部分があって所得再分配機能を持つ．給付額において低所得層は相対的に有利になっている．年金給付額の最高限度を設け，加入期間中の所得に比べ年金給付がそれを超えないように制限されている．③ 国民年金は譲渡・押収されたり，銀行口座（最高 120 万ウォン以上）を例外として担保として提供できない．④ 出産・軍務期間は年金加入期間に加算される．

　国民年金給付は基本年金と扶養家族年金を基礎に算定される．基本年金額は 20 年以上の加入を基準に算定される．基本年金額は均等部分と所得比例分に区分され算定される．年金の月給付額は加入者の最終 5 年間の基準所得月額を再評価（たとえば 1988 年には 4.675，1998 年には 1.388，2008 年には 1.000）した額と加入期間の基準所得月額の平均を再評価した額との大きい方が支給上限とな

る．

　扶養家族年金は受給権者によって生計を維持してきた扶養家族に基本年金額に追加して支給される家族手当の性格を持つ給付である．扶養家族年金は老齢年金，障害年金，遺族年金に支給されるが，その他の年金には支給されない．加入期間にはかかわりなく定額である．扶養家族年金は配偶者，子女（18歳未満と障害2級以上），父母（60歳以上，障害2級以上，配偶者の父母も対象）が対象となる．2009年に配偶者は214,860ウォン，子女・父母は143,220ウォンとなっている．

　老齢年金は原則として10年以上加入し，60歳以後から支給される．1998年から国民年金法改正により，2013年から2033年まで5年毎に1回ずつ支給年齢を延長し，2033年から受給開始年齢が65歳に引き上げられる．

　従前の国民年金制度では，納入した保険料の2倍以上の支給を受けられる設計になっていたが，少子化・高齢化の急進展で2003年の試算によれば2047年に積立金が枯渇することが予想され，2007年に改革がなされた．その内容として，納付保険料は所得の9％に維持され，給付率を下降調整して，基本年金を引き下げた．この結果，40年加入時，所得代替率は現行60％から2008年には50％，2009年から毎年0.5％ポイントずつ段階的に引き下げられ，2028年には40％になる．この結果，基金の枯渇は2060年まで延びた．しかし，改訂法施行前に加入した期間は従前基準の60％が保障されている．

　こうした国民年金の積立金も加入者の増大と高齢化により増加しており，その運用も重要な課題となってきている．

　2010年の国民年金公団の資産規模は323兆ウォンであり，世界第4位の資産規模である．2015年には約500兆ウォンに増加すると予想されている．世界最大の日本の年金積立金管理運用独立行政法人（GPIF），ノルウェー（GPF），オランダ（ABP）に次ぐ．日本の資産規模の約5分の1の規模である．日本の資産ポートフォリオは債券が78％，株式22％であるのに対し，韓国は72％が債券，株式が22％，その他の所謂代替的投資が6％を占める．しかし，GPF，ABPもともに債券の比重は約38％，株式は逆にそれぞれ62％，55％とリスク

資産の構成割合が高い．有名なカルパース（CalPERS）も株式が54％を占め，債券は24％に過ぎない．しかし，収益率はGPFが25.5％，ABPが20.2％と高く，カルパース11.8％であるのに対し，韓国10.2％，日本6.7％となっており，日本が最低となっている[8]．欧米諸国の基金の海外投資比率は高く，国民基金公団も海外シェアを高めている．米国の有名なプライベートエクイティファンドKKRを通じて米国のシェブロンの保有するパイプラインの持分（23.4％）の取得，不動産（カリフォルニアのHSBCビルディング），英国ガトウィック空港の持分（12％），その他パリ，ロンドンなどの不動産投資を行っている．また，最近では三星物産，その他の韓国企業と1兆ウォンを超える通信インフラ，新素材産業などへの海外投資を企業とマッチングファンドを組成して行う計画となっている[9]．

　韓国の退職年金（企業年金）制度は退職金制度の延長として『勤労者退職給与保障法』として2005年12月に導入された．退職金制度も存続させながら退職年金制度が導入された．退職年金制度には「確定給付型退職年金」（DB），「確定拠出型退職年金」（DC）があり，これらはほぼ日本のものと同じである．他に中小・零細企業向けの「個人退職口座」（IRA）がある．企業は資産管理と運営管理を同一機関として銀行，証券，保険，投資信託会社に委託する．これらは商品提供機関でもある．企業は運営管理機関の制度コンサルティングを受けて，DBかDC，あるいは両方の制度を選択し，労使の合意を経て，労働部（日本の厚生労働省）に申告する．従業員が年金を受け取るには55歳以上，10年以上の加入期間が必要である．年金の積立段階と積立金の運用段階では非課税だが，年金受取時に課税される．事業主の掛金は損金，または経費として認められ，従業員は個人年金と合算して年間300万ウォンまで所得控除が認められる．企業は従業員の在職期間中のみ掛金の納付などの義務がある[10]．

　退職年金制度の導入後の2006年末約7,500億ウォンであったのが6年経った2010年末で，積立額は29兆ウォンに達する急成長を遂げている．企業勤労者239万人，5人以上の事業所の13.5％の加入者である．2011年末には50兆ウォンに達するとの予測がなされている．韓国電力，ポスコ，ロッテ，韓進な

ど大手企業が続々加入することになっている．退職保険・退職信託資金が社外に預置することによる税制の優遇措置が2010年末に廃止され，退職年金制度に一本化する趨勢にあることも重要な増加要因となっている[11]．

しかし，退職年金制度が開始されて，日が浅いため，国民の認知度と老後の資金に占めるシェアもきわめて小さい．また，制度自体の不備，資産運用の問題点など多くの課題がある．以下に幾つかの点を取り上げる．

① まず，退職年金積立額のGDP比はOECD諸国の中でも最低水準である．たとえば，オランダは約129.8%にも及び，豪州，英国も約70%に及ぶが，韓国は未だ2%に過ぎず，トルコなどと同水準である．

② 韓国の退職年金資産の運用は株式に2.7%しか運用されておらず，豪州の54.4%，米国45.4%に比べきわめて小さい．その反面，預金に40.2%，債券33.8%である．こうした投資ポートフォリオでは，退職年金運用機関（銀行他）が5%の収益率の保障をしていることと矛盾した状況になっている．退職年金市場の規模拡大を予想して，韓国の金融機関は運用・管理機関となるべく競争を展開してきたが，5%の高収益率保証を各金融機関とも謳うこととなってきた．運用資金を取り込み，それを自社商品に90%以上を投資すればその高収益率を保障できるからに他ならない．毎日経済新聞の調査によると自社商品への投資比率は教保生命（99.8%），新韓銀行（98.8%），KB国民銀行（96.2%），三星生命（93.5%），ミレーアセット証券（78.7%），韓国投資証券（55.5%），三星証券（33.3%）となっている[12]．金融監督院はこうした自社商品への投資は望ましくないとして70%を上限とする指導を行っている．

③ 先進国の年金は確定拠出型（DC）が主流になりつつあるが，韓国ではこれまで確定給付型（DB）が約4分の3を占めている．これは従業員数の多い大企業がDBを導入しているからである．賃金率の上昇が続くときはDBが有利であるが，韓国においても2007年の7.6%を頂点として2008年4.9%，2009年1.7%と低下してきている．こうした状況になるとDCが有利になるのでDCが増加すると予想されている[13]．

④ 退職年金制度の導入以来，日が浅く，また，10年以上加入しないと支払いが生じないために関心が薄く，退職年金制度の内容について知らない人が多かった（20～50代の626人を対象とした調査によると78.2%がDCの意味を知らなかったという[14]）．しかし，英国，豪州では退職年金制度は強制加入になっており，高齢化時代を迎える多くの先進国では国民年金とともに不可欠なものになりつつある．韓国において，公的年金以外にも私的年金への税制上の優遇措置を講じてきたが，加入率は約23％にとどまっている．公的・私的年金とも加入を促進するため，公的年金と私的年金を合わせて現在400万ウォンの所得控除が受けられるが，米国の例などからみて低すぎるので約800万ウォン程度まで引き上げるべきとの意見が出ている．制度設計の問題として，中間清算制度の廃止，現在，加入が認められていない自営業者の加入，転職時の個人退職口座のポータル制などが退職年金制度の強化案として考えられている．

### (2) 金融システムの課題

韓国の少子・高齢化速度は先進国のそれより早いことをすでにみたが，平均寿命は1970年に約62歳であったのが，2009年には78.6歳，そして2050年には83.5歳に伸びると予測されている．14歳未満人口に対して高齢人口の比率である高齢化指数は2020年に上昇して125.9，2050年には429.3になって，高齢化が最も進んでいる日本（337.5）およびこれに次ぐドイツ（258.4）をも超える老齢社会になることが憂慮されている．以下に現在の韓国の金融システムの課題を検討することにしよう．

まず第1に依然韓国家計の保有資産中に圧倒的なシェアを占める住宅を中心とした不動産保有の問題である．これまでみたように韓国の家計の資産保有に占める不動産の比重はきわめて高い．自己居住の住宅の他に投資・投機目的での不動産を保有しているのである．これは70年代から一貫して韓国経済において不動産価格の上昇がGDP成長率，賃金上昇率などを超え，資産保有対象として価値が高かったからである．2010年の家計の資産保有額の75.8％を占

めるのに対し，金融資産は21.4％に過ぎない（韓国統計庁他『2010年家計金融調査結果』）．団塊の世代とて例外ではない．老後の生活を支える資産の保有形態が不動産であるのは，その不動産価格のボラティリティー，資産流動化の困難，資産評価などを考えると容易ではない．不動産の投機的性格を考えると，不動産を証券化したリート，住宅の場合の逆モーゲージ債券など金融資産への転換が容易になされる必要がある．こうした住宅などの実物資産の金融資産化の重要性はますます高まる．なぜなら急速に進む高齢化の中で，退職に際して不動産の売却（供給）需要が高まる一方，その不動産の購入需要は減少し，不動産市場価格が下落し，退職者に多大な損失を与えるからである．したがって，退職後の所得安定化手段としての不動産所有がその経済合理性を失いつつあると予想できる．そのため，住宅・不動産に代わる長期保有に適合した長期債券市場の発展が望まれるのであり，老後の生活準備のための価値が安定し，収益の安定している国債を含む長期債券の多様なメニューの選択が可能にならなければならない．現在では長期債は家計金融資産保有の約3.8％しか占めておらず[15]，長期債保有を高める啓蒙，税制，流通市場の整備などの措置が求められている．

　第2に国民年金，退職年金など機関投資家の運用資産が急拡大を遂げており，その投資対象の拡大・多様化が必要となる一方，10年～20年にわたる長期資産運用の経験を持つ必要がある．

　ノルウェーなどの年金ファンドの海外投資比率が50％を超えているようにグローバル化経済の下では，新興経済，資源・エネルギー・インフラ投資などは長期的に安定した成長が見込める海外投資分野である．しかも民間企業・資金との連携も十分可能であるから，すでにそのような取組みを始めている国民年金公団のように一層これら分野の投資を高めてゆく必要があろう．国民年金積立額は2010年対GDP比33.5％から，2030年56.9％，2043年46.4％に増大してゆくと予測されていることから，以上のような投資の取組みが一層必要である．

　第3に，退職年金は今後急拡大していくと予想されており，銀行・証券・保

険のすべての金融機関が取り扱っている．しかし，新たな市場として，年5％の高い収益率を保障するなど逆マージンでの競争が展開され，しかも，高い収益率を保障するために90％以上も自社金融資産に投資するなどモラルハザードを起こしかねない慣行が行われている．監督当局は当面70％までを限度とするよう指導しているが，一層の限度の引き下げが望まれている．

最後に高齢化社会のニーズに応えるために，高齢化に対応した逆モーゲージ，個人年金保険などの金融商品の開発，これらに容易に高齢者がアプローチできるための総合的な投資顧問サービスの提供が望まれている．

## 5．むすび

韓国経済の躍進が続いている一方で，日本とその他の先進国同様高齢化が急速度で進行している．こうした高齢化社会へ対応しない限り，経済成長率の低下は免れない．本章ではまず少子・高齢化が進む要因として，急速な工業化過程で東洋的な家父長型社会から西洋的な男女平等・個人主義へ転換しつつあるにもかかわらず，女性の労働参加条件や保育所・育児などに関する社会的常識と社会的整備が追いついていないこと，女性の労働参加条件はOECD諸国中，日本と並んで最も遅れており，経歴断絶，賃金格差などの悪循環が少子化の背景にあることを指摘した．こうした少子・高齢化の進行は，朝鮮動乱後に出生したベビーブーマー世代，すなわち団塊の世代が退職年齢に入り，本格化し始める時期と重なりつつある．したがって，韓国における団塊の世代が退職し始める時期における彼らの貯蓄・投資行動の特徴を分析すると，それまでの世代と同様不動産保有の比率がきわめて高いことが示されている．しかし，不動産価格は投機的に変動するのであり，老後の安定的な準備資産としてきわめてリスクが高く，流動化に問題がある．しかも老齢化が進行する社会での不動産需給バランスは退職者に不利である．やはり不動産と金融資産，とりわけ年金・保険などの契約貯蓄のバランスが重要であり，そのための金融手段が準備される必要がある．韓国では長期債市場は十分発達しておらず，また株式の保有態

度も長期的投資というよりも短期的な投機的性格が強い．こうした資本市場の課題の解決は国民年金・退職年金による今後増大し続ける大規模な投資需要に応えるためにも早急に改革を進める必要ある．国民年金の膨大な資金の合理的な運用の必要に加え，発足して6年に過ぎない退職年金制度の制度設計の改善とその受け皿となる銀行・証券・保険などの金融機関の長期的な資産運用のノウハウの蓄積などが今後，高齢化が進行する中でますます重要な課題となっているといえよう．

　付記　本章の執筆に韓国ミレーアセット証券柳在廣氏の多大な助力を得たことを感謝する．

1) 韓国の少子・高齢化に関する包括的な研究プロジェクトの成果であるキム・テホン他の『女性労働力関連社会経済政策の効果分析と課題』(韓国女性政策研究院，2009年)は韓国の女性労働政策と主要先進国の女性労働市場，労働政策に関する詳細な研究であり，負うところが多い．
2) バン・ハナム他の『韓国ベビーブーマー世代の勤労生涯［Work Life］研究』(韓国労働研究院，2010年)は主として社会学研究であるが，韓国のベビーブーマー(論文では団塊の世代と呼んだ)の資産保有選好の調査をも行っており，貴重な研究結果を提出している．
3) イム・ビョンテ「韓・米・日金融投資者の投資実態比較」，金融投資協会，2010年．
4) 株本千鶴「第6章—国家福祉の代替から補完へ—」(末廣昭編著『東アジア福祉システムの展望』，ミネルヴァ書房，2009年)は韓国の社会保障制度の簡潔な沿革と現状についての説明があり有益である．
5) 毎日経済新聞，2011年1月27日．
6) 同上．
7) パク・ミョンホ他『国民年金改革と租税政策の方向：家計行動変化を中心に』，韓国租税研究院，2009年．国民年金制度の概要については本書による．
8) 毎日経済新聞，2011年1月21日．
9) 同上．
10) 柳在廣「韓国年金事情　導入5年目の韓国の企業年金」，『企業年金』，企業年金連合会，2010年3月，「韓国年金事情　韓国企業年金の資産運用」，『企業年金』，企業年金連合会，2010年4月，「韓国の退職給付制度の現状と課題」，『年金と経済』，2010年．韓国の企業年金制度の沿革，概要，課題について明快に述べられて

おり，負うところが多く有益である．
11) 毎日経済新聞，2011年1月19日．
12) 同上，2011年1月22日．
13) 同上．
14) 同上，1月20日．
15) パク・トクベ「主要経済懸案―国内金融資産，高齢化準備不足」mimeo，現代経済研究院，2010年．

## 参 考 文 献

石橋一雄編著『日本経済論講義』，成文堂，2009年
小椋正立監修『韓国における高齢化研究のフロンティア』，ミネルヴァ書房，2009年
小塩隆士『社会保障の経済学（第3版）』，日本評論社，2005年
西沢和彦『年金制度は誰のものか』，日本経済新聞社，2008年
森戸英幸『企業年金の法と政策』，有斐閣，2003年
于宗先・王金利『台湾人口変動と経済発展』，連経，2008年（中国語）
張昊『老齢化と金融機構の発展』，中国経済出版社，2008年（中国語）
Campbell, John Y. and Luis M. Viceira, *Strategic Asset Allocation*, Oxford University Press, 2002

# 第12章　貸金業が提起している問題について

## 1．はじめに

　本プロジェクトのテーマに示唆されているように，家計においては通常その(正の)資産をいかに運用するかが問題となる．しかし，家計の中には資産を持つとともに負債を負っているとか，負債のみを保有しているといった家計もある．そして，近年家計が負債を負う機会，手段が増え，こうした家計のウエイトが増しているとされている．

　本章においては，家計における負債の問題，その中でも近年社会的な関心の高い貸金業者からの借り入れをめぐる問題について，検討してみることとしたい．そのため，はじめに最近制定された新貸金業法などに関する議論をフォローし，次にわが国中世における貸し借りについて最近の研究の一部を紹介する．そして，これを踏まえて，現代社会における貸し借りの仕組みそのものに問題の核心がある可能性を示し，この問題がじつは単に貸金業の問題ではなく，貸し借り一般にかかわる問題であることに言及したい．

## 2．最近の貸金業法を巡る動き

　はじめに，昨年（2010年）6月に完全施行された改正貸金業法を巡る動きのいくつかを紹介しておくこととする．

　2006年12月に，改正貸金業法が，国会において全会一致の賛成により成立した．改正の趣旨は，貸金業からの借金に悩む債務者の救済である．そして，同法は，段階的な施行の後，昨年6月18日に完全施行された．その概要は以

下のとおりである[1].
① 貸金業の適正化
　　　参入条件の厳格化
　　　行為規制の強化，など
② 過剰貸付の抑制
　　　総量規制の導入，など
③ 金利体系の適正化
　　　上限金利の引き下げ，など
④ ヤミ金融対策の強化
　　　ヤミ金融に対する罰則を強化

このうち総量規制が最後に施行された．

完全施行に先んじて，一昨年（2009年）11月には関係省庁（金融庁，消費者庁，法務省）の副大臣などからなる「貸金業制度に関するプロジェクトチーム」が設置され，その下に設けられた3大臣政務官による「事務局会議」が，同年12月以降13回にわたり同会議を開催し，各方面からヒアリングを実施している．

これとは別に，2006年の最高裁判決で，利息制限法上の上限金利（15〜20%）を超える貸金の合法性が従来に比べて厳しくなり，過払い利息の返還請求が急増した．折から弁護士事務所の広告が自由化されていたこともあって，テレビなどでは「金利を払い過ぎていませんか」，「私たちが取り返してあげます」といった勧誘文句の下で，債務者を自事務所の顧客として取り込もうとの広告が目立つようになった．

こうした法規制，判例の動きを受けて，貸金業者の多くは銀行系列に入るか，倒産するかを迫られてきた．特に，かつて業界最大手であり，国内屈指の高収益企業として知られた「武富士」が，昨年9月に会社更生法の適用を申請するに至ったことは，業界の状況を表すものとして象徴的であり，注目された．ちなみに，武富士行き詰まりの主因は過払い利息の返済問題といわれている．この間，業者数も10分の1程度に減少しているとの報もある．

このような貸金業界の状況は，貸金業者株の下落を通じて株式市場にマイナスの影響を及ぼしたし，また業界企業に雇用される人員の減少を通じて，マクロ的な雇用情勢の悪化にも拍車をかけていると考えられる．もちろん，このような問題は，立法の趣旨から見れば副次的な問題として，片づける立場もありえよう．ただし，その場合には立法の趣旨自体の達成効果が，副次効果を上回ることが必要条件である．

しかし，このいわば本論についても，異論が出ている．たとえば，大阪府では，新法案の適用を行わないための特区を申請する意向がある，ともいわれていた．これは国会で，しかも全会一致で成立した法律を，一部地域では適用しないことにしようとするものであり，実現は困難であろう．実際，大阪府では新法に基づき，過払い利息請求を行政支援する方針と伝えられている．しかし，大阪といえば，「難波金融道」という漫画が有名になっていることにも示されているように，合法，非合法を問わず，貸金業の本場とみなされてきた土地柄である．その本場で，この法律なしでやらせてほしいとの声が出てきたことは，問題が解決していないことを示すものといわざるをえず，大変象徴的であり，かつ現実的にも重要な意味を持っているように思われる．

もちろん，個人的な意見にはさまざまなものがあろう．たとえば，昨年8月31日付の経済教室における議論は，新法完全施工直後の批判的論調の1つということができよう．

## 3．近年の歴史研究の成果

新法の発想の特質を一言でいうならば，ビジネスの基本的な仕組みを与件としたうえで，これにさまざまな規制，制限を加えようとするところにあるといえよう．いわゆる規制強化である．規制緩和が声高に唱えられる中で，それとは全く逆行する法案が反対もなく組成され，成立したことは，それ自体驚くべき論理の混乱，喪失ともいうことができよう．一方，反対論は規制の効果を疑問視し，また副作用の発生を恐れるといった形をとっている．つまり，伝統的

な規制の是非をめぐる議論が繰り返されてきた，といってよい．しかし，こうした形での貸金業に関する議論はすでに大変長い間繰り返されてきた経緯がある．これらに代わるアプローチはありえないのであろうか．こうした疑問に対し，近年の歴史研究の成果は，それが少なくとも考えるに値しないものではないことを示唆しているようにみえる．

井原今朝男氏の研究[2]によると，わが国中世においては，貸金には金利規制はなく，ただし債務の総額は元本の2倍を超えない，とのルールの下で，大々的に貸し借りが行われていたという．また，担保は借り手の同意なくしては処分できなかったという．

これは中世においては貸し借りというものが現代とは異なる仕組みで行われていたことを示すものである．今日においては，貸し借りをすると，貸し手は貸した金が返ってこないというリスクを負う．しかし，延滞利息は増え続けるから，じつは収益の絶対額に上限はない．これに対し，借り手は元利合計を完済するまで債務合計額は増え続けるから，リスクの絶対額はじつは無限大である．これに対し，中世においては，貸し手が得られる収益も，借り手が追うリスクも有限で，その金額は当初，つまり貸し出しを始める段階で決まっており，かつ当事者はそれを知っていたということである．

さらに，桜井英治氏[3]は，井原氏の研究を受けて，そのような借り手有利の仕組みの下では，当事者に対する裁判のあり方が借り手に厳しいものとなっており，両者あいまって機能していたことを示した．もちろん，中世における裁判であるから，現代の裁判のような精緻さがあったとは思えないが，当初の契約を重視し，それを違えた者には遠慮なく義務を課したということであろう．上記のような貸し借りの仕組みが機能するためには，裁判のあり方など，さまざまな条件が必要であるというのが桜井氏の主張されたかった点であろうが，上記のような貸し借りの仕組みがあったからこそ，このような裁判ができたと考えることもできよう．

## 4. 問題の所在

以上のことを念頭においたうえで，貸金業法が提起している問題について考えてみることとしたい．

### (1) 貸金業法，判例の帰結

貸金業者が今回の貸金業法改正，新判例の被害者の1人であることは，1節で述べたところから明らかであろう．弁護士が受益者の1人であることも明らかであろう．もっとも，当面の受益は主として過去の貸金の利払い分を貸金業者から取り返すことによって生じているとみられるから，これがあらかた完了した後には，大きな影響はないのかもしれないが．

それでは，肝心の借り手はどうであろうか．立法，判例の趣旨は借り手の利益を図ることであるから，意図としては借り手が受益者になるはずである．しかし，現実にそうなるであろうか．これが問題である．この点については，昔からの議論が参考になる．すなわち，立法，判例のような，規制強化をよしとする立場は，借り手を弱者とみなし，これを守らねばならないとする．一方，規制強化に批判的な人々は，借り手の借りたいという需要には変わりがなく，厳しい規制をすれば，合法的な貸し手から借りられなくなった借り手の多くは非合法的な貸し手から借りる結果となる，つまり規制派のいう弱者を闇の世界に送り込むことになる，とする．たまたま筆者が目にした，いくつかの公表資料をみる限り，立法過程においてこの点に関する組織的な調査・研究が行われたとは思われないし，諸会合において議論が尽くされたともみえない．そもそも，この点を明示的に取り上げ，きちんと説明した文書は公表されていないようにみえる．もしそれが事実とすれば，新しい立法，判例は，公式に主張されている意図とは裏腹に，借り手という，彼らのいう弱者を以前よりもさらに気の毒な状況に追い込みかねない疑いがある，ということになる．仮に，このような基本的な論点について十分な論拠もないままに，特に国会においては珍しく議論の対立もなく，全会一致で新法が決せられたとすれば，国会のすべての

会派が弱者の問題について真剣に考える意思ないしは能力を保持していたのか，国会の機能そのものについて疑いを抱かせるような事態，といわれても仕方ないといえよう．

ただし，仮にこのような批判が当たるとしても，それは貸金業に問題がないとか，何もしないのが一番良いとかいったことを意味するものでは無論ない．そうではなく，この問題は従来型の議論，対立の枠内では対処できないおそれが強く，それを超えて考えてゆくことが大切だということを示唆しているようにみえる．

(2) 金の貸し借りに伴うリスク[4]

貸し借りに伴う問題は，法や契約において貸し手と借り手の間の関係，特にリスクがどのように分担されるか，によって規定されることになる．すでに2節で述べたように，現代の貸し借りにおいては，借り手は無限大の，かつ一生続くリスクを負っている．

この結果，借り手に対する返済圧力は一生続くことにもなりかねない．闇金融の世界で，延滞している債権をやくざが買い取り，債務者を痛め続けるという話がしばしばドラマなどに登場するが，これも上記の債務者のおかれている状況を利用しようとしたものということができよう．企業のバランス・シートをみても，債務はあたかも金額の限定されたものの如く表示されているが，当該企業が延滞した場合には，毎期金利分だけ債務が自動的に増加し続けてゆくことになる．

この無限大のリスクのプロセスの帰結として，最も悲劇的なのは，いうまでもなく債務者の自殺である．借り手が夜逃げをするという話もよく聞くが，似たような現象だといえよう．そこに至る過程においては，債務者は取立人からの返済圧力に絶えずさらされ続けねばならない．もちろんこのような帰結は債務者にとって悲劇であり，またしばしばアングラ社会に格好のビジネス・チャンスを与えることなり，それ自体望ましくない．そればかりでなく，貨幣経済の存続・拡大に寄与するはずの貸し借りが，貨幣経済の正常な担い手自体を減

らしてしまうという自己矛盾を意味している．

そこから借り手の立場を守るものとしては，破産制度がある．借りたものが返せなくなった場合に，一定のルールに基づいて貸し手・借り手の間の関係にけりをつけてしまおうとする仕組みである．破産制度は，日本では従来主として法人が利用してきたが，近年は個人にも利用が拡大している．できるだけ借り手が利用しやすく，また再起がしやすいようにとの観点から制度も改定されてきている．ただし，その効果は特定の取引に止まらず，借り手の立場全体に及んでしまうという基本的な性質を持っている．また，結果としての貸し手と借り手との間の痛み分けの仕方は，事前に約束されているわけではなく，ゲームが進行してしまった後での交渉，判断の結果として確定される．

(3) 代替的なアプローチの可能性

上記のように，今日の世界においては，貸し借りにおいて借り手が無限大のリスクを負うことを前提として，さまざまな仕組みが作られている．しかし，このような今日までの行き方に対し，その前提となっている貸し手と借り手との間の関係，特にリスク分担における関係自体を見直すという行き方もありうるはずである．

ちなみに，製造物については，売り手と買い手との間でのリスク分担のルールについて，無過失責任を含めてさまざまの議論，検討が行われ，法制が変革されてきた経緯がある．同様の方向での検討ができないかということである．また，asymmetric information の議論に即していえば，次のように考えられよう．これまでの議論では借り手の内容について借り手の方がよく知っていると仮定されてきたが，貸し手の方が賢く，借り手のことについても，借り手自身よりよく見抜く能力がある場合も多いのではないか．プロ・アマ関係を考慮に入れれば，その可能性は高まるといえよう．そうだとすれば，プロが責任を分担するルールについても議論すべき筋合いであろう．2節で述べた中世の貸し借りの仕組みは，借り手を無限大のリスクから解放しようとするものであり，上記のような方向での仕組みだとみることもできよう．

筆者は，中でも次のような問題が今日の貸し借りにおいて最も深刻な問題であろうと考える．1つは，世の中には当初から悪意の貸出というものがあり，典型的には貸し手が借り手をだますようにして貸出を実行し，その後長きにわたって払い切れない延滞利息の内入れを続けさせる，といったケースである．いま1つは，たとえば銀行が企業に貸し出し，利息が払えなくなった場合に，当面の償却を避けうることもあって支払利息分を追加的に貸し出し，結果としてこれを繰り返す，というケースである．こうした現象は，貨幣経済の維持のために役立つはずであった貸し借りという仕組みが，貸し手が借り手を支配したり，貸し手に社会的に不要の仕事を続けさせたりする結果につながったものとみることもできよう．

　このような問題の本格的な解決ないし改善のためには，現代の貸し借りの中から無限大のリスク，無限に続くリスクの要素を取り除くことが有力であろうと思われる．言い換えれば，有限責任の仕組みを貸し借りにも適用することが考えられる．ただし，この場合の有限責任は借り手の責任に関するものである．中世の貸し借りの仕組みをこのような観点からみることもできよう．

　もっとも，それをどのように具体化すれば良いのか，大いに難しい問題ではある．もちろん，たとえば中世の仕組みをそのまま現代に取り入れればうまくいくというわけではないであろう．下手をすれば，さまざまな抜け穴ができ，結局現状と何ら変わりないとか，かえってマイナスが生じるといったことさえありうるであろう．こうしたおそれを認識したうえで，可能性を追求してゆく必要がある．

　財やサービスの分野においては，問題が起こると製品の品質を変化させたり，契約関係を変化させたりして解決を図ることが多い．これに対し，金融の分野においては，最近の金融危機への対応に典型的にみられるように，問題が起こると規制を強化するとか，規制の主体を変更するとかいった，外側からのアプローチに頼ろうとする傾向が強い．これは下手をすると，文化の振興というと何を収集・展示するのかを考えもせずに博物館の建設に励むといった，いわゆる「箱もの」アプローチにも似た帰結になりはしないかと懸念される．い

ま，金融サービスの中身についての検討が求められているのではなかろうか．

1) 同法の概要およびこれをめぐる議論については，貸金業法制度に関するプロジェクトチーム事務局会議（2009）参照．
2) 井原明日男（2006 および 2009）参照．
3) 桜井英治（2005）参照．
4) 以下の(2)および(3)の記述は黒田巖（2011）に基づき，これを若干展開したものである．

### 参考文献

井原今朝男『日本中世債務史の基礎的研究』，国立歴史民俗博物館研究部，科学研究費研究成果報告（課題番号 14510379），2006 年
───『中世の借金事情』，吉川弘文館，歴史文化ライブラリー 265，2009 年
貸金業制度に関するプロジェクトチーム事務局会議『中間論点整理』，2009 年
黒田巖『通貨・決済システムと金融危機』，中央大学出版部，2011 年
桜井英治『破産者達の中世』，日本史リブレット 27，山川出版社，2005 年

## 執筆者紹介 （執筆順）

| | | |
|---|---|---|
| 岸　　　真　清 | 研究員・中央大学商学部教授 |
| 藤波　大三郎 | 客員研究員・松本大学松商短期大学部教授 |
| 丸尾　　直美 | 客員研究員・尚美学園大学名誉教授 |
| 御船　　　洋 | 研究員・中央大学商学部教授 |
| 井村　　進哉 | 研究員・中央大学経済学部教授 |
| 建部　　正義 | 研究員・中央大学商学部教授 |
| 後藤　純一 | 客員研究員・慶應義塾大学総合政策学部教授 |
| 平澤　　　敦 | 研究員・中央大学商学部准教授 |
| 宇野　　典明 | 研究員・中央大学商学部教授 |
| 小原　　篤次 | 客員研究員・㈱みずほ証券リサーチ＆コンサルティング投資調査部副部長 |
| 伊東　　和久 | 客員研究員・県立広島大学人間文化学部教授 |
| 黒田　　　巌 | 研究員・中央大学商学部教授 |

高齢化社会における資産運用と金融システム

中央大学企業研究所研究叢書　30

2011年10月20日　初版第1刷発行

編著者　　岸　　　真　清
　　　　　黒　田　　　巌
　　　　　御　船　　　洋

発行者　　中央大学出版部

代表者　　吉　田　亮　二

〒192-0393　東京都八王子市東中野742-1
発行所　　電話 042(674)2351　FAX 042(674)2354　中央大学出版部
　　　　　http://www.2.chuo-u.ac.jp/up/

© 2011　　　　　　　　　　　　　　　　　　㈱千秋社

ISBN978-4-8057-3229-8